久松健一
Hisamatsu Ken'ichi

仏検対応
フランス語単語
Révolution

仏検データ作成協力
篠塚玲奈

本文デザイン
屋良達哉

動詞活用表作成・編集・校正
市川しのぶ

校正
千葉由美

はじめに

これまで何冊か「単語集」を手がけました。「仏検」を冠したものもあります。でも、何かが足りない。「辞書的」機能を備えつつ、効率的で、参考書としても使え、なおかつ新機軸を打ち出す。そこで思いついたのが「コロンブスの卵」。過去問題（1981 年度から 2018 年度まで）の全データ化でした。この作業に丸々半年近くを費やしました。そして、そのデータを数ヶ月見つめ続けて、見えてきたものがあります。

それはこれまでの「単語集」に欠けていた、当たり前。「この単語は検定に出るのか、出ないのか」「出るならどう出るのか」という明確な線引きです。

もちろん、過去問題から 100% 例文を集めれば、仏検合格の絶対の力になるかもしれません。ただ、それではいくつか問題が生じます。

（1）仏検の問題をベースにはできても、それを全面に出した書籍は APEF（公益財団法人フランス語教育振興協会）の出版規約に抵触すること。
（2）類似した例文が重複して並び、学習効率が悪いこと。
（3）フランス語の学びの未来を見すえた「王道」を提示できず、「仏検」という限られた世界に読者を閉じ込める危険性があること。

本書をめくっていただければお分かりのように、形式は辞書、ただ「注記」や「補遺」が多数書き込んであります。ときには、仏検の過去問題の不備もずばり指摘しました。また、日常の必須基本表現は仏検の出題とは関係なく、紙幅の許す範囲でひろっています。

辞書的に使うもよし、過去問を軸とした参考書とするもよし、あるいは受験生の盲点となりがちな「数詞」や「前置詞」を集中学習するもよし。フランス語学習の座右の書となさるも、またうれし。『仏検対応　フランス語単語 Révolution』と、いささか力の入ったタイトルとした所以であります。

＊研究社の星野龍様、市川しのぶ様には一方ならぬお世話をいただきました。ありがとうございました。

久松健一

目　次

凡　例

vi 自　　自動詞

vt 他　　他動詞

vr 代動　　代名動詞

重要語編の代名動詞見出しには、再帰代名詞を除いた動詞の活用番号が付してある。なお、活用における主語と再帰代名詞の呼応については付録 I の代名動詞 se reposer の活用を参照。

v impers 非動　　非人称動詞

vaux 助　　助動詞

nm 男　　男性名詞

nf 女　　女性名詞

n 名　　名詞（男女両用の名詞）

pl 複　　複数形

pron 代　　代名詞

adj 形　　形容詞

名詞・形容詞で、男性単数形語末に e などを付して女性単数とする場合、男性単数形語末に (e) など、パーレンに入れて示した。また、男性形・女性形が大きく異なる場合は併記して、見出し及び発音は男性・女性の順で示した。

mpl 男複　　男性複数形

nfpl 女複　　女性複数形

adv 副　　副詞

conj 接　　接続詞

interj 間　　間投詞

† 　有音の h （発音記号が表記されている場合は、発音の最初に「ʹ」も付した）

→ 　（見出し・成句で）参照先

inf. 　不定詞

qqch　quelque chose

qqn　quelqu'un

◆　準見出し（主見出しに対して派生的関係にある語、動詞見出しと代名動詞の関係など）

□　成句などの句例

＊　仏検に関する解説（重要語編で）

▶　仏検情報以外の注記・解説（重要語編で）

▷　語源

＊　注記・解説（重要語編以外で）

（ ）　フランス語句例・例文中の省略可能部分、日本語語義・訳・解説などの言いかえ可能・省略可能や説明的記述

[ ]　フランス語句例・例文中の言いかえ部分、日本語語義の直前に記した語法などの説明

筆　筆記問題

聞　聞き取り問題、書き取り（ディクテ）問題

改　（出題からの例文に）加筆・修正

	見出し語（対象が上級へと進むにつれて赤色が濃くなる）
temps [tɑ̃] nm 男	品詞表示
(1) 天気　(2) 時間、時、時代	語義のまとめ
(1) 5級・4級	(1) の語義の5級・4級に該当
Quel temps fait-il à Miyazaki ?	例文
宮崎はどんな天気ですか？	訳
＊天候を尋ねる Quel temps fait-il ? は5級で頻出。[…]	例文の注記・解説
(2) 5級	(2) の語義の5級に該当
Combien de temps restez-vous à Rouen ? 01. 春. 筆. 改	出題情報（この場合は5級2001年春季筆記問題を加筆・修正したもの）
ルーアンにはどれぐらい滞在なさいますか？	
＊応答として、Deux mois. を選ぶ問題。現在なら5級にしてはやや難。	
4級・3級・準2級	(2) の語義の4級・3級・準2級に該当
□tout le temps　いつも、たえず □de temps en temps　ときどき	句例
Ma mère sourit tout le temps.	
母は微笑みをたやさない。	
＊toujours, sans cesse [arrêt] に相当する言い回し。準2級 12. 秋 に、この tout le temps を解答させる問題が出ている。	準2級 12. 秋 は、準2級2012年秋季の意
occupé(e) [ɔkype] adj 形	男性形・女性形の相違がある場合、見出しと発音記号は、「男性形, 女性形」の順で示す
忙しい、(場所が) ふさがっている、使用中の (↔ libre)	語義
4級・3級・準2級	4級・3級・準2級に該当
Désolé(e), je suis très occupé(e) jusqu'à neuf heures du soir.	
すみません、晩の9時までとても忙しいのです。	
[…]	
◆ **occuper** (I)0 vt 他	動詞の主見出し・準見出しで、品詞ラベルの直前にある記号・番号は、巻末付録の動詞活用番号
「(場所を) 占める」	準見出しの語義
[…]	
◆ **(s')occuper** (I)0 vr 代動	
「(de ～の) 世話をする」	見出し語とともに用いられる前置詞

3級・準2級

***Qui va s'occuper de vos* enfants ?**

3 : 05. 秋. 筆. 改 ← 3級の2005年秋季筆記問題を加筆・修正

誰があなたの子どもたちの世話をするのですか？

＊得点率64%の整序問題から。

出　題

（　）内の語を必要な形に直しなさい。

Non, elle (abandonner) ce poste il y a six mois. 12. 秋. 筆. 改

il y a six mois「半年前」を判断基準に複合過去形を答える。和訳は「いいえ、彼女は半年前にそのポスト（地位）を捨てました」となる。

（解答）*a abandonné*

この形式で、仏検の出題文を解説・解答を付して、適宜掲載した

重要語編（5級・4級・3級・準2級レヴェル）

＊ ここでは、過去問題から、見出し語が用いられた筆記及び聞き取り問題について取り上げたほか、出題歴はないが重要と思われるものについても、「出題歴なし」として記載した。
級に応じて見出し語の色を赤色（5級）、茶色（4級）、灰色（3級・準2級）、黒色（準2級相当だが出題歴なし）に分けてある。
また、出題箇所をイタリック表記とした。

A a

abandonner [abɑ̃dɔne] (I) 0

vt 他

(やむなく故郷や家などを) 捨てる、(途中で) あきらめる

3級

N'abandonnez jamais !

けっしてあきらめないで！

▶ 目的語が省かれた例。N'abandonnez pas avant la fin !「最後まであきらめるな！」といった使い方もする。

出　題

(　) 内の語を必要な形に直しなさい。

Non, elle (abandonner) ce poste il y a six mois. 12. 秋. 筆. 改

il y a six mois「半年前」を判断基準に複合過去形を答える。和訳は「いいえ、彼女は半年前にそのポスト（地位）を捨てました」となる。

(解答) *a abandonné*

準2級

***À cause de* cela, beaucoup d'écoles seront obligées d'abandonner leurs projets de voyage.** 15. 秋. 筆. 改

そのせいで、多くの学校は旅行の計画をあきらめざるを得なくなるだろう。

＊長文読解、前後の文脈から à cause de qqn/qqch「(主に) マイナスの原因を導く」を選択肢から選ぶ問題。なお、出題文は leur projet と単数になっているが、「旅行計画」は学校それぞれなので複数とした。

abord → d'abord

absence [apsɑ̃s] nf 女

欠席 (↔ présence)、留守、欠如

3級

Quelle est la raison de votre absence ? あなたの欠席理由は何ですか？

準2級

Il voudrait que quelqu'un habite dans sa maison *pendant son absence*. 09. 春. 筆

彼は自分が留守の間、誰かに家に住んで欲しがっている。

＊対話文の空所補充問題（「留守の間」の箇所）。

◆ absent(e) adj 形

「留守の、欠席の、不在の」

3級

Philippe est absent parce qu'il est malade. Philippe は病気で欠席です。

Beaucoup d'enfants étaient absents à cause de la *grippe*. 16. 秋. 筆

たくさんの子どもたちがインフルエンザで休んでいた。

＊選択肢のなかから適当な名詞 grippe を選ぶ問題。

absolument [apsɔlymɑ̃]

adv 副

絶対に (↔ relativement)、どうしても、(返事で) まったくその通り

4級

Vous voulez absolument faire ce voyage ?

どうしてもその旅行に行きたいのですか？

3級・準2級

Ce *futon* coûte plus de trois cents dollars, mais il veut absolument l'acheter. 3:17. 春. 筆. 改

その布団は300ドル以上するが、彼は何としても買いたいと思っている。

＊長文読解、内容に一致する和文を選ぶ問題。

- Vous pensez que c'est une bonne idée ?
- Absolument.

- それはいい考えだと思いますか？
- もちろんです。

▶ この副詞は一語で Oui. の強調として使われている（特に「確かさ」に力点が置かれる）。逆に「いいえ、全然」「とんでもない」なら、Absolument pas. という。

accepter [aksɛpte]（I）0 vt 他

（申し出などを快く）受ける、受け入れる（↔ refuser）

4級

Est-ce qu'il y a des hôtels qui acceptent les animaux par ici ?

04. 春. 筆. 改

この近くで動物を受け入れるホテルはありますか？

＊会話文の内容正誤問題の一文。

3級・準2級

À votre place, elle aurait accepté cette proposition.

あなたの立場なら、彼女はその提案を受け入れていただろう。

▶ 省略を補えば Si elle était（あるいは Si elle avait été）à votre place, elle aurait accepté cette proposition. となる。

Ce n'est pas une proposition facile à accepter.

これは受け入れがたい申し出です。

accès [aksɛ] nm 男

アクセス、（場所へ）近づくこと、入ること

3級・準2級

Comment est-ce que je peux avoir accès aux documents confidentiels ?

機密文書にアクセスするにはどうすればよいですか？

▶ avoir accès à qqch は「（場所などに）アクセスできる、近づける」の意味。

accident [aksidɑ̃] nm 男

事故、偶然の出来事

4級・3級

□un accident de voiture

車の事故、交通事故

Mon oncle a eu un accident hier soir. 昨晩、おじが事故にあった。

▶ avoir un accident「事故にあう」は繰り返し出題されている。

準2級

Nous restons *sans* nouvelles d'une dizaine de personnes depuis cet accident.

10. 春. 筆. 改

あの事故のあと、10人ほどの消息が不明のままだ。

＊文脈から前置詞 sans を選ぶ問題。

accompagner [akɔ̃paɲe]（I）0 vt 他

（人に）同行する、付き添う、伴奏する

4級・3級

□accompagner qqn à la gare

人を駅まで送る

Je dois accompagner ma grand-mère à l'hôpital. 祖母を病院に連れて行かなくてはなりません。

準2級

Il transporte uniquement des personnes accompagnées d'animaux.

09. 秋. 筆

彼は動物（ペット）を連れている人だけを運

A B C D E F G H I J K L M N O P Q R S T U V W X Y Z

んでいる。

＊「ペットを連れた客を乗せるタクシー運転手」というテーマの長文の一部。

Vous voulez m'accompagner au piano ?

ピアノで私の伴奏をお願いできますか？

accord → d'accord

accueil [akœj] nm 男

もてなし、受け入れ

3級・準2級

Veuillez trouver ci-dessous les détails concernant votre famille d'accueil.

3 : 97. 秋. 筆. 改

受け入れ家族（ホームステイ先）に関して詳細は以下をご覧ください。

＊長文読解、手紙文の一部から。

Elles ont reçu un accueil chaleureux.

彼女たちは暖かいもてなしを受けた。

▶ 仏検2級レヴェルの動詞 accueillir「（人を）迎える」を用いて、Elles ont été accueillies chaleureusement. と書き換えられる。

acheter [aʃte] (I) 5 vt 他

買う、購入する (↔ vendre)

5級・4級

Je veux acheter un nouvel iPhone.

新しい iPhone を買いたい。

▶「自分へのプレゼント」というニュアンスなら代名動詞 s'acheter を用いる。

Mon mari a acheté une voiture il y a une semaine.

夫は1週間前に車を買った。

▶ "il y a＋[時間]" で「～前」（英語：ago）の意味。

3級

Frédéric achète toujours le pain chez le boulanger du coin.

Frédéric はいつも角のパン屋でパンを買う。

◆ achat nm 男

「購入、買うこと」

4級・3級

□ faire des achats

買い物（ショッピング）する

Je vais faire des achats avec ma fille.

娘と一緒に買い物に行きます。

▶ 何度か仏検に登場しているので faire des achats を載せたが、これはやや古い。現在は faire du shopping とか faire les magasins などを使う。日用品の「買い物」ならば faire les courses という。

acteur, actrice [aktœr, -tris] n 名

俳優、女優

4級・3級

C'est un acteur français ?

彼はフランスの俳優ですか？

Cette actrice est très à la mode chez les jeunes.

3 : 10. 秋. 筆. 改

この女優は若者にとても人気がある。

＊適当な代名詞を選択肢から選ぶ問題の前文として出題された。à la mode は「人気がある」（＝populaire）の意味。

準2級

À l'âge de 18 ans, je suis entré dans le monde du cinéma comme acteur.

16. 春. 書

18歳で、私は俳優として映画の世界に入った。

＊「書き取り」（ディクテ）から。ただ、この文はいささかぎこちない。単に、À 18 ans, je suis devenu acteur. とするか、あるいは J'ai fait mes premiers pas comme acteur à 18 ans.「俳優としての一歩を踏み出した」などと言い換えたい。

actif, active [aktif, -iv]
adj 形

活発な、積極的な

3級

C'est une dame très active qui veut toujours faire de nouvelles choses. 14.秋.筆

彼女はいつも新しいことを始めたがっている、とても積極的な女性です。

＊長文読解、内容に一致する和文を選ぶ問題。

Cette ville est un centre de commerce actif.

この都市は活発な商業の中心である。

◆ activité nf 女
「活動（力）、元気」

3級・準2級

Il y a beaucoup d'activités à Shinjuku quelle que soit l'heure.

新宿はいつでも活気にあふれている。

▶ quelle que soit l'heure で「たとえいつでも、どんな時間でも」の意味。

Il faut avoir une activité sportive régulièrement.

定期的にスポーツをやらなくてはならない。

▶ pratiquer une activité sportive も「スポーツをする」（=faire du sport）の意味になる。

action [aksjɔ̃] nf 女
行動、アクション

3級

Au-delà de la bonne volonté, il faut des actions concrètes. 98.春.筆

善意を越えて（善意のほかに）、具体的な行動が必要だ。

＊広告文の内容を読みとる問題。ただ、La bonne volonté ne suffit pas : il faut des actions concrètes.「善意だけでは足りない、具体的な行動が必要だ」などと言い換える方がスムーズな文になる。

actuel(le) [aktɥɛl] adj 形
現代の、現在の

準2級

Il m'a aussi parlé des difficultés actuelles de sa société. 12.秋.聞

彼は現在会社が抱えている困難についても私に話してくれた。

＊長文の聞き取り問題から。見出語は1990年代に3級に出題された例がないではないが、現在では準2級相当の単語。

◆ actuellement adj 形
「現在、目下、今のところ」（=à l'heure actuelle）

3級

Mes parents sont actuellement en voyage à Londres.

現在、両親はロンドンに旅行中です。

addition [adisjɔ̃] nf 女
（飲食店などの）勘定

4級

L'addition, s'il vous plaît.

勘定してください。

▶ ホテルの「勘定」は la note という。

admirer [admire] (I) 0
vt 他

称賛する、感心する

3級

On pourrait admirer les feuilles d'automne. 17.秋.聞.改

紅葉を愛(め)でることができますよ。

＊「秋の葉に感心できるだろう」が直訳。Si on allait à la montagne demain ?「明日、山に行かない？」という誘いに続く文。日本人的な発想からか、les feuilles rouges d'automne「紅葉」と出題されているが、rouge「赤い」で修飾するのは、フランス語としては不自然である。

準2級

On voit très bien l'ancien château blanc sur la colline. Il y a des gens qui prennent le bateau pour l'admirer depuis le lac. 15.秋.書

丘の上の白い古城がよく見える。湖からそれ（古城）を眺めようと船に乗る人たちがいる。

＊「書き取り」ディクテ。prennent や l'admirer を聞き分け、書き取るのが難しいので注意。

adorer [adɔre] (I)0 vt 他

(人や物が) 大好きである (↔ détester)

4級

Mes parents adorent l'opéra.

両親はオペラが大好きです。

3級・準2級

Oh Maman, tu sais bien que j'adore les chats noirs ! 3:13.春.筆.改

ああママ、私が黒猫が大好きだってわかってるでしょ！

＊会話文の空所補充問題文中の一文を改作。

Madame Suzuki m'a dit qu'elle adorait les sports d'hiver.

鈴木夫人はウインタースポーツが大好きだと言った。

adresse [adrɛs] nf 女

住所、アドレス

5級・4級

Mon adresse, c'est 11 rue de Vaugirard. 私の住所はヴォジラール通り 11 です。

3級

Si je *connaissais* son adresse, je lui enverrais des fleurs. 11.秋.筆.改

もし彼（彼女）の住所を知っていたら、花を送るだろうに。

＊ "Si+S+V [直説法半過去], S+V [条件法現在]" を問う動詞活用問題に登場。

準2級

Pourriez-vous me donner votre nouvelle adresse ? あなたの新しい住所を教えていただけますか？

◆ (s')adresser (I)0 vr 代動

「(情報などを得るため) (人に) 問い合わせる」

3級

À qui dois-je m'adresser ?

どなたに問い合わせたらいいのでしょうか？

Adressez-vous au guichet 3.

3 番の窓口で聞いてください。

adulte [adylt] n 名 adj 形

大人 (の)、成人 (した)

3級・準2級

Un mâle adulte est deux fois plus gros qu'une femelle. 3:01.春.筆

大人のオスはメスの 2 倍大きい。

＊babouin「ヒヒ」の♂♀についての長文の一部。倍数表現にも注意。

Deux tickets adultes, s'il vous plaît.

（映画館などで）大人 2 枚ください。

aérobic [aerɔbik] nm 男

エアロビクス

4級

Tu veux faire de l'aérobic avec nous ? 88.春.筆

私たちとエアロビクスをしませんか？

＊この疑問文に応じる、Oui, je veux faire de l'aérobic avec *vous*. の強勢人称代名詞を答える問題として出題された。なお、「エアロビクス」の出題はこれ 1 度だけ。

aéroport [aerɔpɔr] nm 男

空港、エアポート

▷ aéro (air「空気」)＋port「港」

5級・4級

□aller à l'aéroport 空港に行く

Elles ont rendez-vous *à l'*aéroport.

4:09.秋.筆.改

彼女たちは空港で待ち合わせている。

＊「前置詞 à＋定冠詞 l'」を選択肢から選ぶ問題。

3級

On arrivera à l'aéroport de Narita vers 21h45.

21 時 45 分頃、成田空港に着きます。

affaire [afɛr] nf 女

[複数で] ビジネス、身の回りの品

3級・準2級

□être en voyage d'affaires

出張中である

Rangez vos affaires avant *de* partir.

3:00.春.筆

出かける前にあなたの荷物（身の回りのもの）を整理してください。

＊前置詞句 avant de＋inf.「～する前に」が問われた。なお、見出語は「こと、問題、仕事、事件」（例 Tu prends cette petite affaire trop au sérieux.「こんなささいなことを真面目にとらえすぎだよ」）と幅広い意味を持つ単語だが、仏検では主に、複数形「ビジネス、身の回りの品」の意味で出題される。

Afrique [afrik] nf 女

アフリカ

3級

□voyager en Afrique

アフリカへ旅行する

Il m'a raconté que son fils *était revenu* d'Afrique il y a trois jours.

10.春.筆.改

彼は3日前に息子がアフリカから戻ってきたと話してくれた。

＊動詞活用の問題。時制照応して revenir が直説法大過去になる。

準2級

Il n'y a pas beaucoup de livres sur l'Afrique dans notre *lycée*. 15.春.聞

私たちのリセにはアフリカに関する本はそれほどない。

＊この文を聞き取り、問題文中の le (lycée) de Béatrice の空所を記入する問題。

âge [aʒ] nm 男

年齢、（歴史上の）時代

5級・4級

Tu as quel âge ? （年齢）いくつですか？

Mon père a le même âge que ma mère. 父は母と同い年です。

3級

Vous lui donnez quel âge ? 92.秋.筆

あなたは彼（彼女）をいくつだと思いますか？

＊会話文を完成させる問題。この donner は「（年齢などを）推測する」の意味。

出 題

単語を正しく並び替えて［　］内に記入しなさい。

Elles [　　　] de vingt et un ans.
à se sont l'âge connues

17.春.筆.改

和訳は「彼女たちは 21 歳で知り合った」となる。se connaître の複合過去。se が直接目的語なので、過去分詞は connues となる。

（解答）*se sont connues à l'âge*

Mon mari fait plus jeune que son âge. 夫は年より若く見える。

Ils se sont mariés à l'âge de 18 ans.
彼らは18歳で結婚した。

▶ Ils se sont mariés quand ils avaient 18 ans. も同義になる。

âgé(e) [aʒe] adj 形
年をとった、老齢の

▌4級・3級

□les personnes âgées お年寄り

On doit respecter les personnes âgées.
お年寄りは敬（うやま）わなくてはなりません。

Je suis plus âgé qu'elle.
私は彼女よりも年上です。

＊ この文を Je suis plus âgé qu'elle de deux ans.「2つ年が上です」などと少しアレンジすると準2級レヴェルの表現になる。

agence [aʒɑ̃s] nf 女
代理店、（銀行などの）支店

▌3級・準2級

Vous allez à l'agence de voyages ?
旅行代理店に行きますか？

Je sais que je peux m'adresser à une agence ou lire les petites annonces immobilières dans les journaux. 3:93. 秋. 筆
自分で（不動産の）代理店に問い合わせたり、新聞に出ている不動産の三行広告を読めばいいことはわかっています。

＊長文読解、内容に一致する仏文を選ぶ問題。

agent [aʒɑ̃] nm 男
警官

▌準2級

□un agent de police 警察官

L'agent de police va arriver dans un instant. 警官はもうすぐ来ますよ。

agir [aʒir] (II) vi 自
行動する、（sur ～に）作用する

▌3級

Je n'aime pas votre manière d'agir.
あなたのふるまい方は気に入らない。

▌準2級

Chloé pense qu'on n'est jamais trop jeune pour agir. 16. 春. 筆. 改
Chloé は行動を起こすのに若すぎるということはけっしてないと考えている

＊長文読解問題の一部。trop ... pour＋inf. の相関句。

Ce médicament n'a pas agi sur moi.
この薬は私には効かなかった。

▶ Ce médicament ne m'a pas aidé. と言い換えられる。

◆ (s')agir (II) vr 代動
「(de ～に) 関わる、問題は～だ、～が重要だ」

▌3級・準2級

Apparemment, il s'agit d'une personne sérieuse. 3:16. 秋. 筆. 改
見たところ真面目な人物のようです。

＊手紙文の一部。代名動詞の非人称構文 "il s'agit de＋[不定冠詞]＋[名詞]" はやや硬い言い回しだが、実質的には c'est ～ に近い感覚で使われる。

Je ne sais pas de quoi tu parles : de quoi s'agit-il ?
何を話してるかわかりません、いったい、何のことですか（どうしたの）？

agréable [agreabl] adj 形
快適な（=confortable)、感じのよい（=sympathique)

4級・3級

□C'est très agréable de＋inf.

〜するのはとても快適だ

C'est très agréable de vivre *à* la campagne. 4:00. 春. 筆

田舎暮らしは実に快適です。

＊選択肢から適当な前置詞を選ぶ問題。

Quelle est la saison la plus agréable de l'année pour vous ?

あなたにとって1年でもっとも快適な季節はいつですか？

準2級

J'aime bien rendre le séjour de mes clients le plus agréable possible. 16. 秋. 筆. 改

私はお客様の滞在を可能な限り快適なものにしたい。

＊長文読解問題の一部。

agriculture [agrikyltyr]

nf 女

農業

▷agri (champ「畑」)＋culture「耕作」

3級・準2級

En France, l'agriculture occupe *85%* du territoire. 3:88. 秋. 筆

フランスでは、農業が国土の85% を占めている。

＊85% を quatre-vingt-cinq pour cent と書かせる問題。ただし、このデータは古く、現在では「国の54%」54% du paysのようだ。

Sa famille est dans l'agriculture depuis des générations.

彼（彼女）の家族は何世代も農業を営んでいます。

◆agricole adj 形

「農業の」

◆agriculteur, agricultrice

n 名

「農家」

＊上記の2つの語は準2級で出題例はあるが、当該レヴェルを超えると判断され、08. 春と15. 春の筆記問題では欄外に注記が施されている。

ah [ɑ] interj 間

（さまざまな感情を表す）ああ、おやおや

5級・4級・3級

Ah bon ? へえ、そうなの？

Ah, tant pis !

ああ、仕方ない（気の毒に）！

準2級

Ah, je vois, c'est décidé : je la visite*rai* la prochaine fois ! 17. 秋. 筆. 改

へえ、そうですか、じゃ決まり、次回はその町を訪れてみます！

＊空所補充問題。この文の直後に話題を au fait「ところで」と転換する部分が問われた。

aider [ede] (I)0 vt 他

助ける、手伝う

4級

Je peux vous aider ?

お手伝いしましょうか？

▶Vous pouvez m'aider ? なら「手伝っていただけますか？」の意味。

3級・準2級

Désolée, je suis trop occupée pour vous aider.

ごめんなさい、忙しすぎてあなたを手伝えません。

Il veut aider ses vieux parents à cultiver leurs légumes. 準2:14. 春. 聞

彼は、年とった両親が野菜を栽培する手伝いがしたい。

＊長文の「聞き取り」の内容一致問題。

◆aide nf 女

「助け、援助」

3級・準2級

***Avec* votre aide, ils pourront réussir.** 3:04.秋.筆.改

あなたの助けがあれば、彼らは成功するでしょう。

＊接続詞 si に相当する、条件を表す前置詞 avec を選択肢から選ぶ問題。

Je vous remercie de votre aide.

助かりました、ありがとう（お世話をおかけしました）。

ailleurs [ajœr] adv 副

他の場所に、よそに

3級

Il y a trop de bruit ici, allons ailleurs.

ここはうるさすぎる、他へ行きましょう。

Il fait trop froid pour sortir et d'ailleurs, je ne me sens pas bien.

外出するには寒すぎます、それに体調がすぐれないので。

▶ d'ailleurs は「副次的な情報」「追加の情報（おまけ）」を補足する言い回し。「有益な情報」を「それに加えて」と添える en plus とのニュアンスの違いに注意（例 Il est intelligent et en plus, il est beau.「彼は頭がいい、それに男前だ」）。

aimable [ɛmabl] adj 形

好感の持てる、愛想のいい、親切な（= gentil, sympathique）

3級

C'est très aimable à vous.

ご親切にどうも。

D'accord, mais tu trouves les Parisiens aimables ? 95.秋.筆

わかりました、でも、パリジャンは愛想がいいと思います？

＊会話文の一部。

aimer [eme] (I)0 vt 他

愛する、好きである（↔ détester, haïr）

5級・4級

Pascal aime l'été.

Pascal は夏が好きです。

On aime beaucoup la nature. 4:91.春.聞.改

自然が大好きだ。

＊この文を聞いて、内容に合っているイラストを選択する問題。

Elle aime rester seule à la maison.

彼女は一人で家にいるのが好きです。

▶ aimer＋inf. で「〜するのが好きである」の意味。

3級

J'*aimerais* bien qu'elle vienne. 90.春.筆

彼女に来てほしいのだが。

＊aimerの条件法現在を日本語から導く問題。ただ、和訳からだけでは、j'aime（直説法現在）でも j'aimerai（直説法単純未来）でも正解になりうる点で出題に不備がある。

◆(s')aimer (I)0 vr 代動

「愛し合う」

3級

Paul et Sophie s'aiment bien l'un l'autre. 98.春.筆.改

Paul と Sophie は互いに愛し合っています。

＊再帰代名詞 s' を選択肢から選ぶ問題。

ainsi [ɛ̃si] adv 副

こうして、そんなわけで、たとえば

3級

Ainsi, tous les week-ends, je fabrique

des animaux en bois. 08. 秋. 筆

こうして、毎週末、私は木製の動物を作っている。

＊長文の正誤問題。

準2級

C'est ainsi que j'ai habilement refusé cette proposition.

そうしたわけで、私はその申し出を体(てい)よく断ったのです。

▶ 結論を導く、c'est ainsi que ... という言い回し。

air [ɛr] nm 男

空気、雰囲気、様子

5級・4級

□avoir l'air＋[形容詞]

～のように見える

▶ 形容詞はほとんどのケースで主語と性数一致する。

Tous les plats avaient l'air très bons.

すべての料理がとてもおいしそうだった。

＊avoir l'air bon という決まり文句は、準2級 10. 春 に空所補充問題に出題されている。

3級・準2級

□en plein air　野外で、戸外で

Il faut que j'aille dehors prendre un bol d'air frais.

外に出て新鮮な空気を吸わないと。

▶ prendre un bol d'air frais で「外のよい空気を吸う」という意味。

ajouter [aʒute] (I)0 vt 他

付け加える、(言葉を) 言い足す

3級・準2級

Ajoutez du sel à la soupe.

スープに塩を加えてください。

Algérie [alʒeri] nf 女

アルジェリア

3級

出　題

次の対話を読み、(　) 内の語を必要な形にしなさい。

- Tu es né en Afrique ?
- Oui. Je (rester) en Algérie jusqu'à l'âge de 5 ans. 03. 秋. 筆

「アフリカで生まれたの？」「はい。5歳までアルジェリアにいました」とする。期間が特定されているので直説法複合過去を用いる (なお、最初の発話の過去分詞 né で Oui. 以下の話者が男性だとわかる)。

(解答) *suis resté*

aliment [alimɑ̃] nm 男

(個々の) 食料 (品)、[複数で集合的に] 食物

3級

On y conserve les aliments au frais. 01. 春. 筆

そこでは食料を新鮮に保つ。

＊この説明文を読み、選択肢から「冷蔵庫」réfrigérateur を選ぶ問題。

準2級

Aujourd'hui, il y a de plus en plus de Français qui mangent des aliments cultivés près de chez eux. 15. 春. 筆

今日、家の近くで栽培された食物を食べるフランス人がますます増えている。

＊長文読解、空所補充の問題。ただし、aliment に「食物」の語注あり。なお、フランスでは、「有機農産物、無農薬・無添加食品 (des produits bio) を食べる」manger bio が流行している。

Allemagne [almaɲ] nf 女

ドイツ

■4級・3級

□partir en Allemagne　ドイツに出発する

Le pays est situé au nord de la France et à l'ouest de l'Allemagne. 3 :92. 秋. 聞

その国はフランスの北方、ドイツ西方に位置している。

＊この文を聞き取り、選択肢から la Belgique を選ぶ問題。

◆allemand(e) adj 形

「ドイツ（人・語）の」

■4級

Sa femme est allemande.

彼の奥さんはドイツ人です。

◆Allemand(e) n 名

「ドイツ人」

■4級

Ils ont étudié *avec* des Allemands et des Anglais. 02. 秋. 筆. 改

彼らはドイツ人やイギリス人といっしょに勉強した。

＊文意から前置詞 avec を選ぶ問題。

◆allemand nm 男

「ドイツ語」

■3級

Dans ce pays, on parle l'allemand, le français et l'italien. 92. 秋. 聞

この国では、ドイツ語、フランス語、イタリア語が話されている。

＊この文を聞き取り、選択肢から la Suisse を選ぶ問題。

aller [ale] (S)3 vi 自

（場所へ）行く（↔ venir）、（健康が）〜である、（機械などが）動く、（事柄が）運ぶ、〜しに行く、[近接未来]（これから）〜する

■5級

Est-ce que tu veux bien aller *acheter* du pain ? 02. 春. 筆. 改

パンを買いに行ってくれる？

＊aller＋inf.「〜しに行く」の形を見抜く問題。5級としてはやや難しい。

■4級

Il va neiger.　（まもなく）雪が降りそうだ。

▶この例は aller＋inf. で近接未来の形。

Combien de temps faut-il pour aller à Kyoto en voiture ?

車で京都へ行くのにどれくらい時間がかかりますか？

Tout va bien.　すべて順調です。

■3級

Claudine est allée à la poste après avoir fini d'écrire sa lettre.

Claudine は手紙を書き終えると郵便局に出しに行った。

＊87. 春に出題された Claudine a fini sa lettre qu'elle *est allée* mettre à la poste. という文（aller を直説法複合過去に活用させる問題）に違和感があるため、文意に即して書き換えた。出題の文に近づけて、Claudine est allée mettre à la poste la lettre qu'elle a fini d'écrire. などとすることはできる。

allô, allo [alo] interj 間

（電話で）もしもし（▶新綴りは allo を推奨している）

■5級

Allo bonjour, c'est Ken'ichi.

もしもしこんにちは、（こちら）Ken'ichi です。

■4級

Allô, je suis bien chez monsieur Legrand ? 11. 秋. 筆

もしもし、Legrand さんのお宅でしょうか？

＊電話の応答文で、この問いへの返答、Oui, mais il n'est pas là en ce moment.「はい、ですが、いま Legrand はおりません」を選ぶ問題。

allumer [alyme] (I)0 vt 他 vi 自

火をつける、(電気器具に) スイッチを入れる (↔ éteindre)

3級

Allumez la lumière dans l'entrée.
玄関の明かりをつけてください。

◆(s')allumer (I)0 vr 代動

「火がつく、明かりがともる」

3級

La lumière s'est allumée dans la maison. 家に明かりがともった。

alors [alɔr] adv 副

そのとき、だから、[間投詞的に] じゃあ、さて

5級・4級

Alors, ça va mieux ?
で、具合はよくなった？

▶ aller bien を aller mieux として疑問文で使えば「(具合の悪い人、病人などに) 体調はよくなっている」かと尋ねる言い回しになる。

Alors, on y va ? では、行こうか？

3級

C'est alors que j'*ai vu* Pierre sortir de l'ascenseur. 94. 秋. 筆
すると (そのとき)、Pierre がエレヴェーターから出てくるのを見たのです。

＊直説法複合過去で具体的に起こったことを指し示す動詞活用の問題。c'est alors que ～は強調的に「とそのとき～」と時間のポイントを指し示す形。

(les) Alpes [lezalp] nfpl 女複

アルプス山脈

4級

Le Mont-Blanc est dans les Alpes. 94. 秋. 筆
モンブランはアルプス山脈中にある。

＊地図を見ながら文の正誤を問う問題。もちろんこの文は正しい。ちなみに「登山家」alpiniste は見出語から派生した語。

3級

Mon père allait le plus souvent dans les Alpes italiennes. 01. 秋. 筆. 改
父はイタリア・アルプスへもっとも足繁く通った。

＊長文読解問題の一文。

altitude [altityd] nf 女

標高、海抜

▷ alti (haut「高い」) ＋tude「こと」

3級

Le mont Fuji a une altitude de 3776 mètres. 富士山は標高 3776 メートルだ。

amener [amne] (I)3 vt 他

(人を) 連れてくる

準2級

出題歴なし

N'hésite pas à amener tes amis à la fête.
遠慮せずにあなたの友人をパーティーに連れてきて。

＊見出語は 91 年 3 級に、解答とは直接関係のない文中で登場した例はある。

américain(e) [amerikɛ̃, -kɛn] adj 形

アメリカ (人) の、米語の

5級・4級・3級

Cet écrivain américain écrit ses romans *en* japonais. 3 :05. 秋. 筆
そのアメリカ人作家は日本語で小説を書く。

A B C D E F G H I J K L M N O P Q R S T U V W X Y Z

＊「日本語で」en japonais の前置詞を問う問題。

準2級

Quand j'étais enfant, je regardais beaucoup de films américains. 16. 春. 書. 改

子どもの頃、私はたくさんアメリカ映画を見ました。

＊ beaucoup de films américains の複数の <s> を書き忘れないように。

◆ Américain(e) n 名

「アメリカ人」

準2級

Si les Américains prennent souvent des cafés à emporter, les Français, eux, préfèrent s'asseoir pour boire leur café tranquillement. 17. 春. 筆. 改

アメリカ人はよくコーヒーをテイクアウトするが、（これに対して）フランス人は腰を降ろして心静かにコーヒーを飲むほうが好きだ。

＊長文の空所補充問題の一部。

◆ Amérique nf 女

「アメリカ大陸」

4級

J'ai envie de voyager en Amérique du Nord. 北米を旅したい。

ami(e) [ami] n 名

友だち、友人

5級・4級・3級

Comment s'appelle son ami ?

彼（彼女）の友人は何という名前？

Hélène a pris des photos de son amie d'enfance devant une église.

Hélène は教会の前で幼なじみの写真をとった。

準2級

Hier, elle avait rendez-vous avec un de ses amis dans un restaurant. 10. 秋. 書

昨日、彼女はレストランで友人と待ち合わせた。

＊「書き取り」（ディクテ）。un de ses amis を正確に書き取るのがやや難しい。

◆ amitié nf 女

「友情、［複数で］友情の印」

3級

Leur amitié n'a pas duré longtemps.

彼らの友情は長く続かなかった。

amicalement [amikalmɑ̃] adv 副

友情をこめて、友好的に

準2級

Amicalement, Christine 17. 春. 聞

（手紙で）草々、Christine

＊手紙文の結びから。親しい相手に使う。「敬具」の感覚なら、Cordialement（誠意を込めて）が使われる。

amour [amur] nm 男

愛、恋愛

3級

C'est une lettre d'amour ?

それ、ラヴレターなの？

- Qu'est-ce que tu veux voir ?
- Un film d'amour. 14. 春. 筆

-「何が見たいの？」
-「恋愛映画よ」

＊対話を成立させる問題。

amusant(e) [amyzɑ̃, -zɑ̃t] adj 形

おもしろい、楽しい、愉快な

3級

René m'a raconté une histoire amusante.

René は私におもしろい話をしてくれた。

Emma est *si amusante que tous ses camarades* l'aiment bien. 15. 秋. 筆. 改

Emma はとてもおもしろいので、仲間たちはみんな彼女を気に入っている。

＊ "si＋[形容詞]＋que S＋V" の相関句を並べる整序問題。

(s')amuser [amyze] (I)0

vr 代動

楽しむ、遊ぶ

3級

Amusez-vous bien !

楽しんできてください！

準2級

Ils travaillent et ils font de la guitare seulement pour s'amuser. 13. 秋. 筆

彼らは仕事をしていて、ただ楽しむためにだけギターを弾いています。

＊ 会話文の空所補充問題から。この例は過去問のままとしたが、pour s'amuser は en tant que loisir「余暇で」などとする方が自然だろう。

an [ɑ̃] nm 男

年、歳

5級・4級

Ma fille apprend le piano depuis deux ans.

娘は2年前からピアノを習っている。

Ma sœur a vingt et un ans.

姉（妹）は21歳です。

Mon fils a commencé à parler à un an et demi.

うちの息子は1歳半で話しだした。

3級

Dans un an, mon grand-père aura 105 ans !

1年後に、祖父は105歳になります！

Combien de fois par an allez-vous à Karuizawa ?

軽井沢には年に何回行きますか？

ancien(ne) [ɑ̃sjɛ̃, -sjɛn]

adj 形

古い（＝vieux）、昔の、［名詞の前で］前の

4級・3級

Il y a beaucoup de temples anciens à Nara.

奈良には古い寺がたくさんある。

C'est le plus ancien bâtiment de cette ville.

これはこの町で一番古い建物です。

▶「経年」を表す vieux と類義だが、見出語は「現在」とは別時代のという意味合い、それに歴史的対象物として価値があるという含意を持つ。

準2級

C'est vrai qu'il a l'air ancien. 09. 秋. 筆

本当にそれ（バッグ）は古そうですね。

＊ 会話文の空欄に適切な語句を選択する問題から。

Je vous présente mon ancienne femme. あなたに前妻を紹介します。

▶「かつての妻」つまり「今は妻でない女性」という意味。

anglais [ɑ̃glɛ] nm 男

英語

5級

□parler anglais　英語を話す

□apprendre l'anglais　英語を学ぶ

▌4級・3級

☐étudier l'anglais　英語を勉強している

▶ 大学などで「英語を専攻している」と言いたいなら、faire des études d'anglais などとする。

Est-ce que vous avez des cours d'anglais pour enfants ? 4:02. 春. 筆

子ども用の英語のコースはありますか？

＊会話文の読解問題。

Tu es fort en anglais ?

英語は得意ですか？

◆anglais(e) adj 形

「イギリス（人）の、英語の」

▌5級・4級

Il connaît *une vieille chanson anglaise.* 4:15. 秋. 筆. 改

彼はあるイギリスの古い歌を知っている。

＊名詞 chanson を 2 つの形容詞がはさむ整序問題。

▌準2級

J'ai un ami anglais qui habite au Japon depuis deux ans. 08. 秋. 書

2 年日本に住んでいるイギリス人の友だちがいます。

＊「書き取り」（ディクテ）。これを … des amis anglais qui habitent … などと複数形にすると難易度がぐんとあがる。

◆Anglais(e) n 名

「イギリス人」

▌準2級

40% des Anglais disent aujourd'hui qu'ils n'ont rien écrit à la main depuis au moins six mois. 14. 春. 筆. 改

今日では、イギリス人の 40% は少なくとも半年前からいっさい手で文字を書いていないと言っている。

＊長文の空欄を埋める問題。

◆Angleterre nf 女

「イギリス」

▌4級

☐aller en Angleterre　イギリスに行く

☐vivre en Angleterre　イギリスで暮らす

▌3級

Au cours de cette période, il a passé un été aux États-Unis, et un autre en Angleterre. 00. 春. 筆

この期間中、彼は一夏はアメリカ合衆国で、もう一夏はイギリスで過ごした。

＊長文読解、正誤問題。

animal [animal] nm 男
animaux [-mo] pl 複

動物

▌5級・4級

Tu aimes les animaux ?

動物が好きですか？

▌3級・準2級

L'homme est le seul animal qui puisse se servir du feu.

人間は火を使える唯一の動物だ。

Il faisait froid, mais j'ai pu voir des fleurs et de petits animaux dans la nature. 準2:14. 秋. 書

寒かったのですが、自然の中で花や小動物を見ることができた。

＊「書き取り」（ディクテ）。山歩きで見かけた風景を描いた内容。

année [ane] nf 女

年、年度

▌5級

☐cette année　今年

Bonne année !　あけましておめでとう！

＊準2級 17. 春 にはこの一言の穴埋め問題が出題された。

Mon frère est *en première année*. 12. 秋. 筆

弟（兄）は1年生です。

＊整序問題。和訳の誘導はあるものの、“en＋[序数]＋année”「～学年」という形は5級レヴェルを超えている（事実、得点率は30% と低かった）。

4級・3級

□l'année dernière　昨年

□la fin de l'année　年末

C'est la maison *que* Jacques a achetée l'année dernière. 3:12. 春. 筆

これは Jacques が昨年購入した家です。

＊関係代名詞 que を選択する問題。

anniversaire [anivɛrsɛr]

nm 男

記念日、誕生日

4級・3級

Bon anniversaire !

誕生日おめでとう！

▶ Joyeux anniversaire ! ともいう。

Voilà les cadeaux que j'ai reçus *pour* mon anniversaire. 3:88. 春. 筆

あれが、誕生日にもらったプレゼントです。

＊「私の誕生日のために」を意味する前置詞 pour を選択する問題。

準2級

La fête d'anniversaire de Sara n'aura pas lieu. 17. 春. 聞

Sara の誕生パーティーは行われないだろう。

＊長文を聞いたあとに、内容に一致するか否かを問う聞き取りの設問中の文。avoir lieu は「～が行われる、開催される」の意味。

annoncer [anɔ̃se]（I）1

vt 他

知らせる、告げる（=déclarer）、発表する

3級・準2級

Je suis arrivé juste après son départ ; il *était* trop tard pour lui annoncer la nouvelle. 3:87. 春. 筆

私が着いたのはちょうど彼が出発したあとで、その知らせを伝えるには遅すぎた。

＊過去の状態を説明する直説法半過去を問う設問。

La visite du Président de la République a été annoncée en grand.

フランス大統領の来訪は、大きく報道されました。

＊なお、3級[91. 秋]に *annonce* d'une nouvelle「ニュースの告知」を *annoncer* une nouvelle「ニュースを告げる」と書き換える問題が出題されたことがある。

◆annonce nf 女

「知らせ、アナウンス、広告」

3級

J'ai lu votre annonce dans le journal de ce matin. 96. 春. 筆

今朝の新聞でお宅の広告を読みました。

＊不動産屋と客の電話でのやり取り。空所補充問題。

annuler [anyle]（I）0 vt 他

（約束などを）取り消す、中止する

3級

Annulez tous mes rendez-vous de cet après-midi. 95. 秋. 聞

今日の午後の約束をすべてキャンセルしてくれ。

＊この文を聞いて、上司が秘書に語りかけているイラストを選ぶ。ここでは annuler に注記なし。

準2級

Je voudrais prendre le train de 6 heures 25 qui va à Lyon. Mais on m'a dit que ce train était annulé. 12. 秋. 筆

リヨン行き6時25分の電車に乗りたいのですが、その電車は運休だと聞きました。

＊駅員と客との対話文の空所を選択肢から選ぶ問題。ただし、ここでの annuler には「運休にする」と注記が添えられている。

août [u(t)] nm 男

8月 (▶新綴りは aout)

5級・4級

□en août　8月に (＝au mois d'août)

Il part en vacances et son appartement sera libre en août. 4:14.春.筆.改

彼はヴァカンスにでかけていて、アパルトマンは8月には空いているはずです。

＊内容正誤問題の会話文の一部。

3級・準2級

Dans notre ville, une exposition a lieu du 1er au 31 août. 準2:13.春.聞

私たちの町で、ある展覧会が8月1日から31日まで開かれる。

＊聞き取り問題の出だし。

à partir de → partir

apercevoir [apɛrsəvwar] (III) 18 vt 他

見える、目に入る、認める

3級

Je l'ai aperçue ce matin dans la rue.

今朝、通りで彼女を見かけました。

準2級

Elle a aperçu son oncle et sa tante *parmi* les voyageurs. 12.秋.筆

彼女は旅行客のなかにおじとおばを見つけた。

＊「三者」以上の「なかで、あいだで」を意味する前置詞を選ぶ問題。

◆(s')apercevoir (III) 18 vr 代動

「(de ～に) 気づく」

3級

Quand il est descendu du bus, il s'est aperçu qu'il n'avait plus sa valise. 03.春.筆.改

彼はバスを降りてから、スーツケースがないことに気づいた。

＊長文読解の一部。

apparaître [aparɛtr] (III) 22 vi 自

現れる (↔ disparaître)、～に見える (＝paraître, sembler)

準2級

Dans son prochain livre, il pense présenter des plats qui apparaissent dans des films d'Asie. 15.春.筆.改

次作で、彼はアジアの映画に登場する料理を紹介しようと考えている。

＊長文を読み、続いて示される仏文が内容に一致するか否かを判定する問題。

◆apparemment adv 副

「外見上、見たところ」

3級

Il s'agit apparemment d'une personne sérieuse. 96.秋.筆

見たところ、まじめな方のようです。

＊手紙文の一部。その手紙の内容に日本語が一致しているかどうかを答える。

◆apparence nf 女

「外観、外見」

準2級

Mais cela ne veut pas dire que l'apparence *n'est pas importante* quand on travaille. 12.春.筆.改

しかし、それは働くときに外見が重要でないという意味ではない。

＊職場での服装の自由度の話。長文の空欄補充問題。

appareil [aparɛj] nm 男

器具、装置、電話、カメラ

3級

Allô, qui est à l'appareil ?

もしもし、どなたですか？

＊「(自分にかかってきた電話で) どなたですか？」と問う形。電話を人に取りつぐ場合に「どちら様ですか？」と問うなら C'est de la part de qui ? といった言い方をする。

準2級

Les appareils photo de l'époque faisaient beaucoup de bruit. *C'est pourquoi* une loi a interdit de son usage dans les tribunaux. 15. 春. 筆. 改

当時、カメラは音がうるさかった。そのせいで、法廷でのカメラの使用が法律で禁止された。

＊前後の因果関係を踏まえて、c'est pourquoi「そういうわけで」を選択肢から選ぶ問題。

appartement [apartəmɑ̃] nm 男

アパルトマン (▶建物の一室)、マンション

4級・3級

□habiter en appartement

アパルトマンに住んでいる

▶ habiter un appartement, habiter dans un appartement といった言い方もする。

Je vais quitter ma maison le mois prochain et habiter dans un appartement.

私は来月自宅を出て、マンション住まいをします。

準2級

Vous partagez un appartement avec votre frère ?

あなたはお兄さん (弟さん) とアパルトマンをシェアしているのですか？

▶「一世帯分の居住空間」のことで、日本語の「アパート」のように建物全体を指す単語ではない。建物全体なら un immeuble (d'habitation) などを使う。

appeler [aple] (I)4 vt 他

呼ぶ、電話する

5級・4級

Je vais appeler un taxi pour aller à *la gare*. 5 : 17. 秋. 筆

駅へ行くのにタクシーを呼びます。

＊文意から「駅」la gare を選ぶ設問。

3級

Attends, *j'ai une idée* : je vais t'appeler sur ton portable. 12. 春. 筆

待って、いい考えがある。僕が君のケータイに電話してみるよ。

＊行方不明の携帯電話を探しているシーン。文意を推し量り、「いい考えがある」を選択肢から選ぶ問題。

◆ (s')appeler (I)4 vr 代動

「〜という名前である」

5級・4級・3級

Je m'appelle Ichiro.

名前は Ichiro と言います。

Tu t'appelles comment ?

お名前は？

Je ne me souviens plus du tout comment s'appelle sa fille.

彼 (彼女) の娘さんが何という名前なのかもうまったく覚えていません。

appétit [apeti] nm 男

食欲、欲望

▷ app「〜を」+pétit (désir「求める気持ち」)

4級・3級・準2級

□avoir de l'appétit　食欲がある

□perdre l'appétit　食欲をなくす

Bon appétit !　さあ、召し上がれ！

＊この定型の一言は、たとえば、3級 14. 秋 の空所補充問題に登場している。

Mon grand-père n'a pas d'appétit depuis une semaine.

祖父は1週間前から食欲がありません。

Qu'est-ce qui vous a fait perdre l'appétit ?

食欲がなくなったのはどうしてですか？

apporter [apɔrte] (I) 0

vt 他

(自分がいる場所に) 持ってくる、(相手がいる場所に) 持っていく

4級・3級

Apportez-moi un verre d'eau, s'il vous plaît.

水を1杯持ってきてください。

▶「何か飲むものを持ってくる」なら apporter quelque chose à boire といった言い方をする。

準2級

Bonjour. Je viens apporter le meuble que vous avez commandé. 10. 春. 聞

こんにちは。ご注文の家具をお届けに参りました。

＊この文を聞き、Il vient (apporter) un (meuble). という2箇所の空所を埋める問題。

apprendre [aprɑ̃dr] (III) 47

vt 他

学ぶ、勉強する (=étudier)、教える (=enseigner)

5級・4級

Vous voulez *apprendre* la cuisine française ? 11. 秋. 筆

フランス料理を学びたいのですか？

＊電話での応答文、選択肢から見出語を選ぶ問題。

3級

Comment as-tu appris le chinois ?

どうやって中国語を学んだの？

▶ faire du chinois も「中国語を学ぶ」の意味になる。

Depuis un mois, ma fille apprend à jouer du piano.

1ヶ月前から、娘はピアノの演奏を学んでいる。

▶ apprendre à+inf. で「〜することを学ぶ」の意味。間接目的語を添えて、apprendre à qqn à+inf. なら「人に〜するのを教える」の意味になる。見出語は、そもそも「情報などをつかむ」の意味で、自分に向けてつかめば「学ぶ」、他人につかませれば「教える」という正反対の意味を表せる語。

appuyer [apɥije] (I) 10

vt 他　vi 自

(sur 〜を) 押す、支える、もたれかかる

3級

Pour m'appeler, tu n'as qu'à appuyer *sur* ce bouton. 88. 秋. 筆

私を呼ぶときには、このボタンを押しさえすればいい。

＊前置詞 sur を答える問題。

après [aprɛ] adv 副 (→ 前置詞編)

(時間) あとで、それから、(場所) 向こうに、(順番) その次に

5級・4級

Et après ?　で、そのあとは？

▶ 話の続きを促す。相手の物言いに「だから何？」と反問する訳もつけられる。

Après, il faut *tourner* à gauche et c'est tout droit. 5:99.春.筆

そのあと、左に曲がって、そしてまっすぐです。

＊駅への道案内をする会話文。「曲がる」tourner を語群から選択する問題。

3級・準2級

Quelques minutes après, il est revenu chez lui.

数分後、彼は自宅に戻ってきた。

Aussitôt après, Robert a eu un grand succès en France. 準2:10.春.聞.改

そのあとすぐ、Robert はフランスで大成功をおさめた。

＊この文を含んだ長文を聞き、そのあとで読み上げられる Robert a réussi en France. が文意に一致するかを判定する問題。

après-demain [aprɛdmɛ̃]

adv 副

明後日、あさって

4級・3級

On partira à Paris après-demain.

明後日、パリに出発します。

Michelle viendra avec vous après-demain ?

明後日、Michelle はあなたといっしょに来ますか？

準2級

Après-demain, je vais fêter son anniversaire avec sa famille. 12.春.聞

明後日、私は彼の家族と彼の誕生日を祝うことにしています。

＊この文を聞いて、Elle va fêter l'(*anniversaire*) de monsieur Legrand avec sa (*famille*). の2箇所を埋める問題。

après-midi [aprɛmidi]

nm 男　nf 女　pl 複

午後

5級・4級

□cet après-midi　今日の午後

Tu as quelque chose à faire, cet après-midi ?

今日の午後は何か用事はある？

▶ 見出語はときに女性名詞として扱われるケースもある（ただし、現在では男性名詞扱いが通例）。なお、単複同形。

3級

Ce n'est pas très grave, mais peux-tu passer la voir en fin d'après-midi ? 91.春.筆

（病状は）そんなに重くはないけど、夕方に彼女をみまってくれる？

＊会話文を読んで内容に合うものを選ぶ問題。"en fin de＋[無冠詞名詞]" で「～の終わりに」の意味。

arbre [arbr]

nm 男

木、樹

5級・4級

Il y a *deux* arbres dans mon jardin. 5:10.秋.聞.改

うちの庭には木が2本ある。

＊deux arbres の「2」を答える問題。リエゾンの関係で douze arbres と聞き間違えやすいため、得点率は50%。

On déjeune *sous* ce grand arbre. 4:16.春.筆

あの大きな木の下で昼食を食べます。

＊前置詞 sous を選択肢から選ぶ問題。

■3級

出題

以下の説明にもっともよく対応するものを選べ。

C'est un ensemble d'arbres qui couvre une partie de la terre.
1 anniversaire　2 dessert　3 forêt
4 mort　5 projet　05.秋.筆.改

和訳「それは大地の一部を覆っている木々の集まりである」にふさわしい語である「森」を選択肢から選ぶ。

（解答）*3*

argent [arʒɑ̃] nm 男

お金、銀

■5級・4級

出題

（　）内に入るもっとも適切なものを選べ。

Tu as encore (　　) argent ?
1 de l'　2 des　3 du　5:11.秋.筆

「まだお金は持っている？」の意味。不可算名詞 argent の前に、正しい部分冠詞を入れる問題。

（解答）*1*

■3級

Le temps, c'est de l'argent.
（ことわざ）時は金なり。

arrêt [arɛ] nm 男

バス停（=arrêt de bus）

■4級・3級

Il y a un arrêt de bus devant le café.
カフェの前にバス停があります。

Je descends au prochain arrêt.
次の停留所で降ります。

■準2級

Si tu veux, mais *fais attention* : il faut beaucoup marcher depuis l'arrêt de bus.　14.秋.筆
そうしたいのならいいのですが、気をつけてください、バス停からはずいぶん歩かなくてはなりませんから。

＊文脈から「気をつけて」fais attention を選択肢から選ぶ問題。

arrêter [arete] (I)0 vt 他

やめる、止める

■3級

Mon mari a arrêté de fumer après sa maladie.
夫は病気をしてから禁煙した。

■準2級

Il est aussi important *d'arrêter l'eau* quand on se savonne, car en une minute, on perd environ 15 litres d'eau.　11.春.筆
石鹸で体を洗うときに水を止めるのも大事です、なぜなら1分で約15リットルの水が失われるからです。

＊節水をうながす文脈から d'arrêter l'eau を選択する問題。

◆(s')arrêter (I)0 vr 代動

「止まる、休む、立ち寄る」

■3級・準2級

Vous devez vous arrêter au *feu* rouge.　3:11.秋.筆
赤信号では止まらなくてはならない。

＊文脈から語群内の feu「信号」を選択する問題。なお、「黄信号」は feu orange（オレンジ信号）、「青信号」は feu vert（緑信号）という。

arrière [arjɛr] nm 男 adv 副

うしろ、うしろに

準2級

Quand il a vu ce chien noir, Nicolas a fait un pas *en* arrière. 12. 秋. 筆. 改

Nicolas はその黒い犬を見たとき、一歩後ずさった。

＊前置詞 en を問う問題。en arrière で「うしろに」、反意の「前に」なら en avant という。

arriver [arive] (I) 0 vi 自

着く、達する (=atteindre)、(物事が) 起きる

5級・4級

□arriver à l'hôtel　ホテルに到着する

L'avion de mes parents va bientôt arriver.

両親の乗った飛行機が間もなく着きます。

J'arrive !（人に呼ばれて）いま行きます！

＊準 2 級 08. 春 に、この一言を書かせる問題が出題された。

3級

Le train doit arriver à l'heure.

電車は時間通り着く予定だ。

Il lui *est arrivé* un grand malheur. 90. 秋. 筆

彼の身に、大きな不幸が起きた。

＊和訳を参考に、直説法複合過去を答える問題。arriva と直説法単純過去も正解（ただし、仏検の試験範囲からは除外されている)。arriver の非人称構文。人称代名詞を主語とした文、たとえば、Il est arrivé il y a cinq minutes.「彼は 5 分前に到着した」などと混同しないように。

On n'arrive pas à trouver la solution.

どうしても答えが見つからない。

▶ arriver à＋inf. の否定で「(目的や水準に) どうしても達しない」「～できない」の意味になる。

◆ arrivée nf 女

「到着、到来」

3級

Le lendemain de son arrivée à Haneda, elle s'est levée de bonne heure.

羽田到着の翌日、彼女は朝早く起きた。

準2級

À l'université, Isabelle a pu étudier facilement par elle-même grâce à l'arrivée de l'ordinateur et d'internet. 13. 春. 筆. 改

大学では、コンピュータやインターネットが登場したおかげで、Isabelle はひとりで容易に勉強ができた。

＊長文の内容一致問題。ただし、語順などを一部変更した。

Je voudrais déménager avant l'arrivée de l'hiver.

冬が来る前に引っ越したい。

▶ Je voudrais déménager avant que l'hiver arrive. と言い換えられる。

arrondissement [arɔ̃dismɑ̃] nm 男

(パリなど大都市の) 区

3級

Elle habite dans le 5e *arrondissement* de Paris. 93. 春. 筆. 改

彼女はパリの 5 区に住んでいる。

＊le 5e arr. と略されている箇所を例示のようにスペルアウトする問題。

Paris est divisé en 20 arrondissements. パリは 20 区に分けられている。

A B C D E F G H I J K L M N O P Q R S T U V W X Y Z

A B C D E F G H I J K L M N O P Q R S T U V W X Y Z

art [ar] nm 男
芸術、アート、美術

3級

Dans ce café, beaucoup de clients s'intéressent à l'art. 10. 秋. 筆

そのカフェでは、客の多くが芸術に興味を持っている。

＊長文読解、内容に一致する和文を選ぶ問題。

準2級

Tu sais qu'il va y avoir une exposition d'art *moderne* japonais dans le musée du *quartier* ? 16. 秋. 聞

近くの美術館で、日本のモダン・アート展が開かれるって知ってる？

＊この文を聞いて、2箇所の空欄に moderne と quartier を書き取る問題。

◆ artiste n 名
「芸術家、アーティスト」

3級

On trouve beaucoup d'artistes de rue à Paris.

パリではたくさんのストリート・アーティストを見かける。

article [artikl] nm 男
記事、項目

3級・準2級

Vous avez lu un article sur ce film ?

この映画に関する記事を読みましたか？

Mon frère lit régulièrement des articles sur l'astronomie.

兄（弟）は天文学に関する記事を定期的に読んでいます。

▶ ちなみに astronomie「天文学」は astro (étoile「星」) ＋nomie「法則」から。

ascenseur [asɑ̃sœr] nm 男
エレヴェーター

4級・3級

- Où sont les ascenseurs ?
- Au coin à gauche.

-「エレヴェーターはどこにありますか？」
-「左手の角です」

L'ascenseur est en panne.

エレヴェーターは故障中です。

asiatique [azjatik] adj 形
アジア（人）の

3級

Vous aimez la cuisine asiatique ?

アジア料理は好きですか？

準2級

Jérôme doit trouver des collaborateurs asiatiques pour son prochain livre. 15. 春. 筆

Jérôme は次回作のためにアジア人の協力者を見つけなくてはならない。

＊長文読解、内容に一致する仏文を選ぶ問題。

◆ Asie nf 女
「アジア」

準2級

Dans son prochain livre, il pense présenter des plats qui apparaissent dans des films d'Asie. 15. 春. 筆

彼は次回作で、アジアの映画に登場する料理を紹介しようと思っている。

＊長文の読解問題の一部。

(s')asseoir [aswar] (III) 16 vr 代動
座らせる、座る、着席する

4級

Excusez-moi, je peux m'asseoir ici ?

すみません、ここに座っていいですか？

Je vous en prie, asseyez-vous.

どうぞお掛けください。

3級

Ne restez pas debout comme ça. *Asseyez*-vous. 92.春.筆

そんな風に立ってないで、お掛けください。

＊日本語訳を参照して、動詞を活用させる問題。Assoyez-vous. というスペリングも可。

◆assis(e) adj 形

「座った、腰掛けた」

4級・3級

Le garçon qui est assis sur une chaise écrit une lettre.

椅子に座っている少年は手紙を書いている。

Elle était assise *dans* le fauteuil du salon. 3:81.筆

彼女はサロンの肘掛け椅子に座っていた。

＊適当な前置詞を選ぶ問題、仏検がスタートした最初の年（秋）の問題。

assez [ase] adv 副

かなり、十分に

5級・4級・3級

□assez loin かなり遠い

Cette chambre est assez petite pour eux.

その部屋は彼らにはかなり小さい。

Vous avez assez d'argent ?

お金は足りますか？

▶ "assez de＋[無冠詞名詞]" で「十分～」（＝suffisamment）の意味。

準2級

Géo rendra cet argent lorsqu'il gagnera assez. 12.春.聞.改

Géo は十分稼げるようになれば、そのお金を返すことになっている。

＊この文を聞き、そのあとで読み上げられる仏文と内容が一致するかを判断する問題。

assiette [asjɛt] nf 女

皿、（一皿分の）料理

3級・準2級

On va mettre de la salade dans chaque *assiette*. 3:09.秋.筆.改

それぞれの皿にサラダを盛りつけましょう。

＊文意に沿い assiette を語群から選ぶ問題。出題文は sur chaque assiette となっているが、「取り皿」に盛る感覚なら dans を使う方が自然。

Pourriez-vous nous apporter deux assiettes ?

取り皿を 2 枚持って来ていただけますか？

assister [asiste] (I)0 vi 自

(à ～に) 出席する

4級・3級

Vous assistez à la réunion de cet après-midi ?

今日の午後の会議に出ますか？

S'il vivait encore, il *assisterait* à son mariage. 3:10.秋.筆

もし彼（le grand-père de Georges）が生きていれば、彼（Georges）の結婚式に出席するでしょうに。

＊動詞活用で条件法を答える問題。

assurer [asyre] (I)0 vt 他

(自信を持って) 断言する、保証する

3級・準2級

Je t'assure que c'est vrai !

太鼓判を押します、それは本当です！

Avec ce système, quelques agences de tourisme proposent à leurs clients des dates auxquelles le beau temps est assuré. 10.秋.筆.改

このシステムによって、いくつかの旅行代理店は、晴天を保証する日付を客に提案している。

A B C D E F G H I J K L M N O P Q R S T U V W X Y Z

＊「晴天保険」という顧客サーヴィスの話。長文の空所を選択肢から選ぶ問題。出題文の後半部を少し書き換えた。

◆ **assurance** nf 女

「確信、保険」

準2級

Cependant, comme on ne peut pas toujours *prévoir le soleil sans erreur*, cette assurance a été créée pour que les touristes soient satisfaits de leurs vacances. 10.秋.筆.改

しかし、いつも確実に晴天を予測できるわけではないので、この保険は旅行者が自分たちのヴァカンスに満足できるようにとの目的で作られたものである。

＊「晴天保険」という顧客サーヴィスについての長文から。

attaquer [atake] (I) 0 vt 他

攻撃する、襲う

準2級

L'été dernier, une personne a été attaquée par un requin. 08.春.筆

去年の夏、鮫(さめ)に襲われた人が1人いた。

＊長文読解の内容正誤の選択肢。ちなみにrequinには注記が施されている。

atteindre [atɛ̃dr] (III) 41

vt 他

(目的地・目指すものに) 到達する、(ある数値に) 達する

3級

Nous atteindrons Paris avant midi.

昼前にはパリに着くだろう。

Le cours du dollar va atteindre 125 yens. 82.筆.改

ドルの相場は125円に達しようとしている。

＊aller+inf. を問う問題。

attendre [atɑ̃dr] (III) 25

vt 他

(人や乗り物などを) 待つ、〜するまで待つ、(à 〜を) 予期する

5級

Qui est-ce que tu attends ici ? 12.秋.筆

ここで誰を待っているの？

＊この問いに、J'attends une amie. という返答を選択肢から選ぶ。

4級・3級

Attendez un peu.

ちょっと待ってください。

Je l'ai attendue à la sortie du métro.

私は地下鉄の出口で彼女を待った。

◆ **attente** nf 女

「待つこと、期待」

3級

Dans *l'attente* d'une réponse rapide, je vous prie d'agréer, Monsieur, mes sincères salutations. 91.春.筆

急ぎの返信を待ちつつ、敬具。

＊手紙文の結び。

attention [atɑ̃sjɔ̃] nf 女

注意、注目、用心

5級・4級

□faire attention à qqch/qqn

〜に注意する

Fais attention à la voiture !

車に気をつけて！

3級

M. Dupont nous regarde avec attention et dit à chacun quelque chose de différent. 10.春.筆.改

Dupont 氏は私たちを注意深く見つめて、各人に違ったことを言う。

＊長文読解、内容一致問題。

準2級

Je vous remercie de votre attention.

ご静聴ありがとうございました。

Il recommande surtout de regarder avec attention les yeux du personnage pour comprendre ses émotions. 12.秋.筆

彼は人の気持ちを理解するために、とりわけその人の目を注意して見るようにと勧めている。

＊長文読解。内容一致問題。

◆attentivement adv 副

「注意深く」

3級

On doit relire ce livre attentivement.

その本を注意深く再読しなくてはならない。

attitude [atityd] (I) 0 nf 女

態度

3級・準2級

Je *ne suis pas content de* son attitude. 3:97.秋.筆

私は彼（彼女）の態度が不満です。

＊整序問題。ずばり「態度が気に入らない」と言うなら、Son attitude me déplaît. などとする。

attraper [attrape] (I) 0 vt 他

～を捕まえる、（病気に）かかる

3級

On va essayer de l'attraper. 05.秋.筆

その男（犯人）を捕まえましょう。

＊会話の空所を埋める問題。被害者から犯人の服装の特徴を聞いて、警官 l'agent de police が口にする一文。

Mon frère a attrapé un rhume.

兄（弟）は風邪をひいた。

aucun(e) [okœ̃, -yn] adj 形

[ne, sans とともに] どんな…も～ない

3級

On n'a aucune information.

何の情報もありません。

準2級

Mon père n'a *aucune* intention de changer d'avis. 15.春.筆.改

父は意見を変えるつもりはまったくない。

＊指定された語群から、不定形容詞 aucune を選択する問題。

◆aucun(e) pron 代

「[ne, sans とともに] どれも（誰も）～ない」

準2級

Aucun des voyageurs n'a été blessé dans cet accident.

その事故で一人の乗客もケガをしなかった。

au-dessus [od(ə)sy] adv 副

（場所が）上に、（数などが）上位に

3級

Vous n'auriez pas la pointure au-dessus ? 02.秋.筆

もっと大きな（靴の）サイズはありませんか？

＊会話文の流れをふまえて、選択肢から上記の文を空所に補う問題。「もっと小さな（サイズ）」と言う場合には au-dessous ではなく、en dessous を使う。

augmenter [ɔgmɑ̃te] (I) 0 vt 他 vi 自

増やす、増大する

3級

□augmenter le salaire　給与を上げる

La population augmente chaque année en Afrique.

A B C D E F G H I J K L M N O P Q R S T U V W X Y Z

アフリカでは年々人口が増加している。

準2級

Les Français mangent moins de fruits et légumes qu'autrefois, parce que *leur prix a augmenté.* 08. 春. 筆

フランス人は昔ほどフルーツや野菜を食べない、価格が上がったせいだ。

＊長文の空所に補充する適語句選択問題から。

◆augmentation nf 女

「増加」

準2級

出　題

A・B、2つの内容が同じ①か、違う②か答えなさい。

A La baisse du nombre de mariages n'empêche donc pas l'augmentation du nombre d'enfants.

B フランスでは子どもの数は結婚数の減少のために減少している。

08. 秋. 筆. 改

長文読解、内容に一致する和文を選ぶ問題の、対照箇所を併記したもの。Aは「結婚数の減少が子どもの数の増加の妨げにはならない」としている。さて、Bに一致しているか、否か。

（解答）②

aujourd'hui [oʒurdɥi]

adv 副 nm 男

今日（きょう）、**今日**（こんにち）

5級・4級・3級

Aujourd'hui nous sommes le premier septembre.

今日は9月1日です。

Quel temps fait-il aujourd'hui ?

今日はどんな天気ですか？

準2級

La jeunesse d'aujourd'hui n'y pense plus.

今どきの若者はもうそんなことは考えない。

au revoir → revoir

aussi [osi] adv 副

～と同じように、同様に

5級・4級

Moi aussi. （肯定文を受けて）私も。

▶ 否定文を受け、「私も～ない」は Moi non plus. と応じる。実際の会話ではこの切り替えが意外に難しい。

Je connais aussi un bon restaurant français près d'ici. 13. 秋. 聞. 改

この近くにあるおいしいフレンチ・レストランも知っています。

＊会話を聞いて、選択肢の内容一致を答える問題。

3級

Ce problème n'est pas *aussi simple que vous croyez.* 02. 春. 筆

この問題はあなたが思っているほど単純じゃない。

＊整序問題。同等比較の否定文をつくる。なお、整序問題で比較表現は出題される頻度が高い。

準2級

Ses clients ne sont pas seulement les gens du quartier mais aussi des touristes étrangers. 11. 春. 聞. 改

その地域の住民のみならず、外国人旅行者も彼の客である。

＊長文聞き取り問題。ne pas seulement A mais aussi B は「A だけでなく B もまた」という相関句。

aussitôt [osito] adv 副

すぐに（=tout de suite）

準2級

Aussitôt après, il a eu un grand succès en France. 10.春.聞

そのあとすぐに、彼はフランスで大きな成功をおさめた。

＊長文のあとに読み上げられる文が、長文の内容に一致しているか否かを答える設問。

autant [otɑ̃] adv 副

～と同じぐらい、～と同数（同量）の

4級・3級

Elle travaille autant que moi.

彼女は私と同じぐらい仕事をする。

▶形容詞・副詞の同等比較には aussi を用いるが、数量表現なら autant を用いる。例文は Elle a autant de travail que moi. と書き換えられる。

Je n'ai jamais *reçu autant de cadeaux que* cette année. 3:07.春.筆

今年ほどプレゼントをもらったことはいまだかつてない。

＊整序問題、得点率は 21% と低かった。"autant de＋[名詞]＋que" や reçu をどこに置くか不明な人が多かったのではないかと推測される。

準2級

- Vous avez beaucoup d'élèves dans votre école ?
- Non, mais ils deviennent amis d'autant plus facilement. 17.秋.筆

-「あなたの学校は生徒数が多いですか？」
-「いいえ、でもそれだけに生徒同士は容易に友だちになります」

＊会話文の内容一致問題。d'autant plus ～は「それだけいっそう～」という言い回し。

autobus [otobys, ɔtɔbys]

nm 男

（市内の）バス（▶通常は bus と略す）

5級・4級

□prendre l'autobus [le bus]　バスに乗る
□attendre l'autobus [le bus]　バスを待つ

Il y a un arrêt d'autobus devant la boutique.

そのブティックの前にバス停がある。

▶現在では un arrêt de bus を使う。

3級

Elles traversent la rue devant l'autobus. 09.春.聞

彼女たちは通りでバスの前を横断している。

＊autobus と人の動きを描いた複数のイラストから適当なものを選ぶ問題。

autocar [otokar, ɔtɔkar]

nm 男

観光バス（=autocar de tourisme）、長距離バス（▶ car と略す）

3級

Je suis allé(e) à Kusatsu en autocar il y a une semaine.

1 週間前、バスで草津に行きました。

▶car, autocar は広く「田舎を走るバス」を指し、都会、街中を走るバスは bus, autobus と呼ばれる。ちなみに、ジュラ地方でバスに乗った際、地元の人は Le car part à quelle heure ?「バスは何時に出発？」と尋ね、看板には Compagnie des Autocars du Jura「ジュラ・バス会社」と書かれていた。

準2級

La ville de Paris a annoncé qu'elle voulait diminuer les voyages d'école en autocar en 2015. 15.秋.筆

パリ市は 2015 年にバスでの修学旅行を減らしたいと公表した。

A B C D E F G H I J K L M N O P Q R S T U V W X Y Z

＊長文読解問題の冒頭。autocar に「(長距離・貸切) バス」と注記が施されている。ただし、3級98. 秋や16. 秋などに出題された際は注記はない。

automatique [ɔtɔmatik]

adj 形

自動の、自動的な

3級

Les portes automatiques étaient en panne 自動ドアが故障していた。

◆ automatiquement

adv 副

「自動的に」

準2級

Si les touristes n'ont pas eu au moins trois jours de soleil sur sept, ils reçoivent automatiquement 150 euros. 10. 秋. 筆

もし旅行者が7日間で最低でも3日の晴天を得られなければ、自動的に150ユーロ受け取れる。

＊「晴天保険」という変わった保険に関する長文の一部から。

automne [otɔn, ɔ-] nm 男

秋

5級・4級・3級

□en automne 秋に

Tu aimes l'automne ?

秋は好きですか？

On va voir les feuilles d'automne à Kyoto ?

京都に秋の紅葉（秋の葉）を見に行きませんか？

▶ 日本語の「紅葉」の感覚で、「色」を添えて les feuilles rouges [jaunes] などとするのは自然ではない。

準2級

En automne, beaucoup de Français vont en forêt pour y chercher des champignons. 10. 春. 筆

秋には、たくさんのフランス人が森にキノコ採りに行く。

＊長文読解、空所穴埋め選択問題の出だし。

autorité [ɔtɔrite] nf 女

権力、権限

3級

出題

A・B、2つの文意が同じ①か違う②か答えなさい。

A Plus elles sont âgées, plus elles ont d'autorité.

B ヒヒのメスは年齢が高くなるほど力を失う。 01. 春. 筆. 改

長文読解、内容に一致する和文を選ぶ問題の、対照箇所を併記したもの。A は plus ...plus...の相関表現、「メスたちは年をとればとるほど、より権威を持つようになる」の意味。

(解答) ②

autoroute [otorut] nf 女

高速道路

4級・3級

On n'est pas sur une autoroute. 91. 春. 筆

(車で運転手に) (おいおい) 高速道路じゃないんだぞ。

＊この文を、もっと直接的に表現した Tu vas trop vite.「スピード出し過ぎだよ」と同義と判断せよという設問。

Prenons l'autoroute, c'est plus rapide.

高速道路にしましょう、その方が速いから。

autour [otur] adv 副

周囲に、近くに

▌3級

Il y a des vignes autour de chez moi.

自宅の周りにはブドウ畑があります。

La Terre tourne autour du Soleil.

地球は太陽の周りを回る。

▌準2級

Autour de notre café, il y a plusieurs monuments historiques. 13. 秋. 聞

私たちのカフェの周りには、歴史的な建造物がいくつもある。

＊この文を聞き取れているかが正誤問題で問われた。

autre [otr] adj 形

別の、ほかの

▌5級・4級

Tu veux un autre part de gâteau ?

もうひとつケーキをいかが？

▌3級・準2級

□l'autre jour　先日

Parlons maintenant d'autre chose.

ほかのことを話しましょう。

On va ensemble au musée dont je t'ai parlé l'*autre* jour ? 準 2 : 11. 春. 聞

先日話した美術館に一緒に行きませんか？

＊この文を聞き取って、Oui, elle lui en a parlé l'(autre) jour. と（　）内を答える問題。

◆autre pron 代

「別の人、別のもの、(一方は…) 他方は…」

▌4級・3級

Il y a deux chambres : une avec un grand lit et l'autre avec deux petits lits. 4 : 14. 春. 筆

寝室は2つで、1つには大きなベッドが1つ、もう1つには小さなベッドが2つあります。

＊長文読解問題の一部。続いて示される和文と内容一致するかを答える。

Mon opinion est tout autre.

私の意見はまったく別のものです。

Les uns travaillent, les autres jouent.

ある人たちは働き、他の人たちは遊んでいる。

autrefois [otrəfwa] adv 副

昔、かつて

▌3級

Autrefois, il allait souvent à la piscine, mais maintenant ce n'est plus possible.

彼は昔はよくプールに行ったものだが、今ではもう無理だ。

▌準2級

□d'autrefois　昔の、かつての

En outre, les grands-parents racontent la vie d'autrefois. 17. 秋. 筆

さらに、祖父母たちは昔の生活を語ります。

＊長文読解、空所補充問題の一部。

avancer [avɑ̃se] (I) 1 vi 自 vt 他

前進する (↔ reculer)、(時間を) 早める

▌3級

Votre montre avance de cinq minutes.

あなたの腕時計は5分進んでいます

▌準2級

La tempête nous *empêche* d'avancer. 13. 春. 筆

嵐のせいで私たちは前に進めない。

＊Nous ne pouvons pas avancer à cause de la tempête. を書き換えたもの。語群から適当な動詞 empêcher を選び直説法現在に活用する。

◆avance nf 女

「(時間的・距離的に) 先行すること」

4級

□en avance　(決められた時間より) 早く、(時刻が) 進んでいる

▶ en retard「遅れて」、à l'heure「時間通りに」

Etienne est arrivé une heure en *avance*. 92.春.筆

Etienne は1時間早く到着した。

＊コンサートの開演時刻を基準に en avance という熟語を選択肢から選ぶ問題。なお、en avant なら「(場所について) 先に」を表す。

avant [avɑ̃] adv 副 (→ 前置詞編)

(時間的に) 以前に、先に

4級

Avant, on voyait la tour Eiffel d'ici.

以前はここからエッフェル塔が見えた。

3級

□quelque jours avant　数日前に

Qu'est-ce que tu faisais avant ?

前は、仕事は何をしていたの？

Il avait perdu sa femme le mois d'avant. 03.春.筆.改

彼はその前の月に妻を亡くしていた。

＊長文読解問題の一部。d'avant で「前の (先の)」の意味。

On doit arriver à l'aéroport deux heures avant.

2時間前には空港に着かなくてはならない。

▶ 前置詞 avant を用いて avant deux heures とすると「2時前に、2時までに」の意味になる。

準2級

Les Français achètent moins de journaux qu'avant. 08.秋.筆

フランス人は以前に比べて新聞を買わない。

＊長文読解の導入文。

avantage [avɑ̃tʒ] nm 男

優位、長所

準2級

Cet ordinateur a plus d'avantages que le mien.

このパソコンはわたしのよりも性能がいい。

▶ この文は Cet ordinateur est plus performant que le mien. などと言い換えられる。

Voici les avantages de ce choix. 15.春.筆

この選択の利点は次の通りだ。

＊長文読解、空所補充問題。1段落目の最後の文で、続いて、「人が地元の産物を好む」理由が列記される。

avant-hier [avɑ̃tjɛr] adv 副

一昨日、おととい

3級

Elle a eu un accident de voiture avant-hier matin.

一昨日の朝、彼女は車の事故にあった。

準2級

Avant-hier, nous nous sommes vus dans un café pour parler de nos vacances d'été. 08.秋.書

一昨日、私たちはカフェで落ち合って夏のヴァカンスのことを話しました。

＊「書き取り」(ディクテ) 問題。筆記の際、avant -hier の <-> を忘れがち。

avenir [avnir] nm 男

将来、未来 (=futur, ↔ présent, passé)

3級

Prenez en main l'avenir d'un enfant. 98. 春. 筆

子どもの未来を引き受けよう。

＊長文読解（慈善団体の広告文）の小見出しから。prendre qqn / qqch en main は「～の責任を負う、～を引き受ける」という意味の熟語。ただし、この言い回しは現在なら2級レヴェルを超える。なお、見出語は le temps à venir「来るべき時」＝「(具体的な)未来、将来」の意味。類義の futur [nm] は主に抽象的な「未来」を指す。

準2級

À l'avenir, soyez plus attentif.

今後は、もっと注意しなさい。

▶ à l'avenir で「今後（は）、将来（は）」の意味。

avenue [avny] nf 女

（並木のある）大通り

3級

Alice a ouvert une boutique dans l'avenue principale de la ville.

Alice は市内のメイン通りに店を開いた。

▶ 見出語はそもそもは「都市周辺部を走る環状の大通り」のこと。今は、広場や記念建造物に向かう「(並木のある都市中心部を走る直線の) 大通り」を指す。

Le magasin se trouve 99 *avenue* des Champs-Élysées. 94. 春. 筆. 改

店はシャンゼリゼ大通り 99 にある。

＊略語 av. を avenue とスペルアウトする問題。

avion [avjɔ̃] nm 男

飛行機

5級

Son avion arrive bientôt à Haneda.

彼（彼女）の乗った飛行機は間もなく羽田に着く。

4級・3級・準2級

□voyager en avion 飛行機で旅をする

Vous prenez souvent l'avion ?

飛行機によく乗りますか？

J'ai pris un avion de Tokyo à Osaka.

東京から大阪まで飛行機で行きました。

Lucie a voyagé toute seule en avion pour la première fois. 準2:10. 秋. 聞

Lucie は初めて飛行機で一人旅をした。

＊長文聞き取り、内容正誤判定問題。

avis [avi] nm 男

意見、見解、通知（書）

4級

□changer d'avis 意見を変える

***Avez-vous changé* d'avis ?** 89. 春. 筆

意見を変えられたのですか？

＊和訳を参照して changer の直説法複合過去形を答える問題。

3級・準2級

À mon avis, il vaudrait mieux attendre.

私の考えでは、待ったほうがいいでしょう。

avocat(e) [avɔka, -kat] n 名

弁護士

3級・準2級

□consulter un avocat 弁護士に相談する

À 17 ans, Thomas voulait étudier le droit pour être avocat. 準2:12. 春. 聞

17 歳のとき、Thomas は弁護士になるために法律を勉強したかった。

＊長文を聞き、あとに続く説明文が長文の内容と一致しているか否かを答える。

avoir [avwar] (S) 2 vt 他 vaux 助

(1) 持っている、所有している、～がある

（いる） (2) [助動詞として]

(1) 5級

Elle a quatre-vingt-dix ans.

彼女は 90 歳です。

Louise a les yeux bleus.

Louise は目が青い。

4級・3級・準2級

Non. J'ai peur d'avoir sommeil pendant mon travail. 4:12.秋.筆

いいえ。仕事中に眠くなると困りますから。

＊医師と患者の会話、その内容に触れた和文が本文に一致するか答える問題から。"avoir＋[無冠詞名詞]" の例。ほかに avoir faim「空腹である」、avoir chaud「暑い」、avoir raison「正しい」、avoir tort「間違っている」などがある。

Il y a eu un tremblement de terre hier soir. 昨日の晩、地震があった。

(2) 4級・3級・準2級

Mon père m'a saisi par le bras.

父が私の腕をつかんだ。

▶直説法複合過去の助動詞として使われた例。

J'aurai fini ce travail avant midi.

午前中にこの仕事は終わらせてしまいます。

▶直説法前未来の例。

avril [avril] nm 男

4月

5級・4級

☐en avril　4月に（＝au mois d'avril）

C'est le premier avril.

4月1日です。

▶Nous sommes le premier avril. や On est le premier avril. も同義。

3級

Le directeur m'a permis de prendre une semaine de vacances fin avril.

17.秋.筆.改

部長は、4月末に1週間の休暇をとることを許してくれた。

＊長文読解問題から。日本語の説明文「4月末に休暇を取ることを許可された」と一致することを答える問題。

B b

bagage [bagaʒ] nm 男

(スーツケースなどの) 手荷物、カバン、[複数で集合的に] 荷物

4級・3級

Cet homme voyageait sans bagages.

その男は荷物を持たずに旅をしていた。

Une vieille dame a oublié dans le train son bagage contenant toute sa fortune. 3:03.春.筆

老婦人が全財産を入れていたカバンを列車内に忘れた。

＊長文読解問題の冒頭部。なお、通常 dans le train は文尾に置くのが自然だが、長文の冒頭であることから、この位置にある方が、車内での出来事として話が進行すると理解しやすい。

baguette [bagɛt] nf 女

バゲット、細い棒、[複数で] 箸(はし)

▷語源は「長いもの」を意味するラテン語

4級

Une baguette et deux croissants, s'il vous plaît.

バゲット1つとクロワッサンを2つください。

En quoi sont ces baguettes ?

その箸は何でできていますか？

▶材料、素材を尋ねる定番の言い回し。

3級

Pour les enfants, il est difficile de manger *avec* des baguettes. 93.春.筆

箸で食べるのは子どもには難しい。

＊方法・道具を示し、「～を使って」の意味で使われる avec を選択肢から選ぶ。

(se) baigner [beɲe] (I)0

vr 代動

泳ぐ、水遊びする

4級・3級

Ce voyage en Grèce a été très agréable ; j'ai pu me baigner dans la magnifique mer Egée. 4:91.秋.筆.改

今回のギリシアの旅はとても快適で、私はすばらしいエーゲ海で泳ぐことができた。

＊手紙文の一部。設問は難しくないが、かつては、4級でこのレヴェルの文が出題されていた。なお、出題文は、文末がぎこちない言い回しになっていたので手直しした。

bain [bɛ̃] nm 男

入浴、風呂

4級

□la salle de bain(s)　浴室

Je voudrais une chambre avec salle de bain(s).

風呂付きの部屋をお願いします。

▶ salle de bain は「浴槽」baignoire を意識した表記、salle de bains は「風呂場」(入浴の設備諸々を含む) を意識した表記といえる。

3級・準2級

Les jeunes filles prennent un bain de soleil. 3:97.春.聞.改

若い娘たちが日光浴をしている。

＊読み上げられる3つの文の中から、イラストの内容に合致するものを選ぶ。

Après le travail, j'aime prendre un bain chaud.

仕事の後で、私は熱い風呂に入るのが好きだ。

baisser [bese] (I)0 vi 自

vt 他

低下する、下がる、下げる

■準2級

Au Japon, la population n'arrête pas de baisser.

日本では、人口の減少に歯止めがかからない。

Vous pourriez baisser le volume de la télé ?

テレビの音量を下げていただけますか？

balle [bal] nf 女

(小型の) ボール、球 (▶卓球、テニス、野球など)

■3級

Les enfants jouent avec des balles dans le nouveau jardin. 09.春.筆.改

新しい公園で子どもたちがボールで遊んでいる。

＊長文読解問題の一部。

ballon [balɔ̃] nm 男

(大型の) ボール (▶サッカー、バスケット、ラグビーなど)

■3級

Où est mon ballon de football ?

僕のサッカーボールはどこ？

Les jeunes filles s'amusent avec un ballon. 97.春.聞

若い女性たちがボールで遊んでいます。

＊読み上げられる文のうち、イラストに合致するものを選ぶ問題。

banc [bɑ̃] nm 男

ベンチ、長椅子

■3級

Dans ce jardin, mon grand-père s'assied toujours sur ce *banc*. 11.秋.筆.改

この公園で、祖父はいつもそのベンチに腰掛ける。

＊語群から、文意に即して banc「ベンチ」を選択する問題。なお、「腰掛ける」には s'assoit のスペリングも用いる。

banlieue [bɑ̃ljø] nf 女

郊外、(特に) パリ郊外

■準2級

□habiter en banlieue

郊外に住む (＝habiter dans la banlieue)

Ma cousine vit dans la banlieue de Lyon.

私のいとこはリヨン郊外に住んでいます。

C'est une maison avec jardin en banlieue. 09.春.筆

それは郊外にある庭つきの家です。

＊対話文の空所補充問題から。

banque [bɑ̃k] nf 女

銀行

■4級

□aller à la banque 銀行に行く

□travailler dans une banque 銀行で働く

Est-ce qu'il y a une banque dans ce quartier ?

この界隈に銀行はありますか？

■3級

Ma femme a ouvert un *compte* dans une banque. 16.秋.筆.改

妻は銀行に口座を開いた。

＊文意を勘案して、語群から適語 compte「口座」を選ぶ問題。

bas(se) [ba, bas] adj 形

(位置が) 低い、(音や声が) 小さい

■準2級

Ma grand-mère parle toujours à voix basse. 17.秋.筆.改

祖母はいつも小声で話をする。

＊「小声で」à voix basse (＝à mi-voix) の前

置詞を問う問題。反意「大きな声で」なら à haute voix という。

◆ bas nm 男
「下、下部」

3級

Le lendemain soir, ils se sont retrouvés en bas de la montagne.

15. 秋. 筆. 改

翌日の夕方、彼らは山の麓(ふもと)で落ち合った。

＊長文、内容正誤問題の一部。

bateau [bato] nm 男
bateaux pl 複
船、舟

5級・4級

Il y a *quatre* bateaux là-bas.

5 : 11. 秋. 聞

あそこに船が4艘(そう)ある。

＊数字を聞き取る問題。

Le bateau va quitter le port.

船が港を出て行く。

3級

☐ voyager en bateau　船旅をする
☐ prendre le bateau　船に乗る

Un bateau passe sous le pont.

10. 秋. 聞

船が橋の下を通過する。

＊この文を聞いて、状況にふさわしいイラストを選ぶ問題。

bâtiment [batimɑ̃] nm 男
ビルディング、建物（=immeuble）

3級・準2級

Heureusement, personne n'est mort, mais l'incendie a reduit le bâtiment en cendres.

3 : 14. 春. 筆. 改

幸い誰も亡くならなかったが、火事で建物は灰になった。

＊長文読解問題の一部。内容に一致する和文を選択する。なお、出題文の後半は le feu a détruit tout le bâtiment「火が建物全体を破壊した」となっていたが、自然な言い回しではない。単語は3級レヴェルを超えるものの、無理のない文に手直しした。

Quel est ce bâtiment vert derrière l'église ?

教会のうしろにある、あの緑の建物は何ですか？

battre [batr] (III) 31 vt 他
殴る、たたく

3級

Il ne se servait pas d'un bâton pour nous battre, seulement pour montrer les cartes de géographie.

04. 春. 筆. 改

彼は私たちをたたくためにではなく、地図を指し示すために棒を使っていた。

＊長文読解問題の一部。Il「彼」は学校の教師を指している。

◆ (se) battre (III) 31 vr 代動
「けんかする」

3級・準2級

Ces deux chiens se battent depuis un moment.

準2 : 15. 秋. 筆

あの2匹の犬がさっきからけんかしているんだ。

＊この文に対して、Lequel des deux est le plus fort ?「どっちが強いの？」と応じる会話文を完成させる問題。

bavard(e) [bavar, -vard]
adj 形

おしゃべりな（↔ silencieux）

3級・準2級

Ma fille est bavarde.

うちの娘はおしゃべりだ。

＊3 級 04. 春 に Il parle beaucoup. を説明する形容詞として出題歴あり。

◆ bavarder (I)0 vi 自
「(avec ～と) しゃべる」

3級・準2級

出題歴なし

Ne bavardez pas en classe !
授業中、おしゃべりしないで！

beau (bel), belle [bo (bɛl), bɛl] adj 形
beaux [bo] mpl 男複
美しい、晴れた (↔ mauvais)、すばらしい

5級

Il fait beau aujourd'hui.
今日は晴れです。

4級

C'est un bel homme. 彼は美男子だ。

3級・準2級

Dans ce cas, pourriez-vous me faire un bouquet de belles roses ? 3:98. 春. 筆
それでは、きれいなバラの花束をつくっていただけますか？
＊空欄を埋め、会話文を完成させる問題の一部。

J'ai beau parler, mes parents ne m'écoutent pas.
いくら話しても無駄だ、両親は私に耳をかさない。
＊avoir beau + inf.「いかに～しても無駄である」という熟語で、通常、結論を導く。

◆ beauté nf 女
「美しさ (↔ laideur)」

3級・準2級

Il y a cinq ans, un journal parisien a parlé de sa beauté et de sa bonne cuisine. 3:16. 秋. 筆
5 年前、パリのとある新聞がその (村の) 美しさとおいしい料理について記事を載せた。
＊長文読解問題の一部。Michel という人物が暮らす「村」の話題。

beaucoup [boku] adv 副
非常に、多く (↔ peu)、[比較級を強めて] はるかに

5級

Merci beaucoup. どうもありがとう。

Il y a beaucoup de fleurs dans le jardin. 庭にたくさんの花がある。

4級・3級

Patrick aime beaucoup la musique classique.
Patrick はクラシック音楽が大好きだ。

準2級

En général, la vie en ville est beaucoup moins calme qu'au bord de la mer. 08. 春. 筆. 改
一般的に言って、都会暮らしは海辺に比べてはるかに静かではない。
＊長文読解の選択肢。見出語は劣等比較を強調している

bébé [bebe] nm 男
赤ちゃん、赤ん坊
▷ bab-/beb-「擬音語語源」バブバブ

4級・3級・準2級

Ma femme attend un bébé.
妻は妊娠しています。
▶ attendre un bébé の直訳は「赤ちゃんを待っている」となる。

Les bébés ont besoin de toucher les choses avec leurs doigts. 3:10. 秋. 筆
赤ん坊は自分の指で物に触りたがる。

＊会話文の一部。

Belgique [bɛlʒik] nf 女

ベルギー（▶首都：Bruxelles）

4級

Alexandra vient de Belgique.

Alexandra はベルギー出身です。

3級

Quand il était étudiant à l'université, il a fait son premier séjour en Belgique. 15. 春. 筆

大学生のときに、彼ははじめてベルギーに滞在した。

＊長文を読み、あとに記された説明文がその内容と一致しているか否かを問うもの。この Belgique に注記はないが、形容詞 belge「ベルギーの」には注が施されている。

◆ belge adj 形

「ベルギーの、ベルギー人の」

3級

D'abord, la peinture l'a intéressé, mais finalement, c'est le chocolat belge qu'il a aimé le plus. 15. 春. 筆

まず絵画が彼の興味をひいたが、最終的に彼が最も気に入ったのは、ベルギーのチョコレートだった。

＊長文読解、内容に一致する和文を選ぶ問題。belge には「ベルギーの」と注記あり。ただし、3 級 93. 秋 の「聞き取り」問題に C'est un chanteur belge.「彼はベルギーの歌手です」という文が注なしで出題されている。

besoin [bəzwɛ̃] nm 男

（自然の）欲求、（必須のものが欠けていることから生じる）必要

5級

☐avoir besoin de qqch

～が必要だ、～を必要とする

On a besoin de la voiture.

車が必要です。

4級

☐avoir besoin de＋inf.

～する必要がある、～したい

Tu as besoin de mon aide ?

私の手助けが必要ですか？

J'ai besoin de sept heures de sommeil.

私には 7 時間の睡眠が必要です。

Mon mari a besoin de se reposer.

夫は休暇をとる必要がある。

3級

Comme j'ai de bons yeux, je n'ai pas besoin de *lunettes*. 10. 春. 筆

目はいいので、メガネは必要ありません。

＊文意を考えて、語群から空欄に「メガネ」を選ぶ問題。

bête [bɛt] nf 女

（人間以外の）動物（＝animal）、虫

準2級

Elle s'occupe des bêtes tous les jours, du matin au soir. 15. 秋. 筆

彼女は毎日、朝から晩まで動物の世話をしている。

＊長文読解、内容に一致する仏文を選ぶ問題。なお、bête と animal は類義だが、実際に「動物」の意味で見出語を使うのは酪農、畜産などに従事している人が多い。

beurre [bœr] nm 男

バター

4級・3級

J'ai acheté du *beurre* et du fromage. 4 : 91. 秋. 聞

バターとチーズを買った。

＊文を聞き、beurre を綴る問題。得点率は

A B C D E F G H I J K L M N O P Q R S T U V W X Y Z

30% を下回った。

Elle mange du pain *avec* de la confiture. 3:05. 秋. 筆. 改

彼女はパンにジャムをぬって食べる。

＊前置詞 avec を問う設問。

bibliothèque [biblijɔtɛk] nf 女

図書館、本箱

▷ biblio (livre「本」)＋thèque「置き場所」

4級・3級

La bibliothèque est ouverte de 9 heures à 21 heures. 4:13. 秋. 筆. 改

図書館は 9 時から 21 時まで開いている。

＊前置詞 de A à B「A から B まで」を問う問題。

***Ne fais pas de bruit* dans la bibliothèque !** 3:13. 秋. 筆

図書館でうるさくしないで！

＊faire du bruit「うるさくする、音を立てる」の否定命令文を作る整序問題。

準2級

La bibliothèque se trouve à quel étage du musée ? 15. 春. 聞

図書館は美術館の何階にありますか？

＊対話文のあとに読み上げられた質問。

bicyclette [bisiklɛt] nf 女

自転車

▷ bi (deux「2 つの」)＋cyclette「車輪」

4級・3級

□aller à bicyclette　自転車で行く

▶ そもそも「またぐ乗り物」にはàを使う (à cheval「馬で」)。ただし、“en＋乗り物” という表現の影響を受け、aller en bicyclette とすることも多い。ただし、現在では「自転車」は vélo [nm] を用いるのが通例。

Il aime faire de la bicyclette.

彼はサイクリングをするのが好きだ。

▶「サイクリングする」は se promener à bicyclette ともいう。

bien [bjɛ̃] adv 副

上手に、よく、[強意] とても、本当に

5級・4級

□aller bien　元気である

- Comment allez-vous ?
- Je vais très bien.

-元気ですか？
-とても元気です。

Bien sûr.　もちろん。

Tu as bien dormi ?　よく眠れた？

Margot *chante aussi bien que* Marie. 4:17. 秋. 筆. 改

Margot は Marie と同じぐらい歌がうまい。

＊bien の同等比較を作る整序問題。

3級・準2級

On ne peut pas bien dormir avec tout ce bruit.

この騒音でよく眠れない。

- Qu’en penses-tu ?　- C’est bien.

-どう思う？　-いいですね。

▶ C’est une bonne idée. / Ça va. なども同義。

bientôt [bjɛ̃to] adv 副

まもなく、すぐに

5級・4級・3級

À bientôt !

では、また近いうちに (会いましょう)！

Notre avion va bientôt arriver à Narita.

私たちの飛行機はまもなく成田に着きます。

準2級

Les soldes d’hiver commencent bientôt. 12. 春. 筆

冬のバーゲンはまもなく始まります。

＊会話文の空欄に適切な語句を入れる問題の出だし。

bière [bjɛr] nf 女

ビール

4級

Je préfère le vin à la bière.

ビールよりワインが好きです。

3級

Tu veux de la bière ? 94. 春. 聞

ビールはいかがですか？

＊この問いに対して、選択肢から Non, je n'ai pas soif.「いいえ、喉(のど)は渇いていません」を選ぶ問題。

bijou [biʒu] nm 男 bijoux pl 複

宝石、アクセサリー

3級

Dans son bagage, il y avait les économies de toute une vie, la somme obtenue par la vente de sa maison et quelques bijoux. 03. 春. 筆

彼（彼女）のカバンには、生涯に貯めた貯金と自宅を売って得たお金と宝石がいくつか入っていた。

＊bijou は長文読解に出題歴あり。

billet [bijɛ] nm 男

(電車・飛行機・船などの) 切符、券、紙幣 (=billet de banque)

5級・4級

Un billet de TGV pour Paris, s'il vous plaît. 5 : 13. 秋. 聞. 改

パリ行きの TGV の切符を１枚ください。

＊この文にふさわしい駅の窓口のイラストを選ぶ問題。

Vous avez votre billet d'avion ?

航空券はお持ちですか？

3級

Tu dois *faire passer ton billet dans* la machine avant de monter dans le train. 10. 春. 筆

電車に乗る前に機械に切符を通さなくてはなりません。

＊faire＋inf. の形を用いた整序問題。ちなみに「(切符に日付など) 機械でパンチを入れる」ことを composter という。

bizarre [bizar] adj 形

(人や物が) 変な、不思議な (=curieux, étrange)

3級・準2級

Cette fille, elle est bizarre.

あの娘は変わってる。

Sa coiffure est bizarre, non ?

彼（彼女）の髪型、変じゃない？

blanc, blanche [blɑ̃, blɑ̃ʃ] adj 形

白い、白色の (↔ noir)

5級・4級

□vin blanc　白ワイン

Ma sœur aime les fleurs blanches.

姉（妹）は白い花が好きです。

Du poisson blanc avec du riz. 4 : 01. 春. 聞

白身魚のライス添えです。

＊本日の「日替わり料理 le plat du jour」に対する、客の質問への応答。会話の内容に一致する和文の選択問題。ただ、市場(いちば)などの食材（カテゴリー分類）なら別だが、料理名に poisson blanc は用いられない。料理で「白身魚」といえば、フランスでは普通 une sole「舌平目(したびらめ)」を指すからだ。

3級・準2級

Mon grand-père avait de beaux

cheveux blancs.

祖父はきれいな白髪だった。

blesser [blese] (I)0 vt 他

(人や動物を) 傷つける、けがをさせる、(人の気持ちを) 傷つける

3級

Est-ce que la vieille dame a été blessée ? 01.春.聞

そのおばあさんは負傷したの？

＊読み上げられた仏文に和文が一致しているかを問うもの。

準2級

Ma fille a été blessée par ce que vous avez dit.

うちの娘はあなたが言ったことで傷ついた。

◆ (se) blesser (I)0 vr 代動

「けがをする」

3級

Plusieurs voyageurs sont tombés et se sont légèrement blessés. 01.春.聞

何人かの乗客が倒れて軽傷を負った。

＊日本語の説明文が内容に一致しているかを問うもの。

準2級

Elle s'est blessée à la jambe en jouant au football.

彼女はサッカーをやっていて脚を負傷した。

▶もし、se blesser la jambe と前置詞 à を用いない言い回しを使うなら、直接目的語が la jambe となるため Elle s'est blessé la jambe en jouant au football. と過去分詞は不変となる。

◆ blessé(e) n 名

「けが人」

3級

On y soigne les malades et les blessés. 01.春.筆

そこでは病人やけが人の治療をする。

＊この文に対応する単語 hôpital [nm] を語群から選ぶ。

bleu(e) [blø] adj 形

青い、ブルーの

5級

Le ciel est bleu ce matin.

今朝、空は青い。

4級・3級

Il portait une chemise blanche et un pantalon bleu. 3:05.秋.筆

彼は白いシャツを着て、青いズボンをはいていた。

＊この文が答えとなる質問の文、Il était habillé comment ?「どんな服装でしたか？」を選択肢から選び出す。

◆ bleu nm 男

「青、青色」

4級

Vous voyez la fille en bleu, c'est Corinne. 02.春.聞

青い服を着た女の子が見えますよね、あれが Corinne です。

＊「Corinne は白い服を着ている」という選択肢を不適当とする問題。

blond(e) [blɔ̃, blɔ̃d] adj 形

ブロンドの、金髪の

4級

Madame Favier est grande et blonde.

Favier 夫人は背が高く、髪はブロンドです。

3級

Ses cheveux sont blonds comme *ceux* de sa mère. 01.春.筆

彼（彼女）の髪は母親の髪と同じくブロンド

A B C D E F G H I J K L M N O P Q R S T U V W X Y Z

です。

＊les cheveux de sa mère の下線部を指示代名詞に置き換える適語選択問題。

bœuf [bœf] nm 男
bœufs [bø] pl 複

[総称としての] 牛、牛肉

3級

Vous voulez acheter de la viande de bœuf. 93. 秋. 筆

あなたは牛肉を買いたい。

＊さて、「どこに買いに行きますか？」と解釈して、選択肢から chez le boucher「肉屋へ」を選ぶ問題。

boire [bwar] (III) 46 vt 他 vi 自

(人が飲み物を) 飲む

5級

Mon père boit du café au lait tous les matins.

父は毎朝カフェオレを飲む。

Vous voulez boire quelque chose ?

何か飲みたいですか？

4級・3級

Ils *ont bu* du vin rouge au dîner. 4 :06. 春. 筆. 改

彼らは夕食に赤ワインを飲んだ。

＊和訳を参考に、boire の直説法複合過去を選択肢から選ぶ問題。

Attendons-le en *buvant* un verre. 3 :17. 秋. 筆

一杯飲みながら彼を待とう。

＊ジェロンディフを解答する問題。ただし、この現在分詞 buvant の綴りは盲点のようで、得点率は 16% と低調だった。ちなみに、命令法 bois, buvons, buvez も正しく綴れない人が多い。

bois [bwa] nm 男 pl 複

林、森、木材、(燃料用) まき

4級・3級

On se promène dans les bois. 4 :96. 秋. 聞

人々が森を散歩している。

＊この文を聞いて、適当なイラストを選ぶ問題。

Les fraises des bois sont délicieuses. 3 :96. 春. 筆

野いちごはおいしい。

＊この文から、適当なイラストを答える問題。ちなみに「(ヨーロッパ) 木いちご」なら framboise [nf] という。

boisson [bwasɔ̃] nf 女

[集合的] 飲み物

4級

Qu'est-ce que vous voulez comme boisson ?

お飲み物は何になさいますか？

＊定番の言い回しだが、99. 春 に「聞き取り」問題に登場している。

3級

Il y a assez de boissons pour ce soir ? 11. 春. 筆. 改

今晩のための飲み物は十分にありますか？

＊この問いに、Oui. Laurent a acheté dix bouteilles de vin hier. と直説法複合過去で応じるという設問。

boîte [bwat] nf 女

箱、ケース

4級

Alors, je te donne cette boîte de chocolats. 01. 春. 筆

じゃ、この箱入りのチョコレートをあげるよ。

＊「このチョコレートの箱」が直訳。相手の「チョコは大好き！」という発言を受けた

返答。

3級

Mais il n'y a pas de boîte aux lettres en chemin. 97.春.筆.改

でも、途中にポストはありません。

＊会話文を成立させる問題。そもそもの出題は boîte à lettres となっているが（自宅の「郵便受け」ならこの形もないではない）、道に設置された「ポスト」「郵便受け」を含め、通常は boîte aux lettres が自然。

準2級

J'ai trouvé une boîte au pied d'un arbre et j'ai regardé dedans. 11.秋.聞.改

私は木の根元に箱を見つけ、その中を見てみました。

＊長文を聞いて、そのあとに読み上げられる短い仏文の正誤を問うもの。

bon, bonne [bɔ̃, bɔn] adj 形

よい（↔ mauvais）、優れた、おいしい、（健康状態が）良好な、十分な

5級・4級・3級

Bonne journée ! よい1日を！

Tu connais un bon restaurant français près d'ici ?

この近くで、おいしいフレンチ・レストランを知ってる？

準2級

On a attendu une bonne heure.

優に1時間は待ちました。

▶数詞とともに用いられた見出語は「たっぷりと」のニュアンス。grand も同様に用いることができる。

◆ bon interj 間

「（話題の転換や結論などを導いて）そうですか」

5級・4級

Ah bon ? ああそうですか（本当ですか）？

Bon, on y va. では、出かけましょう。

◆ bon adv 副

「よく」

5級・4級

□sentir bon よい香りがする

Ça sent bon ! Qu'est-ce que tu cuisines ?

いいにおい！ 何を作ってる（料理してる）の？

bonheur [bɔnœr] nm 男

幸福（↔ malheur）、幸運（＝chance）

3級・準2級

Je te souhaite beaucoup de bonheur. 3:97.春.筆

お幸せに（ご多幸をお祈りいたします）。

＊結婚を報告した友人への祝いの一言。会話文を完成させる選択肢から。

Quel bonheur de vous revoir !

またあなたに会えるなんて、何て幸せなことだろう！

bonjour [bɔ̃ʒur] nm 男

おはよう、こんにちは

5級

Bonjour ! Comment allez-vous ?

おはよう（こんにちは）！ お元気ですか？

4級

Dis *bonjour à tout le* monde. 12.秋.筆

みんなによろしく（お伝えください）。

＊整序問題。なお、3級 18.秋 にこの bonjour を問う問題が出されている。

bon marché [bɔ̃ marʃe]
adj 形 **adv 副**

安い、廉価の、安く

3級

Aujourd'hui, les fraises sont bon marché. 今日は、イチゴが安い。

▶ 形容詞句だが、性数変化はしない。ちなみに、比較級は meilleur marché という（例 Ceux-ci sont bien meilleur marché que ceux-là.「こちらのほうがあちらよりずっとお買い得です」）。ただし、日常会話なら「安い」pas cher を用いる。

bonne nuit [bɔn nɥi]
おやすみ、おやすみなさい

5級

Bonne nuit, Naomi !
Naomi、おやすみなさい！

▶ 英語の Good night ! に相当。ちなみに、Bonne soirée! は Good evening ! に当たる。

bonsoir [bɔ̃swar] **nm 男**
こんばんは、(別れ際に) おやすみなさい

5級

Bonsoir à tous ! こんばんは皆さん！

Je vais me coucher, bonsoir.
もう寝ます、おやすみなさい。

bord [bɔr] **nm 男**
岸、縁

4級・3級

Mes parents aiment se promener au bord du lac.
両親は湖畔を散歩するのが好きです。

C'est juste *au bord de* la mer, à côté de Monaco. 3:92. 春. 筆. 改
ここはモナコのすぐそばにある海岸です。

＊絵はがきに添えたメッセージの一部。空所に au bord de を選択肢から選ぶ問題。

bouche [buʃ] **nf 女**
口、口もと

4級・3級

□ouvrir la bouche 口を開ける

Ne parlez pas la bouche pleine.
口に食べ物を入れた（ほおばった）まま話さないでください。

boucherie [buʃri] **nf 女**
（主に牛・羊などの生肉を扱う）精肉店

3級

□aller à la boucherie 肉屋に行く

Peux-tu aller acheter de la viande à la *boucherie* ? 13. 秋. 筆. 改
肉屋にお肉を買いに行ってくれない？

＊「肉を買う」という箇所から類推し、「肉屋」という単語を語群より選択する問題。

◆ boucher, bouchère
n 名

「肉屋（の店主）」

準2級

出題歴なし

Elle a acheté trois cents grammes de viande hachée chez le boucher.
彼女は肉屋でひき肉を 300 グラム買った。

▶ à la boucherie と chez le boucher の差異に注意。

bouger [buʒe] (I) 2 **vi 自** **vt 他**
動く、体を動かす（=remuer)、(頭などを）動かす

4級

Ne bougez plus. さあ、動かないで。

＊写真撮影の際などの指示。

3級

Cet animal est dit paresseux, parce

A B C D E F G H I J K L M N O P Q R S T U V W X Y Z

qu'il passe beaucoup de temps sans bouger dans les arbres. 08. 春. 筆. 改

この動物（ここではナマケモノのこと）は無精だと言われている。木々のなかで動かずに多くの時間を過ごすからだ。

＊長文読解問題の一部。

boulangerie [bulɑ̃ʒri] nf 女

パン屋（の店）

4級・3級

☐aller à la boulangerie パン屋に行く

Il achète des croissants *à* la boulangerie en face de chez lui. 4:99. 秋. 筆

彼は自宅の正面にあるパン屋でクロワッサンを買う。

＊前置詞 à を問う問題。

Est-ce que cette boulangerie est ouverte, demain matin ?

明朝、あのパン屋さんは開いていますか？

◆boulanger, boulangère n 名

「パン屋（の職人、店員）」

3級

Tu peux aller chercher deux baguettes chez le boulanger ?

パン屋にバゲットを2本買いに行ってくれる？

▶à la boulangerie と chez le boulanger の差異に注意。

準2級

Il a commencé à y travailler comme boulanger à l'âge de 15 ans. 11. 春. 聞

彼は15歳で、そこでパン職人として働き始めた。

＊長文の「聞き取り」問題の一部。この内容についての正誤がフランス語で問われた。

boulevard [bulvar] nm 男

（並木のある）大道り

4級・3級

Cette rue mène au boulevard.

この道は大通りに通じています。

En sortant, vous remontez un peu le boulevard. 3:96. 春. 筆

外へ出たら、大通りを少し先に進んでください。

＊対話文の空所補充問題。最寄駅への行き方を説明している。

bout [bu] nm 男

（パンなどの）切れ端、端（=extrémité）

3級

Tu veux un autre bout de gâteau ?

ケーキをもう一切れどう？

準2級

Au *bout* d'un moment, il a arrêté de courir. 16. 春. 筆

少し経（た）って、彼は走るのをやめた。

＊和訳から bout（au bout de qqch「～の終わりに、～の果てに」）を答える問題だが、得点率は18%と低調。ちなみに、au bout d'un moment の言い回しは、3級の 93. 秋 にト書きの部分にも登場したことがある。

bouteille [butɛj] nf 女

瓶、ワインの瓶

4級

☐une bouteille de vin ワイン1瓶

Donnez-moi une bouteille de vin rouge. 赤ワインを1本ください。

3級

Apportez-moi une bouteille d'eau minérale. 00. 春. 聞

ミネラルウォーターを1本持ってきてください。

＊この文を聞いて、カフェでの注文のシーンが描かれたイラストを選ぶ。

boutique [butik] nf 女
店、ブティック

4級・3級

Elle travaille dans une boutique de vêtements. 彼女は洋品店で働いている。

Mon ami a enfin ouvert sa boutique à Yokohama.
ついに、友人が横浜に店をオープンした。

準2級

En France, les boutiques sont-elles toutes fermées le dimanche ? 12.春.筆.改
フランスでは、店はすべて日曜には閉まるのですか？

＊この質問に対して、Non, quelques-unes sont ouvertes.「いえ、いくつかは開いています」と応じる問題。ただ、前後の文脈がないと、ここでの「店」は「洋品店」(boutique de vêtements) とも解釈できるので、広く一般に「店」を言い表すなら En France, tous les magasins sont-ils fermés le dimanche ? などとする。

bouton [butɔ̃] nm 男
ボタン

3級・準2級

□appuyer sur le bouton　ボタンを押す

Il te manque un bouton.
ボタンがとれてますよ。

Mettez une pièce d'un euro, puis appuyez *sur* le bouton. 準2:08.春.筆
1ユーロコインを入れて、それからボタンを押してください。

＊前置詞 sur を問う問題。なお、不定法を用いて、Mettre [Introduire] une pièce d'un euro, puis appuyer sur le bouton. とすることもできる。

bras [bra] nm 男 pl 複
腕

3級

Tu as mal au bras gauche ?
左腕が痛いの？

Elle s'est cassé le bras en faisant du ski. 彼女はスキーをしていて腕を折ってしまった。

bref, brève [brɛf, brɛv] adj 形
(時間的に) 短い、(話や表現が) 簡単な、簡潔な

準2級

Je vous demanderai d'être bref dans vos questions.
質問は短めにお願いします。

Sa visite a été très brève, car il avait un rendez-vous urgent.
彼の訪問はとても短かったが、それは彼に急ぎの約束があったせいだ。

briller [brije] (I)0 vi 自
(物が) 光る、輝く

4級

Les étoiles brillent dans le ciel.
星が空に輝いている。

3級

Le journal dit qu'il fera très *chaud* et que le soleil brillera sur toute la France. 99.春.聞
新聞によれば、フランス中に (全土に) 太陽が照りつけ、とても暑くなるそうだ。

＊この文の chaud を書き取る問題。

(se) bronzer [brɔ̃ze] (I)0 vr 代動
日焼けする (=se faire bronzer)

■3級

出題

( ) 内に入れるべき最も適当なものを選べ。

Tout se passe bien. ( ). Je me repose, je me baigne, je me bronze et je lis un peu.
1 Je ne fais presque rien
2 Je suis très occupée
3 Je travaille beaucoup 92. 春. 筆

絵ハガキの空所補充問題。「すべて順調に運んでいます。( )。休んで、泳いで、肌を焼いて、少し読書をしています」という意味。空欄が「とても忙しくしています」とか「たくさん仕事（勉強）をしています」では話がおかしい。

（解答）*1*

brosser [brɔse] (I) 0 vt 他

ブラシをかける、（ブラシで）磨く

■3級

J'ai brossé mes chaussures.
ブラシで靴を磨いた。

Elle brosse son chat. 15. 春. 聞
彼女は飼い猫にブラシをかける。

＊複数のイラストから、読み上げられたこの文にふさわしい一枚を選ぶ。

◆(se) brosser (I) 0 vr 代動

「自分の〜を磨く、（服や体に）ブラシをかける」

■3級

- Tu t'es brossé les dents ?
- Oui, maman. 13. 秋. 聞
-「歯は磨いたの？」
-「磨いたよ、ママ」

＊この対話を聞いて、「テオはもう歯磨きをすませている」という日本語の内容説明が正しいか否かを答える問題。

brouillard [brujar] nm 男

霧（きり）

■3級

La matinée débute par des gelées et des nappes de brouillard. 91. 秋. 筆
朝は霜（しも）と一面に広がる霧で始まる

＊天気予報の内容に一致する和文を選ぶ問題から。3 級でも容赦ない単語力が要求された時代の問題。nappe [nf] は「（水やガスなどの）ひろがり」のこと。

L'avion a *deux heures de retard à cause* du brouillard. 01. 秋. 筆
飛行機は霧のせいで 2 時間遅れている。

＊整序問題。ただし、前置詞 de の扱いのせいか、à cause de が見抜けないからか、はたまた brouillard を知らないためか、得点率は 22% という低い結果。

bruit [brɥi] nm 男

騒音、（気になる、嫌な）物音

■5級・4級

□faire du bruit　音を立てる、騒ぐ

Ne fais pas de bruit !
うるさくしないで！

On entend des bruits dans la chambre voisine.
隣の部屋で物音がする。

■3級

On ne peut pas dormir à cause du bruit qui vient de chez vous ! 08. 春. 筆. 改
あなたの家からの騒音のせいで眠れません！

＊対話文の空所補充問題の一部。

brun(e) [brœ̃, bryn] adj 形

茶色の、（肌が）浅黒い

■4級

Marion a les cheveux bruns.

Marion は茶色の髪（ブルネット）です。

Vous avez de la bière brune ?

黒ビールはありますか？

▶ 通常の「ビール」は une bière blonde という。

brusquement [bryskəmɑ̃]

adv 副

不意に、急に

3級

Elle s'est mise en colère brusquement. 彼女は不意に怒り出した。

出　題

A・B、2つの文意が同じ①か違う②か答えなさい。

A Le bus s'est brusquement arrêté pour éviter une vieille dame.

B バスがおばあさんを避けようとして急停車した。 01.春.聞.改

長文読解、内容に一致する和文の選択問題から対照箇所を併記したもの。先に B の文を読んだ上で A の聞き取りをするので、かなり平易な設問になっている。

（解答）①

bureau [byro] nm 男
bureaux pl 複

会社、オフィス、（事務用の）机

5級・4級

□aller au bureau　会社に行く

Je vais au bureau en voiture.

私は車で会社に通っている。

Le bureau du directeur est au premier étage.

部長の部屋は2階です。

Ils étaient au bureau il y a trente minutes.

30分前、彼らはオフィスにいました。

3級

Et tu mets le *bureau* et la chaise devant la fenêtre ? 04.秋.聞

で、机と椅子は窓の前に置きます？

＊家具を設置している2人の会話から、空所に bureau を書き取る問題。

Le bureau de poste ouvre à neuf heures du matin.

郵便局は朝の9時に開く。

bus [bys] nm 男

（市内を走る）バス（▶ autobus の略。現在 autobus はあまり使われない）

5級・4級

□prendre le bus

バスに乗る（↔ descendre du bus）

□aller en bus　バスで行く

Elle prend le bus pour aller au bureau.

彼女は仕事に行くのにバスを使う。

3級

Ça prend quinze minutes en bus.

バスで15分かかります。

Où est l'arrêt de bus, s'il vous plaît ?

すみません、バス停はどこにありますか？

but [by(t)] nm 男

目的（地）、目標（=objet）

準2級

Quel est le but de votre séjour ?

（税関などで）滞在の目的は何ですか？

Son but n'était pas seulement de montrer son courage, mais aussi de donner de l'espoir aux gens qui ont eu un accident comme lui. 14.秋.筆

彼の目的は勇気を示すことだけでなく、自分と同じように事故にあった人たちに希望を与えることだった。

＊義足のランナーを扱った問題（内容に一致する仏文を選ぶ）。相関句 ne … pas seulement A, mais aussi B「A だけでなく B も」がポイント。

C c

cabinet [kabinɛ] nm 男

(医者の) 診療室、小部屋

▷ cabin (chambre「部屋」) ＋et「小さな」

3級

Allo ? Cabinet du docteur Pottier. Bonjour. 93. 秋. 聞

もしもし？ ドクター Pottier の診療室です。こんにちは。

＊電話での診療予約の場面に一致するものを選ぶ問題から。

cacher [kaʃe] (I) 0 vt 他

隠す

4級・3級

□être caché(e) derrière un arbre

(人が) 木のうしろに隠れる

Les parents ont caché les cadeaux de Noël.

両親がクリスマスプレゼントを隠した。

準2級

Elles ne *cachaient* pas leur joie. 10. 秋. 筆. 改

彼女たちは喜びを隠さなかった。

＊Elles laissaient voir leur joie.「彼らは喜びを見せていた」の言い換えとして、cacher を選び直説法半過去に活用させる問題。

◆ (se) cacher (I) 0 vr 代動

「身を隠す」

4級

Il se cache derrière la porte du café. 04. 秋. 筆

彼はカフェのドアのうしろに隠れている。

＊状況に合致するイラストを選ぶ問題。

cadeau [kado] nm 男
cadeaux pl 複

贈り物、プレゼント

5級

□recevoir un cadeau

プレゼントを受け取る

Merci pour votre cadeau.

プレゼントをありがとう。

4級

Est-ce que vous faites un cadeau à Paul ? 05. 秋. 筆. 改

Paul に贈り物をしますか？

＊この文を受けて、Oui, je lui donne une cravate ? という返答を導く問題。ただし、返答は相手への提案なので、Oui, qu'est-ce que tu penses d'une cravate ?「ネクタイなんてどう？」などとする方が自然な対話になる。

3級

Qu'est-ce que tu lui *as donné* comme cadeau ? 01. 春. 筆

プレゼントとして彼 (彼女) に何をあげたの？

＊「昨日は母の誕生日でした」という説明を前提に、donner の直説法複合過去を答える問題。

café [kafe] nm 男

コーヒー、カフェ、コーヒー店

5級

Vous voulez un café ?

コーヒーはいかがですか？

Un café, s'il vous plaît.

コーヒーを1杯ください。

4級・3級

□aller au café カフェに行く

□une tasse de café コーヒー1杯

Vous mettez du sucre *dans* votre café ? 4:08. 秋. 筆

コーヒーに砂糖を入れますか？

＊前置詞 dans を問う問題。

On va prendre un café ?

コーヒーを飲みに行かない？

Est-ce que je peux avoir un peu plus de café ?

もう少しコーヒーをもらえますか？

cahier [kaje] nm 男

ノート

4級・3級

J'ai acheté deux cahiers hier.

昨日ノートを2冊買った。

J'ai écrit son numéro de téléphone sur la dernière page de ce *cahier*. 3:11. 秋. 筆

彼（彼女）の電話番号をこのノートの最後のページに書いた。

＊文意を踏まえ、選択肢から空欄に cahier を入れる問題。

caisse [kɛs] nf 女

（大きな）箱、レジ、金庫

3級

Il y a des caisses pleines de livres dans ma cave.

本でいっぱいの箱がわが家の地下室にあります。

Où est la caisse ? レジはどこですか？

calcul [kalkyl] nm 男

計算、数え方

3級

On doit vérifier un calcul. 92. 春. 筆. 改

計算が合っているか確認しなくてはならない。

＊かつて3級で定番だった、動詞と名詞の置き換え問題を改作したもの。これを名詞化すると la vérification d'un calcul となる。動詞「計算する」は calculer という（例 une machine à calculer「計算機」）。

calme [kalm] adj 形

静かな、冷静な

4級

Voilà une maison calme. 01. 春. 筆. 改

ほら、静かなお家でしょ。

＊この文への返答 D'accord, mais c'est trop cher pour moi.「わかります、でも私には値段が高すぎます」の強勢人称代名詞を答える問題。

3級

Tu ne leur as pas demandé d'être plus calmes ? 13. 春. 聞

彼らにもっと静かにするように頼まなかったの？

＊会話文の聞き取り問題。隣人の騒音がテーマ。

準2級

Restez calme, ne paniquez pas !

冷静に、あわてないで！

camarade [kamarad] n 名

仲間、同僚、同志

4級

Sois gentil avec tes camarades.

友人には親切になさい。

3級

Léo est *si amusant que ses camarades* l'aiment tous. 15. 秋. 筆

Léo は面白いので、仲間はみんな彼が好きだ。

＊"si＋[形容詞・副詞]＋que＋S＋V"（英語 so ... that 構文に相当）の順に並べる整序問題。

camion [kamjɔ̃] nm 男
トラック

準2級

J'ai besoin d'un camion pour déménager. 引越しにはトラックが必要だ。

Les propriétaires se plaignent de *voleurs*, qui arrivent en camion et sont souvent violents. 10.春.筆

（森の）所有者は泥棒に不平をこぼす。連中はトラックでやってきて、しばしば暴力的であるからだ。

＊キノコ泥棒に関する長文の空所補充問題。

campagne [kɑ̃paɲ] nf 女
田舎（↔ ville）

5級・4級

□aller à la campagne　田舎に行く

Autrefois, on allait à la campagne le week-end.

かつては、週末になると田舎に行っていました。

Mon oncle a une ferme à la campagne.

おじは田舎に農場を持っています。

3級

À la *campagne*, l'air est plus pur qu'en ville. 16.春.筆

田舎は都会に比べて空気がきれいだ。

＊文意を考えて、与えられた語群から空欄に campagne を選ぶ問題。

Canada [kanada] nm 男
カナダ

5級・4級

□aller au Canada　カナダに行く

Tu ne connais pas la capitale du Canada ?

カナダの首都を知らないの？

3級

Les vacances d'hiver au Canada, ça serait formidable. 08.春.聞.改

カナダで冬のヴァカンスが過ごせたらすばらしいだろうね。

＊会話文を聞き取って、内容に一致する和文を選ぶ問題。

◆Canadien(ne) n 名
「カナダ人」

3級・準2級

En 2015, les Canadiens ont bu 73 litres de lait par personne *tandis* que dans les années 1990 ils en buvaient plus de 90. 準2:16.秋.筆

カナダ人は2015年、一人当たり73リットルの牛乳を飲んだが、1990年代には90リットル以上飲んでいた。

＊カナダでの牛乳消費に関する長文読解問題（空所補充）から。

◆canadien(ne) adj 形
「カナダの、カナダ人の」

3級

Martine est de quelle *nationalité*, française ou canadienne ? 15.秋.筆.改

Martine の国籍はどこですか、フランスですか、カナダですか？

＊選択肢から、空所に適語を入れる問題。

cancer [kɑ̃sɛr] nm 男
癌（がん）

3級・準2級

Mon oncle est mort d'un cancer il y a à peu près dix ans.

おじは10年ほど前に癌で亡くなりました。

Le médecin lui a annoncé qu'elle avait le cancer de l'estomac.

医者は彼女に胃癌を告知した。

A B C D E F G H I J K L M N O P Q R S T U V W X Y Z

candidat(e) [kɑ̃dida, -dat]

n 名

候補者、受験者

3級・準2級

Les trois quarts des candidats ont échoué à l'examen.

受験者の4分の3が試験に落ちた。

L'examen *est si difficile* que seulement cinq ou six pour cent des candidats réussissent. 準2:11.秋.筆

試験はとても難しいので、受験生の5〜6%しか合格しません。

＊会話文の空所補充問題。candidatには「受験者」と注記がある。ただし、3級 93.春 には注記なしで見出語が出題されている。

capable [kapabl] **adj** 形

〜できる、有能な

準2級

Mon fils était capable de nager à l'âge de deux ans.

うちの息子は2歳で泳げた。

C'est une femme capable.

彼女は有能な人だ。

◆ capacité **nf** 女

「(特定のことができる) 能力、収容力」

3級

出題

A・B、2つの文意が同じ①か違う②か答えなさい。

A À la gare de départ du téléphérique, le restaurant du Blanchot met à votre disposition quatre salles, d'une capacité totale de 350 personnes.

B レストラン・ドゥ・ブランショでは客の好みで四つの部屋が選べるが、それぞれの定員は350名である。 96.春.筆.改

「ロープウェイの出発駅にあるレストラン・ドゥ・ブランショは客の好みで4つの部屋を自由に使え、総収容人数は350人だ」という仏文（の内容）にBが合っているか否か。もし、各部屋の定員が350名なら、1400名を収容できる巨大レストランとなってしまう。

(解答) ②

capitale [kapital] **nf** 女

首都

4級・3級

Tokyo est la capitale du Japon.

東京は日本の首都だ。

準2級

***En effet*, il y a de très graves problèmes de santé dans la capitale, et de plus en plus d'enfants ont du mal à respirer.** 15.秋.筆

なぜなら、首都には非常に深刻な健康問題があり、呼吸困難の子どもがますます増えているからだ。

＊長文の空所補充問題。文脈から、「理由」を導く en effet を選ぶ。

car [kar] **conj** 接

なぜなら〜だから、というのも〜だからだ（▶ 直前の文の説明）

3級

J'ai mis mon manteau car il fait froid. コートを着ました、寒いので。

準2級

C'est une bonne opportunité, car elle sera *directrice* du bureau. 14.春.聞.改

それはすばらしいチャンスだ、というのも彼

女は支店長になるのだから。

＊長文読解問題。ただ、実際の出題文はC'est une grande chance, とある。これは「ビジネスチャンス」という和製英語と同じで違和感がある。chance には「偶然生じた幸運」という含意があり、「(時宜・機会を得て) 支店長の地位をつかむ」という文脈に則した単語なら opportunité の方が適当だ。

caractère　[karaktɛr]　nm 男

(人の) 性質、(物の) 性格、特徴、文字

準2級

Makoto a bon [mauvais] caractère.

Makoto は人柄がいい (悪い)。

Un habitué des cafés parisiens dit : « Je ne vais jamais chez Astre. C'est une chaîne : les cafés sont partout les mêmes, ils n'ont pas de caractère ; leur goût n'est pas si bon et c'est cher. »　17. 春. 筆

パリのカフェの常連は言う「Astre には行かないよ。チェーン店だもの。コーヒーはどこも同じ、個性がない。味もたいしたことはない、なのに値段は高い」。

＊長文読解、空所補充問題から。

carafe　[karaf]　nf 女

カラフ、ピッチャー、水差し

4級

Un verre de vin rouge et une carafe d'eau, s'il vous plaît.　97. 春. 筆

グラスの赤ワインと水をカラフでください。

＊長文読解、内容に一致する和文の選択問題。une carafe d'eau は「水差しに入った水道水 (無料の水)」のこと。ただし、大半の店では、カラフは頼まないと出てこない。

carrefour　[karfur]　nm 男

交差点

3級

Prenez à gauche au prochain carrefour.

次の交差点を左に曲がってください。

L'accident a eu lieu près de ce carrefour.

事故はあの交差点の近くで起こった。

＊仏検 3 級 05. 春 に 1 度、On s'y arrête au feu rouge. という文に対応する単語として、語群から carrefour を選択するという問題が出た。

carte　[kart]　nf 女

カード、身分証、地図、メニュー

5級

☐ payer avec la carte　カードで払う

4級

☐ la carte d'identité　身分証明書

☐ la carte d'étudiant [d'élève]　学生証

J'ai perdu ma carte d'étudiant il y a deux jours.

2 日前に学生証を紛失した。

3級

Hum ... je ne vois pas cette ville sur la carte.　01. 秋. 聞. 改

う～ん、地図上のこの都市がわからなくて。

＊現在地と目的地を地図で照らし合わせているシーン。対話文を聞き取って空所を補充する問題の一部。

cas　[ka]　nm 男　pl 複

場合、ケース、事由

3級・準2級

☐ en ce cas　その場合は、そういうことなら

☐ en tout cas

とにかく、いずれにせよ (=de toute façon)

C'est différent dans mon cas.

私の場合は (事情が) 違います。

En tout cas, c'est intéressant de découvrir les différences entre ces deux villes. 準 2:09. 春. 聞

いずれにせよ、2つの都市の違いを見つけ出すのはおもしろい。

＊手紙文の聞き取り問題。2つの都市とは Dijon と Tokyo を指している。なお、en tout cas は準2級 08. 秋 に空所補充問題にも登場している。

casser [kase] (I)0 vt 他

(ガラスなどを) 割(わ)る、壊す (=briser)

4級・3級

Qui a cassé la vitre ?

窓ガラスを割ったのは誰ですか？

準2級

C'est mon mari qui a cassé ce verre à vin en faisant la vaisselle.

皿を洗っていて、あのワイン・グラスを割ったのは夫です。

◆ (se) casser (I)0 vr 代動

「自分の～を折る、割れる」

3級・準2級

Elle est tombée dans les escaliers et elle s'est cassé la jambe. 3:02. 春. 筆. 改

彼女は階段から落ちて、脚を折った。

＊対話文の空所補充問題。Qu'est-ce qu'elle a ?「どうしたの？」と入院した理由を問いかける文への返答。

catastrophe [katastrɔf]

nf 女

大災害、大惨事

▷ cata (de haut en bas「上から下まで」)＋strophe「ひっくり返る」

準2級

出題歴なし

Cette catastrophe a fait plus de cent morts.

その災害で100人以上の死者が出た。

cathédrale [katedral]

nf 女

大聖堂、カテドラル

3級

Il paraît que c'est à côté de la cathédrale Saint-Etienne. 94. 秋. 聞

それ（目的のホテル）はサンテチエンヌ大聖堂の隣にあると思います。

＊対話文を聞いて、内容に一致する和文を選ぶ問題。

cause [koz] nf 女

原因、理由 (=motif, raison, ↔ résultat)

4級・3級

□ à cause de qqn / qqch

「～のせいで、～の理由で」

Quelle est la cause de l'accident ?

事故の原因は何ですか？

L'avion a *deux heures de retard à cause* du brouillard. 3:01. 秋. 筆

霧のせいで飛行機が2時間遅れている。

＊整序問題。

準2級

En réalité, la cause de ce genre de problèmes de santé est souvent le stress.

10. 秋. 筆. 改

実際は、こうした類(たぐい)の健康問題の原因はしばしばストレスにある。

＊長文読解、内容に一致する仏文の選択問題。

céder [sede] (I)6 vt 他

vi 自

(à ～に) 譲歩する、譲る

3級

出 題

A・B、2 つの文意が同じ①か違う②か答えなさい。

A De la Normandie aux Pays de la Loire, les brumes du début de matinée céderont la place aux éclaircies, mais, dans l'après-midi, le ciel se voilera progressivement.

B ノルマンディー地方からロワール河沿いにかけては晴れ間も見られるが、しだいに雲が広がるだろう。 91.秋.筆.改

長文読解、内容に一致する和文の選択問題。Aは「ノルマンディーからペイ・ド・ラ・ロワール地方では、朝の初めの靄（もや）が晴れ間にとって変わるものの、午後はしだいに雲がひろがるでしょう」となる。

（解答）①

準2級

Ne cédez pas à la panique !

パニックにならないで（うろたえないで）！

ceinture [sɛ̃tyr] nf 女

ベルト、帯

3級

On met *une ceinture* sur un pantalon ou une jupe. 02.秋.筆

ズボンやスカートの上にベルトをする。

＊文脈をたよりに、語群から空欄に une ceinture を選ぶ。

Attachez votre ceinture, s'il vous plaît.

（飛行機や車で）シートベルトを締めてください。

▶「あなた」個人にではなく、複数人を対象に注意喚起するケースなら vos ceintures と複数にする。

célèbre [selɛbr] adj 形

（ひろく名誉や称賛を受け）有名な（=connu, fameux, ↔ inconnu）

3級

Notre village est célèbre pour ses vins rouges.

私たちの村は赤ワインで有名だ。

準2級

La cuisine est faite par une vieille dame qui a longtemps travaillé dans un célèbre restaurant parisien.

17.秋.書

料理は、長年パリの有名なレストランで働いた年配のご婦人が作っている。

＊「書き取り」（ディクテ）。faite の <e> は書き落としがち。vieille, célèbre の綴りも意外に難しい。

célibataire [selibatɛr]

adj 形

独身の（↔ marié）

準2級

出題歴なし

Je croyais que vous étiez célibataire.

あなたは独身だと思っていました。

▶「既婚者」marié(e) 同様、célibataire は名詞「独身者」の意味でも使われる。

centre [sɑ̃tr] nm 男

中心、中央、センター

4級・3級

Céline habite dans le centre de Londres.

Céline はロンドンの中心部に住んでいる。

▶ en plein centre de Londres も同義。

La dame qui est assise au centre de la salle lit un magazine.

部屋の中央に座っている婦人が雑誌を読んでいる。

準2級

Il tient un café au centre de Dijon et j'y travaille tous les jours sauf le week-end. 13.秋.聞.改

彼はディジョンの中心街でカフェを経営していて、私は週末を除いてそこで毎日働いている。

＊長文を聞いて、内容に一致している仏文を選ぶ問題。

centre-ville [sɑ̃trəvil]

nm 男

centres-villes pl 複

都市の中心部、中心街

4級

Oui, je connais un beau quartier dans le centre-ville. 02.秋.聞.改

はい、中心街にある美しい地区を知っています。

＊会話を聞き取る問題。en centre-ville とも言い換えられる。実際の出題文では au centre-ville となっていたが、不自然な表現なので前置詞を変更した。

3級

Pour aller au centre-ville, il faut combien de temps ?

町の中心まで行くのに、どのくらいかかりますか？

cerisier [s(ə)rizje] nm 男

桜の木

4級・3級

Il n'est jamais allé au Japon, mais il voudrait vraiment y voir les cerisiers en fleur. 3:17.秋.筆

彼は一度も日本には行ったことはなかったが、花盛りの桜を実際に現地で見たいと思っていた。

＊長文読解問題。ただし、cerisier には「桜の木」の注記あり。4級の94.秋でも cerisier には「桜」の注記が施されている。

certain(e) [sɛrtɛ̃, -tɛn]

adj 形

[名詞の前] ある～、なんらかの、[名詞の後] 確かな (↔ douteux)

3級

On dit que le déplacement des animaux et des plantes a une certaine relation avec la température. 12.春.筆

動植物の移動が、気温となんらかの関係にあると言われている。

＊長文読解問題。"un [une] certain(e)＋[名詞]" で「ある、なんらかの」の意味。

C'est un fait certain.

それは確かな事実だ。

準2級

Pour certaines personnes qui aiment soigner leur jardin, un gazon en bon état est très important. 09.秋.筆

庭の手入れが好きな人たちにとって、よい状態にある芝生はとても大事だ。

＊読解問題（話題はエコロジーの観点から見た、芝生に使われる化学製品）。なお、"certain(e)s＋[（複数）名詞]" は「ある、いくつかの」の意味合い。

◆certainement adv 副

「確かに、きっと」

3級・準2級

C'est certainement un des plus grands acteurs japonais.

彼は間違いなくもっとも偉大な日本人男優の一人だ。

Certainement pas ! 絶対にダメだ！

＊Certainement. は1語で「もちろんです」という肯定を強調した返答（準2級11.春

に出題例あり）として日常会話で頻出。例文のように否定にすると、強い調子の打ち消しの返答になる。

cesser [sese] (I)0 vt 他 vi 自

やめる（=arrêter, ↔ continuer）、（風雨が）やむ

3級

S'il cesse de pleuvoir, nous irons faire une promenade.

雨がやんだら、散歩に行きましょう。

▶ cesser de+inf.「～するのをやめる」の意味。

準2級

Stéphanie ne cesse d'apprendre de nouvelles choses dans son métier. 16. 秋. 筆

Stéphanie は仕事においてたえず新しいことを学び続けている。

＊長文読解、内容に一致する仏文の選択問題。ne (pas) cesser de+inf. で「たえず～し続ける、～をやめない」の意味。

c'est-à-dire [sɛtadir] conj 接

すなわち

準2級

C'est-à-dire qu'une femme a en moyenne deux enfants au cours de sa vie. 08. 秋. 筆

つまり、ひとりの女性が生涯に平均2人の子どもを産むことになる。

＊長文読解、内容に一致する仏文の選択問題。“c'est-à-dire que+S+V［直説法］” で「すなわち～だからだ」の意味。「実は～」という展開になる例もある（例 Eh bien, c'est-à-dire que je ne sais pas encore.「ええ、実はまだわからないのです」）。

chacun(e) [ʃakœ̃, -kyn] pron 代

それぞれ、おのおの、誰でも

4級・3級

Chacun d'eux a passé de bonnes vacances. 4:91. 秋. 筆. 改

彼ら一人一人がすてきなヴァカンスを過ごした。

＊手紙文の一部。現在なら3級（あるいは準2級）レヴェルの文。

準2級

Chacun est libre de faire ce qu'il veut.

誰もが自分の望むことをする自由がある。

chaise [ʃɛz] nf 女

（腕のない）椅子

5級

Il y a quatre chaises dans la salle à manger. 食堂には椅子が4脚ある。

4級・3級

Monsieur, il n'y a plus de chaises ...

先生、座るところがもうないのですが…。

***Prends une chaise et* assieds-toi.** 4:10. 秋. 筆

椅子を持ってきて、座って。

＊命令文を2つ重ねる整序問題。

準2級

Mon grand-père se déplace en chaise roulante.

祖父は車椅子で移動する。

chaleur [ʃalœr] nf 女

暑さ（↔ froid）

4級

Quelle chaleur ! なんて暑いんだ！

3級・準2級

Il est juste un peu *fatigué* à cause de la chaleur. 3 :03. 春. 聞. 改

ただ、暑さのせいで少し疲れていますね。

＊獣医 le vétérinaire が犬の診断をくだしているところ。fatigué を書き取る問題。

chambre [ʃɑ̃br] nf 女

(ベッドのある) 部屋、寝室

5級

C'est la chambre de mon fils.

ここは息子の部屋です。

4級・3級

Je voudrais réserver une chambre à un lit.

シングルの部屋を予約したいのですが。

▶なお「ダブル (ベッドの部屋)」なら une chambre avec un grand lit、「ツイン (ベッドの部屋)」なら une chambre double などという。

準2級

On voit la Seine *depuis* ma chambre. 09. 秋. 筆. 改

私の部屋からセーヌ川が見えます。

＊前置詞の問題。"depuis＋[場所]" (起点「～から」を表す) は盲点になりやすい。

champ [ʃɑ̃] nm 男

畑、農地、(目的のための) 場

3級

Tous les habitants de la ville ont le droit de louer un champ et il est possible d'en louer deux ou trois s'il y en a de disponibles. 09. 春. 筆. 改

町の住人は誰でも畑を借りられるし、あいている畑があれば2つ3つと借りることもできる。

＊レンタルできる畑を説明する長文の一部。なお、出題文では champ が繰り返されていたが、中性代名詞 en で受け変えた。

champignon [ʃɑ̃piɲɔ̃]

nm 男

キノコ

3級・準2級

Ce champignon rouge, il se mange ?

この赤いキノコは食べられますか？

▶「食べられる、食用の」comestible を使って、Ce champignon rouge est-il comestible? なら、準1級レヴェルの言い回しになる。

En automne, beaucoup de Français vont en forêt pour y chercher des champignons. 準 2 :10. 春. 筆

秋に、大勢のフランス人が森へキノコを探しに行く。

＊長文の空所補充問題から。この出題では、champignon「キノコ類」と注記が施されている。ただし、3級の 96. 春 には注記なしで、Sous les arbres, on peut trouver des champignons. という文が出題されている。なお、「キノコ狩りに行く」なら、通常、2級レヴェルの動詞 cueillir「摘む」を用いて、aller cueillir des champignons とする。

chance [ʃɑ̃s] nf 女

幸運、チャンス (↔ malchance)

5級・4級

□avoir de la chance　運がいい

Bonne chance !　幸運を祈ります！

3級

Quelle chance !

なんて運がいいんだろう！

Pas de chance !　ついてない！

＊この定型表現を書かせる問題が、3級 10. 春 に出題された。

準2級

Tu as de la chance d'avoir un ami comme lui ! 14. 秋. 聞

彼みたいな友だちがいるなんて、ついてるね！

＊対話文の聞き取り問題から。なお、この avoir de la chance を答える問題が、89. 春 には4級で出ている。

changer [ʃɑ̃ʒe] (I) 2 vi 自 vt 他

変える、変わる

4級

□changer de train　電車を乗り換える

Je dois changer de train à Nagoya ?

名古屋で電車を乗り換えなくてはなりませんか？

Le temps ne *changera* pas. 10. 秋. 筆

天気は変わらないでしょう。

＊和訳を参考に changer の直説法単純未来を選択する問題。

3級

□changer d'avis　意見を変える

□changer de coiffure

ヘアースタイルを変える

□changer de vie

生き方（生活）を変える

Il y a six mois, mon oncle a décidé de changer de vie.

半年前、おじは生き方を変える決心をした。

▶ changer sa façon de vivre も同義になる。

準2級

Qu'est-ce qu'il faut faire pour changer nos habitudes ? 11. 春. 筆

私たちの習慣を変えるにはどうしたらいいだろうか？

＊長文の空所補充問題から。

◆ changement nm 男

「変化、（電車などの）乗り換え（＝correspondance）」

準2級

Pour aller à l'Opéra, il y a un changement.

オペラ座に行くには、乗り換えがあります（必要です）。

chanson [ʃɑ̃sɔ̃] nf 女

歌、シャンソン

5級・4級

Vous aimez les chansons françaises ?

フランスの歌は好きですか？

Cette chanson était très à la mode dans les années 80.

この歌は80年代に大流行していた。

3級

J'ai déjà écouté plusieurs *de* ses chansons. 14. 春. 筆

私はすでに彼（彼女）の歌のいくつかを聞いたことがある。

＊適切な前置詞を選ぶ問題。

chanter [ʃɑ̃te] (I) 0 vt 他

歌う

5級・4級

Mes parents aiment chanter.

両親は歌うのが好きです。

Michelle fait la cuisine en *chantant*. 4 : 05. 春. 筆. 改

Michelle は歌いながら料理をしている。

＊chanter の活用の問題。和訳も参照しながら、ジェロンディフを完成させる。

3級

Quand j'étais enfant, je chantais à l'église tous les dimanches. 11. 秋. 聞

子どものとき、私は毎週日曜に教会で歌って

A B C D E F G H I J K L M N O P Q R S T U V W X Y Z

いた。

＊会話文を聞き、その内容が和文に一致しているか否かを答える問題。

◆ chanteur, chanteuse

n 名

「歌手」

4級・3級

Depuis, je rêve de devenir chanteuse, tout en continuant à aller au lycée. 3:07. 春. 筆. 改

以来、リセ（高校）に通いながら、歌手になることを夢見ています。

＊長文読解（内容に一致する和文の選択問題）から。

準2級

Là-bas, il dansait derrière des chanteurs célèbres. 15. 春. 聞. 改

そこで、彼は有名な歌手たちのうしろで踊っていた。

＊あるダンサーのキャリアを紹介する長文の聞き取り、内容一致の問題。

chapeau [ʃapo] nm 男
chapeaux pl 複

（縁のある）帽子

4級・3級

□porter un chapeau　帽子をかぶっている

□mettre son chapeau　帽子をかぶる

▶ enlever son chapeau は「帽子を脱ぐ」の意味。

Au soleil, n'oublie pas de mettre ton *chapeau*. 3:12. 秋. 筆

日なたでは、帽子の着用を忘れないで。

＊空所補充問題。文意から選択肢の chapeau を選ぶ。なお、à l'ombre なら「日陰で（は）」の意味になる。

chaque [ʃak] adj 形

［単数形のみ］おのおのの、それぞれの

4級・3級

□chaque année　毎年

□chaque soir　毎晩

On joue au football chaque dimanche.

毎週日曜にサッカーをします。

準2級

Ne vous inquiétez pas. Il y en a deux pour *chaque* personne. 13. 春. 筆

心配いりません。各人２つずつありますから。

＊文意を考えて、語群から適語を選ぶ問題。例文は「りんごは十分にあるの？」Il y a assez de pommes ? への返答で、空欄に chaque を入れる。

chargé(e) [ʃarʒe] adj 形

（de ～に）責任がある

準2級

Les entraîneurs sont aussi chargés de préparer les repas des dauphins. 11. 秋. 筆

調教師はイルカの食事の準備も担当している。

＊この文が、選択肢 Les entraîneurs s'occupent des repas des dauphins.「食事の面倒をみる」と同じ内容であることを解答する問題。なお、entraîneur には「調教師」の注記あり。

charmant(e) [ʃarmɑ̃, -ɑ̃t]

adj 形

魅力的な、すてきな

準2級

Cette actrice est vraiment charmante.

その女優さんは実に魅力的だ。

▶ 名詞 charme [nm] を用いて、Cette actrice a beaucoup de charme. などと言い換えられる。

On a dîné dans un charmant petit restaurant il y a trois jours.

3日前に、すてきなこぢんまりしたレストランで夕食をとった。

chat [ʃa] nm 男

猫

5級・4級

Ma grand-mère a deux chats noirs.

祖母は2匹の黒猫を飼っている。

3級

Vous pouvez garder mon petit chat pendant mon *absence* ? 15.秋.筆.改

留守の間、子猫を預かってもらえますか？

＊文意を考え、空欄に語群から absence「留守」を選ぶ設問。

château [ʃato] nm 男
châteaux pl 複

城、城館

4級・3級

Tu n'as pas visité le château de Versailles ?

ヴェルサイユ宮殿に行かなかったの？

準2級

Je voudrais aller en France et visiter des châteaux avec mon copain. 08.秋.書.改

私はフランスに行って、恋人と城を訪れたい。

＊「書き取り」（ディクテ）。

chaud(e) [ʃo, ʃod] adj 形

暑い、熱い

5級・4級

Attention, c'est chaud ! 5:98.春.聞

気をつけて、熱いよ！

＊このフレーズを聞いて、イラストから適切な場面を選ぶ問題。

Ma fille adore le chocolat chaud.

うちの娘はホットココアが大好きです。

3級

Dans votre pays, le *climat* est plus chaud qu'ici. 17.春.筆.改

あなたの国は、ここよりも暑い気候です。

＊文意にそって、与えられた語群から climat を選ぶ問題。

◆ chaud nm 男

「暑さ」

5級・4級

Il fait chaud ici ! ここは暑い！

J'ai chaud ! 暑い！

▶ 非人称 Il fait chaud. の「暑さ」が客観的であるのに対して、avoir chaud は話者の主観的な「暑さ」をいう。

3級

Ouvrez la fenêtre, j'ai trop chaud.

窓を開けてください、暑くてかないません。

chauffage [ʃofaʒ] nm 男

暖房

3級

Cet appartement n'a pas le chauffage central.

このアパルトマンにはセントラルヒーティングが備わっていない。

chauffeur [ʃofœr] nm 男

（タクシーやバスなどプロの）運転手、ドライヴァー

3級・準2級

Nicolas est chauffeur de taxi à Paris depuis 1985. 準2:09.秋.筆

Nicolas は1985年からパリでタクシー運転手をしている。

＊長文読解、内容に一致する仏文の選択問題。chauffeur には「運転手」の注記あり。ただし、3 級96. 春の長文中には注記なしで、Gratuité aux chauffeurs et guides pour groupes.「団体客の運転手やガイドへの無料サーヴィス」と登場した。

chaussette [ʃosɛt] nf 女

(足首までの) 靴下、ソックス (▶ ストッキングは bas [nm] という)

3級

出題歴なし

Elle a des chaussettes courtes.

彼女は短い靴下をはいている。

chaussure [ʃosyr] nf 女

靴(くつ)

4級・3級・準2級

□mettre ses chaussures　靴をはく

▶「靴を脱ぐ」は enlever ses chaussures, se déchausser という。

On ne porte pas de chaussures à l'intérieur des maisons au Japon ?

日本では室内で靴をはかないのですか？

▶ porter は着衣、靴、メガネなどを身につけている「状態」をいう。garder ses chaussures を使うこともできる。

Il lui conseille de *mettre* de grosses chaussures. 準2:17. 春. 聞

(靴底の) 厚い靴をはくように彼 (彼女) に薦(すす)める。

＊mettre を書き取る問題。得点率は 36% にとどまった。

chef [ʃɛf] nm 男

(レストランの) シェフ、(組織や団体の) リーダー

4級

J'apprends la cuisine française pour devenir chef cuisinier. 00. 春. 聞

コック長になるためにフランス料理を勉強しています。

＊会話文を聞き取る問題。

3級・準2級

Mon mari était chef de section il y a six mois.

夫は半年前、その部署のチーフ (部長) だった。

chemin [ʃəmɛ̃] nm 男

(ある地点へと向かう) 道

4級

Vous pouvez m'indiquer le chemin pour aller à Shibuya ?

渋谷に向かう道を教えてもらえますか？

3級

Tous les chemins mènent à Rome.

(ことわざ) すべての道はローマに通ず。

Elle cherche son chemin avec son portable. 17. 秋. 聞

彼女は携帯電話を使って道を探している。

＊この場面を適切に描いたイラストを選ぶ。

準2級

***En effet*, ce sont eux qui utilisent le plus au monde le chemin de fer.** 11. 秋. 筆

実際、世界で一番鉄道を利用しているのは彼ら (スイス人) です。

＊文意を考えて、空所に選択肢から en effet を選ぶ。

chemise [ʃəmiz] nf 女

(男性用の長袖の) ワイシャツ、シャツ

4級・3級

□porter une chemise　シャツを着ている

De *quelle couleur est la chemise* qu'il porte ? 3:10. 春. 筆

彼が着ているシャツは何色ですか？

＊整序問題。なお「(女性用) シャツブラウス」は chemisier [nm] という。ただし、今は、見出語を女性の「シャツブラウス」の意味で使うことも少なくない。

準2級

Mon frère porte une *chemise* bleue et un *pantalon* noir. 09.秋.聞.改

兄 (弟) は青いシャツを着て、黒のズボンをはいている。

＊空所の 2 箇所、chemise と pantalon を書き取る問題。

chèque [ʃɛk] nm 男

小切手

3級

Est-ce que je peux payer par chèque ?

小切手で支払えますか？

＊なお、90 年代に数回出題された「トラヴェラーズチェック」un chèque de voyage は、日本では 2014 年 3 月末日をもって終売となった。

cher, chère [ʃɛr] adj 形

高価な (=coûteux, ↔ bon marché)、親しい

5級

□Chère Madame (手紙の冒頭) 拝啓

▶相手が男性なら Cher Monsieur で始める。

C'est cher ! (それは) 高い！

4級・3級

Je cherche un bon hôtel, pas trop cher. 4:99.春.聞

私はあまり値段の高くない、いいホテルを探しています。

＊この文を聞き取って、適当なイラストを選ぶ問題。

C'est un peu cher pour moi.

私には少々高価です。

◆cher adv 副

「高値で、高く」

5級・4級

Ça coûte cher. それは高い。

3級

Si ce manteau *coûtait* moins cher, je l'achèterais sûrement. 15.春.筆

もしこのコートがもっと安ければ、きっと買うだろうに。

＊“Si+S+[直説法半過去], S+V [条件法現在]” という展開、直説法半過去の箇所の活用が出題された。

準2級

Tu *as payé* cher cette robe blanche ? 08.春.筆.改

その白のワンピース高かったの (ずいぶん払ったの)？

＊Cette robe blanche t'a coûté cher ? を書き換える問題で、選択肢から payer を選んで直説法複合過去に活用させる。ただし、実際の会話なら Tu l'as payée cher, cette robe blanche ? などと言うことが多い。

chercher [ʃɛrʃe] (I)0 vt 他

探す

5級・4級

Qui cherches-tu ? 誰を探してるの？

Excusez-moi, je cherche la gare.

すみません、駅はどこでしょうか (駅を探しています)。

▶仏検 5 級・4 級レヴェルで、駅への道を尋ねる表現としては、上記のほかに、Où est la gare ?「駅はどこですか？」または Pour aller à la gare, s'il vous plaît.「駅はどこですか (→ 駅に行くにはどうしたらいいか)？」が必須の言い回し。

3級・準2級

□aller [venir] chercher qqn

～を迎えに行く [来る]

Papa, tu peux venir me chercher ?

3:09. 春. 筆

パパ、迎えに来てくれる？

＊この問いかけへの返答 Bien sûr. *Attends*-moi devant la gare. の動詞活用が問われた。

Ça fait des mois qu'elle cherche du travail.

彼女は何ヶ月も仕事を探しています。

cheval [ʃəval] nm 男
chevaux [ʃəvo] pl 複

馬

4級

□monter à cheval　馬に乗る

▶「乗馬をする」なら faire de l'équitation という言い方をする。

3級

- *Il est comment, votre sac* ?
- Tout noir avec un dessin de cheval.

05. 秋. 筆

-「あなたのカバンはどういったものですか？」
-「真っ黒で馬の図柄があります」

＊会話文で、カバンの描写から考えて、適切な問いを選択肢から選ぶ。

準2級

Quand elle avait dix ans, sa mère lui a offert un cheval. 15. 秋. 筆

彼女が 10 歳のときに、母親は彼女に馬をプレゼントした。

＊長文読解、内容に一致する仏文選択問題。

cheveu [ʃəvø] nm 男
cheveux pl 複

髪、髪の毛

5級・4級

□avoir les cheveux longs

ロングヘアーである

▶ avoir les cheveux courts なら「ショートヘアーである」の意味。

Ma fille a de beaux cheveux blonds.

娘はきれいなブロンドの髪です。

3級

Tu t'es coupé les cheveux ?

髪、切った？

準2級

***Pourquoi pas ?* Je pense que les cheveux courts t'iront bien aussi.**

15. 秋. 筆

いいんじゃないの？ 短い髪もあなたには似合うと思います。

＊会話文の空欄を埋める問題。Pourquoi pas ? という定型表現を選択肢から選ぶ。

chien [ʃjɛ̃] nm 男

犬

5級・4級・3級

Le chien est sous la chaise.

犬は椅子の下です。

Mes parents ont deux petits chiens.

両親は子犬を 2 匹飼っている。

準2級

Isabelle emmène toujours son chien, car elle est malvoyante. 13. 春. 筆

Isabelle はいつも犬を連れています、弱視だからです。

＊長文読解、内容に一致する仏文を選ぶ問題。malvoyant には「弱視の（人）」と注記あり。

chiffre [ʃifr] nm 男

数字、暗号

準2級

Choisissez un chiffre entre 1 et 10.

1〜10 のうち数字をひとつ選んでください。

▶ 類義の le nombre は抽象的な概念としての「数」を意味し、見出語は個々の数字を指す。

Comment expliquer ces chiffres ? 16. 秋. 筆

この数字（カナダの牛乳消費量の推移）をどう説明したらいいのか？

＊長文の空所補充問題から。

Chine [ʃin] nf 女

中国

5級

☐aller en Chine 中国に行く

Non, je veux visiter la Chine. 12. 秋. 聞

いいえ、中国を訪れたいのです。

＊Vous allez voyager au Japon?「日本を旅行されるのですか？」を聞き取り、適当な応答を選ぶ問題。

4級・3級

Samedi prochain, elles partent en Chine.

今度の土曜日、彼女たちは中国に向けて出発します。

◆chinois(e) adj 形

「中国の、中国人の、中国語の」

5級・4級・3級

Est-ce qu'il y a *du* thé chinois ? 5:16. 春. 筆

中国茶はありますか？

＊正しい部分冠詞を選択肢から選ぶ問題。

Sylvie adore la cuisine chinoise.

Sylvie は中国料理が大好きです。

準2級

La plupart de mes camarades sont chinois et coréens, et il n'y a qu'une Française dans la classe. 16. 秋. 聞

私の同級生は大半が中国人や韓国人で、クラスにフランス人は女子1人だけです。

＊内容に一致する仏文の選択問題。

◆Chinois(e) n 名

「中国人」

3級

En France, on me prend souvent pour une Chinoise.

フランスではよく中国人と間違われる。

◆chinois nm 男

「中国語」

4級・3級

☐parler chinois 中国語を話す

- Quelles langues parlez-vous ?
- *Le chinois et le japonais.* 4:11. 秋. 聞

-「何語が話せますか？」
-「中国語と日本語です。」

＊最初の質問を聞いて、選択肢から正しい返答を選ぶ問題。

chocolat [ʃɔkɔla] nm 男

チョコレート、ココア

4級

☐un gâteau au chocolat
チョコレートケーキ

Tu aimes bien le chocolat ?

チョコレートは好きですか？

3級

Je prendrai un chocolat chaud, s'il vous plaît. 15. 秋. 筆

ホットチョコレート（ココア）をください。

＊適切な文を選択して、会話を完成させる問題。

choisir [ʃwazir] (II) vt 他

選ぶ、選択する

5級・4級

Quel livre choisis-tu ?

どの本にする？

Vous avez choisi, Monsieur ?

A B C D E F G H I J K L M N O P Q R S T U V W X Y Z

(レストランの注文で) お決まりですか？

■3級・準2級

Mon oncle a choisi de vivre à l'étranger.

おじは外国で暮らすことを決めた。

▶ choisir de＋inf.「～することに決める」(＝décider de＋inf.) の意味。

◆ choix nm 男

「選択 (肢)」

■3級

Vous avez fait votre choix ?

お決まりになりましたか (選ばれましたか)？

■準2級

Voici les avantages de ce choix. 15. 春. 筆

この選択の利点は次の通りです。

＊長文読解、空所補充問題の一部。

chose [ʃoz] nf 女

(具体的な) 物、(抽象的な) こと、事態

■5級

□quelque chose　何か → quelque chose

▶ 英語 something に相当。someone に相当するのは quelqu'un。

Tu veux boire quelque chose ? 13. 春. 聞

何か飲みたい？

＊適合するイラストを選ぶ問題。

■4級・3級

J'ai beaucoup de choses à te dire.

君に言いたいことがたくさんあります。

Voulez-vous autre chose ?

他に何かご入用(いりよう)ですか？

■準2級

Il y avait toutes sortes de choses venues des pays voisins. 16. 秋. 書

近隣諸国から届いたあらゆる種類のものがあった。

＊「書き取り」(ディクテ)。市場に並ぶ野菜や果物の話。ただし、venues と過去分詞が使われていることに、少々違和感を覚える。これだと「本日、特別に、隣国からやってきた」という意味合いになる。ここでは「普段、市場には近隣諸国産のものが並んでいる」ということが言いたいはずで、その場合は venant を使うのが自然だからだ。

ciel [sjɛl] nm 男
ciels, cieux pl 複

空、天空

■4級・3級

Le ciel est clair aujourd'hui.

今日は晴れています。

Il est dans le ciel et cache quelquefois le soleil. 3 :06. 秋. 筆

それは空にあり、ときに太陽を隠す。

＊この説明文を読み、選択肢から nuage「雲」を選ぶ問題。

■準2級

Et la nuit, il y avait beaucoup d'étoiles dans le ciel. 14. 秋. 書

また夜には、空にはたくさんの星があった。

＊「書き取り」(ディクテ)。

cigarette [sigarɛt] nf 女

(紙巻き) たばこ

■4級・3級

Vous voulez une cigarette ?

たばこはいかがですか？

Mon père fume environ 10 cigarettes par jour.

父は日に 10 本ぐらいたばこを吸う。

■準2級

La raison était, selon lui, qu'il fumait

une cigarette en conduisant. 10.春.筆

彼によれば、(警官に呼び止められたのは) 運転中にたばこを吸っていたのが理由だった。

＊長文読解、内容に一致する仏文を選択する問題の一部。

cinéma [sinema] nm 男

(ジャンルとしての) 映画、映画館

■5級・4級

□aller au cinéma 映画に行く

Il aime beaucoup aller au cinéma.

彼は映画に行くのが大好きです。

▶「映画を見にいく」aller voir un film も類義。

Allez tout droit et juste après le cinéma, tournez à droite. 4:00.秋.筆.改

まっすぐ行って、映画館を過ぎたらすぐに右に曲がってください。

＊この説明に合う適当な地図を選ぶ問題。

■3級

Mais oui. Il y a un cinéma en plein air. 10.春.聞

そうです。野外で映画の上映があります。

＊会話文を聞き、和文がその内容に一致しているかどうか答える問題。

ciseaux [sizo] nmpl 男複

[複数で] はさみ

■3級

Elle a coupé ce tissu rouge avec une paire de *ciseaux*. 10.春.7.改

彼女ははさみでこの赤い布を切った。

＊文意に即して、語群から ciseaux を選ぶ問題。なお、「はさみ2丁」なら deux paires de ciseaux という。

citron [sitrɔ̃] nm 男

レモン

■4級

□un thé citron

レモンティー (=un thé au citron)

Je voudrais un thé au citron.

レモンティーをお願いします。

clair(e) [klɛr] adj 形

明るい、明確な

■3級

Le salon est très clair, grâce à sa grande *fenêtre*. 07.秋.筆.改

リヴィングは、その大きな窓のおかげでとても明るい。

＊文意に即して、語群から fenêtre を選択する問題。

Il est clair qu'elle a raison.

彼女が正しいのは明らかだ。

▶ "il est clair que＋[直説法]" で「～であることは明らかだ」の意味。

◆clairement adv 副

「はっきりと、明瞭に」

■準2級

Vous pouvez m'expliquer clairement ?

わかりやすく私に説明していただけますか？

classe [klas] nf 女

クラス、教室、授業、等級

■5級・4級

Il y a cinq Français dans ma classe.

私のクラスにはフランス人が5人いる。

■4級

Je *voudrais* un aller-retour Paris-Marseille en seconde classe. 97.秋.筆

パリ・マルセイユの往復を2等で1枚欲しいのですが。

＊和文を参考に、vouloir の条件法現在を選択肢から選ぶ問題。

3級・準2級

☐des camarades de classe　同級生

Quand j'arrive à la salle de classe, Morgan m'attend déjà à l'entrée.

3 :10. 春. 筆. 改

私が教室に着くと、Morgan はすでに入口で私を待っている。

＊長文読解、内容に一致する和文を選ぶ問題。

classique [klasik] adj 形

（文学や芸術などの）古典の、伝統的な

5級・4級

Est-ce qu'il aime beaucoup la musique classique ?

彼はクラシックが大好きなの？

▶ 日本語では古典（主義）音楽を指して「クラシック」と呼ぶが、仏語では「音楽」を添えて musique classique とする。

3級

Ils s'habillent de façon classique.

彼らは伝統的な服装をしている。

clé / clef [kle] nf 女

鍵、キー（▶ 新綴りは clé を推奨）

4級

Nathalie ferme la porte à clef.

95. 秋. 聞

Nathalie はドアに鍵をかける。

＊この内容に合うイラストを選ぶ問題。

La clé de la maison est dans mon sac.

家の鍵は私のバッグに入っています。

3級・準2級

J'ai perdu mes clés de voiture hier soir.

昨日の晩、車のキーをなくした。

client(e) [klijɑ̃, klijɑ̃t] n 名

顧客、依頼人、患者（=patient）

4級・3級

Nous servions les clients du matin au soir, tous les jours, même le dimanche.

3 :05. 秋. 筆

私たちは朝から晩まで、毎日、日曜もお客さんたちにサーヴィスをしました。

＊長文読解、内容に一致する和文を選ぶ問題。

準2級

Pour l'hôtellerie de la capitale, ces touristes français *ne sont pas de bons clients*.

13. 秋. 筆

首都（パリ）のホテル業界にとって、こうしたフランス人観光客はよい客ではない。

＊文意を考えて、後半部の空欄に入る表現を選択肢から選ぶ。なお、hôtellerie「ホテル業界」には注記が施されている。

climat [klima] nm 男

気候、風土

3級

Dans ce pays, le climat est chaud et humide.

この国は、蒸し暑い気候である。

climatisé(e) [klimatize] adj 形

（建物などに）エアコンを入れた、空調した

3級

On avait vraiment chaud, l'ensemble de l'hôtel n'était pas climatisé.

本当に暑かった、ホテル全体にエアコンが入っていなかったのだ。

◆ climatisation nf 女

「エアコン」（▶ clim と略す）

準2級

出題歴なし

La climatisation est en panne.

エアコンが故障しています。

▶ un air conditionné ともいう。「冷暖房装置」を指す climatiseur [nm] も同義。

cœur [kœr] nm 男

心臓、胸、心

準2級

□ avoir mal au cœur

胸がむかつく、吐き気がする

▶「心臓（胸）が痛い」の意味なら avoir une douleur au niveau du cœur [dans la poitrine] とか être malade du cœur といった言い回しを使う。

Elle a toujours mal au cœur en voiture. 彼女は車に乗るといつも酔う。

Je vous remercie de tout cœur.

心から感謝いたします。

coiffeur, coiffeuse

[kwafœr, -føz] n 名

美容師、理髪師

3級・準2級

□ aller chez le coiffeur

美容院（理髪店）に行く

▶ aller au salon de coiffure ともいう。

J'ai rendez-vous avec mon coiffeur demain après-midi. 準2:15.秋.筆

明日の午後、美容師さんに予約を入れています。

＊長文読解、空所補充問題。

◆ coiffure nf 女

「ヘアースタイル、髪型」

準2級

□ changer de coiffure　髪型を変える

Tiens ! Tu as changé de coiffure !

あっ！ ヘアースタイル変えたね！

coin [kwɛ̃] nm 男

角、隅、一角

3級

La banque se trouve au coin de la rue. 銀行は通りの角にあります。

Ils sont petits, ils vivent aux quatre coins du monde et ont besoin de nous pour manger, aller à l'école, être en bonne santé... 98.春.筆

彼らは小さく、世界各地で暮らしていて、食べるために、学校に行くために、健康であるために私たちを必要としている。

＊広告文の内容に一致する和文を選ぶ問題。aux quatre coins de qqch で「～のいたるところ」の意味。ただ、3級には少々手にあまる単語となるが、例文の manger の代わりに「（栄養などを）摂取する、食べる」を意味する se nourrir を使う方が自然な文になる。

colère [kɔlɛr] nf 女

怒り

3級

□ être en colère　怒っている

□ se mettre en colère　怒る

Mon mari se met facilement en colère. 夫はすぐに怒る。

準2級

Laurent est devenu rouge *de* colère. 16.春.筆

Laurent は怒って真っ赤になった。

＊理由・原因「～のために」を表す前置詞 de を答える問題。

A B C D E F G H I J K L M N O P Q R S T U V W X Y Z

collection [kɔlɛksjɔ̃] nf 女

コレクション、収集（品）

3級

□faire la collection de qqch
〜を収集する（=collectionner）

Mon père fait la collection de papillons. 父は蝶のコレクションをしている。

collège [kɔlɛʒ] nm 男

中学校、コレージュ（▶フランスの中学校、11歳から4年間）

3級

Il travaille bien et il a commencé à faire du tennis dans le club du collège après la classe. 13.春.筆

彼はきちんと勉強し、放課後、中学（コレージュ）のクラブでテニスを始めた。

＊長文読解問題から。ただ、記述内容に問題がある。フランスのコレージュには日本の「クラブ活動」に相当するものがほとんどないからだ。フランスでは学校内での「部活」は多くが文科系で、通常、スポーツ系は「放課後の学校外活動」une activité extra-scolaire として行われている。

準2級

Quand j'étais au collège, je voulais devenir vétérinaire.

中学のとき、獣医になりたかった。

J'ai revu mes amis du collège hier soir.

昨晩、中学時代の友人たちと再会した。

collègue [kɔlɛg] n 名

同僚、仲間

4級

Julien est un de mes collègues.

Julien は私の同僚だ。

3級・準2級

Oui, mais *plusieurs* de nos collègues ne sont pas encore d'accord sur le projet. 準2:16.春.筆

ええ、でも同僚の何人かがその計画にまだ賛成していません。

＊不定代名詞 plusieurs を選択肢から選ぶ問題。

colline [kɔlin] nf 女

丘

3級

On est montés sur la *colline* pour prendre des photos du paysage. 17.春.筆

風景写真を撮るために丘にのぼりました。

＊文脈を考えて、選択肢から colline を選ぶ問題。

準2級

On voit très bien l'ancien château blanc sur la colline. 15.秋.書

丘の上の白い古城がとてもよく見える。

＊「書き取り（ディクテ）」。

combien [kɔ̃bjɛ̃] adv 副

（数量が）いくつ、どのくらい、（値段が）いくら

5級・4級・3級

Vous avez combien d'enfants ?

お子さんは何人ですか？

Depuis combien de temps apprends-tu le français ?

いつからフランス語を勉強していますか？

C'est combien ?

（これは）いくらですか？

▶ Ça fait combien ? も類義だが、「（まとめて）いくらですか？」という感覚になる。「"全部で" いくらですか？」とはっきりさせたいなら Ça fait combien en tout? などと表現する。

Nous sommes le combien ?

（今日は）何日ですか？

comédie [kɔmedi] nf 女

喜劇、コメディー（↔ tragédie）、芝居

3級

出　題

次の文に最もよく対応する単語を選びなさい。

On y joue des comédies.

1 banque　2 bibliothèque
3 librairie　4 piscine　5 théâtre

01. 秋. 筆. 改

「そこでは芝居が演じられている」の意味。「銀行」「図書館」「書店」「プール」は適当ではない。

（解答）*5「劇場」*

commander [kɔmɑ̃de]（I）0 vt 他

注文する

3級・準2級

Avez-vous commandé les desserts ?

（レストランなどで）デザートの注文はお済みですか？

Je viens *apporter* le *meuble* que vous avez commandé. 準2 : 10. 春. 聞

ご注文の家具をお持ちしました。

＊この文を聞いて、(apporter) (meuble) の2箇所を書き取る問題。

◆ commande nf 女

「注文（の品）」

3級

J'ai passé commande de produits de beauté sur internet.

インターネットで化粧品を注文した。

準2級

□sur commande

注文に応じて、注文を受けて

Ce produit n'est disponible que sur commande.

この商品は注文でしか取り扱いません。

comme [kɔm] conj 接（→ 前置詞編）

(1) [比較・様態] …のように、…と同じように

4級

Philippe est grand comme son père.

Philippe は父親と同様に背が高い。

Vous allez à la mer comme l'année dernière ? 08. 秋. 筆

去年と同じように海へ行きますか？

＊ヴァカンスを話題にした会話文を読み、問題用紙に印刷された和文がその内容にあっているかを答える問題。

Aujourd'hui, il fait chaud comme en été.　今日は夏のように暑い。

3級・準2級

□comme d'habitude　いつものように

Faites comme vous voulez.

好きなようになさい。

Tu as de la chance d'avoir un ami comme lui ! 3 : 14. 秋. 聞

彼みたいな友だちがいてラッキーだね！

＊対話文を聞く → 読み上げられる質問を聞く → 問題冊子の空所を埋める、という形式の問題から。

(2) [資格] …として

5級・4級

Vous *voulez quelque chose comme* dessert ? 5 : 11. 春. 筆

デザートに何か召し上がりますか？

＊整序問題。

A B C D E F G H I J K L M N O P Q R S T U V W X Y Z

A B C D E F G H I J K L M N O P Q R S T U V W X Y Z

Qu'est-ce que tu prends comme boisson ? 飲み物は何にする？

▌3級・準2級

Il a travaillé dans un magasin comme pâtissier pendant neuf ans. 3:15.春.筆.改

彼は9年間ケーキ職人として店で働いていた。

＊長文読解、内容に一致する和文を選択する問題。ベルギーでの修行の話。ただ、ケーキを作り販売している「店」を magasin と呼ぶのはモントリオールなどの地域であって、ベルギーやフランスでは稀。「ケーキ職人」が働く場所は、普通 pâtisserie [nf] という。

(3) [理由] …なので

▌4級・3級

Comme elle était malade, elle est restée à la maison.

彼女は病気だったので、家にいた。

Comme j'ai de bons yeux, je n'ai pas besoin de *lunettes*. 3:10.春.筆

私は視力がいいので、メガネは必要ありません。

＊文意から lunettes を選ぶ問題。

▌準2級

J'ai pris le taxi pour venir à la gare. Mais comme il neige, les trains sont en retard. 12.春.書

駅にはタクシーに乗ってきました。ただ雪が降っているので、電車は遅れています。

＊「書き取り」（ディクテ）。

◆comme adv 副

「[感嘆文を導いて] なんて」

▌4級・3級・準2級

***Comme* ce paysage est beau !** 4:94.秋.聞.改

この景色はなんてきれいなの！

＊文頭の comme を書き取る問題。実際の出題文は語順が不自然なので書き換えた。

Regarde cette petite fille, comme elle est mignonne !

あの小さな女の子を見てごらん、なんてかわいいんだろう！

commencer [kɔmɑ̃se] (I) 1

vi 自 vt 他

始まる、始める (↔ finir)

▌5級・4級

Le film commence à dix-neuf heures trente.

映画は 19:30 に始まります。

Aujourd'hui, on va commencer la leçon 20. 4:01.春.聞.改

今日は 20 課から始めます。

＊この文を聞いて、適当なイラストを選ぶ問題。

▌3級・準2級

□commencer à＋inf.　〜し始める

□commencer par qqch / inf.

〜から始める

Tiens, il a commencé à neiger !

おや、雪が降り出した！

On va commencer par visiter le musée du Louvre.

ルーヴル美術館の見学からスタートしましょう。

◆commencement nm 男

「始まり、初め (＝début, ↔ fin)」

▌3級

C'est le commencement de la nouvelle année.

新たな年の始まりです。

comment [kɔmɑ̃] adv 副

[様態・方法・手段] どのように、どんな

5級・4級・3級

Comment allez-vous ?

お元気ですか？

Comment t'appelles-tu ?

お名前は？

Tu vas comment à Osaka ?

大阪にはどうやって行くの？

Comment faire pour devenir un grand pianiste ? 3:99. 春. 聞

偉大なピアニストになるにはどうすればいいのですか？

＊会話文を聞き、内容に一致する和文を選択する問題。

commerce [kɔmɛrs] nm 男

商業、貿易

3級

Mes études de commerce international sont terminées et je travaille depuis un mois dans une entreprise. 94. 春. 筆. 改

国際貿易の勉強を終えて、1ヶ月前から企業で働いています。

＊手紙文の一部。内容に一致する和文を選ぶ問題。

準2級

Le commerce électronique s'est développé rapidement au cours des dernières années.

e コマース（電子商取引）が近年急速に成長している。

◆ commercial(e) adj 形 commerciaux mpl 男複

「商業の」

3級

Il y a un centre commercial dans ce quartier ?

この界隈にショッピングモールはありますか？

commode [kɔmɔd] adj 形

（道具などが）便利な、使いやすい

準2級

Claire a trouvé une grande valise très commode.

Claire はとても使い勝手のよい大きなスーツケースを見つけた。

commun(e) [kɔmœ̃, -myn] adj 形

共通の、一般の、ありふれた

3級・準2級

À *la rigueur*, nous pourrions nous satisfaire d'une grande chambre commune pour les *quatre* enfants. 3:91. 春. 筆. 改

やむを得ないのなら、私たちとしては、子ども4人が共用の大きな寝室で満足です。

＊手紙文の2箇所の穴埋め問題。数字 quatre はともかく、3級で à la rigueur「（子ども用に2部屋の確保が困難で）仕方ないなら」の空所補充はかなりの難易度。なお、日本的な発想なら、une grande chambre commune avec nos quatre enfants「子ども4人と共用の大部屋」を希望するのが自然に思えるが、フランスでは通常、大人と子どもは同室では寝ない。

Mon mari et moi avons beaucoup de points communs.

夫と私には共通点がたくさんあります。

communication [kɔmynikasjɔ̃] nf 女

コミュニケーション

準2級

Il a des difficultés de communication.

彼は人とのコミュニケーションがうまくとれない。

A B C D E F G H I J K L M N O P Q R S T U V W X Y Z

En colonie de vacances, même un petit enfant fait des progrès en communication. 13. 秋. 筆

サマーキャンプ（子どものための合宿）では、幼児でもコミュニケーションが上達する。

＊長文読解、内容に一致する仏文を選ぶ問題。colonie de vacances には注記あり。faire des progrès en qqch で「〜が上達する」の意味。

◆ communiquer (I) 0 vt 他 vi 自

「知らせる、(avec 〜と) 通路でつながっている」

3級

Communiquez-moi son adresse dès que possible !

できるだけ早く彼（彼女）の住所を知らせてください！

Ce centre commercial communique avec la gare.

このショッピングモールは駅につながっている。

compagnie [kɔ̃paɲi] nf 女

会社 (=société)、一緒にいること、連れ

3級

- Vous allez quitter la compagnie ?
- Oui, j'ai pris ma décision.

-「会社をおやめになるのですか？」
-「ええ、そう決めました」

準2級

☐animal de compagnie　ペット

Pour eux, les animaux de compagnie font partie de la famille. 09. 秋. 筆

彼らにとって、ペットは家族の一員です。

＊長文読解、内容が一致する仏文の選択問題。ただし、animal de compagnie には「ペット」と注記あり。

comparer [kɔ̃pare] (I) 0 vt 他

(à, avec 〜と) 比較する

3級

Le prof a comparé Tokyo avec Paris.

その教師は東京とパリを比較した。

▶ 見出語派生の名詞 comparaison を用いて、Le prof a fait une comparaison entre Tokyo et Paris. と書き換えられる。

Elles comparent deux portables dans un magasin. 17. 秋. 聞. 改

彼女たちは、店で 2 つの携帯電話を比較している。

＊この文を聞いて、適当なイラストを選ぶ問題。

complet, complète [kɔ̃plɛ, -plɛt] adj 形

(乗り物・ホテルなどが) 満員の (=plein, ↔ vide)、完全な、十分な

3級

J'ai voulu réserver dans un restaurant japonais, mais c'était complet. 13. 春. 筆. 改

和食のレストランに予約をしたかったが、満席だった。

＊会話文の空所補充問題から。

◆ complètement adv 副

「完全に、まったく」

3級・準2級

Elle avait complètement oublié la réunion de travail.

彼女は職場会議をすっかり忘れてしまっていた。

compliqué(e) [kɔ̃plike] adj 形

複雑な、厄介な

3級

C'est un problème compliqué.

それは厄介な（込み入った）問題だ。

composter [kɔ̃pɔste] (I) 0

vt 他

(切符などに) パンチで穴を開ける、自動改札機に通す

3級

出　題

1～3 のなかから正しいものを 1 つ選んで A・B の対話を完成させなさい。

A Vous n'avez pas composté votre billet ?
B (　　　　)
A Vous devez faire passer votre billet dans la machine avant de monter dans le train.

1 Composter ? Mais qu'est-ce que ça veut dire ?　2 Excusez-moi. J'ai oublié ma valise.　3 Je l'ai composté. Mais je l'ai perdu.

94. 秋. 筆

composter という乗車前の約束事についての会話。「あなたは、切符を composter しましたか？」「Composter? どういうことでしょうか？」「電車に乗る前に切符を機械に通さなくてはなりません」（この機械を un composteur という）。

（解答）*1*

comprendre [kɔ̃prɑ̃dr]

(III) 47 vt 他

理解する、理解がある、含む

5級・4級・3級

□comprendre le français

フランス語がわかる

Tu ne comprends pas ce mot ?

この単語わからないの？

Je ne comprends pas du tout ce que vous dites.

あなたの言っていることがまったくわかりません。

◆ compris(e) adj 形

「含まれた、込(こ)みの」

3級

C'est 30 euros tout compris.

全部込みで 30 ユーロです。

準2級

□y compris　～を含めて

J'ai invité toute sa famille, *y* compris ses grands-parents.　16. 秋. 筆

私は、彼（彼女）の家族全員を、祖父母まで含めて招待した。

＊y compris という言い回しを問う問題。得点率は 27% と低い。

compte [kɔ̃t] nm 男

(銀行の) 口座、報告

3級

Elle a ouvert un *compte* dans une banque.　16. 秋. 筆

彼女は銀行に口座を開いた。

＊文脈を考えて、選択肢から「口座」compte を選ぶ問題。

準2級

□tenir compte de qqch

～を考慮に入れる

□rendre compte à qqn de qqch

人に～を説明する

Pierre *a rendu* compte de la réunion à son supérieur.　13. 春. 筆

Pierre は会議について上司に説明した。

＊Pierre a fait un rapport à son supérieur sur

la réunion. を書き換え、rendre の直説法複合過去を答える問題。なお、Pierre a fait un rapport de la réunion à son chef. も同義。また、複数の上司に向けて「報告書」un compte(-)rendu を作成する場合は、Pierre a fait un compte(-)rendu de la réunion à ses supérieurs. といった言い方もできる。

compter [kɔ̃te] (I) 0 vt 他 vi 自

数える (=calculer)、(時間などを) 見積もる、重要である

3級・準2級

□compter sur qqn/qqch
〜をあてにする

Ne comptez pas sur moi.
私をあてにしないでください。

Ma fille ne sait pas encore compter jusqu'à cent.
うちの娘はまだ 100 まで数えられない。

Quelles villes est-ce que tu comptes visiter ? 3:94. 春. 筆
どんな町を訪れるつもりなの？

＊会話文の内容と一致する和文を選ぶ問題。compter＋inf. は「〜するつもりである」の意味。

concert [kɔ̃sɛr] nm 男

コンサート

4級・3級

□aller au concert コンサートに行く

Le concert commence à quelle heure ?
コンサートは何時に始まりますか？

準2級

Samedi prochain, ce sera la fête de ma ville et je donnerai mon premier concert. 14. 秋. 聞
次の土曜日にはわが町の祭りがあり、私は初めてのコンサートを開きます。

＊長文を聞き、その後に読み上げられる仏文が内容に一致するかを答える問題。

concours [kɔ̃kur] nm 男

(定員が決まっている) 選抜試験、競争、コンクール

▷ con「一点に集まって」＋courir「走る」

4級・3級

□gagner le premier prix du concours
コンクールで 1 等をとる

Elle a passé un concours difficile pour entrer à l'Université de Kyoto.
彼女は京都大学に入るための難しい試験を受けた。

▶ 類義の un examen は「基準を満たせば合格となる試験」を指す。

準2級

À 16 ans, il a gagné le premier prix dans un concours de danse moderne au Japon. 15. 春. 聞
16 歳のとき、彼は日本でモダンダンス・コンクールの 1 等賞をとった。

＊長文を聞き、その後のフランス語の質問が正しいか否かを答える問題。

concret, concrète [kɔ̃krɛ, -krɛt] adj 形

具体的な (↔ abstrait)

3級

Fais-moi des propositions concrètes !
具体的な提案を示して！

condition [kɔ̃disjɔ̃] nf 女

[多くは複数で] 状況、諸条件、状況 (= situation)

3級・準2級

***Dans* ces conditions, on ne peut pas être d'accord avec vous.** 3:15. 春. 筆. 改

そういうことなら、あなたに賛成はできません。

＊空欄に入る前置詞を選ぶ問題。dans ces conditions で「この状況では、もしそうなら」、à ces conditions なら「その条件で（は）」、sous condition なら「（なんらかの）条件つきで」（＝conditionnellement）、sans condition ならば「無条件で」の意味になる。

Elle cherche un travail qui offre de meilleures conditions.

彼女はもっと条件のよい仕事を探しています。

conduire [kɔ̃dɥir]（III）35

vt 他

（車などを）運転する、［人が主語で］（場所に）連れて行く

5級・4級

Ma fille apprend à conduire.

娘は車の運転を習っています。

3級・準2級

□un permis de conduire　運転免許

Il y a la voiture de mon père, mais je ne sais pas conduire.　3:17.春.聞

父親の車はありますが、私は運転ができません。

＊会話文を聞いて、内容に一致した和文を選ぶ問題。

◆conduite nf 女

「行動、運転」

3級

Tu as pris des leçons de conduite ?

運転の教習は受けた？

confiance [kɔ̃fjɑ̃s] nf 女

信用、自信（＝assurance）

3級・準2級

□avoir confiance en qqn　～を信用する

▶ faire confiance à qqn も同義。

Nous avons une confiance totale en lui.

私たちは彼を全面的に信頼しています。

Elle a perdu la confiance de ses parents.　彼女は両親の信頼を失った。

confirmer [kɔ̃firme]（I）0

vt 他

（約束や予約などを）確認する、裏づける

3級

Téléphonez pour confirmer votre réservation.

電話をして、予約を確認してください。

confiture [kɔ̃fityr] nf 女

ジャム

4級

Vous voulez de la confiture ?

ジャムはいかが？

＊見出語は、仏検では部分冠詞にからんでよく出題される。

3級

Au petit déjeuner, mes parents mangent du pain avec de la *confiture* de pomme.　11.春.筆.改

朝食に、両親はパンにリンゴジャムをぬって食べる。

＊与えられた選択肢から confiture を選択する問題。

confortable [kɔ̃fɔrtabl]

adj 形

快適な（＝agréable）、ゆとりのある

3級

C'est un hôtel confortable.

とても快適なホテルだ。

A B C D E F G H I J K L M N O P Q R S T U V W X Y Z

A B C D E F G H I J K L M N O P Q R S T U V W X Y Z

Avant d'aller au Japon, Victor croyait que ce ne serait pas confortable de dormir par terre sur un futon. 17. 春. 筆. 改

日本に行く前、Victor は布団の上で床に寝るのは快適でないものと思っていた。

＊長文読解、内容に一致する和文の選択問題。

congé [kɔ̃ʒe] nm 男

休み、休暇、休日

4級・3級・準2級

***En* France, on a cinq semaines *de* congé *par* an.** 4:98. 春. 筆

フランスでは、1年に5週間の休暇が取れる。

＊この文中の3つの前置詞 en, de, par を選択肢から選ぶ問題。

Il a pris une semaine de congé en juillet.

彼は7月に1週間の休みを取った。

Tu es actuellement en congé ?

今、休暇中なの？

congrès [kɔgrɛ] nm 男

(学術・外交などの大規模な) 会議

3級

On doit participer à ce congrès de philosophie.

この哲学学会に参加しなくてはならない。

＊3級94. 春に、participation à ce congrès → participer à ce congrès と名詞を動詞に書き換える問題中に見出語が登場した。

connaître [kɔnɛtr] (III) 22 vt 他

知っている、(場所に) 行ったことがある、経験する

5級

Vous connaissez mes parents ?

私の両親のことをご存知ですか？

Tu connais Kyoto ?

京都には行ったことがありますか？

▶ これは「京都を知っていますか (行ったことはなくても知識はあるか) ?」という問いではなく、「実際に行ったことがあるか？」という質問。

4級・3級・準2級

Mon oncle connaît bien le français.

おじはフランス語がよくできる。

▶ この意味では savoir と類義。

Mon beau-père a connu bien des malheurs dans sa vie.

義理の父はその生涯において多くの不幸を経験した。

◆ (se) connaître (III) 22 vr 代動

「(互いに) 知り合いである、知り合う」

3級・準2級

Elles se connaissent depuis combien de temps ?

彼女たちはいつから知り合いですか？

Ils se connaissent bien les uns les *autres*. 準2:10. 秋. 筆

彼らは互いによく知っている。

＊「互いに」les uns les autres を答える問題。

◆ connaissance nf 女

「知り合うこと、知識、意識」

4級・3級

Je suis ravi(e) de faire votre connaissance. お会いできてうれしいです。

準2級

Il n'a aucune connaissance de la littérature française.

彼はフランス文学についての知識は皆無です。

▶ Il ne connaît pas un mot de la littérature

française. といった言い換えも可。

J'ai fait connaissance *avec* cette dame à Londres. 09. 秋. 筆. 改

私はロンドンでその婦人と知り合った。

＊前置詞 avec を解答する問題。faire connaissance avec qqn で「～と知り合う、～と面識を得る」の意味。

◆connu(e) adj 形

「知られている、有名な (=célèbre)」

3級・準2級

Tu sais, cet aquarium est connu pour ses méduses. 3 : 17. 秋. 筆

ねえ、この水族館はクラゲで有名なんだよ。

＊対話文の空所補充問題から。aquarium, méduse には注記あり。

conseil [kɔ̃sɛj] nm 男

忠告、アドヴァイス、会議 (=assemblée)

3級

Isaac nous a donné un bon conseil.

Isaac は私たちによい助言をしてくれた。

準2級

Merci de ton conseil, mais *créer ma propre société*, c'est mon rêve depuis longtemps. 11. 春. 筆

ご忠告ありがとう、ただ、自分の会社を設立することが長年の夢なのです。

＊空所に入る適当な語句を選択肢から選ぶ問題。

◆conseiller vt 他

「勧める、忠告する」

3級・準2級

□conseiller qqch à qqn

人に～を勧める、忠告する

Le médecin lui a conseillé de se reposer.

医者は彼（彼女）に休息するように勧めた。

conserver [kɔ̃sɛrve] (I) 0 vt 他

保存する (=garder)、保持する

3級

Conservez dans un endroit frais et sec.

涼しくて乾燥した場所に保管してください。

＊見出語は 3 級 01. 春、02. 春 に、On y conserve les aliments au frais. / On y conserve les vins. という「定義」に相当する単語を選択する問題にも登場しており、解答はそれぞれ「冷蔵庫」réfrigérateur / 「ワイン貯蔵庫」cave となる。

consommateur, consommatrice

[kɔ̃sɔmatœr, -tris] n 名

消費者

準2級

Il semble que le lait *ne convienne plus* aux besoins des consommateurs d'aujourd'hui. 16. 秋. 筆

牛乳はもはや今日の消費者の需要に適していないようだ。

＊長文の空所補充問題。ただし、consommateur には「消費者」と注記あり。

construire [kɔ̃strɥir] (III) 35 vt 他

建てる (=bâtir)、製造する

3級

Le gouvernement va construire un nouvel aéroport.

政府は新しい空港を建設しようとしている。

Ce château a été construit au début du quinzième siècle.

その城は 15 世紀初頭に建てられた。

準2級

Comme il y a de hautes montagnes,

A B C D E F G H I J K L M N O P Q R S T U V W X Y Z

***il fallait construire* des tunnels pour faire passer le train.** 11.秋.筆

高い山々があるので、列車を走らせるためにはトンネルを建設しなければならなかった。

＊長文読解の空所補充問題。単語のレヴェルは上がるが、通常「トンネルを掘る」には creuser という動詞が使われる。

◆ construction nf 女

「建築、建設」

3級

La construction de ce pont a pris cinq ans.

この橋の建設には5年かかりました。

consulter [kɔ̃sylte] (I)0

vt 他

相談する、(医者の) 診察を受ける、(辞書・サイトなどを) 調べる

3級・準2級

□consulter un dictionnaire 辞書を引く

Tu devrais consulter un médecin.

医者の診療を受けなくてはなりません。

Nous consultions tout le temps le dictionnaire. 準2:15.春.筆

私たちはいつも辞書を引いていた。

＊この文を Nous cherchions tout le temps des mots dans le dictionnaire. と書き換える問題で、chercher の直説法半過去を答える。

contact [kɔ̃tact] nm 男

接触、交際、連絡

3級

□prendre contact avec qqn

人と連絡を取る

Il a pris contact avec un avocat.

彼は弁護士に連絡を取った。

準2級

Avant, pour prendre contact avec un ami, on lui écrivait une lettre. 14.春.筆

以前は、友だちと連絡を取るのに手紙を書いていた。

＊長文読解問題の一部。

content(e) [kɔ̃tɑ̃, -tɑ̃t]

adj 形

満足している (↔ mécontent)、うれしい

5級・4級

Je suis content(e) de vous voir.

お会いできてとてもうれしい。

Mon grand-père avait l'air content.

祖父は満足そうにしていた。

3級・準2級

Ah, je suis vraiment content que vous *veniez*. 3:11.秋.筆

ああ、あなたがおいでになるとは本当にうれしいです。

＊動詞活用 venir の接続法現在を解答する問題。

◆ (se) contenter (I)0

vr 代動

「(de ～だけで) 満足する」

3級

J'aimerais bien aller dans le désert, mais je me contente d'aller à la mer. 01.秋.筆

(できれば) ぜひ砂漠に行きたいのですが、海に行くだけで満足するようにしています。

＊長文読解、内容の一致する和文を選ぶ問題。

continuer [kɔ̃tinɥe] (I)0

vt 他 vi 自

続ける、続く (=durer, se poursuivre)

5級・4級

Prenez la première rue à gauche et

continuez tout droit.

最初の通りを左に曲がり、そのまままっすぐ行ってください。

3級・準2級

□continuer à＋inf.　～し続ける

La population de ce pays continue à augmenter.

その国の人口は増え続けている。

À vrai dire, je voudrais continuer mes études. 準2:12.秋.聞

実を言うと、自分は勉学を続けたい。

＊「聞き取り」、内容に一致する仏文の選択問題。

contraire [kɔ̃trɛr] nm 男

反対、逆

3級・準2級

□au contraire　逆に、反対に

***Au contraire*, en achetant des produits locaux, on respecte la nature.** 準2:15.春.筆.改

逆に、地元の産物を買うことで、自然を大切にしている。

＊文意を考えて、空所に au contraire を選ぶ問題。準2級 14.春 には、「いや、それどころじゃない！」Non, au *contraire* ! を書かせる問題が出題された。

◆contraire adj 形

「(à ～と) 反対の (＝inverse, opposé)、妨げとなる」

準2級

出題歴なし

Ces deux mots ont un sens contraire.

このふたつの単語は反対の意味を持っている。

▶ en sens contraire, dans le sens contraire なら「反対方向に」の意味。

◆contrairement adv 副

「(à ～に) 反して、逆に」

3級

La femelle dominante garde le pouvoir jusqu'à sa mort, contrairement au mâle dominant. 01.春.筆

支配的なメスは、支配的なオスとは反対に、死ぬまでその力を保持する。

＊長文読解、内容に一致する和文の選択問題。

convaincre [kɔ̃vɛ̃kr] (III) 45

vt 他

(人を) (de ～するよう) 説得する、納得させる (＝persuader)

3級・準2級

Mon ami m'a convaincu de changer de travail.

友人は転職するようにと私を説得した。

convenir [kɔ̃vnir] (III) 10

vi 自

(à ～に) 適している、都合がよい、気に入る

3級・準2級

Ça vous convient ? 3:16.春.聞

都合はいかがですか？

＊聞き取り問題の会話文の一部。

Ces chaussures ne conviennent pas au jogging.

この靴はジョギングに適していない。

conversation [kɔ̃vɛrsasjɔ̃]

nf 女

会話、おしゃべり

準2級

出題歴なし

Mon grand-père a interrompu notre

A B C D E F G H I J K L M N O P Q R S T U V W X Y Z

conversation.

祖父は私たちの会話をさえぎった。

Vous utilisez cette expression dans les conversations quotidiennes ?

この表現を日常会話で使いますか？

▶「日常会話」は les conversations de tous les jours ともいう。なお、見出し語を使わずに Cette expression est utilisée couramment ? とか、On utilise cette expression dans la vie courante ? と言い表すこともできる。

copain, copine [kɔpɛ̃, -pin] n 名

仲間、友だち、恋人

4級・3級・準2級

Yves déjeune souvent avec ses copains.

Yves はよく仲間たちと昼食を食べる。

J'ai rendez-vous avec ma copine devant la librairie. 3 :04. 秋. 聞. 改

本屋の前でガールフレンドと待ち合わせをしています。

＊この文を聞いて、内容に適したイラストを選ぶ。

coréen(ne) [kɔreɛ̃, -ɛn] adj 形

朝鮮の、韓国の

準2級

La plupart de mes camarades sont chinois ou coréens, et il n'y a qu'une Française dans la classe. 16. 秋. 聞. 改

私の同級生のほとんどは中国人か朝鮮人で、クラスにフランス人は女性が一人いるだけです。

＊この文を含む長文を聞いたあとに、Il y a beaucoup d'étudiants français dans la classe. という文が内容に一致しないと答えるもの。

corps [kɔr] nm 男

体、肉体 (↔ esprit, âme)

3級・準2級

Ce chien tremblait de tout son corps.

その犬は全身を震わせていた。

***Tout à fait*. En faisant du judo, on peut entraîner le corps et l'esprit à la fois.** 準 2 :13. 春. 筆

その通り。柔道をすることで、肉体と精神を同時に鍛えられる。

＊会話文の空所補充問題。「まったくその通り」Tout à fait. を選択肢から選ぶ。

correct(e) [kɔrɛkt] adj 形

正しい、正確な

3級・準2級

出題歴なし

Cette phrase n'est pas grammaticalement correcte.

この文は文法的に正しくない。

costume [kɔstym] nm 男

衣装、服装、(男性用の) スーツ

3級

Quel costume tu vas mettre pour halloween ?

ハロウィーンでどんな衣装（コスチューム）を着ますか？

J'hésite entre ces deux costumes. 16. 春. 筆

どっちのスーツにするか迷っています。

＊会話文の空所を仏文の選択肢から補充する問題の一部。なお、女性用の「スーツ」は un tailleur という。

côte [kot] nf 女

(陸地から見た) 海岸、沿岸

3級

Nicolas aime conduire le long de la côte.

Nicolas は海岸沿いを運転するのが好きです。

côté [kote] nm 男

(建物などの) 側面、方向、わき (腹)

5級・4級

Ma maison est à côté de l'école.

5:02. 春. 聞

わが家は学校のとなりです。

＊ en face de l'école「学校の正面に (向かいに)」家が描かれたイラストと見比べて、例文に適合するほうを選ぶ問題。

La banque est de l'autre côté de la rue.

銀行は通りの反対側にあります。

3級・準2級

Vous préférez côté fenêtre ou côté couloir ?

(乗物で) 窓側になさいますか、通路側になさいますか?

▶ Vous désirez une place côté fenêtre ou côté couloir ? も同義。

cou [ku] nm 男

首、(瓶などの) 首

3級・準2級

出題歴なし

La petite fille s'est jetée au cou de son père.

その女の子は父親の首に抱きついた。

▶ La petite fille a sauté au cou de son père. ともいう。

(se) coucher [kuʃe] (I)0 vr 代動

(床につく) 寝る、(太陽が) 沈む

5級・4級

□se coucher tard [tôt] 遅く (早く) 寝る

Elle se couche vers dix heures.

彼女は 10 時頃寝ます (床につく)。

▶「床につく」という動作を表す。「眠る」という動作なら dormir を用いる。

Les enfants se sont couchés avant neuf heures.

子どもたちは 9 時前に寝た。

3級・準2級

Quand le soleil se couche, tout devient plus calme. 準2:11. 春. 筆

太陽が沈んで、すべてが一段と静まり返る。

＊長文読解問題の一部。

◆coucher (I)0 vi 自 vt 他

「(人を) 寝かせる、泊まる」

4級・3級

Elle a couché son bébé.

彼女は赤ちゃんを寝かしつけた。

Il couchait dans un hôtel, à 2 500 mètres d'altitude, au pied d'un immense rocher. 3:01. 秋. 筆. 改

彼は、巨大な岩壁の麓の、標高 2500 メートルに位置するホテルに宿泊したものだ。

＊長文読解問題 (内容に一致する和文を選ぶ) の一部。なお、この直説法半過去は過去の習慣を表している。

couler [kule] (I)0 vi 自

流れる

3級・準2級

La Loire coule au sud-ouest de Paris.

ロワール川はパリの南西を流れている。

Dans notre vie quotidienne, quand on ouvre le robinet, l'eau coule tout de suite. 準2:11. 春. 筆

日常生活では、蛇口をひねれば、すぐに水が

A B C D E F G H I J K L M N O P Q R S T U V W X Y Z

流れる。

＊節水についての説明文（空所補充問題）の冒頭。

couleur [kulœr] nf 女

色、色調

5級

Quelle couleur aimez-vous ?

何色が好きですか？

> **出 題**
>
> **下記の文の応答として 1, 2 のどちらが適当か。**
>
> **De quelle couleur est ta voiture ?**
>
> **1. Elle est petite.**
> **2. Elle est rouge.** 03. 春. 筆
>
> 「君の車は何色ですか？」と、聞かれているので、もちろん「大きさ」ではなく「色」を答える。
>
> （解答）2

▶ quelle couleur と de quelle couleur の違いは、前者が「名詞」を、後者が「形容詞」（前置詞 de は「特徴・性質」を表す）を尋ねている点にある。

4級

Tu as changé la couleur de tes cheveux ? 髪の色を変えましたか？
Cette *couleur te va bien*. 11. 秋. 筆

この色はあなたによく似合う。

＊整序問題。

3級・準2級

J'ai changé la couleur des murs il y a deux mois. 3 : 10. 秋. 聞

2ヶ月前に壁の色を変えました。

＊会話文聞き取り、内容に一致する和文の選択問題。

couloir [kulwar] nm 男

（ホテルや学校など建物の）廊下、通路

4級・3級

□ au fond du couloir

廊下の奥（突き当たり）に

Au fond du couloir. 4 : 12. 春. 聞

廊下の奥（突き当たり）です。

＊読み上げられた文、Où est l'ascenseur ?「エレヴェーターはどこですか？」への返答を選ぶ問題。

準2級

Ma chambre est à gauche dans le couloir, en face de la salle de bain(s).

私の部屋は廊下の左側、風呂場の真向かいです。

coup [ku] nm 男

一撃、（身体の）動作、（道具の）動き

3級

□ tout d'un coup 突然

Ce matin, ma machine à laver s'est arrêtée tout d'un coup. 16. 春. 聞

今朝、うちの洗濯機が突然止まった。

＊長文読解、内容に一致する和文を選択する問題。

準2級

□ donner un coup de téléphone

電話をかける

Mon fils a donné un coup de poing sur la table.

息子が机の上をこぶしで叩いた。

Ce matin, Daniel a reçu un coup de téléphone de son frère. 08. 春. 聞

今朝、Daniel に兄（弟）から電話がかかってきた。

＊長文のあとに読み上げられる選択肢。

couper [kupe] (I)0 vt 他 vi 自

切る、(ガス・水道を) 止める、さえぎる

5級・4級・3級

□couper le [du] pain　パンを切る

Il a pris son couteau et a coupé du pain pour ses enfants.

彼はナイフをとって、子どもたちのためにパンを切った。

準2級

Coupez ce fromage *en* huit, s'il vous plaît.　14. 春. 筆

このチーズを8つに切ってください。

＊「変化の結果」を表す en を答える問題。

N'oublie pas de couper le gaz en sortant !

外出の際、ガスを止めるのを忘れないで！

◆ (se) couper (I)0 vr 代動

「(身体部位を) 切る、けがをする」

4級・3級

□se couper le doigt　指を切る

□se faire couper les cheveux

散髪してもらう

Mon mari s'est coupé le doigt en utilisant ce couteau à pain.

そのパン切りナイフを使っていて、夫は指を切ってしまった。

cour [kur] nf 女

(球技の) コート、中庭、(学校の) 校庭

3級・準2級

Beaucoup d'enfants jouaient dans la *cour* de l'école.　3:16. 春. 筆. 改

たくさんの子どもたちが校庭で遊んでいた。

＊文意を考えて cour を選択肢から選ぶ。

Mon salon donne sur la cour.

わが家のサロンは中庭に面しています。

courage [kuraʒ] nm 男

勇気、気力、元気

4級・3級・準2級

□avoir le courage de＋inf.

～する勇気がある

Bon courage !　がんばって！

▶「しっかりね」、「元気を出して」と相手の背中を後押しする感覚の言い回し。Courage! や Du courage! も類義。

Avez-vous le courage de refuser son offre ?

彼 (彼女) の申し出を断る勇気がありますか？

couramment [kuramɑ̃] adv 副

流暢に、ごく普通に

3級

J'ai étudié cette langue à Paris toute une année, mais je ne la parle pas encore couramment.　00. 春. 聞. 改

私はこの言語をパリで丸1年学びましたが、いまだに流暢には話せません。

＊長文を聞いたあと、その内容に和文が一致するか否かを答える問題。

courant(e) [kurɑ̃, -rɑ̃t] adj 形

日常の、普通の (↔ rare)、現在の

3級

Il n'a jamais étudié leur langue, mais grâce à eux, il connaît maintenant quelques expressions simples et courantes.　00. 春. 筆

彼は彼ら (日本人観光客) の言葉を一度も習ったことはないが、彼らのおかげで、今や簡単かつ日常的な表現をいくつか知っている。

＊長文読解、内容に一致する和文の選択問題。

A B C D E F G H I J K L M N O P Q R S T U V W X Y Z

courir [kurir] (III) 8 vi 自 vt 他

走る、急ぐ

5級・4級

Je cours tous les matins.

私は毎朝走っています。

▶「(車が) 走る」ならば、rouler, marcher が使われる。

Les Parisiens courent tout le temps.

パリっ子 (パリジャン) はいつも急いでいる。

3級・準2級

Elle a couru pour ne pas manquer son bus.

彼女はバスに乗り遅れないように走った。

Lequel court le plus vite *parmi* les garçons de ta classe ? 準2:08.春.筆

君のクラスの男子のなかで誰が一番走るのが速いの？

＊最上級を見抜いて、前置詞 parmi を選択肢から選ぶ問題。

cours [kur] nm 男

講義、授業、講習会

4級

Tu as combien de cours demain ? 11.秋.筆

明日、授業はいくつあるの？

＊応答文を完成させる問題。J'en ai cinq.「5つです」と応じる形にする。

3級・準2級

□faire [donner] un cours　講義をする

□suivre un cours　授業を受ける

Ma fille a suivi un cours de danse pendant les vacances.

娘は休暇中にダンスの講習会を受けた。

course [kurs] nf 女

[複数で] 買い物 (=achats, commissions)、走ること、レース

5級・4級

□faire des [les, ses] courses

（日用品の）買い物をする

S'il fait beau demain, nous *sortirons* faire des courses. 4:04.秋.筆

明日晴れなら、買い物にでかけましょう。

＊動詞 sortir を直説法単純未来に活用させる問題。

3級

Mon mari fait de la course chaque matin.

夫は毎朝ランニングをしている。

▶ faire de la course は「ランニングする、ジョギングする」の意味。

準2級

Chaque jour elles vont faire les courses à pied. 08.春.書.改

毎日、彼女たちは徒歩で買い物に行く。

＊「書き取り」(ディクテ)。

court(e) [kur, kurt] adj 形

(長さが) 短い (↔ long)、(時間が) 短い (= bref)

5級・4級

□une jupe courte　ミニスカート

Cette jupe est un peu courte.

このスカートは少し短い。

3級・準2級

Quel est le chemin le plus court pour aller à la gare ?

駅に行くのにどれが一番の近道ですか？

Il fait si chaud que j'aimerais bien essayer les cheveux plus courts. 準2:15.秋.筆

すごく暑いから、もっと短い髪を試してみたいの。

＊会話文の空所に適語句を補充する選択問題から。

cousin(e) [kuzɛ̃, -zin] n 名

いとこ

■4級・3級

Nous sommes cousins.

私たちはいとこ同士です。

■3級・準2級

Ce sont des *cadeaux* de Noël pour ma *cousine* qui vit à Tokyo.

3:10. 秋. 聞

東京で暮らしているいとこへのクリスマス・プレゼントです。

＊文中の２カ所の語句を書き取る問題。ちなみに、cousine の得点率はわずか 19% であった。

couteau [kuto] nm 男
couteaux pl 複

ナイフ

■3級・準2級

Ce couteau ne coupe rien du tout.

このナイフはまったく何も切れない。

Excusez-moi, j'ai fait tomber mon couteau...

すみません、ナイフを落としてしまいました…。

coûter [kute] (I) 0 vi 自 vt 他

(値段が) ～である

■5級・4級・3級

Combien ça coûte ? いくらですか？

▶ 食べ物や飲み物、あるいは比較的安価な物の値段を聞く際の定番。Ça fait combien ? ともいう。C'est combien? も類義だが、これは目の前に当該の品があるときに使う。

Ça coûte dix euros d'habitude.

普段は（通常は）10 ユーロです。

▶ "coûter＋[数量表現]" で値段を表す。

■準2級

Tu sais combien coûte un billet d'avion pour la Corse ?

コルシカ島までの航空券がいくらするか知ってる？

Aujourd'hui, les vêtements coûtent beaucoup moins cher qu'hier.

09. 秋. 書

本日、衣類が昨日よりもずっとお安くなっております。

＊「書き取り」（ディクテ）。moins cher qu'hier を聞き取れるかがポイント。

couverture [kuvɛrtyr] nf 女

毛布、（本の）カヴァー、表紙

■3級・準2級

J'ai froid. Est-ce que vous avez une autre couverture ?

寒いです。もう一枚毛布はありますか？

En fait, je voudrais demander à ton mari de faire un dessin pour la couverture du livre...

3:06. 秋. 筆. 改

実は、君の旦那さんに本のカヴァーの絵を描いてほしいんだ…

＊空欄に適当な仏文を選ぶ問題の一部。なお、この couverture には「（本の）表紙」と注記がある。

couvrir [kuvrir] (III) 2 vt 他

カヴァーする、覆う

■3級

C'est un ensemble d'arbres qui couvre une partie de la terre.

05. 秋. 筆

それは、大地の一部を覆っている木々の集まりです。

＊この文に対応する語として、選択肢の中か

ら forêt「森」を選ぶ問題。

En automne, les feuilles mortes couvrent tout mon jardin.

秋になると、枯葉がうちの庭をすっかり覆います。

◆ couvert(e) adj 形

「(de 〜で) 覆われた、曇った (=nuageux)」

3級

À Lyon, le ciel sera couvert demain matin. 98. 春. 聞. 改

リヨンは明朝曇るでしょう。

＊読み上げられた文の内容に即したイラストを選ぶ問題。

craindre [krɛ̃dr] (III) 40 vt 他

恐れる、心配する (=redouter)

3級

Il craint la mort de son chien. 96. 春. 筆

彼は犬が死ぬのではと心配している。

＊この文の名詞 la mort の動詞を用いて、Son chien va mourir. を答える問題。

準2級

Mon chat craignait le chien de mes voisins. 12. 秋. 筆

うちの猫はとなりの犬を恐れていた。

＊この文を Le chien de mes voisins *faisait* peur à mon chat. (← faire peur à qqn /qqch「〜を怖がらせる」) と書き換える問題。

Vous n'avez rien à craindre.

何も恐れることはありません (何も怖いものはありません)。

◆ crainte nf 女

「恐れ、心配 (=peur)」

3級

□sans crainte　心配しないで、安心して

Pensez-vous que l'on puisse lui confier sans crainte la garde d'enfants en bas âge ? 96. 秋. 筆

幼い子どもたちの世話を安心して頼める方だと思いますか？

＊手紙文と内容が一致する和文の選択問題。

cravate [kravat] nf 女

ネクタイ

5級・4級・3級

□mettre une cravate　ネクタイをする

Il porte toujours une cravate.

彼はいつもネクタイをしている。

▶ mettre が「する」という動作を表すのに対し、porter une cravate は「ネクタイをしている」という状態をいう。

Vous cherchez une cravate pour votre grand-père ?

おじいさんのためのネクタイを探しているのですか？

準2級

De ces deux cravates, laquelle prenez-vous ? 09. 春. 筆

2本のネクタイのうち、どちらになさいますか？

＊De ces deux cravates, laquelle *choisissez*-vous ? と言い換える問題。

crayon [krɛjɔ̃] nm 男

鉛筆

5級・4級

Avec un crayon. 4:97. 春. 聞

鉛筆で。

＊Tu écris avec quoi ?「何で (何を用いて) 書くの？」と問われた際の返答。

3級

Qu'est-ce que tu dis des crayons de couleurs ? 05. 春. 聞. 改

色鉛筆はどう？

＊部分書き取りの問題。Qu'est-ce que tu dis de qqch ? は「～はどうですか？」と、何かを提案するときの口語表現。

crédit [kredi] nm 男

（ビジネスや金銭上の）信用、クレジット、（大学の）単位

3級

Elle a perdu sa carte de crédit.

彼女はクレジットカードを紛失した。

Viviane a eu 20 crédits en littérature.

Viviane は文学で 20 単位取得した。

créer [kree] (I)0 vt 他

創造する、創作する、創設する

3級

Cette société a été créée il y a trois ans.

この会社は 3 年前に設立された。

準2級

Il s'est décidé à créer la première chaîne française de kebab. 14.春.筆

彼はフランス最初のケバブのチェーン店を作ることに決めた。

＊長文を読んで、内容と一致している和文を選ぶ。なお、chaîne「レストランチェーン」と kebab「アラブ風串焼き肉」には注記が付いている。

◆ création nf 女

「創造、創設」

3級

Depuis sa création, le Tour de France est une course très populaire. 97.春.筆

創設以来、ツール・ド・フランスはとても人気のあるレースだ。

＊1995 年の新聞記事からの出題。

crème [krɛm] nf 女

クリーム

3級

Euh, un pot de crème fraîche, s'il vous plaît.

ええと、生クリームをひと瓶ください。

＊"un pot de＋[無冠詞名詞]" で「容器（壺）1 杯の～」の意味。10.春には、une boîte de crème fraîche（"une boîte de＋[無冠詞名詞]"「～の入った箱（缶）」として出題されたことがある。

crier [krije] vi 自 vt 他

叫ぶ、大声を出す

3級

J'ai entendu crier. Allons voir ce qui se passe. 03.春.筆.改

叫び声が聞こえた。何があったのか見に行こう。

＊指示代名詞 ce を答える問題。

◆ cri nm 男

「叫び」

3級・準2級

Elle a poussé un cri de surprise.

彼女は驚いて叫んだ。

C'est alors qu'on a entendu le petit cri du bébé. 準2:08.春.聞

そのとき赤ちゃんの小さな泣き声が聞こえてきた。

＊文を聞いて、あとで読まれる仏文の内容と一致するか否かをチェックする。

crime [krim] nm 男

犯罪、犯行

準2級

出題歴なし

Le crime ne paie pas.

犯罪は割に合わない。

A B C D E F G H I J K L M N O P Q R S T U V W X Y Z

croire [krwar] (III) 33 vt 他 vi 自

(本当だと) 信じる、信用する、(存在などを) 信じている

4級

Je ne crois pas les promesses de M. Nishiyama.

私は西山さんの約束は信じません。

Je crois qu'elles ont tort.

彼女たちは間違っていると思います。

3級・準2級

Tu crois en Dieu ?

君は神 (の存在) を信じているの?

▶ 信仰心を持って「信じる」際には前置詞 en が使われ、架空のものや霊的な対象を「信じる」際には前置詞 à が使われる。

***Bien sûr.* C'est beaucoup moins difficile que tu crois.** 準 2:16. 春. 筆

もちろんです。君が思うよりもずっと難しくないよ。

* 会話文の空欄にあてはまる語句を選ぶ問題。文意から Bien sûr. を入れる。

croisement [krwazmɑ̃] nm 男

交差点

3級

Fais attention, parce qu'au prochain croisement, il n'y a aucune indication. 93. 春. 筆. 改

注意して、次の交差点には何の指示もないから。

* 対話文を読み、あとに続く仏文が内容と一致しているかを答える問題。

cuiller / cuillère [kɥijɛr] nf 女

スプーン、(料理用の) 大さじ

3級

□avec une cuillère スプーンで

Prenez une petite cuiller de ce sirop.

このシロップを小さじ 1 杯飲んでください。

cuir [kɥir] nm 男

革、(サイやカバなどの) 皮

準2級

出題歴なし

C'est un sac en cuir.

それは革製のバッグです。

▶ en cuir で「革製の」の意味。なお、人の「皮膚、皮」、果物の「皮」は peau [nf] という。

cuire [kɥir] (III) 35 vt 他 vi 自

(火を通して) 調理する、(食べ物を) 煮る、焼く

3級

Ma mère faisait cuire de la viande à la cuisine.

母は台所で肉を焼いていた。

▶ cuire は、faire cuire の形でよく使う。

◆cuit(e) adj 形

「(食べ物が) 火の通った、焼けた、煮えた (↔ cru)」

4級・3級

Bien cuit, s'il vous plaît.

ウェルダンでお願いします。

* ステーキの焼き加減を答える定番表現だが、3 級 99. 春 に、Comment voulez-vous votre steak ?「ステーキの焼き加減はいかがなさいますか?」の応答文として出題されたことがある。

Ça se mange. C'est jaune et blanc quand c'est cuit. 4:00. 春. 筆

それは食べられます。焼くと、黄色と白です。

＊イラストのなかから、「目玉焼き」を選ぶ問題。

cuisine [kɥizin] nf 女

料理、台所、キッチン

5級・4級

☐la cuisine française　フランス料理

☐faire la cuisine　料理をする

Mon père prépare du café dans la cuisine.

父はキッチンでコーヒーを入れている。

3級・準2級

Ce pays est connu pour sa cuisine et sa culture.

その国はその料理と文化で知られています。

La cuisine est faite par une vieille dame qui a longtemps travaillé dans un célèbre restaurant parisien.

準2:17.秋.書

料理は、長年パリの有名なレストランで働いた年配の女性が作っている。

＊「書き取り」(ディクテ)。

◆cuisiner (I)0 vt 他 vi 自

「料理する (=faire la cuisine)」

3級

Ma fiancée cuisine bien.

フィアンセは料理がうまい。

▶ Ma fiancée fait bien la cuisine. / Ma fiancée est bonne cuisinière. も同義。
ほかに、préparer qqch「～を料理する」(例 préparer le dîner「夕食の支度をする」) という表現もある。

出題

A・B、2つの文意が同じ①か違う②か答えなさい。

A Pour le moment, c'est ma femme qui fait la cuisine et moi, je prépare seulement la salade. Mais je compte commencer à cuisiner pour goûter pleinement mes légumes.

B 筆者は料理を作ることに関心がない。

06.秋.筆.改

長文読解、内容に一致する和文を選ぶ問題の対照箇所を併記したもの。Aは「今のところ、料理を作っているのは妻で、私はサラダを用意するだけ。ただ、自分で栽培した野菜をたっぷり味わうために料理を始めようと思っています」という意味。さて、Bと同じ内容か?

(解答) ②

◆cuisinier, cuisinière

n 名

「料理人、シェフ」

4級・3級

Il était cuisinier dans un restaurant deux étoiles.

彼は2つ星のレストランでシェフをしていた。

準2級

Mais, après le lycée, il a commencé à travailler comme cuisinier dans un petit restaurant.　09.春.聞

しかし、リセを出たあと、彼は小さなレストランで料理人として働き出した。

＊まず長文を聞き、そのあと読まれる仏文が内容一致しているかどうか答える問題。なお、13.春に同じ準2級で見出語が長文読解問題に出題されたが、その際には cuisinier「料理人」と注記が添えられていた。

ただし、それ以前は、4級 00. 春 も3級 05. 秋 も注なしでの出題となっている。

cultiver [kyltive] (I)0 vt 他

耕す、栽培する

4級・3級

Dans cette région, on cultive des fraises.

この地域ではイチゴが栽培されている。

Mes grands-parents aiment cultiver la terre.

祖父母は土地を耕すのが好きです。

準2級

Aujourd'hui, il y a de plus en plus de Français qui mangent des aliments cultivés près de chez eux.

15. 春. 筆

今日、自宅近くで栽培された食物を取るフランス人が増えてきている。

＊長文の空所補充問題の出だし。

culture [kyltyr] nf 女

文化、教養

3級・準2級

Ces dernières années, Victor a commencé à s'intéresser à la culture japonaise. 3:17. 春. 筆. 改

数年前から、Victor は日本の文化に興味を持ち出した。

＊説明文を読み、内容と一致している和文を選ぶ問題。

Mon père a une bonne connaissance de différentes cultures.

父はさまざまな文化に造詣が深い。

▶ Mon père connaît bien différentes cultures. としても類義になる。

◆culturel(le) adj 形

「文化の」

3級・準2級

La différence culturelle est claire entre l'est et l'ouest de ce pays.

この国の東と西では、文化的な違いがはっきりしている。

curieux, curieuse [kyrjø, -rjøz] adj 形

好奇心の強い、詮索好きな、妙な

3級・準2級

Mon fils est très curieux, il s'intéresse à tout.

息子はとても好奇心が強い、何にでも興味を向ける。

＊98. 春 に4級で Comme c'est curieux ! という感嘆文の出題例はある。ただし、現在なら見出語は3級あるいは準2級レヴェルの単語。

D d

d'abord [dabɔr] adv 副
まず、はじめに

4級・3級

Tu *te* laves d'abord les mains !
4:04.春.筆.改

まず、手を洗わないと！

＊代名動詞 se laver の再帰代名詞を答える問題。「（ケーキを食べたがっている子どもに）その前に手洗いを！」と注意する文だが、出題文では文尾に置かれていた d'abord の位置を変更した。というのも、たとえばこの文で文頭・文尾に置くと、「（まず手を、）次に顔を、それから足を」と順に列挙する流れになってしまい、文意に適さなくなる。「洗う」の直後に置くことで、「（食べる）前に」という順番を明確にできる。

D'abord, prenez le bus et descendez à Dijon.

まずは、バスに乗って、ディジョンで降りてください。

▶話を順につないだり、理由を列挙する副詞は、たとえば「まず」d'abord →「次に」puis →「それから」ensuite →「最後に」enfin といった流れで使われる。

準2級

***Permettez*-moi tout d'abord de me présenter.**
17.秋.筆

まず初めに、私の方から自己紹介させていただきます。

＊ Si vous le voulez bien, je vais tout d'abord me présenter. とほぼ同じ意味になるように動詞 permettre を選び、命令文にする問題。

d'accord [dakɔr] adv 副
わかった、賛成である

5級

D'accord !　わかったよ（いいよ）。

4級

□être d'accord (avec qqn)
（人と）意見が一致している、賛成である

Je ne suis pas d'accord.

そうは思いません。

3級・準2級

Ils sont d'accord sur ce point.

彼らはその点について意見が一致している。

dame [dam] nf 女
婦人、女性（▶femme の丁寧な言い方）

5級

Le monsieur est moins jeune que la dame.
09.春.筆

その男性はその女性ほど若くない。

＊この文にふさわしいイラストの二者択一問題。

Qui est cette dame ?

あの女性は誰ですか？

4級・3級・準2級

La cuisine est faite par une vieille dame qui a longtemps travaillé dans un célèbre restaurant parisien.
準2:17.秋.書

料理は、長年パリの有名なレストランで働いていた年配のご婦人が作っている。

＊「書き取り」（ディクテ）。

danger [dɑ̃ʒe] nm 男
危険

3級・準2級

□être en danger　危険な状態である

Il y a un danger à traverser la rue sans regarder.

よく見ないで通りを横切るのは危険だ。

A B C D E F G H I J K L M N O P Q R S T U V W X Y Z

▶ C'est dangereux de traverser la rue sans regarder. と言い換えられる。

L'économie de ce pays est *hors* de danger. 準2:17. 春. 筆

その国の経済は危機を脱した。

＊「〜の外に、〜をはずれた」"hors de＋[無冠詞名詞]" を答える問題。

◆ dangereux, dangereuse

adj 形

「危険な」

3級・準2級

C'est dangereux ! 危ない！

Fumer est dangereux pour la santé.

喫煙は健康に有害だ。

danser [dɑ̃se] (I) 0 vi 自

踊る

5級

Vous *voulez danser avec* moi ? 14. 秋. 筆

私と踊っていただけますか？

＊定番の言い回しを完成する整序問題。

4級・3級

Parmi nous, c'est Léa qui danse *le* mieux. 4:96. 春. 筆. 改

僕らのなかで、一番ダンスがうまいのは Léa だよ。

＊副詞の最上級に用いる定冠詞 le を答える問題。最上級（特に副詞）は強調構文で用いられることが多い。

◆ danse nf 女

「ダンス」

3級

Tu aimes la *danse* japonaise ? 14. 秋. 聞

日本の踊りは好きですか？

＊見出し語を書き取る問題。

◆ danseur, danseuse

n 名

「ダンサー」

準2級

À ce moment-là, elle a décidé de devenir danseuse. 15. 春. 聞. 改

そのときに、彼女はダンサーになることを決意した。

＊聞き取り問題の一部。強調構文を用いて、C'est à ce moment-là qu'elle a décidé de devenir danseuse. としても類義になる。

date [dat] nf 女

日付、月日

4級・3級

Quelle est la date d'aujourd'hui ?

今日は何日ですか？

Quelle est sa date de naissance ?

彼（彼女）の誕生日はいつですか？

▶ Le premier juin 2005.「2005 年 6 月 1 日」といった返答が可能。

C'est une date importante pour nous.

これは私たちにとって大切な日です。

準2級

Au guichet de la gare, on vend des billets qui portent la date du 9 septembre 1999. 13. 春. 聞. 改

駅の窓口では、1999 年 9 月 9 日の日付がついた切符を売っています。

＊長文を聞き、あとに流れる仏文が文意と合致するかを答える問題。Au guichet de la gare, on peut acheter des billets datant du 9 septembre 1999. などと書き換えることもできる。

◆ dater (I) 0 vi 自

「(de 〜に) 始まる、さかのぼる」

▌3級・準2級

Ce monument date du IIe siècle *avant* J.-C. 3:92.春.筆.改

この建造物は紀元前 2 世紀のものだ。

＊省略形 av. を avant とスペルアウトする問題。往年の定番の出題形式。なお、av. は「大通り」avenue の略語でもある。

La tour Eiffel date de 1889.

Eiffel 塔は 1889 年に造られた。

▶「Eiffel 塔は 1889 年にさかのぼる」が直訳。La tour Eiffel a été construite en 1889. と書き換えられる。

debout [dəbu] adv 副

立って、(人が) 起きて

▌4級・3級

□rester debout

立ったままでいる

Elles restent debout dans le bus.

彼女たちはバスの中で立っている。

▌準2級

Allez, debout ! Il est huit heures !

さあ、起きて！ 8 時だよ！

début [deby] nm 男

(期間・物事の) 初め (＝commencement, ↔ fin)、デビュー

▌4級・3級

□au début de qqch

～の初めに、～の上旬に

On va partir en vacances début juillet.

7 月の初めにヴァカンスに出発します。

▶「7 月の初めに」は au début de juillet, au début du mois de juillet ともいう。

▌準2級

□au début

初めは、最初は (＝tout au début, au commencement)

Tu as un début de rhume ?

風邪気味なの？

▶ un début de rhume「風邪の初め (初期)」が直訳。

◆ débuter (I)0 vi 自

「始まる、スタートする」

▌3級

Les cours débutent à neuf heures.

授業は 9 時に始まる。

décembre [desɑ̃br] nm 男

12 月

▌5級・4級

□en décembre

12 月に (＝au mois de décembre)

> **出 題**
>
> **単語を正しく並び替えて [ ] 内に記入しなさい。**
>
> **Nous partons [ ] 2020.**
> **le décembre trente-et-un**
>
> 5:01.秋.筆.改
>
> 和訳すると「私たちは 2020 年 12 月 31 日に出発します」となる文を作る。日本語とは逆に "le (定冠詞)＋[日]＋[月]＋[年]" の順で並べる。なお、数字の表記は trente et un も可だが、新綴りは数詞はすべて (-) でつなぐように推奨している。
>
> (解答) *le trente-et-un décembre*

▌3級・準2級

J'aime décembre parce que c'est le mois de Noël.

クリスマスがあるので私は 12 月が好きだ。

décider [deside] (I)0 vt 他

決定する

■4級

Vous avez décidé ?

（ご注文は）お決まりですか？

■3級・準2級

C'est à toi de décider. 準2:17.春.筆.改

決めるのはあなたですよ（あなたが決めて）。

＊前置詞の設問。C'est à A de＋inf.「〜するのはAだ」という定番の言い回し。強調構文を用いたC'est toi qui décides. も使われる。

◆ (se) décider （I）0 vr 代動

「決心する」

■3級・準2級

À ce moment-là, il s'est décidé à devenir chocolatier. 3:15.春.筆

そのときに、彼はチョコレート職人になると決めた。

＊長文読解、内容に一致する和文選択の問題。

◆ décision nf 女

「決定、決心」

■3級・準2級

□prendre une décision

決める、決心する（＝décider）

Elle a d'abord hésité, mais elle a fini par prendre une décision.

最初、彼女はためらったが、ついに決心した。

▶ finir par＋inf.「ついに〜する」の言い回しにも注意。

déclarer [deklare] （I）0

vt 他

申告する、宣言する

■3級

Vous avez quelque chose à déclarer ?

（税関で）何か申告するものはありますか（課税品はお持ちですか）？

＊ほかに、Vous n'avez rien à déclarer ?「申告するものは何もありませんか？」（＝Rien à déclarer ?）も出題歴がある。

◆ déclaration nf 女

「申告、届け出、宣言」

■3級

出　題

以下の用事なら1〜4のどこに行くか答えなさい。

Vous voulez faire une déclaration de vol. 93.秋.筆.改

1. à l'agence de voyage
2. au commissariat de police
3. chez le boucher
4. chez l'horloger-bijoutier

「盗難届」を出す場所を選ぶ。1.「旅行代理店へ」、2.「警察署へ」、3.「肉屋へ」、4.「時計・宝石店へ」。なお、出題文は「盗難届」をune déclaration du volとしているがこれは誤植。

（解答）*2*

découvrir [dekuvrir] （III）2

vt 他

（今まで見えなかったもの、未知のものを）発見する

▷dé「〜ない」＋couvrir「覆う」

■3級

Les scientifiques ont découvert une nouvelle planète.

科学者たちが新しい惑星を発見した。

■準2級

En 2004, un événement m'a beaucoup intéressé: des fossiles de dinosaures ont été découverts dans la région où j'habitais. 14.春.筆.改

2004年のある出来事に私は大いに関心を

持った。恐竜の化石が自分の住んでいる地方で発見されたのだ。

＊長文読解、空欄に補充する適語選択問題の一部。「化石」「恐竜」には注記あり。

défendre [defɑ̃dr] (III) 25

vt 他

守る (=protéger)、禁じる (↔ permettre)

3級

Il nous défend contre le froid en hiver. 06. 秋. 筆

それは冬に寒さから私たちを守ってくれる。

＊選択肢からこの説明文にふさわしい男性名詞 chauffage「暖房」を選ぶ問題。ただし、見出語を使うと「(闘って) 守る」というイメージになる。ここは、動詞 protéger「(雨風などから) 守る、防ぐ」(例 Le parapluie nous protège de la pluie.「傘は雨から私たちを守ってくれる」) を使うのが自然だ。

Le médecin m'a défendu de fumer.

医者は私に喫煙を禁じた。

▶ Le médecin m'a dit de ne pas fumer. などと言い換えられる。

◆ (se) défendre (III) 25

vr 代動

「身を守る、自己弁護する」

3級

Gabriel avait tout ce qu'il *fallait* pour se défendre. 93. 春. 筆. 改

自分の無実を主張するために必要なものは、Gabriel にはすべてそろっていた。

＊和訳を参考に、動詞 falloir を適当な形に活用させる問題。

dedans [dədɑ̃] adv 副

中(なか)に、中で (↔ dehors)

3級

Il y a quelqu'un dedans ?

中に誰かいますか？

Il y a une clé et un peu d'*argent* dedans. 14. 春. 聞

中には鍵とお金が少し入っています。

＊カバンを紛失して届ける場合の状況説明の一部。argent (不可算名詞なので複数形はない) を書き取る問題。

準2級

Il vaut mieux être dedans que dehors.

外よりも中にいる方がいい。

▶ ただし、「屋内で」「屋外に」の意味なら à l'intérieur, à l'extérieur を用いることが多い。

définition [definisjɔ̃] nf 女

定義、(語義の) 説明

3級

Cherchez la définition du mot dans votre dictionnaire.

辞書で単語の意味を調べなさい。

▶ définir「定義する」の名詞形。

degré [dəgre] nm 男

(温度・角度などの) 度、度数

3級

La température est montée d'un degré.

温度が 1 度上がった。

＊たとえば、倉庫内は「16 度から 20 度に保たれている」という文で、09. 秋 に出題歴がある。

dehors [dəɔr] adv 副

外に、外で (↔ dedans, à l'intérieur)

4級・3級

N'oublie pas ton manteau car il fait très froid dehors.

外はとても寒いからコートを忘れないで。

準2級

Je me suis enfermé(e) dehors.

（ホテルで）部屋にキーを忘れて入れません。

▶ J'ai laissé ma clé dans la chambre. と同義。例文は「外に閉め出されてしまった」が直訳。

C'est pourquoi un grand nombre de personnes attendent déjà dehors. 09. 秋. 書

そのせいで、大勢の人がすでに外で待っています。

＊洋服のセールで客が並んでいる状況の説明。「書き取り」（ディクテ）。

déjà [deʒa] adv 副

もう、すでに、以前

5級・4級

Il est déjà neuf heures ! もう9時だ！

Adam, tu as déjà fini tes devoirs ?

Adam、もう宿題は終わった？

3級・準2級

Elle est déjà revenue de Londres ?

彼女はもうロンドンから戻りましたか？

Un mois est déjà passé depuis que j'ai quitté l'Angleterre. 準2:09. 春. 聞. 改

イギリス（イングランド）を去ってすでに1ヶ月が過ぎた。

＊これを聞いて、il y a deux mois「2ヶ月前（に）」イギリスを去ったという説明文が正しくないと判断する。

déjeuner [deʒœne] (I)0 vi 自

昼食をとる（▶ときに「朝食をとる」の意味でも使われる）

5級・4級

Je viens de déjeuner.

私はお昼を食べたばかりです。

On va déjeuner ensemble ?

一緒にお昼を食べない？

3級・準2級

Si on déjeunait ensemble au restaurant ?

レストランで一緒にお昼を食べない？

◆ déjeuner nm 男

「お昼、昼食」

4級・3級

□ le petit déjeuner　朝食

Tu as déjà pris ton petit déjeuner ?

朝食はもう済ませましたか？

Je prends toujours mon *déjeuner* dans ce café. 3:09. 春. 筆

私はいつもこのカフェで昼食をとります。

＊文意を考えて、空所に語群から déjeuner を選択する問題。

délicieux, délicieuse

[delisjø, -sjøz] adj 形

（味や香りなどが）おいしい、非常によい

4級

Délicieux ! おいしい！

Ces chocolats sont délicieux ! 91. 春. 聞. 改

このココアはおいしい！

＊イラスト群からココアを飲んでいるシーンを選ぶ。文脈不在のため、「チョコレート」とも取れるが該当するイラストがない。

demain [dəmɛ̃] adv 副

明日

5級・4級・3級

À demain ! また明日（会いましょう）！

Qui vient dîner demain ?

明日、誰が夕食に来るの？

Tu es libre demain soir ?

明晩、暇ですか？

準2級

Demain ma grand-mère aura quatre-vingts ans. 08.春.書.改

明日、祖母は80歳になります。

＊「書き取り」（ディクテ）。数字80 quatre-vingts は意外に正しく書けないので注意。

demander [dəmɑ̃de]（I）0

vt 他

(人に) 尋ねる、頼む、(物事が) 必要とする (=nécessiter)

4級

Elle a demandé son chemin à un homme. 彼女はある男性に道を尋ねた。

3級

Est-ce que je peux vous demander votre nom ?

お名前をうかがってもいいですか？

C'est moi qui vous *demande ce qui se passe* ! 08.春.筆

私こそ、あなたにどうなっているのかお聞きしたい！

＊会話文の空所に入るものを選択肢から選ぶ問題。隣人の夜中の騒音でもめている場面。

準2級

J'ai quelque chose à vous demander.

お尋ねしたいことがあります。

◆(se) demander（I）0

vr 代動

「自問する」

3級

出題

単語を正しく並び替えて［　］内に記入しなさい。

Il [　　　　　] n'est pas là.
se　son　demande　pourquoi　père 09.秋.筆.改

se demander＋[間接疑問節]「～かどうか自問する」の展開で、「どうして父がそこにいないのだろうかと訝る」という内容になる文を完成させる。

(解答) *se demande pourquoi son père*

◆demande nm 男

「要求、申し込み、注文」

3級・準2級

Il y a plus de demandes d'emplois que d'offres d'emplois.

求人よりも求職の方が多い。

Mais aujourd'hui, la demande est de 1,5 à 2 personnes pour une place. 準2:13.春.筆.改

しかし今日では、1人分の枠に対して1.5～2人分の応募がある。

＊料理学校の志願者数の増加についての長文読解。空所に入る適当な語句を選択する問題から。なお、文脈なしで出題文をそのまま例示すると意味が取りにくくなるため、一部を書き改めた。

déménager [demenaʒe]（I）2

vi 自

(よそへ) 引越しする、移転する (↔ emménager)

3級

Le mois dernier, j'ai déménagé à Nagoya.

先月、名古屋に引っ越しました。

Tu as déjà déménagé combien de fois ?

これまでに何回引っ越しましたか？

▶見出語は「現在の住まいを出て引越しする」、対義語 emménager は「新居に入居する」の意味で使う。

A B C D E F G H I J K L M N O P Q R S T U V W X Y Z

demeurer [dəmœre] (I) 0

vi 自

住む (=habiter)、滞在する、(同じ状態の) ままでいる (=rester)

4級・3級

J'ai demeuré longtemps ici.

私は長い間ここに滞在した。

▶「住む、滞在する」の意味なら、助動詞は avoir を用いる。

Elle est demeurée inquiète toute la soirée.

彼女は一晩中不安なままだった。

▶「(同じ状態の) ままでいる」の意味なら、助動詞は être が使われる。

Je demeure à votre entière disposition pour tout supplément d'information. 3:97. 秋. 筆

さらに情報が必要な場合には、いつでも何なりとお申し付けください。

＊手紙文の定型。内容に一致する仏文の選択問題。ちなみに Je suis à votre disposition pour tous renseignements supplémentaires. も類義になる。

demi(e) [dəmi] adj 形

[名詞+et demi(e)] (名詞が表す単位の) 半分の

5級

Il est onze heures et demie.

11 時半です。

4級・3級

Sa fille *a commencé à parler* à un an et demi. 4:11. 春. 筆

彼 (彼女) の娘は 1 歳半で話し始めた。

＊整序問題。commencer à+inf.「～し始める」の複合過去。

◆ demi-heure nf 女

「30 分、半時間」

4級・3級

Je vous attends depuis une demi-heure !

30 分前からあなたを待っています！

◆ demi nm 男

「2 分の 1、(グラス 1 杯の) 生ビール」

3級

Eh bien ! J'aimerais un demi pour *commencer*. 98. 秋. 聞

じゃあ、とりあえず生ビールを 1 杯ください。

＊commencer を書き取る問題から。un demi は、現在は「生ビール(小ジョッキ): 250～350 ml (約 ¼ リットル)」を指すが、もともとは un demi-litre (de bière) を指した。

▶ (分数表記)「2 分の 1」は un demi、「3 分の 1」は un tiers、「4 分の 1」は un quart という決まった表現がある。それ以降は、分子は「基数」で前に、分母は「序数」であとに置く (例 un cinquième「5 分の 1」、deux cinquièmes「5 分の 2」: 分子が複数のとき、分母も複数形になる点に注意)。

demoiselle [d(ə)mwazɛl]

nf 女

独身女性、娘

3級

***Laquelle* de ces demoiselles est votre cousine ?** 96. 秋. 筆

この娘さんたちのうち、どなたがあなたのいとこですか？

＊疑問代名詞 laquelle を選択肢から選ぶ。

dent [dɑ̃] nf 女

(人や動物の) 歯

5級・4級

□avoir mal aux dents　歯が痛い

Vous avez mal aux dents ?

歯が痛いのですか？

▶ 痛む歯が1本だけの場合でも、通常は avoir mal aux dents を使う。

3級

☐se brosser les dents　歯を磨く

Tu t'es brossé les dents ?　13. 秋. 聞

歯を磨いた？

＊会話文聞き取り（内容に一致する和文の選択）問題。se laver les dents も同義。

◆ dentiste n 名

「歯医者」

4級

☐aller chez le dentiste　歯医者へ行く

3級・準2級

Les parents de Françoise voulaient que leur fille devienne dentiste.

準2:09. 秋. 聞. 改

Françoise の両親は娘が歯医者になることを願っていた。

＊長文の内容に、そのあとに示される仏文が合致するか否かを答える問題。

départ [depar] nm 男

出発 (↔ arrivée)

3級

À quelle heure est le départ ?

出発は何時ですか？

▶ 見出語は partir「出発する」の名詞形。意外に盲点。

準2級

Dans la gare, il y a beaucoup de gens qui attendent leurs départs depuis longtemps.　12. 春. 書

駅には大勢の人がいて、長いこと出発を待っている。

＊「書き取り」（ディクテ）。

(se) dépêcher [depeʃe]

(I) 0 vr 代動

急ぐ (=se hâter, se presser)

4級

Dépêche-toi, le taxi nous attend !

急いで、タクシーが待ってるよ！

▶「急いで～する」なら se dépêcher de+inf. を用いる（例 Dépêchons-nous de partir.「急いで出発しよう」）。

3級

Dépêchez-vous pour qu'on *puisse* prendre le dernier métro.　92. 秋. 筆

（地下鉄の）終電に間に合うように急いでください。

＊pouvoir を接続法に活用させる問題。

C'est pas la peine de se dépêcher.

急がなくても大丈夫です。

▶ Ce n'est pas la peine de+inf. で「～するには及ばない」という言い回し。例文は ne を省いた口語表現。

dépendre [depɑ̃dr] (III) 25

vi 自

[物が主語で] ～次第である

3級・準2級

Ça dépend.　場合によりけりです。

Ça dépend de toi.　それは君次第です。

Ça dépend du temps.　天候次第だね。

3:97. 春. 筆

＊対話文を完成させる問題の選択肢から。

dépenser [depɑ̃se] (I) 0

vt 他

（金などを）使う、（電力などを）消費する (=consommer)

3級

Ma sœur a dépensé plus d'argent que moi.

A B C D E F G H I J K L M N O P Q R S T U V W X Y Z

姉（妹）は私より金を使った。

準2級

Comme on dépense 39% de l'eau dans la salle de bains, *c'est là* qu'il faut faire le plus attention. 11. 春. 筆

水の 39% は浴室で使われているので、もっとも注意しなければならないのはその場所（浴室）です。

＊節水に関する長文の空所に補充する、適語句選択問題。

déranger [derɑ̃ʒe]（I）2

vt 他

邪魔する、迷惑をかける

4級・3級

Excusez-moi de vous déranger.

お邪魔して申し訳ありません。

Ne me dérange pas ! 邪魔しないで！

準2級

L'arrivé de mes amis m'a dérangé dans mon travail.

友人たちがやってきて、仕事の邪魔になった。

dernier, dernière [dɛrnje, -njɛr]

adj 形

[名詞の後]（時間的に）この前の、[名詞の前]（時間的に）最後の、最新の、（場所・順番が）最後の

5級・4級

☐la semaine dernière　先週

☐le mois dernier　先月

☐l'année dernière　去年（=l'an dernier）

Jeudi dernier, ma sœur a visité des musées.

この前の木曜日、姉（妹）は美術館めぐりをした。

3級・準2級

Nina m'a dit qu'elle *avait visité* Paris l'été dernier. 3 :08. 春. 筆. 改

Nina は昨年の夏（この間の夏）にパリを訪れたと私に言った。

＊visiter の直説法大過去を答える問題。

Elle a pris le dernier train pour Fukuoka.

彼女は福岡行きの最終電車に乗った。

Quel est le dernier film que vous avez vu ?

一番最近見た映画は何ですか？

désagréable [dezagreabl]

adj 形

不愉快な、嫌（いや）な（=déplaisant）

3級

Cette odeur est désagréable.

このにおいは不快だ。

Elle s'est parfois trouvée dans des situations désagréables à l'hôtel à cause de la présence d'hommes.

02. 秋. 筆. 改

彼女はときとして、男性がいるために、ホテルで不愉快な状況に置かれた。

＊長文読解、内容に一致する和文選択問題。

descendre [dəsɑ̃dr]（III）25

vi 自

降りる（↔ monter）、下車する、泊まる（=loger）

5級・4級

Tu descends à Shinjuku ?

新宿で降りるの？

Pardon, je descends !

（バスなどで）すみません、降ります！

▶ 車内で Vous descendez (à la prochaine) ?「次で降りますか？（でなければどいてください）」と問いかけつつ、人をかき分け乗降口へ進む光景もよく見られる。

- Où est-ce qu'on descend ?

- À la prochaine station. 4:11. 秋. 聞

-「どこで降りますか？」 -「次の駅です」

＊読み上げられる質問に対する返答として適切なものを、À la prochaine station. と Demain matin. の二者から選ぶ問題。

3級・準2級

Dans l'hôtel où elle est descendue, il y avait un tableau de Picasso.

彼女が泊まったホテルには、1枚のピカソの絵があった。

désert [dezɛr] nm 男

砂漠、荒野

3級

Le plus grand désert du monde est le Sahara.

世界最大の砂漠はサハラだ。

Il a envie de traverser un désert en voiture.

彼は車で砂漠を横断したがっている。

◆ désert(e) adj 形

「無人の、住む人がいない」

3級・準2級

Si vous deviez vivre sur une île déserte, qu'est-ce que vous emporteriez ?

もし無人島で暮らさなくてはならないとしたら、何を持っていきますか？

désirer [dezire] (I)0 vt 他

欲する、望む (=souhaiter)

4級・3級

Vous désirez ?

(店員が) 何にいたしましょうか？

▶「いらっしゃいませ」と同じような感覚で用いられる。Que désirez-vous ? も同義。

Vous désirez quelque chose à boire ?

お飲み物はいかがですか？

▶ Vous désirez une boisson ? も同義になる。

準2級

Où est-ce que vous désirez passer le week-end ?

週末はどこで過ごしたいですか？

◆ désir nm 男

「欲望、希望」

3級

Un jour, l'un d'eux m'a conseillé d'écrire un roman avec les rêves et désirs que je raconte dans mon journal intime. 02. 春. 筆. 改

ある日のこと、彼らのうちの一人が、私が自分の日記につづっている夢や願いをもとに小説を書いたらどうかと勧めてくれた。

＊長文読解、内容に一致する和文の選択問題。

désolé(e) [dezɔle] adj 形

(de ～を) 残念に思う、悲嘆にくれる

4級・3級

Je suis désolé(e).

すみません (申し訳ない)。

Désolé(e), je suis un peu en retard.

すみません、少し遅れます。

準2級

Je suis désolé(e) qu'il rentre en France…

彼がフランスに帰ってしまうのは残念だ…。

Christine est désolée de ne pas pouvoir accepter l'invitation de Sara. 17. 春. 聞

Christine は Sara の招待に応じることができなくて残念に思っている。

＊長文聞き取り、内容に一致する仏文選択問題から。

A B C D E F G H I J K L M N O P Q R S T U V W X Y Z

A B C D E F G H I J K L M N O P Q R S T U V W X Y Z

désormais [dezɔrme] adv 副

今後、これからは、それ以降は、今や

3級

Le supermarché sera désormais ouvert jusqu'à vingt-deux heures.

今後そのスーパーは22時まで営業します。

Quand je prends mes vacances, je cherche désormais à avoir le plus chaud possible. 01.秋.筆.改

ヴァカンスをとる場合に、今は可能な限り暑さを求めるようにしています。

＊長文読解問題から。若い頃はヴァカンスに山へ行っていた人物の話。

dessert [desɛr] nm 男

デザート

5級

Vous *voulez quelque chose comme* dessert ? 11.春.筆

デザートに何か召しあがりますか？

＊整序問題。

4級・3級

Le dessert était de la crème glacée.

デザートはアイスクリームだった。

dessin [desɛ̃] nm 男

デッサン、イラスト、絵

3級

Elle fait des dessins avec un crayon rouge.

彼女は赤鉛筆でデッサンする。

準2級

On voit parfois mes dessins dans le journal ou à la télévision. 15.春.筆

時折、私の描いたイラストを新聞やテレヴィで目にしているでしょう。

＊長文の空所補充問題の一部。

◆dessiner (I)0 vt 他

「描く、デッサンする」

3級・準2級

Je dessine les accusés et les avocats dans les tribunaux. 準2:15.春.筆

私は法廷で、被告人や弁護士をスケッチしています。

＊長文の空所補充問題の一部。「被告人」「法廷」には注記あり。

dessous [d(ə)su] adv 副

その下に、下方に (↔ dessus)

3級

Le chaton est sur la table et le chiot est dessous.

子猫はテーブルの上にいて、子犬は下にいる。

▶見出語は "sous＋名詞" に相当する。この例文では sous la table の代わり。

Passez en dessous ! 下を通って！

dessus [d(ə)sy] adv 副

その上に、上方に (↔ dessous)

3級

Ne vous asseyez pas dessus.

その上に座らないで。

▶見出語は "sur＋名詞" に相当する。

détail [detaj] nm 男

詳細、細部

準2級

Selon elle, *nous devons faire attention* même aux petits détails. 12.春.筆.改

彼女によれば、私たちは微細な点についても注意すべきなのです。

＊長文の空所に入る適切な語句を選ぶ問題。

Donnez-moi tous les détails de votre plan de travail.

君の作業計画を細大漏らさず話してください。

détester [detɛste] (I) 0

vt 他

ひどく嫌う (=haïr, ↔ adorer, aimer)

4級・3級

J'adore les chats, mais je déteste les chiens.

猫は大好きですが、犬は嫌いです。

準2級

Elle lui a répondu qu'elle détestait le sport et qu'elle voulait des médicaments. 10. 秋. 筆

彼女は彼（医者）に、スポーツは好きじゃない、薬が欲しいと答えた。

＊長文読解、あとに続く仏語説明文と内容が一致するか否かを答える問題。

détour [detur] **nm** 男

回り道

3級

Il vaut mieux faire un petit détour pour éviter les bouchons.

渋滞を避けるために、ちょっと回り道をしたほうがいい。

▶「近道」は un raccourci という。

détruire [detrɥir] (III) 35

vt 他

破壊する、壊す (↔ construire)

3級・準2級

出　題

和訳に対応するように（　）内の語を必要な形にしなさい。

町は地震の時に破壊された。

La ville (être détruit) lors du tremblement de terre. 3 : 93. 秋. 筆

直説法複合過去の受動態の形を答える。

（解答）*a été détruite*

Cet échec a détruit tous mes projets.

この失敗で、私の計画はすべて台なしになった。

développement [devlɔpmɑ̃]

nm 男

成長、発展、発達

3級

Prioritairement consacrée aux besoins quotidiens de l'enfant, votre contribution mensuelle de 120F participe aussi au développement des communautés. 98. 春. 筆

皆様からの月額 120 フランの寄付金は、子どもの日常生活で必要とされるものに優先的に当てられますが、また同様にコミュニティーの発展にも寄与します。

＊長文読解問題。かつては 3 級で、こうした文が注記なしで出題された。なお、franc (F)「フラン」は euro 導入以前のフランスの通貨単位。

devenir [dəvnir] (III) 10

vi 自

(人や物が) ～になる

4級

Mon fils deviendra médecin.

息子は医者になるでしょう。

出　題

（　）内に入る適語を選びなさい。

彼女はその後どうなったのかな？

Qu'est-ce qu'elle (　　) après ?
1. devenir　2. deviendra
3. est devenue 12. 秋. 筆

和訳から答えは過去形だとわかるはずだが、得点率は 66% にとどまった。

（解答）*3*

A B C D E F G H I J K L M N O P Q R S T U V W X Y Z

3級・準2級

Son rêve devient réalité.

彼（彼女）の夢は現実になった。

Les arbres deviennent verts au printemps.

木々は春には緑になる。

devoir [dəvwar] (III) 17

vt 他

[不定法を伴い助動詞的に] ～しなければならない、必ず～する、きっと～だろう、～に違いない

5級・4級

Nous *devons* marcher jusqu'à la gare. 5:08.春.筆

駅まで歩かなくてはならない。

＊devoir の活用形選択問題。

3級・準2級

Je dois terminer ce travail avant vingt et une heures.

21 時までにこの仕事を終えなくてはならない。

Ça doit être un cadeau pour vous.

それはきっとあなたへのプレゼントです。

◆devoir (III) 17 vt 他

「(金品を) 借りている、おかげである、負っている」

3級・準2級

Je vous dois combien ?

おいくらですか？

＊直訳は「あなたにいくらの借りがあるか？」となる。

出　題

和訳を参照して、d... で始まる適当な語を答えよ。

成功したのはあなたのおかげです。

Je vous (d　　　) mon succès.

準2:16.秋.筆

動詞 devoir の直説法現在形を入れる。この文は Je vous dois d'avoir réussi. と書き換えられる。

（解答）*dois*

◆devoir nm 男

「宿題、義務」

5級

***Fais* tes devoirs maintenant.** 13.春.筆

さあ、宿題をすませてしまいなさい。

＊会話文を読んで、空欄に適切な語を選択肢から選ぶ問題。

4級・3級

Ma fille finira ses devoirs avant midi.

娘はお昼前には宿題を終えるでしょう。

準2級

Qu'est-ce que vous avez choisi comme sujet de devoir ? 15.春.聞.改

宿題のテーマには何を選びましたか？

＊長文聞き取り問題の出だしの一文。

dictionnaire [diksjɔnɛr]

nm 男

辞書

4級

Tu as besoin de ce dictionnaire japonais-français ?

この和仏辞典が必要ですか？

3級・準2級

□consulter un dictionnaire

辞書を調べる

□chercher un mot dans le dictionnaire

辞書で単語を調べる

Prête ton dictionnaire à Jacques. Il *en* a besoin. 3:13. 秋. 筆

Jacques に辞書を貸してあげて。彼には必要ですから。

＊avoir besoin de ton dictionnaire を中性代名詞 en で受ける問題。

dieu [djø] nm 男
dieux pl 複

神、神様

3級

Tu crois en Dieu ? 神を信じてる？

Oh mon Dieu, qu'est-ce que je vais faire ? 3:94. 秋. 聞

おやまあ、（では）私はどうしたらいいのでしょうか？

＊Mon Dieu! は、怒りや喜び、驚きなどを表す間投詞で、「おや、まあ、おお、わあ」などと訳す。

différent(e) [diferɑ̃, -rɑ̃t] adj 形

違う、異なった、いろいろな

4級・3級

Votre impression était différente de la mienne.

あなたの印象は私のとは違っていた。

Les deux sœurs avaient des idées très différentes.

その二人の姉妹はとても違った考え方を持っていた。

準2級

La façon de s'habiller au travail est différente selon les *métiers*. 12. 春. 筆

仕事をする際の服装のあり方は職業によって異なる。

＊文意に即し、空欄に当てはまる語を選択肢から選ぶ問題。

Isaac s'intéresse beaucoup aux cultures différentes.

Isaac は異文化への関心が高い。

◆différence nf 女

「違い、区別」

3級・準2級

Il y a de grandes différences entre ces deux villes.

この２つの都市の間には大きな違いがある。

Si on examine les chiffres de plus près, on remarque ensuite une différence *selon les âges*. 準2:08. 春. 筆

もう少し細かく数字を調べてみれば、さらに年齢によって違いがあることがわかる。

＊長文の穴埋め問題。

difficile [difisil] adj 形

難しい (↔ facile)、困難な、気難しい

5級・4級

Est-ce que l'anglais est difficile ?

英語は難しいですか？

3級・準2級

Ce problème de maths est très difficile à résoudre.

この数学の問題は解くのがとても難しい。

C'est un homme difficile à vivre.

彼はつきあいにくい（気難しい性格だ）。

◆difficulté nf 女

「困難、難しさ、苦労」

3級

Elle a des difficultés en français.

彼女はフランス語に苦労している。

準2級

Elle m'a aussi parlé des difficultés actuelles de sa société. 12. 秋. 聞. 改

彼女は（自身の）会社が現在抱えている困難についても私に話してくれた。

＊長文聞き取り問題の一文。

出題

(　) 内に適当な前置詞を選べ。

Sur la neige, on marche (　　) difficulté.
1. à　2. avec　3. de　4. sauf

13. 春. 筆. 改

「雪の上では、なかなか歩きづらい」の意味。副詞 difficilement「なかなか～しにくい」と同義の avec difficulté (avec+[抽象名詞]=副詞) が正解。ちなみに反意語は sans difficulté (=facilement)。

(解答) 2

dimanche [dimɑ̃ʃ] nm 男

日曜日

5級・4級

Tu es libre dimanche matin ?

日曜の朝は暇ですか？

Qu'est-ce que tu fais dimanche ?

(今度の) 日曜は何をするの？

▶「次の日曜日」と明示するなら dimanche prochain、逆に「この前の日曜日」なら dimanche dernier という。

3級・準2級

Tous les jours sauf le samedi et le dimanche, j'ai trois cours de deux heures. 準2:16. 秋. 聞. 改

土曜、日曜を除いて毎日、2時間の授業が3コマある。

＊長文聞き取り問題の一部。

▶曜日 (les jours de la semaine) の表現を以下に示すと、dimanche は「日曜日 (に)」(「次の」場合も「前の」場合も含む)、un dimanche は「ある日曜日に」。以下の3つは類義で、le dimanche「(習慣的に) 日曜日に」、chaque dimanche「毎日曜日に」、tous les dimanches「日曜日にはいつも、日曜日ごとに」。なお、le premier dimanche du mois で「第1日曜日」を指す。

diminuer [diminɥe] (I)0

vi 自　vt 他

(力・数量・可能性などが) 減る、減らす、減少する (↔ augmenter)

準2級

En novembre, les jours diminuent vite.

11月はあっという間に日が短くなる。

En France, le nombre d'enfants diminue à cause de la baisse du nombre de mariages. 08. 秋. 筆

フランスでは、結婚件数の減少が原因で子どもの数が減っている。

＊長文読解、内容一致選択問題の誤文から。実際には、フランスの出生数は2019年現在EU中一位。

dîner [dine] (I)0 vi 自

夕食をとる

5級・4級

On dîne avant le film ?

映画の前に夕食を食べますか？

Mon fils a dîné seul à la maison.

息子は家で一人で夕食を食べた。

3級・準2級

Nous dînons généralement vers huit heures du soir.

私たちは普通、夜8時頃に夕食をとる。

◆dîner nm 男

「夕食」

5級・4級

Le dîner est à quelle heure ?

夕食は何時ですか？

3級

Notre dîner a commencé par une

soupe aux légumes.
私たちの夕食は野菜スープで始まった。

dire [dir] (S) 4 vt 他
言う、人に言う、伝える

5級

Il ne *dit* rien. 17.秋.筆.改
彼は何も言わない。
＊動詞 dire の活用形を選択肢から選ぶ問題。

4級

Comment dit-on « itadakimasu » en français ?
フランス語で「いただきます」は何と言いますか？

Qu'est-ce qu'il *voulait* dire ? 17.秋.筆.改
彼は何を言いたかったのだろうか？
＊ vouloir dire で「(人が) 言いたいと思う」あるいは「(物が) 意味する」という言い回し。日本語訳を参考に、vouloir の直説法半過去形を選ぶ問題。

3級・準2級

Dites-*lui* que nous l'aimons beaucoup. 3:17.秋.筆
僕たちは彼のことが大好きだ、と彼に伝えてください。
＊選択肢から人称代名詞 (間接目的語) の正しい形を選ぶ問題。

direct(e) [dirɛkt] adj 形
まっすぐな、最短の、直接の

3級・準2級

C'est le chemin le plus direct.
これが一番の近道です。

C'est un train direct pour Narita.
これは成田への直行列車です。
＊準 2 級 18. 秋 に、C'est un vol direct ?「それは直行便ですか？」の見出し語部分を書かせる問題が出ている。

◆directement adv 副
「まっすぐに、直接に」

準2級

Je vais rentrer directement chez moi.
まっすぐ自宅に戻ります。

directeur, directrice
[dirɛktœr, -tris] n 名
(企業・官庁・学校などの) 長、部長、局長

4級

Je voudrais parler au directeur. 99.秋.筆
(電話で) 部長をお願いいたします。
＊会話文を完成させる問題から。

3級・準2級

Votre oncle est-il toujours directeur dans cette usine ?
あなたのおじさんは、今でもここの工場長ですか？

Je vous présente le directeur commercial.
営業部長をご紹介します。

direction [dirɛksjɔ̃] nf 女
方向、方角

3級・準2級

C'est *dans* la direction opposée. 3:97.秋.筆
それは逆方向です。
＊前置詞を選択する問題。ちなみに、Vous n'êtes pas dans la bonne direction. なら「あなたは道を間違っています」の意味になる。

Elles marchent en direction du port.
彼女たちは港の方向に歩いている。

(se) diriger [diriʒe] (I) 2

vr 代動

(vers ～に) 向かう、向かって進む

3級

Alice s'est dirigée *vers* la porte. 83. 筆

Alice はドアの方へ向かっていった。

＊前置詞 vers を選択肢から選ぶ。見出語は、現在なら 2 級レヴェルの単語。なお、当初は年 1 回だった仏検が、春季・秋季の年 2 回実施されるようになったのは 3 級・4 級では 1987 年度（昭和 62 年度）から。

discuter [diskyte] (I) 0

vt 他 **vi 自**

議論する、討議する、話し合う

4級・3級

Ils ont discuté de ce projet.

彼らはそのプランについて話し合った。

準2級

Ils n'arrêtent pas de discuter pendant le repas. 15. 春. 筆

彼らは食事の間じゅう議論をやめない。

＊この文を、continuer à＋inf.「～し続ける」を用いて、Ils *continuent* à discuter pendant le repas. と書き換える問題。

◆ discussion **nf 女**

「討議、議論」

3級

On a eu une discussion très intéressante.

私たちは実に面白い議論を交わした。

Le projet de loi est en cours de discussion.

法案は審議中です。

disparaître [disparɛtr] (III) 22

vi 自

(人や動物が) いなくなる (↔ apparaître)、(物が) 見えなくなる

4級・3級

Le soir, le soleil disparaît à l'horizon.

夕方、太陽は地平線に姿を消す。

La femme a disparu sans dire son nom.

女は名前も言わずに立ち去った。

準2級

Je cherche ma fille qui a disparu il y a un *quart* d'heure. 09. 秋. 聞. 改

15 分前にいなくなった娘を探しています。

＊会話と質問を聞いて、空欄に単語を書き取る問題。

disponible [dispɔnibl]

adj 形

自由に使用できる、手があいている、暇な

3級

Aujourd'hui, je ne suis pas disponible.

今日は暇がありません（忙しくてお相手できかねます）。

Tous les habitants de la ville ont le droit de louer un champ et il est possible d'en louer deux ou trois s'il y en a de disponibles. 09. 春. 筆. 改

町の住人なら畑を借りる権利があり、あいている畑があれば 2 つ 3 つと借りられる。

＊長文読解、内容に一致する和文の選択問題。なお、disponible に「あいている」と注記がある。ただし、3 級 96. 春 には注記なしで、対話文空所補充問題の選択肢に使われている。

disposer [dispoze] (I) 0

vi 自

(de ～を) 自由に利用できる

3級

Elle peut disposer de beaucoup d'argent.

彼女はたくさんのお金を自由に使える。

Nous ne disposons pas d'un ascenseur ; la descente à la cave ne peut se faire que par l'escalier. 91. 秋. 筆. 改

こちらではエレヴェーターは使えません。そのため、地下のワイン貯蔵庫に降りる際には階段をお使いいただきます。

＊ワイナリー見学のパンフレットから。内容に一致する仏文の選択問題。

◆disposition nf 女

「自由に使えること」

3級

□à la disposition de qqn

～の自由に使えるように、意のままに

La Société des chemins de fer met à votre disposition dans 70 gares un service de location de vélos. 95. 秋. 筆

その鉄道会社では、70 の駅で自由に貸自転車サーヴィスを利用できる。

＊長文読解、内容に一致する和文選択問題。

disque [disk] nm 男

レコード、ディスク、円盤

4級

Mes parents écoutent un disque dans le salon.

両親は居間でレコードを聞いている。

3級

C'est elle qui a lancé le disque le plus loin. 96. 秋. 聞. 改

一番遠くへ円盤を投げたのは彼女だ。

＊この文を聞いて、「円盤投げ」lancement du disque [nm] をしているイラストを選ぶ問題。出題文は Elle a lancé le disque le plus loin. だったが、他の人より円盤を遠くに投げたということを明示する意味から、最上級の言い回しと相性のいい強調構文に書き換えた。なお、Elle a lancé le disque le plus loin possible. なら「彼女はパーソナル・ベストを出した」といった含みになる。

distance [distɑ̃s] nf 女

(時間的・空間的) 距離

3級・準2級

Quelle est la distance entre Marseille et Nice ?

マルセイユからニースまでの距離はどれぐらいですか？

Il y a une distance de 43 kilomètres entre Kyoto et Osaka.

京都・大阪間は 43 キロの距離がある。

distinguer [distɛ̃ge] (I) 0

vt 他

区別する、見分ける

3級・準2級

Vous devez distinguer l'amour de la sympathie.

愛情と同情は区別しなくてはいけない。

▶ Vous devez faire la distinction entre l'amour et la sympathie. と書き換えられる。

◆distingué(e) adj 形

「[儀礼的な表現に用いて] 格別な」

3級

Recevez, monsieur, l'assurance de mes sentiments distingués.

(手紙の末尾で) 敬具 (私の格別なる敬意をおくみとりください)。

distribuer [distribɥe] (I) 0

vt 他

配る、配分する、(ガスや水道を) 供給する

A B C D E F G H I J K L M N O P Q R S T U V W X Y Z

4級・3級

Lisa distribue de la musique sur internet.

Lisa はインターネットで音楽を配信している。

準2級

Chaque matin, à la sortie du métro ou dans les rues, on distribue des journaux gratuits. 08. 秋. 筆

毎朝、地下鉄の出口や通りで、無料の新聞が配られている。

＊長文読解、空所に補充する適語句選択問題から。distribuer には注記がある。ただし、4級 96. 春、3級 91. 春 には注記なしで出題されている。

divers(e) [divɛr, -vɛrs]

adj 形

いろいろな、異なった (=varié)、さまざまな (=plusieurs)

準2級

Ses intérêts sont très divers.

彼（彼女）の興味は実に多様だ。

Autour de notre café, il y a plusieurs monuments historiques et beaucoup de touristes viennent de pays divers pour les visiter. 13. 秋. 聞. 改

私たちのカフェの周りにはいくつもの歴史的建造物があり、いろいろな国からやってきた大勢の観光客がそこを訪れる。

＊長文の聞き取り問題の一文。

docteur [dɔktœr] nm 男

医者

4級

Bonjour, docteur.

（診察室での呼びかけとして）こんにちは、先生。

Mais cet après-midi, tu as rendez-vous avec le docteur Martin. 15. 春. 聞

でも、今日の午後は Martin 先生に診てもらうのよ。

＊会話文を聞いて、内容に和文が一致しているか否かを答える問題。なお、avoir un rendez-vous avec qqn は「～に会う約束がある」が直訳。

3級・準2級

Les docteurs ont *tout* fait pour sauver ma grand-mère. 3 : 10. 秋. 筆

医者たちは、祖母を救うためにあらゆる手を尽くした。

＊「すべてのこと」を意味する不定代名詞 tout を選択肢から選ぶ問題。

Le docteur m'a donné un médicament. 準 2 : 14. 春. 書. 改

医者は私に薬をくれた。

＊「書き取り」（ディクテ）。

document [dɔkymɑ̃] nm 男

書類、記録、資料

3級

Tous les documents *dont* tu as besoin sont sur la table. 99. 秋. 筆. 改

あなたに必要な書類はすべてテーブルの上です。

＊適当な関係代名詞を選ぶ問題。avoir besoin de qqch を前提に dont を選ぶ。

On garde tous les documents secrets dans le coffre-fort.

秘密文書はすべて金庫に保管しています。

doigt [dwa] nm 男

（手の）指

4級

Ma mère s'est coupé le doigt.

母が指を切った。

3級・準2級

Ma sœur a les doigts fins.

姉（妹）は指が細い。

Les bébés ont besoin de toucher les choses avec leurs doigts. 3:10. 秋. 筆

赤ちゃんは自分の指で物に触ってみる必要がある。

＊会話文の穴埋め（仏文選択）問題から。

dollar [dɔlar] nm 男

（米国などの通貨）ドル

3級

□payer en dollar ドルで支払う

Ce vélo coûte plus de huit-cents dollars, mais Victor veut absolument l'acheter. 17. 春. 筆. 改

その自転車は 800 ドル以上もするが、Victor はそれを何としても買いたいと思っている。

＊長文読解問題。数字表記は -（ハイフン）でつなぐ新綴りに従ったが、huit cents dollars も可。

dommage [dɔmaʒ] nm 男

残念なこと

4級・3級・準2級

C'est dommage ! それは残念だ！

＊4 級～準 2 級までこのフレーズは繰り返し仏検に登場する。Quel dommage! とか Dommage! ともいう。

Dommage qu'elle ne puisse pas venir.

彼女が来られないとは残念です。

donc [dɔ̃k] conj 接

（結果・結論を導いて）だから、それゆえ

4級

Je vais donc passer encore une nuit dans cet hôtel. 99. 春. 筆

というわけで、私はこのホテルにもう一泊します。

＊長文を読んで、設問に記された和文と内容が一致するか否かを答える問題。

3級・準2級

Je suis fatigué(e), je vais donc me coucher.

疲れているので寝ます。

◆donc adv 副

「[強調] いったい、まったく」

4級・3級

Dis [Dites] donc.

（注意をうながして）ねえ、おい

Dis donc, tu n'as pas vu mes lunettes ?

ねえ、私のメガネ見なかった？

＊疑問詞や命令形のあとでは [dɔ̃k] ではなく、[dɔ̃] と発音される。

Où te caches-tu donc ?

いったいどこに隠れてるの？

donner [dɔne] (I) 0 vt 他 vi 自

与える (↔ recevoir)、(sur ～に) 面している

5級

Donnez-moi ça, s'il vous plaît.

（店で）これください。

Donnez-moi le journal.

新聞をとって。

4級・3級

Tu peux me donner l'adresse du magasin ? 4:06. 秋. 筆

お店の住所を教えてもらえる？

＊適切な文を選択して会話文を成立させる問題から。

Pour son anniversaire, j'ai donné un sac à ma femme.

妻の誕生日に、バッグをプレゼントした。

Le bureau du directeur donne sur la Seine.

所長室はセーヌ川に面している。

▶ face à qqn / qqch も「～に面した」の意味になる。

準２級

Samedi prochain, ce sera la fête de ma ville et je donnerai mon premier concert. 14. 秋. 聞

今度の土曜には私の町で祭りがあり、私は初めてのコンサートを開きます。

＊長文聞き取り問題。

dormir [dɔrmir] (III) 4 vi 自

眠る、眠っている

５級

出 題

(　) 内に入る適切なものを選べ。

Ma fille (　　) bien.
1. dorment　2.dors　3. dort

03. 春. 筆

dormir の直説法現在（3 人称単数）の活用形を入れて、「娘はよく眠る」という文を完成する。なお、dormir は「眠っている状態」を指し、「床につく」という動作を表すときは se coucher という。s'endormir は「起きている状態から眠りにつくこと」をいう。

（解答）*3*

４級・３級・準２級

Quand je suis rentré, ma femme dormait encore dans notre lit.

私が帰宅したとき、妻はまだベッドで寝ていた。

▶ 文末を dans son lit とすると、夫婦が別々のベッドで寝ていることになるが、それだと違和感を覚えるフランス人が少なくない。

Mon mari fait semblant de dormir.

夫が寝たふりをしている。

dos [do] nm 男

背中

３級・準２級

J'ai mal au dos depuis hier.

昨日から背中が痛い。

Le sac *à dos est à la mode chez* les jeune gens. 3:01. 春. 筆. 改

リュックサックが若者の間ではやっている。

＊整序問題。être à la mode で「はやっている」の意味。

d'où → où

double [dubl] nm 男

２倍

準２級

出題歴なし

Elle gagne le double de moi.

彼女は私の倍稼ぐ。

La vie à Tokyo coûte le double d'ici.

東京の生活費はここの２倍だ。

▶ なお、doubler「２倍にする」という動詞もあり、それは「(車を) 追い越す」とか「(映画の) 吹き替えをする」の意味にもなる。車が２台、言葉が２つ「重なる」ため。

doucement [dusmɑ̃] adv 副

静かに、そっと、ゆっくり

３級

Vas-y doucement !

そっと扱って (気をつけて)！

▶ 壊れやすいものなどを「そっと取り扱うよう」に指示するケースや「落ち着いて、ゆっくり」といった意味合いで。

Parlez plus doucement, s'il vous plaît.

もっと落ち着いて (もっとゆっくり) 話してく

ださい。

douche [duʃ] nf 女

シャワー

4級・3級

□prendre une douche

シャワーを浴びる（=se doucher）

出　題

（　）内に入る前置詞を選びなさい。

Est-ce qu'il y a une chambre (　　) douche ?
1. après　2. avec　3. pour

4:16.春.筆

「シャワー付きの部屋はありますか？」と尋ねる文。une chambre avec douche に対して、「バス付きの部屋」なら une chambre avec salle de bain(s) / une chambre avec baignoire などという。

（解答）*2*

出　題

和訳に合うように（　）内の動詞を活用させなさい。

シャワーを浴びていると電話が鳴った。

Je (prendre) une douche quand le téléphone a sonné.　3:91.秋.筆

直説法半過去（線の過去）と直説法複合過去（点の過去）という典型的な組み合わせの文。

（解答）*prenais*

douleur [dulœr] nf 女

（肉体的・精神的）苦痛、痛み、苦しみ

3級・準2級

Ce médicament va calmer la douleur.

この薬で痛みは和らぎます。

Aya se sert d'appareils pour calmer la douleur.　準2:15.秋.筆.改

Ayaは痛みを和らげるために器具を用いる。

＊長文読解、内容説明文の選択肢から。

douter [dute]（I）0 vt 他

疑う、疑わしいと思う

3級

Je doute qu'elle soit innocente.

彼女は無実でないと思う。

準2級

出　題

A・B の文が同じ意味になるよう語群から動詞を選び、必要な形にして答えなさい。

A　Mes amis étaient sûrs de mon succès.
B　Mes amis ne (　　) pas de mon succès.
aider　donner　douter　mettre

13.秋.筆.改

A「友人たちは私の成功を確信していた」=B「成功を疑っていなかった」とする。douterを選んで直説法半過去に活用する。

（解答）*doutaient*

◆doute nm 男

「疑い、疑念」

4級・3級

□sans doute　おそらく

Il neigera sans doute demain.

おそらく明日は雪でしょう。

▶ Il neigera probablement demain. とか Il est probable qu'il neigera demain. などと書き換えられる。

A B C D E F G H I J K L M N O P Q R S T U V W X Y Z

A B C **D** E F G H I J K L M N O P Q R S T U V W X Y Z

doux, douce [du, dus]
adj 形

甘い、(性格などが) 優しい (=tendre)、(気候が) 穏やかな

3級

C'est du vin *doux*. 17.秋.筆

それは甘口ワインです。

＊空所補充問題。「(砂糖のように) 甘い」なら sucré を使う。逆に、ワインの「辛口」の意味なら sec を用いる。

Elle est très douce avec les enfants.

彼女は子どもにとても優しい。

Il fait doux aujourd'hui.

今日は穏やかな天気だ。

droit [drwa] adv 副
「まっすぐに」

5級・4級・3級

Allez tout droit et tournez à gauche.

まっすぐ行って、左に曲がってください。

▶ 副詞 droit は tout droit「(ずっと) まっすぐに」の形で用いるケースが多い。

Continuez droit devant vous.

(あなたの前方をずっと) そのまま、まっすぐ行ってください。

droit(e) [drwa, -wat] adj 形
右の、右側の、まっすぐな

5級・4級

Ma fille lève la main droite.

娘は右手を挙げる。

Mon père a le nez droit.

父は鼻筋が通っている。

3級

Sur le bureau du maître, il y avait toujours un bâton bien droit. 04.春.筆

(小学校の) 先生の机の上には、いつもまっすぐな棒が置かれていた。

＊長文読解問題の一部。地図を指し示すために使われていた棒の説明箇所。

◆ droite nf 女
「右」(↔ gauche)

5級・4級・3級

□tourner à droite　右に曲がる

Tournez à droite au prochain carrefour.

次の交差点を右に曲がってください。

▶ à droite「右に」と sur la droite「右手に」(あるいは sur votre droite「あなたの右手に」) はわずかな違いだが、視界がひらけているかどうかがひとつの基準となる。Tournez à droite.「右 (右側) に曲がって」は道路上で用いる。通常、前方の視界は、ビルや木々などの遮蔽物により、完全にはひらけていないものである。しかし、見晴らしのいい地点で方向を指すなら Regardez là-bas, sur la droite!「あそこ、右手 (右側) を見てください！」となる。

L'hôtel est à droite de la banque.

ホテルは銀行の右隣です。

droit [drwa] nm 男
権利 (↔ devoir)、法律

3級・準2級

Vous n'avez pas le droit de faire ça.

あなたにはそんなことをする権利はない。

▶ avoir le droit de＋inf. で「～する権利がある (許されている)」という意味。

Chaque personne a droit à *vingt kilogrammes* de bagages en franchise. 3:91.春.筆.改

各人、重量 20 キロまでの荷物は無税で持ち込むことができる。

＊20 kg を省略せずに書く問題。avoir droit à qqch で「～を享受する (要求する) 権利が

ある」という意味。

Elle est en fac de droit à Paris ?

彼女はパリの法学部の学生ですか？

▶ Elle est étudiante en droit à Paris ? も同義になる。

dur(e) [dyr] adj 形

固い (↔ tendre, mou)、困難な (=pénible, difficile)、厳しい (=sévère)

4級・3級

Tu aimes les œufs durs à la mayonnaise ?

マヨネーズを添えた固ゆで卵は好きですか？

▶ なお、ゆで卵の黄身をはずし、マヨネーズなどと和えてから元に戻す「スタッフドエッグ (stuffed eggs)」(deviled eggs とも呼ばれる) は、仏語で les œufs mimosa という。

準2級

C'est dur de travailler et d'étudier en même temps.

仕事と勉強の両立は難しい。

durer [dyre] (I) 0 vi 自

続く (=continuer)、長引く、長引かせる

3級・準2級

La conférence a duré deux heures.

会議は2時間続いた。

＊前置詞を添えて、La conférence a duré pendant deux heures. とも言える。

Ce film dure combien de temps ?

この映画の上映時間はどれぐらいですか？

◆ durée nf 女

「持続時間、所要時間」

準2級

出題歴なし

Quelle est la durée du voyage Tokyo-Paris en avion ?

東京・パリ間のフライト時間はどれぐらいですか？

E e

eau [o] nf 女
eaux pl 複

水

5級・4級

Donnez-moi de l'eau chaude, s'il vous plaît. お湯をください。

3級

☐l'eau minérale　ミネラルウォーター

Apportez-moi une bouteille d'eau minérale. 00.春.聞

（カフェでの注文）ミネラルウォーターを1本持ってきてください。

＊適切なイラストを選ぶ問題。

準2級

Dans notre vie quotidienne, quand on ouvre le robinet, l'eau coule tout de suite. 11.春.筆

日常生活では、蛇口をひねるとすぐに水が出てくる。

＊長文穴埋め問題の冒頭文。

échapper [eʃape] (I)0 vi 自

(à ～から) 逃(のが)れる、逃げる

3級・準2級

Ils ont échappé à l'incendie. 3:91.春.筆

彼らはあやうく火事から逃れた。

＊前置詞 à を問う問題。

Son nom m'échappe.

彼（彼女）の名前が思い出せない。

▶物事が主語で、「記憶に浮かばない」という意味合い。

échouer [eʃwe] (I)0 vi 自

(à ～に) 失敗する (=rater, ↔ réussir)

準2級

出題歴なし

Oscar a échoué trois fois au permis de conduire.

Oscar は運転免許の試験に3度落ちた。

école [ekɔl] nf 女

学校、(小学校の) 授業

5級・4級

☐aller à l'école　学校に行く

Je vais à l'école à pied.

私は歩いて学校に行く（登校する）。

Elles jouent au football après l'école.

彼女たちは放課後サッカーをする。

3級・準2級

Maintenant, je suis en deuxième année dans cette école et j'habite tout seul dans un appartement à Paris. 準2:14.秋.聞

私は今、この学校の2年生で、パリのアパルトマンに一人で住んでいる。

＊長文聞き取り、内容に一致する仏文の選択問題。

◆écolier, écolière n 名

「小学生」

3級

Quand j'étais écolier il y a soixante ans, l'école commençait le premier octobre. 04.春.筆

60年前、自分が小学生のとき、学校は10月1日に始まったものだった。

＊長文読解、内容に一致する和文選択問題。

économie [ekɔnɔmi] nf 女

経済(学)、倹約、節約

3級・準2級

Alia est étudiante en économie.

Alia は経済学を学んでいる。

L'économie de l'île dépend de l'industrie du tourisme.

その島の経済は観光業に依存している。

◆ économique adj 形

「経済(学)の、経済的な」

準2級

Changer de travail dans cette mauvaise situation économique, ce n'est pas prudent. 11.春.筆

こんなに経済状況が悪いのに、転職するなんて慎重さに欠けているよ。

＊会話文、空所補充問題。

écouter [ekute] (I) 0 vt 他

(注意して) 聞く、(人の言うことを) 聞き入れる

5級

☐écouter de la musique　音楽を聞く

☐écouter la radio　ラジオを聞く

4級・3級

Je ne peux pas travailler en écoutant les informations à la radio.

私はラジオでニュースを聞きながら仕事はできない。

Les enfants n'ont pas écouté leurs parents.

子どもたちは親の言うことを聞かなかった。

準2級

Ma mère aime beaucoup écouter et chanter de vieilles chansons. 08.春.書.改

母は古いシャンソンを聞き、歌うのが大好きだ。

＊「書き取り」(ディクテ)。

écrire [ekrir] (III) 39 vt 他 vi 自

書く、(字や手紙を) 書く

5級・4級

Écris-moi de Paris.

パリから便りをください。

N'oubliez pas d'écrire votre nom ici.

ここに名前を書くのを忘れずに。

3級・準2級

Cet écrivain français sait parler japonais mais il ne sait pas l'écrire.

そのフランス人作家は日本語を話せるが、書くことはできない。

◆ écriture nf 女

「(文字などを) 書くこと、書かれたもの」

準2級

Ma mère a une belle écriture.

私の母は字がきれいだ。

▶「字がうまい (汚い)」は avoir une belle [mauvaise] écriture という。

***Voilà pourquoi* l'écriture manuscrite risque de disparaître dans les prochaines années.** 14.春.筆.改

こうしたわけで、この先、何年かしたら手書き文字がなくなってしまう恐れがある。

＊長文読解、空所補充の選択問題。出題文では écriture manuelle「手で字を書くこと」という表現になっているが、少し座りのよくない言い方だ。

◆ écrivain nm 男

「作家」

3級

Tu aimes le style de cet écrivain ?

この作家の文体は好きですか？

▶ 見出語は「書く (écrire) こと」を生業とする人の意味で、通例、女性にも男性形を用いる。類義語 auteur は文章の「書き手」、

音楽の「作曲家」、映画の「監督」など、「作家」全般をいう。

éducation [edykasjɔ̃] nf 女

教育、教養

準2級

On trouve de plus en plus de jeux vidéo qui *sont utilisés pour l'éducation*. 09.春.筆.改

教育に利用されるテレビゲームがますます増えてきている。

＊長文の空欄に、選択肢から語句を補う問題。

Ma fille veut s'inscrire en faculté des sciences de l'éducation.

うちの娘は教育学部に入りたがっている。

effet [efɛ] nm 男

結果（=résultat, ↔ cause）、効果

準2級

□en effet　実際（=vraiment）

En effet, la cause de ces problèmes de santé est souvent le stress. 10.秋.筆

実際、このような健康問題の原因は往々にしてストレスにある。

＊長文読解、内容に一致する仏文を選ぶ問題。

Les cachets ne lui ont fait aucun effet.

その錠剤は彼（彼女）にはまったく効かなかった。

effort [efɔr] nm 男

（肉体的・精神的）努力

3級

***Avec* un peu plus d'efforts, tu auras de bonne notes en maths.** 00.春.筆

もう少し努力をしたら、数学でいい成績がとれますよ。

＊条件を表す前置詞 avec を選択肢から選ぶ問題。

準2級

□faire un effort　がんばる、努力する

□sans effort　たやすく、やすやすと

Encore un *effort* ! 10.秋.筆

もうひとがんばり！

＊空所に適語を補充する問題。

égal(e) [egal] adj 形
égaux [ego] mpl 男複

等しい、同じ

準2級

Ça m'est égal.　（それは）どちらでもいい。

◆ également adv 副

「等しく、同様に」

3級

Maintenant, je cherche également de nouvelles plantes. 12.春.筆

今、私は同じく新しい植物も探しています。

＊長文読解問題の一部。森に棲息する鳥やチョウへの愛着と「同じように」というニュアンス。

église [egliz] nf 女

（カトリックの）教会

5級・4級

Tu vois l'église ?　教会が見える？

Céline a visité la vieille église hier.

Céline は昨日、古い教会を訪れた。

3級・準2級

Ils se sont mariés à l'église.

ふたりは教会で式を挙げた。

Quand j'étais enfant, je chantais à l'église tous les dimanches. 3:11.秋.聞

子どもの頃、私は毎週日曜に教会で歌を歌っていました。

＊会話文を聞き、その内容に和文が一致しているかどうかを答える問題。

eh [e] interj 間

(驚き・喜び・困惑など) えっ、まあ、おや、(呼びかけて) ねえ

5級・4級・3級

Eh, qu'est-ce que tu as ?
おや、どうしたの？

Eh bien, on y va. それじゃ、行こうか。

électricité [elɛktrisite] nf 女

電気、電力

準2級

出題歴なし

Cet appareil marche à l'électricité.
この装置は電気で動く。

élégant(e) [elegɑ̃, -gɑ̃t] adj 形

(人や服装が) 上品な、おしゃれな

3級・準2級

Elle est toujours élégante et stylée.
彼女はいつもエレガントでスタイリッシュです。

Cette robe noire est très élégante.
あの黒のドレスはとてもエレガントだ。

élève [elɛv] n 名

(大学を除く一般的な) 生徒

5級・4級・3級

Il y a combien d'élèves dans votre classe ?
あなたのクラスには何人生徒がいますか？

Tous les élèves sont présents ce matin.
今朝はすべての生徒が出席しています。

出題

単語を正しく並び替えて［　］内に記入しなさい。

Elle est [　] la classe.
de des une élèves meilleures

3:11.秋.筆

「彼女はクラスでもっとも優秀な生徒の一人だ」という意味にする。"[不定冠詞 (un, une)] ＋ des＋[最上級・複数形]"「もっとも～のうちの１つ」の形を見抜く。
(解答) *une des meilleures élèves de*

準2級

Le nombre d'élèves *diminuera* dans cette région. 12.春.筆.改
生徒の数がこの地域では減っていくだろう。

＊Il y aura de moins en moins d'élèves dans cette région.「この地域では徐々に生徒数が減っていくだろう」という文を書き換える問題。動詞 diminuer を選択肢から選び、直説法単純未来に活用する。出題文の主語は le nombre des élèves となっており、うしろに関係代名詞などが続けば使えないことはないが、不自然なので修正した。

élever [elve] (I) 3 vt 他

(人や動物を) 育てる、(値段などを) 上げる (＝augmenter)

3級・準2級

Elle a élevé ses trois enfants toute seule.
彼女はひとりで３人の子どもを育てた。

Ces enfants sont bien élevés.
この子たちは行儀がいい (しつけがよい)。

▶ être mal élevé(e) なら「行儀が悪い」の意味になる。

◆(s')élever (I) 3 vr 代動

「上がる、達する」

A B C D E F G H I J K L M N O P Q R S T U V W X Y Z

準2級

La température s'est élevée à trente-cinq degrés.

気温が35度まで上がった。

＊ 12. 秋 に、Les prix ont augmenté de 2% le mois dernier.「先月、物価が2%上がった」を s'élever に置き換える問題が出題されたことがある。ただ、「高く上がる、昇る」のように高度の変化を表したり、ある数値にまで「上がる、達する」と、到達点が明確な場合以外に s'élever を用いるのはやや不自然である。

e-mail → mail

émission [emisjɔ̃] nf 女

放送、番組 (=programme)

準2級

Cette émission de radio est-elle intéressante ?

このラジオ番組はおもしろいですか？

＊ 13. 春 に出題例があるが、émission culinaire「料理番組」と注記あり。

emmener [ɑ̃mne] (I) 3

vt 他

(人や動物をある場所へ) 連れて行く (↔ amener)

3級・準2級

Je vais emmener ma mère à l'hôpital demain.

明日、母を病院に連れて行きます。

Elle emmène toujours son chien, car elle est malvoyante. 準2:13. 春. 筆

彼女はいつも犬を連れています、弱視だからです。

＊ 長文読解問題。なお、malvoyant には「弱視の人」と注記あり。

émotion [emosjɔ̃] nf 女

心の動揺、(喜怒哀楽の) 感情

準2級

Patrice ne peut pas cacher son émotion.

Patrice は動揺を隠すことができない。

▶ ある特定の状況下での反応を言い表した例。状況にかかわらず Patrice が動揺を隠せない性格だと言いたい場合は、複数 ses émotions を使う。

Il recommande surtout de regarder avec attention les yeux du personnage pour comprendre ses émotions. 12. 秋. 筆

彼は人の気持ち (心の動き) を理解するために、とりわけその人の目を注意して見るようにと勧めている。

＊ 長文読解、内容に一致する仏文の選択問題。

empêcher [ɑ̃peʃe] (I) 0

vt 他

妨げる (↔ permettre)

3級

Elle a empêché le mariage de son fils.

彼女は息子の結婚に反対した。

Les bruits de la rue m'ont empêché(e) de travailler.

通りの騒音のせいで、私は勉強できなかった。

▶ S+empêcher qqn de+inf.「S のせいで人は～できない」の意味。

準2級

Silence ! N'empêchez pas les enfants de dormir ! 16. 秋. 筆

静かに！ 子どもたちの眠りを妨げないで！

＊ この文を Respectez le sommeil des enfants !「子どもたちの眠りを尊重して！」と書き換える問題。

employer [ɑ̃plwaje] (I) 9

vt 他

(人を) 雇う (↔ licencier)

準2級

Cette usine employait vingt personnes.

この工場では 20 人を雇用していた。

◆ employé(e) **n** 名

「従業員、会社員、サラリーマン」

準2級

Combien d'employés y a-t-il dans sa boutique ? 彼（彼女）のお店には従業員が何人いますか？

◆ emploi **nm** 男

「職、仕事」

3級

Il a trop de choses à faire ! Il a beaucoup de travail à l'université, et en plus, *il cherche un emploi*.

03. 秋. 筆. 改

彼はやらなきゃいけないことが多すぎるの！大学ではたくさん勉強して、その上、就活もしているから。

＊対話文の空所補充問題。

emporter [ɑ̃pɔrte] (I) 0

vt 他

(物を) 持って行く (↔ apporter)

3級

Un hamburger à emporter, s'il vous plaît.

ハンバーガーを 1 つ、テイクアウトでお願いします。

▶ C'est sur place ou à emporter ?「こちらでお召し上がりですか、お持ち帰りですか？」も定番の一言。

準2級

Si les Américains prennent souvent des cafés à emporter, les Français, eux, préfèrent s'asseoir pour boire leur café tranquillement. 17. 春. 筆

アメリカ人はよくコーヒーをテイクアウトするが、（これに対して）フランス人は腰を下ろして心静かにコーヒーを飲むほうが好きだ。

＊長文読解、空所補充問題の一部。

emprunter [ɑ̃prœ̃te] (I) 0

vt 他

(à ～から) 借りる

3級

Est-ce que je peux emprunter votre téléphone ?

電話をお借りできますか？

Elle a emprunté de l'argent à la banque. 彼女は銀行から金を借りた。

準2級

Est-ce que je peux t'emprunter ton vélo demain matin ? 09. 春. 筆. 改

明日の朝、自転車を借りてもいい？

＊この文を、動詞 prêter を用いて、Est-ce que tu peux me prêter ton vélo demain matin ?「自転車を貸してくれる？」と書き換える問題。

enchanté(e) [ɑ̃ʃɑ̃te]

adj 形

(de ～で) とても嬉しい

5級・4級・3級

出題歴なし

Enchanté(e) !

（初対面の挨拶）はじめまして！

Je suis enchanté(e) de faire votre connaissance.

お近づきになれて光栄です。

encore [ɑ̃kɔr] adv 副

まだ、[追加] もっと (=de nouveau)、[反復] また、もう一度

5級

Vous voulez encore du café ?

11. 秋. 聞

もっとコーヒーはいかがですか？

＊適当なイラストを選ぶ問題。ただ、コーヒーが登場するイラストは1枚だけなので、café という単語が聞き取れれば正解にたどりつける。

4級・3級

Je ne suis pas encore allé(e) aux États-Unis.

私はまだアメリカ合衆国に行ったことがありません。

Encore une fois, s'il vous plaît.

もう一度お願いします。

＊3級 13. 秋 に、和訳を参考に見出語を解答する問題が出ている。

準2級

Ce matin, le vent est encore fort, mais il y a du soleil. 10. 春. 書

今朝は、まだ風は強いですが、日が照っています（晴れています）。

＊「書き取り」（ディクテ）。

endormir [ɑ̃dɔrmir] (III) 4 vt 他

眠らせる (↔ réveiller)

準2級

出題歴なし

Cette musique de film m'endort.

この映画音楽は眠くなる。

◆ (s')endormir (III) 4 vr 代動

「眠り込む、眠りにつく」

準2級

出題歴なし

Ma mère s'est endormie sur le canapé. 母はソファで眠り込んだ。

endroit [ɑ̃drwa] nm 男

(具体的な) 場所 (=place, lieu)

3級

Je cherche un bon endroit pour passer mes vacances.

私は、休暇を過ごすのに良い場所を探しています。

Tu vas à quel endroit en Italie ?

イタリアのどこに行くの？

準2級

Je connais un endroit *d'où* vous aurez une vue magnifique. 17. 秋. 筆

私は、そこから素晴らしい景色を眺められる場所を知っています。

＊un endroit を先行詞とする関係代名詞を語群から選び出す問題。

▶ place（英語 place と混同されやすい）が「(人や物が占めている) 場所、スペース」を指すのに対して、endroit は「(地理的な) 場所」「(具体的なイメージと結びついた) 場所」を指す。lieu は、le lieu de naissance「出生地」、le lieu de travail「職場」といった決まった言い回しで使われる。

enfant [ɑ̃fɑ̃] n 名

(親や大人に対して) 子ども

▷ en「〜ない」+fant (parlant「話す」)

5級・4級・3級

Vous avez des enfants ?

お子さんはいますか？

Cherchez-vous des vêtements pour enfants ? 子ども服をお探しですか？

準2級

Quand j'étais enfant, je voyais beau-

coup de films américains au cinéma.

16. 春. 書. 改

子どものときに、映画館でアメリカ映画をたくさん見ていました。

＊「書き取り」（ディクテ）。voir の直説法半過去 voyais と films américains（複数形）がきちんと書けるかがポイント。

◆ enfance nf 女

「幼年期、子ども時代」

3級

J'ai eu une enfance très heureuse.

子どもの頃はとても幸せでした。

準2級

En regardant les enfants, ma mère se souvient de son enfance.

16. 春. 聞. 改

子どもたちを見つめながら、母は自分の子ども時代を思い出している。

＊長文の聞き取り問題から。

enfin [ɑ̃fɛ̃] adv 副

最後に、やっと（=déjà）、とうとう、要するに

4級・3級

Ah, la saison des pluies est enfin finie.

4:15. 秋. 筆

ああ、やっと梅雨が終わった。

＊Il y a du soleil.「晴れている」の一文を受けて、会話を完成させる締めの文。

On est ici depuis trente minutes ! Le voilà enfin !

私たちは30分前からここにいますよ！ やっと彼がやってきた！

▶ le の指すもの次第で、たとえばバスなどの乗り物が来たという意味にもなる。

準2級

D'abord on ira à l'Arc de triomphe, ensuite à la tour Eiffel et enfin au Louvre.

まず凱旋門へ行って、それからエッフェル塔へ、最後にルーヴルに行こう。

(s')engager [ɑ̃gaʒe] (I) 2

vr 代動

(dans ～に) 入り込む、身を投じる

準2級

La plupart des Français *sont prêts à* s'engager dans le bénévolat. 16. 春. 筆

フランス人の大半が、ヴォランティア活動に参加しようという心構えでいます。

＊長文の空所に補充する語句選択問題。être prêt(e) à＋inf. は「～する準備ができている、～できる状態にある」という意味。

enlever [ɑ̃lve] (I) 3 vt 他

取り除く、(身につけているものを) 脱ぐ (↔mettre)、運び出す

3級・準2級

Christophe a enlevé son manteau.

Christophe はコートを脱いだ。

Ils ont enlevé le piano.

彼らはピアノを運び出した。

ennui [ɑ̃nɥi] nm 男

悩み、トラブル、退屈

3級

Tu as des ennuis ? 困ってるの？

J'ai bien des ennuis avec cette moto.

このバイクはトラブル続きだ。

◆ (s')ennuyer (I) 10 vr 代動

「退屈する」

3級

Je n'ai rien à faire et je m'ennuie à mourir.

何もすることがなくて、ものすごく退屈だ。

▶ à mourir は誇張表現で「死ぬほど」（＝

A B C D E F G H I J K L M N O P Q R S T U V W X Y Z

mortellement) という意味。

◆ennuyé(e) adj 形

「困っている」

準2級

Je suis ennuyé(e).

困ってるんだ。

▶ Je suis embêté(e). といったくだけた言い方もある。

enquête [ɑ̃kɛt] nf 女

調査、アンケート

3級

Vous avez *cinq minutes* ? C'est pour une enquête sur les voyages. 06.春.聞

ちょっとお時間ありますか？ 旅行に関するアンケートです。

＊ cinq minutes の箇所を聞いて、書き取る問題。

準2級

On fait une enquête sur le niveau de vie des Japonais.

日本人の生活水準について調査する。

enrhumé(e) [ɑ̃ryme] adj 形

風邪をひいている

4級

Ma fille est un peu enrhumée.

娘は少々風邪気味です。

enseigner [ɑ̃seɲe] (I)0 vt 他

(学科を) 教える、教育する (=apprendre)

4級・3級

Mon père enseigne les maths à l'université. 父は大学で数学を教えている。

準2級

J'ai rencontré à Lyon un Chinois qui enseigne dans un lycée. 08.秋.聞.改

私は、高校で教えている中国人にリヨンで会った。

＊長文の聞き取り問題。

◆enseignement nm 男

「教育、教職」

準2級

Ma fille est dans l'enseignement.

娘は教職に就いている。

Maintenant, il emploie la plus grande partie de son temps à l'enseignement. 13.秋.筆.改

今では彼は、自分の時間のほとんどを教えることに費やしています。

＊長文読解、空所補充問題から。なお、この例文は、動詞を dédier「～に捧げる」(仏検準1級レヴェル) にも置き換えられる。

ensemble [ɑ̃sɑ̃bl] adv 副

いっしょに、同時に

5級・4級・3級

On peut rentrer ensemble ?

いっしょに帰りましょうか？

On peut dîner ensemble, si tu veux ?

よかったら、夕飯をいっしょにいかがですか？

準2級

Parfois, nous faisons la cuisine ensemble. 11.春.書

ときどき、私たちはいっしょに料理をします。

＊「書き取り」(ディクテ)。

ensuite [ɑ̃sɥit] adv 副

(時間的に) それから、その後で、(空間的に) それに続いて

4級・3級

Et ensuite ?

で、それから（どうなったの）？

Ensuite, qu'est-ce que je fais ?

次に何をすればいいのでしょう？

準2級

Ils voient ensuite si les dauphins sont en bonne santé. 11. 秋. 筆

それから、イルカが健康かどうかを確認する。

＊長文読解、内容に関する仏文の正誤を答える問題。

entendre [ãtãdr] (III) 25

vt 他

聞こえる、理解する（＝comprendre）

5級・4級

Excusez-moi, je ne vous entends pas bien.

すみません、お話がよく聞きとれないのですが。

3級・準2級

C'est très fatigant d'entendre le *bruit* de l'usine. 3:16. 春. 筆. 改

工場の騒音（物音）を聞くのはとても疲れる。

＊文意から判断して、bruit「騒音、物音」を語群から選択する問題。

On a entendu des oiseaux qui chantaient.

鳥が鳴いているのが聞こえた。

▶ On a entendu des oiseaux chanter. と言い換えられる。

◆entendu(e) adj 形

「了解した、わかった」

4級

Bien entendu ! もちろんです！

C'est entendu, mademoiselle !

お嬢さん、わかりました（承知しました、かしこまりました）！

▶ C'est d'accord. や OK あるいは Ça marche. などに比べて、この言い回しは会社などで使われる丁寧な返答。Entendu. だけでも同義。

entier, entière [ãtje, -tjɛr]

adj 形

全部の、完全な（＝parfait）

3級

□dans le monde entier　世界中で（に）

Ce photographe voyage dans le monde entier.

あのカメラマンは世界中を旅している。

Ma sœur a mangé une quiche entière.

姉（妹）はキッシュを丸ごとひとつ食べた。

準2級

Dans ce magasin, j'ai vu des fleurs du monde entier, et maintenant, je connais tous leurs noms. 12. 秋. 書. 改

この店で世界中の花を見てきたので、今はその名前をすべて知っています。

＊「書き取り」（ディクテ）。

◆entièrement adv 副

「まったく、完全に（＝complètement）」

3級

J'ai entièrement confiance en eux.

私は彼らをすっかり信用しています。

entraîner [ãtrene] (I) 0

vt 他

トレーニングさせる、訓練する

準2級

En faisant du judo, on peut entraîner le corps et l'esprit à la fois. 13. 春. 筆

柔道をすることで、肉体と精神を同時に鍛え

A B C D E F G H I J K L M N O P Q R S T U V W X Y Z

られる。

＊会話文の空所補充の選択問題。ただし、entraîner には注がついている。

◆ entraîneur, entraîneuse

n 名

「コーチ、監督」

3級

Mon entraîneur de patinage veut que j'arrête ce sport car il a peur que je me blesse. 98. 秋. 筆

スケートのコーチは、私にそのスポーツ（水上スキー le ski nautique）をやめてもらいたがっている。私がケガをするのを心配しているのだ。

＊長文読解問題。entraîneur に注記は施されていない。

entrée [ɑ̃tre] nf 女

入口（↔ sortie）、入場

4級・3級

« Entrée libre » 「入場無料」

Madame, les renseignements, c'est à *l'entrée* de la gare ! 3 : 91. 秋. 聞

マダム、案内所は駅の入口にありますよ！

＊à l'entrée の箇所を聞いて、書き取る問題。

Où est l'entrée principale, s'il vous plaît ?

正門はどこですか？

準2級

Il faut qu'elle *montre* sa carte d'élève à l'*entrée*. 15. 春. 聞

彼女は入口で学生証を見せなくてはならない。

＊文中の 2 箇所 montre, entrée を書き取る問題。なお、「学生証」は lycée では例文のように carte d'élève とも言うが、通常は une carte d'étudiant が使われる。

entreprise [ɑ̃trəpriz] nf 女

会社、企業、計画

3級・準2級

Mon oncle a ouvert un magasin *après* avoir travaillé dans une entreprise. 準 2 : 10. 秋. 筆. 改

おじはある会社で働いたあと、店を開いた。

＊前置詞 après を選択肢から選ぶ問題。

Quelle était l'entreprise qu'ils proposaient ?

彼らが提案した計画は、どのようなものでしたか？

entrer [ɑ̃tre] (I) 0 vi 自

入る（↔ sortir）、入学する

5級・4級・3級

Entrez !

（ノックに答えて）どうぞ（お入りください）！

Elle entre dans un café avec ses amis. 彼女は友人とカフェに入る。

準2級

Elles sont entrées à l'université sans passer d'examen.

彼女たちは無試験で大学に入学した。

entretenir [ɑ̃trətnir] (III) 10

vt 他

（家や車などを）手入れする

3級

Sa maison est mal entretenue.

彼（彼女）の家は手入れが行き届いていない。

◆ entretien nm 男

「維持、メンテナンス」

3級

Ma voiture demande peu d'entretien.

私の車は維持費がほとんどかからない。

enveloppe [ɑ̃vlɔp] nf 女

封筒

4級・3級

Maman, tu as une enveloppe ?

4:96. 秋. 筆

ママ、封筒持ってる？

＊対話中の代名詞を答える問題の一部。

envie [ɑ̃vi] nf 女

欲望、羨望

4級・3級・準2級

□avoir envie de qqch /+inf.

～が欲しい、～したい

Tu as envie d'aller aux toilettes ?

トイレに行きたいの？

Brigitte a envie de mieux connaître cette ville.

Brigitte は、この町のことをもっとよく知りたがっている。

environ [ɑ̃virɔ̃] adv 副

およそ、約 (=à peu près, approximativement, quelque)

4級・3級

Il doit avoir environ soixante ans.

彼はおおよそ 60 歳ぐらいだろう。

Elle vit en France depuis environ six mois.

彼女は半年ほど前からフランスで暮らしています。

▶「約半年、ほとんど半年」presque six mois も類義。

準2級

Il marche tous les matins jusqu'à la gare pendant trente minutes. Ça fait environ trois kilomètres. 10. 秋. 聞. 改

彼は毎朝駅まで 30 分歩きます。だいたい 3 キロあります。

◆environs nmpl 男複

「周辺、付近、郊外」

3級

Il n'y a pas un seul magasin dans les environs de ce village.

この村の周辺に、店は一軒もない。

＊97. 秋に一度、長文読解で出題歴あり。

environnement [ɑ̃virɔnmɑ̃] nm 男

環境、周囲

準2級

Cela produit beaucoup de gaz et c'est mauvais pour l'environnement.

15. 春. 筆

それ（トラック輸送）は大量のガスを発生させ、環境に害を及ぼす。

＊長文読解、空欄補充問題の一部。

Les hommes ont détruit petit à petit l'environnement pour se construire une vie confortable.

人間は生活を便利にするために、少しずつ環境を破壊してきた。

envoyer [ɑ̃vwaje] (III) 1 vt 他

(物を) 送る

5級・4級

Je voudrais envoyer cette lettre au Mexique.

この手紙をメキシコに送りたいのですが。

Envoyez ce document par mail à M. Binet.

Binet さんに、メールでこの書類を送ってください。

3級

J'ai envoyé ce paquet *par* la poste.

15. 春. 筆

私はその小包を郵便で送った。

＊「郵便で」par la poste の前置詞を答える問題。

épais(se) [epɛ, -pɛs] adj 形

(本や壁が) 厚い (↔ mince)、(霧などが) 濃い

3級・準2級

出題歴なし

C'est un dictionnaire très épais.

それは、とても厚い辞書です。

Ce mur est épais de 25 centimètres.

この壁の厚さは 25 センチです。

épaule [epol] nf 女

肩

3級

Mon fils porte une grande boîte sur l'épaule.

息子は大きな箱を肩にかついで運んでいる。

J'ai mal aux épaules.

肩がこっています (肩が痛いです)。

▶ ただし、「肩こり」という概念がない人には通じない。フランスでは avoir mal au dos「背中が痛い」などを「肩こり」のような意味合いで使っている人も多い。

épicerie [episri] nf 女

食料品店

3級

□aller à l'épicerie　食料品店に行く

Elle a acheté des boîtes à l'épicerie.

彼女は食料品店で缶詰を買った。

▶ chez l'épicier としても同義になる。

L'épicerie est en *face* de l'école.

17. 秋. 筆

食料品店は学校の正面です。

＊ en face de qqch「〜の真向かいに」を答える問題。

époque [epɔk] nf 女

時期、(歴史上の) 時代

3級

À cette époque-là, mes parents *habitaient* dans la banlieue de Montréal.

92. 秋. 筆

当時、両親はモントリオールの郊外に住んでいました。

＊ 和訳を参考に、動詞 habiter を直説法半過去に活用する問題。

準2級

La restauration Meiji constitue une époque très importante dans l'histoire du Japon.

明治維新は、日本の歴史の中で非常に重要な時代だ。

épouser [epuze] (I) 0 vt 他

結婚する

準2級

出題歴なし

Damien a épousé une collègue.

Damien は同僚の女性と結婚した。

▶ 類義の se marier は自動詞で、avec qqn を添えて「〜と結婚する」となる。

équipe [ekip] nf 女

(仕事やスポーツの) チーム、組

準2級

Notre équipe de volley va jouer dimanche prochain.

私たちのヴァレーボールチームは、次の日曜に試合をします。

erreur [ɛrœr] nf 女

(多くの場合、気づかずに犯す) 間違い、誤り

3級

Il y a beaucoup d'erreurs dans ton

rapport.
君のレポートには誤りがたくさんあります。

準2級

Il a encore fait une erreur de calcul.
彼はまた計算違いをした。

D'où *vient* ton erreur ?
08.春.筆.改
君の間違いはどこから来るの（どうしてこんなミスをしたの）？
＊Pourquoi as-tu fait cette erreur ? と同義になるよう、選択肢から venir を選び活用する問題。複合過去でも正解になる。

escalier [ɛskalje] nm 男
階段

4級

Marc va tomber dans l'escalier.
16.春.筆
Marc は階段でいまにも転びそうだ。
＊状況に合致するイラストを選ぶ問題。

3級

Il a descendu l'escalier à toute vitesse.
彼は大急ぎで階段を降りた。

espace [ɛspas] nm 男
（空いた）場所、スペース、宇宙空間

3級・準2級

Dans cette ville, il y a de nombreux espaces verts.
この町には緑地がたくさんある。

Il y a aussi un petit espace pour manger et pour boire dans cette bibliothèque. 準2:16.春.聞.改
この図書館には、食べたり飲んだりするためのちょっとしたスペースもある。
＊長文の聞き取り問題。

Espagne [ɛspaɲ] nf 女
スペイン

4級・3級

J'ai fait un petit voyage en Espagne il y a un mois.
1ヶ月前、スペインへ小旅行をしました。

準2級

Malaga ? C'est une ville qui est dans le sud de l'Espagne ? 13.春.聞
Malaga？それはスペイン南部の町ですか？
＊聞き取り問題、会話文の一部。

◆espagnol nm 男
「スペイン語」

4級・3級

Ma secrétaire parle couramment espagnol.
私の秘書は流暢にスペイン語を話します。

◆espagnol(e) adj 形
「スペインの、スペイン人の、スペイン語の」

◆Espagnol(e) n 名
「スペイン人」

espèce [ɛspɛs] nf 女
（生物の）種、種類

3級

Une nouvelle espèce d'oiseau a été découverte en Amazonie.
新種の鳥がアマゾンで発見された。

La semaine dernière, dans la forêt, j'ai découvert deux espèces de papillons que je n'avais jamais vues ici. 12.春.筆
先週、森のなかで、ここでは一度も見たことのなかった2種類の蝶を発見した。
＊長文読解問題から。なお、過去分詞の性数

A B C D E F G H I J K L M N O P Q R S T U V W X Y Z

一致は、目的語 espèces に合わせれば vues、papillons に合わせれば vus となる。

espérer [ɛspere] (I)6 vt 他 vi 自

希望する、期待する (=souhaiter)

4級・3級・準2級

J'espère vous revoir.

またお会いしたいと思います。

J'espère qu'elle sera reçue à son examen.

彼女が試験に合格することを願っています。

Ce n'est pas à cause de moi, j'espère.

それが私のせいでなければいいのですが。

◆ espérance nf 女

「期待 (=espoir)、希望」

準2級

En France, l'espérance de vie augmente chaque année. 08. 秋. 筆. 改

フランスでは、平均余命（寿命）が毎年延びている。

＊長文読解、内容に一致する仏文の選択問題。ただし、espérance de vie「平均寿命」の注が添えられている。

◆ espoir nm 男

「希望、期待 (↔ désespoir)」

準2級

Elle a l'espoir de réussir.

彼女は成功するという期待を抱いている。

▶ espoir, espérance は類義語だが、前者は「こうしたい、こうなりたい、こうしてほしい」といった具体的な「希望」を意味し、後者は「自分の手の届かない対象への期待」を意味することが多い。

esprit [ɛspri] nm 男

精神、心、才気

準2級

Christophe est sain de corps et d'esprit.

Christophe は心身ともに健全だ。

On dit qu'il a beaucoup d'esprit.

彼はとても才気がある（機知に富んでいる）と言われている。

essayer [eseje] (I)8 vt 他

試みる、試着する、(性能などを) テストする

5級・4級・3級

Je peux essayer ? 試着していいですか？

Vous voulez essayer cette voiture ?

この車に試乗なさりたいですか？

Mon père essaie de se lever tôt tous les matins.

父は毎朝早起きするよう努めている。

▶ essayer de＋inf.「～しようと努める」の意味。

準2級

Quand j'ai fini mes études, ma mère a essayé de me marier à un homme que je ne connaissais pas du tout.

08. 秋. 聞. 改

私が学業を終えた際、母親は私がまったく知らない男性と結婚させようとした。

＊談話文のあとに流れる仏文が、内容に一致するか答える問題。

est [ɛst] nm 男

東、東部

3級・準2級

Son appartement se trouve à l'est de la gare.

彼（彼女）のアパルトマンは駅の東にあります。

Le soleil se lève à l'est et se couche à l'ouest.

日は東から昇り、西に沈む。

estampe [ɛstɑ̃p] nf 女

版画

3級

Alberto m'a dit qu'il aimait beaucoup les estampes japonaises, surtout Sharaku. 94. 秋. 筆. 改

Alberto は浮世絵が大好きで、とくに（東洲斎）写楽が好きだと私に言った。

＊対話文の空所補充問題から。

estomac [ɛstɔma] nm 男

胃

4級・3級

□avoir mal à l'estomac

胃（お腹）が痛む

Elle a un bon estomac.

彼女は胃が丈夫です。

▶ avoir l'estomac solide ともいう。逆に、「胃が弱い」なら avoir un mauvais estomac, avoir l'estomac fragile などという。

Il est actuellement à l'hôpital où il a été opéré d'un cancer de l'estomac.

彼は胃癌(がん)の手術をして、現在、入院中です。

et [e] conj 接

(1) [列記] と、そして　(2) [強調] で（は）(3) [対立] しかし、それでも [条件] そうしたら

(1) 5級

Françoise est jolie et intelligente.

Françoise はかわいくて、頭がいい。

Monsieur et madame Legrand ont *trois* enfants. 09. 秋. 聞

Legrand 夫妻には 3 人の子どもがいる。

＊数詞を聞き取る問題。

4級・3級・準2級

Vincent s'intéresse aux étoiles, et il veut me les montrer. 3 :09. 秋. 聞. 改

Vincent は星に興味があり、それらをぼくに見せたがっている。

＊聞こえてくる会話文が、設問の和文の内容と一致するか否かを答える問題から。

(2) 5級・4級

- Mon père a 63 ans.
- Et ta mère ?

-「父は 63 才です」
-「じゃあ、お母さんは？」

Et toi, qu'est-ce que tu vas faire ?

で君は、どうするの？

(3) 準2級

Voici nos invités qui arrivent et mon dîner qui n'est pas prêt !

お客さんは着いたのに、夕食の準備はまだなの！

Essayez ce médicament et vous guérirez.

この薬を飲んでごらんなさい、よくなりますよ。

▶ "[命令文] et S＋V [直説法単純未来]" と展開する文。

étage [etaʒ] nm 男

（建物の）階

4級

- Vous habitez à quel étage ?
- Au deuxième.

-「何階にお住まいですか？」
-「3 階です」

▶ "au＋[序数]＋étage" で「〜階に」を表すが、例文のように étage が省かれることもある。なお「1 階」は le rez-de-chaussée (étage には含まれない) で、le premier étage が「(1 番目の階 →) 2 階」となる。また「中 2 階」は l'entresol [nm] と呼ばれるが、これも étage の範囲外。

A B C D **E** F G H I J K L M N O P Q R S T U V W X Y Z

■3級・準2級

La librairie se trouve à quel étage ?

本屋は何階ですか？

Il y a un bon restaurant au dernier étage de ce bâtiment.

このビルの最上階にいいレストランがあります。

état [eta] nm 男

状態、[大文字で] 国家

■準2級

Le blessé était dans un état grave.

負傷者は深刻な状態にあった。

Ma fille est fonctionnaire, elle travaille pour l'État.

うちの娘は公務員です、国のために働いています。

États-Unis [etazyni] nmpl 男複

■5級・4級

□aller aux États-Unis

アメリカ合衆国に行く

Mon fils va aux États-Unis pour un an.

息子は1年の予定でアメリカに行きます。

C'est *son* premier voyage aux États-Unis. 5:13.春.筆

これが彼（彼女）の初めてのアメリカ旅行です。

＊適当な所有形容詞を選択する問題。

Ils viennent de rentrer *des* États-Unis. 4:14.秋.筆.改

彼らはアメリカから戻ったばかりです。

＊rentrer [de+les] États-Unis の冠詞の縮約が出題箇所。

■3級・準2級

Robert est né et a grandi aux États-Unis, mais ses parents sont français. 準2:10.春.聞

Robert は、アメリカ合衆国で生まれ育ちましたが、両親はフランス人です。

＊聞き取り問題の冒頭文。このあと読み上げられる、Robert est né aux États-Unis. や Le père de Robert est américain. が内容に一致するか否かを答える。

été [ete] nm 男

■5級・4級・3級

□en été　夏に

□les vacances d'été　夏休み、夏季休暇

Elle est en vacances d'*été*. 4:93.秋.筆

彼女は夏のヴァカンス中です。

＊Elle est en vacances d'hiver. の下線部と反対の意味になるように適語を補充せよという出題。

Au Japon, il fait chaud et humide en été.

日本では、夏は蒸し暑い。

■準2級

Avant-hier, nous nous sommes vus dans un café pour parler de nos vacances d'été. 08.秋.書

一昨日、私たちは夏のヴァカンスのことを話すためにカフェで会いました。

＊「書き取り」（ディクテ）。

étoile [etwal] nf 女

星

■3級

Les étoiles brillent dans le ciel.

星が空にまたたいている。

■準2級

Et la nuit, il y avait beaucoup d'étoiles dans le ciel. 14.秋.書

また夜には、空にたくさんの星があった。

＊「書き取り」（ディクテ）。

étonnant(e) [etɔnɑ̃, -nɑ̃t]

adj 形

(物事が) 驚くべき、驚嘆すべき

3級・準2級

C'est étonnant ! 驚いたな！

▶ Ça m'étonne ! や Ça me surprend ! も同義。

C'est étonnant qu'il ait réussi son examen. Il ne faisait rien à l'école.

彼が試験に合格したとは驚きだ。学校では何もやってなかったのに。

◆ étonné(e) adj 形

「驚いた」

3級

Au début, ils étaient étonnés et timides. 10. 春. 筆. 改

最初、彼らは驚き遠慮がちだった。

＊アメリカ人の英語教師についての話。長文読解、内容に一致する和文の選択問題。

◆ (s')étonner (I)0 vr 代動

「～して驚く」

準2級

出題歴なし

Je me suis encore tout étonné(e) de recevoir ce prix.

私は、この賞を受賞したことにいまだに驚いています。

étrange [etrɑ̃ʒ] adj 形

奇妙な、不思議な

準2級

C'était une voix étrange.

それは聞き慣れない声だった。

Un dimanche matin, en regardant par la fenêtre de sa chambre, Chloé a aperçu un chat très étrange. 17. 秋. 筆

ある日曜の朝、Chloé は寝室の窓から外を眺めていて、とても奇妙な猫を見つけた。

＊長文読解、内容に一致する仏文の選択問題。

étranger, étrangère

[etrɑ̃ʒe, -ʒɛr] adj 形

外国 (人) の、よその

5級

Ma fille aime beaucoup les pays étrangers. 娘は外国が大好きです。

4級・3級

Il y a de plus en plus de touristes étrangers à Kyoto.

京都にはますます外国人観光客が増えています。

Tu es fort(e) en langues étrangères ?

外国語は得意ですか？

▶ "être fort [faible] en＋[教科]" で「～が得意 (不得意) である」の意味。

準2級

En parlant avec beaucoup de touristes, je peux apprendre des mots étrangers. 13. 秋. 聞. 改

たくさんの観光客と話すことで、私は外国の言葉を学ぶことができる。

＊長文聞き取り、内容に一致する仏文の選択問題。

◆ étranger, étrangère

n 名

「外国人」

3級

Avant de venir à notre lycée, Charles enseignait les mathématiques dans une école pour étrangers au Canada. 10. 春. 筆. 改

私たちの高校に来る前、Charles はカナダの外国人学校で数学を教えていた。

＊長文読解、内容に一致する和文の選択問題。

A B C D E F G H I J K L M N O P Q R S T U V W X Y Z

◆ étranger nm 男

「外国」

4級・3級

□aller à l'étranger　外国に行く

Avez-vous déjà habité à l'étranger ?

今まで外国に住んでいたことはありますか？

3級・準2級

Quand est-ce que tu as voyagé à l'étranger pour la première fois ?

3:04. 春. 筆

はじめて外国に旅行をしたのはいつですか？

＊会話文の空所補充問題、冒頭の文。

être [ɛtr] (S) 1 vi 自 vaux 助

(1) 存在する、〜である、いる、ある

(2) [助動詞として]

(1) 5級・4級・3級・準2級

J'aime, donc je suis.

私は愛する、ゆえに私は存在する。

Philippe n'est-il pas photographe ?

Philippe はカメラマンじゃないの？

Cette petite valise bleue est à moi.

その小さな青いスーツケースは私のです。

Vous avez déjà été en France ?

フランスに行ったことがありますか？

Nous étions en hiver.

その頃は冬でした。

(2) 4級・3級・準2級

出題

和訳に合うように、(　) 内に適語を選択しなさい。

金曜日の夜、彼女はフランス映画を見に行きました。

Vendredi soir, elle (　) voir un film français.

1 allait　2 est allée　3 va　4 ira

4:00. 春. 筆. 改

「金曜日の夜に行きました」という過去の1回の行為を表すのは aller の直説法複合過去形。

(解答) *2*

Il s'est blessé à la main.

彼は手に負傷した。

▶代名動詞の複合過去時制の助動詞として使われた例。

Est-ce que vous êtes invités ce soir chez elle ?

今晩、あなたたちは彼女の家に招待されているの？

▶受動態の助動詞として使われた例。

étroit(e) [etrwa, -wat] adj 形

(幅が) 狭い、窮屈な (↔ large)

3級・準2級

出題歴なし

Entrez par la porte étroite.

(ことわざ) 狭き門より入れ。

Cette rue est si étroite que le soleil n'y pénètre pas.

その道はとても狭いので、太陽の光もそこまでは差しこまない。

étudiant(e) [etydjɑ̃, -djɑ̃t] n 名

学生

5級・4級・3級・準2級

Ce sont des étudiants français.

あの人たちはフランス人の学生です。

Il est étudiant en lettres à l'Université de Shizuoka.

彼は、静岡大学の文学部の学生です。

étudier [etydje] (I)0 vt 他

勉強する、研究する

5級・4級・3級・準2級

L'année dernière, il a été à New York pendant trois mois pour étudier l'anglais.

去年、彼は英語を学ぼうと、3ヶ月間ニューヨークに滞在した。

▶ apprendre が、初歩的な内容を「(暗記などを通して) 学ぶ」という意味合いなのに対して、étudier は、自ら積極的に「知識を得ようと努力する」プロセスを表現する。

Mon oncle a étudié la physique toute sa vie.

おじは生涯に渡り、物理学を研究した。

◆ étude nf 女

「学問、研究、[複数で] 学業」

4級・3級・準2級

Qu'est-ce que vous ferez après vos études ? 4:12.春.筆

卒業後は何をするつもりですか？

＊この問いに、Je n'y ai pas encore pensé.「そのことはまだ考えていません」という返答を選択肢から選んで、会話文を完成させる問題。

Elle a fait ses études à Paris il y a six ans. 準2:11.秋.書

彼女は6年前にパリで学んだ。

＊「書き取り」(ディクテ)。

euro [øro] nm 男

(欧州統一通貨) ユーロ

5級・4級

Moi, je prends le menu à quarante euros.

私は40ユーロのコースにします。

3級

出題

( ) に入る適語を選択しなさい。

Vous pouvez payer ( ) euro.
1. chez 2. dans 3. en 4. sous

07.秋.筆.改

「ユーロで払えます」の意味にする。手段を表す前置詞を選ぶ。

(解答) *3*

準2級

Si on a de l'expérience, on *peut espérer* gagner 300 euros par jour.

10.春.筆.改

経験があれば、1日に300ユーロ稼ぐことも期待できます。

＊空欄に入る適当な語句を選択肢から選ぶ問題。

Europe [ørɔp] nf 女

ヨーロッパ、欧州

4級・3級

Quel est le plus grand fleuve d'Europe ?

ヨーロッパで最大の河は何ですか？

▶ ちなみに、この問いへの答えは la Volga (ヴォルガ川)。ロシアの西部を流れている。

準2級

Ces derniers temps, mon fils s'intéresse de plus en plus à l'histoire de l'Europe. 12.秋.聞.改

最近、息子はますますヨーロッパの歴史に関心を深めています。

＊長文聞き取り (内容一致) 問題。

◆ européen(ne) adj 形

「ヨーロッパの、欧州の」

A B C D E F G H I J K L M N O P Q R S T U V W X Y Z

■準2級

À présent, la plupart des pays européens choisissent d'autres types d'appareil. 14. 秋. 筆

今では、ヨーロッパの大半の国が別型式の装置を選んでいる。

＊長文読解、空所補充問題。例文中の appareil [nm]「装置」とは、具体的には paratonnerre [nm]「避雷針」を指している。

◆ Européen(ne) n 名

「ヨーロッパ人」

■準2級

Les Français sont les Européens qui font le plus d'enfants. 08. 秋. 筆

フランス人は、ヨーロッパ人の中では一番子どもの数が多い。

＊長文読解、内容一致問題。具体的には合計特殊出生率のことを指している。

évidemment [evidamɑ̃]

adv 副

明らかに、もちろん

■3級

- Tu connais Takako ?
- Évidemment !

-「Takako のこと知ってる？」
-「もちろん！」

■準2級

Évidemment, elle est encore en retard !

やっぱり、彼女はまた遅刻だ！

Les tomates sont évidemment chères en cette saison.

この時期は、トマトの値段が明らかに高い。

◆ évident(e) adj 形

「明らかな、明白な」

■3級・準2級

出題歴なし

Il est évident que mon grand-père ne peut pas vivre sans boire.

祖父が酒を飲まずに生きられないのは確かだ。

éviter [evite] (I) 0 vt 他

避ける、よける、控(ひか)える

■3級

C'est la fin de la vie que personne ne peut éviter. 05. 秋. 筆

それは、誰もが避けられない人生の終わりのことだ。

＊この文の内容にふさわしい単語 la mort「死」を選択肢から選ぶ問題。

■準2級

Je me demande si elle m'évite ces jours-ci.

近頃、彼女はぼくを避けているのかな。

Je dois éviter de boire trop de café.

コーヒーの飲み過ぎは控えないといけない。

▶ éviter de＋inf. で「～するのを避ける」の意味。

évolution [evɔlysjɔ̃] nf 女

(生物やコンピュータなどの) 進化、発展

■3級

L'enfant envoie régulièrement de ses nouvelles et vous suivez son évolution. 98. 春. 筆. 改

子どもは定期的に便りをよこしますから、あなたはその子の推移 (成長過程) を知ることができます。

＊長文読解、内容に一致する和文の選択問題。

exact(e) [ɛgza(kt), -zakt]

adj 形

正確な、厳密な

3級

C'est exact.

まったくです（その通りです）。

▶ 強い肯定を表す。Exactement. や Tout à fait. などが類義になる。

Je ne connais pas l'heure exacte d'arrivée de mon avion à Fukuoka.

自分の乗っている飛行機が、福岡に到着する正確な時刻はわからない。

◆ exactement adv 副

「正確に、まさしく」

3級

C'est exactement le sac que ma femme voulait.

これはまさに妻が欲しがっていたバッグです。

Il est exactement dix-huit heures.

ちょうど午後6時です。

▶ Il est dix-huit heures pile. も同義。

準2級

- Cette table vous plaît ?
- Oui. C'est exactement *celle* dont nous avons besoin. 14.春.筆

-「そのテーブルはお気に召しましたか？」
-「ええ。これはまさに私たちが必要としているものです」

＊Nous avons besoin de cette table. を解答の前提として、指示代名詞 celle を選択肢から選ぶ問題。この文の table はレストランの「席」とも解せる。

exagérer [ɛgzaʒere] (I)6 vi 自

誇張する、度を越す

4級

Oh, tu exagères !

おお、いくらなんでもそれはないだろう（大げさすぎる）！

3級・準2級

Vous arrivez presque tous les jours en retard, vous exagérez un peu.

あなたはほとんど毎日遅刻しています、いささか度が過ぎますよ。

examen [ɛgzamɛ̃] nm 男

（一定の点数をとれば合格する）試験、テスト

5級・4級

□passer un examen　試験を受ける

□réussir un examen　試験に受かる

□préparer un examen　試験勉強をする

Demain, on a un examen d'anglais.

明日、英語の試験があります。

▶ 入試のように「定員の決まっている試験」は un concours という。

3級

□échouer [être reçu] à un examen
試験に落ちる（受かる）

Mon fils a eu une bonne note à l'examen de français.

息子はフランス語の試験でいい点をとった。

準2級

Les jours d'examens, il faut apporter sa carte d'étudiant.

試験の日には、学生証を持ってこなくてはならない。

◆ examiner (I)0 vt 他

「検査する、調べる、検討する」

3級・準2級

J'aimerais l'examiner plus attentivement avec ma femme. 3:95.春.聞.改

もう少し念入りに、それを妻と検討してみたいのですが。

＊旅行代理店の店員と客との会話。内容に一致する和文の選択問題。

Il va falloir examiner ça de plus près.

それをもっと仔細に調べる必要がありそうだ。

excellent(e) [ɛkselɑ̃, -lɑ̃t]

adj 形

優れた、優秀な、素晴らしい

▌4級・3級

Christelle est en excellente santé.

Christelle は非常によい健康状態にある。

C'est une excellente idée !

それは素晴らしい考えですね！

▌準2級

Il avait envie d'étudier dans une école célèbre aux États-Unis, parce que les professeurs de cette école étaient excellents. 12. 春. 聞

彼はアメリカの有名な学校で勉強したかった。というのも、その学校の教師陣が優秀だったからだ。

＊長文のあとに流れる仏文が内容に一致するか答える選択問題。

excursion [ɛkskyrsjɔ̃] nf 女

小旅行、遠足、ハイキング

▌4級

J'irai à Honfleur en excursion demain. 93. 秋. 筆

明日、オンフルールに遠足に行きます。

＊夏期講座の時間割と日記の読み取り問題。オンフルールは、ノルマンディー地方にある漁港で、旧港は印象派の絵画の題材になったことでも知られる。

(s')excuser [ɛkskyze] (I) 0

vr 代動

許す（＝pardonner）

▌5級・4級・3級

Excuse-moi ! ごめん！

Je m'excuse.

申し訳ありません（＝Excusez-moi.）

Excusez-moi, je suis un peu en retard à cause du train.

すみません、電車のせいで少し遅れました。

exemple [ɛgzɑ̃pl] nm 男

例、手本

▌4級・3級

□ par exemple　たとえば

Vous ne pouvez pas laisser votre chien chez quelqu'un, par exemple ? 4 :09. 春. 筆

たとえば、どなたかの家にお宅の犬を預けることはできませんか？

＊会話文、内容に一致する和文を選ぶ問題。

▌準2級

Faites un exemple avec ce mot.

この単語を使って例文を作りなさい。

Votre diligence est un bon exemple pour nous tous.

あなたの勤勉さは私たち皆のよい手本です。

Parfois, il arrive des événements extraordinaires. L'été dernier, par exemple, un gros requin est passé près de la plage ! 08. 春. 筆

ときに驚くべきことが起こります。たとえば、この前の夏には、大きなサメが海岸付近を通り過ぎたのです！

＊長文読解、内容に一致する仏文を選ぶ問題。

exercice [ɛgzɛrsis] nm 男

練習、（健康保持のための）運動、トレーニング、（学生用の）練習（問題）

▌3級

Ma fille fait des exercices de piano

tous les jours.

娘は毎日ピアノの練習をしています。

Mon chat a besoin d'un peu d'exercice.

うちの猫には少し運動が必要だ。

出 題

( ) に入る適語を選択しなさい。

Ces exercices sont plus difficile que ( ) de la semaine dernière.
1 celui 2 ceux 3 tous 05. 秋. 筆

「この練習問題は、先週のものよりも難しい」という意味の文にする。ces exercices（男性名詞・複数形）の反復をさける指示代名詞を選ぶ問題。

（解答）*2*

準2級

Je fais de l'exercice tous les matins pour garder la forme.

私は体型維持のために毎朝運動しています。

exister [ɛgziste] (I) 0 vi 自

存在する、ある

3級

Ils disent que Dieu existe.

彼らは神が存在するという。

La vie existe-t-elle sur Mars ?

生命は火星に存在するか？

準2級

Pour cela, il existe depuis quelque temps une « assurance beau temps ». 10. 秋. 筆

そのために、しばらく前から「晴天保険」なるものが存在する。

＊旅行中に好天に恵まれなかった人を対象とした保険の話。空所に補充する語句の選択問題。

◆ existence nf 女

「存在、生活」

3級

Il doute de l'existence de Dieu.

彼は神の存在を疑っています。

expérience [ɛksperjɑ̃s] nf 女

経験、体験、実験

3級

Cet hôtel est né à la suite des expériences de sa patronne. 02. 秋. 筆

このホテルは女性オーナーの経験から生まれた。

＊長文読解、内容に一致する和文を選ぶ問題。ただ、この例文はぎこちないので、形を変えて Le concept de cet hôtel vient des expériences de sa fondatrice.「このホテルのコンセプトは女性創業者の経験から生まれた」などとする方が文意が通る。

準2級

Rien ne vaut l'expérience.

経験に勝るものはない。

Ils font dans leur laboratoire des expériences sur les vitamines.

彼らは、研究室でヴィタミンに関する実験をしている。

expliquer [ɛksplike] (I) 0 vt 他

説明する

4級

Vous pouvez m'expliquer le chemin pour Yokohama ?

横浜へ向かう道を説明していただけますか？

3級・準2級

Ce professeur sait très bien expliquer la grammaire anglaise.

この先生は英文法解説をとても上手にできる。

Laissez-moi vous expliquer comment utiliser l'ordinateur.

パソコンの使い方を説明しましょう。

◆ explication nf 女

「説明」

3級・準2級

Notre professeur nous a donné une explication de texte.

先生は私たちにテキスト解釈（作品分析）を課した。

＊「作品分析」とはフランスにおける国語教育の伝統を支えるもので、語学的な分析、文体分析・評価などを通じて、作品の文学史的な位置づけを行う作業をいう。なお、名詞 explication du texte → 動詞 expliquer le texte と書き換える問題として、3 級 95. 秋 も出題例もある。

explication

explosion [ɛksplozjɔ̃] nf 女

爆発

準2級

出題歴なし

L'explosion a eu lieu devant l'église.

教会の前で爆発が起こった。

▶ 例文は名詞「爆発」が主語なので動詞 avoir lieu「起こる」を用いたが、「爆発する」と動詞で言いたいときは faire explosion, exploser などとする。

exposition [ɛkspozisjɔ̃] nf 女

展覧会、博覧会

4級・3級

Je suis allé(e) à une exposition avec mes amis dimanche dernier.

先週の日曜日、友人たちと展覧会に出かけました。

準2級

Tu sais qu'il va y avoir une exposition d'art moderne japonais dans le musée du quartier ? 16. 秋. 聞

近所の美術館で、日本近代美術の展覧会があるのを知ってる？

＊会話に続いて読み上げられる仏文が、会話の内容に一致するか否かを答える問題。

◆ exposer (I) 0 vt 他

「(美術品などを) 展示する」

3級

Pendant un an, j'ai cherché un endroit pour exposer mes œuvres. 10. 秋. 筆

1年間、私は自分の作品を展示する場所を探した。

＊長文読解、内容に一致する和文の選択問題。ただし、exposer には「展示する」と注記がある。

exprimer [ɛksprime] (I) 0 vt 他

表現する、示す

3級

Le dentiste a du mal à exprimer ses sentiments avec des mots.

その歯医者は自分の気持ちを言葉で表現するのが下手だ。

◆ (s')exprimer (I) 0 vr 代動

「自分を表現する、(自分の考えなどを) 言い表す」

3級

Il n'ose pas s'exprimer. 04. 春. 筆

彼は、あえて自分を表現しよう（考えや気持ちを言い表そう）とはしない。

＊この説明文を参照し、timide「臆病な」という形容詞を語群から選択する問題。

◆ expression nf 女

「表現、(感情を表す) 表情」

3級

Il faut respecter la liberté d'expression.

表現の自由は尊重しなくてはならない。

extérieur(e) [ɛksterjœr]

adj 形

(建物などの) 外の、外部の (↔ intérieur)

3級・準2級

Je vais faire peindre les murs extérieurs de ma maison.

わが家の外壁を塗装してもらうつもりです。

De l'extérieur, vous reconnaîtrez la voiture-restaurant à sa couleur particulière. 3 :93. 春. 筆

食堂車は特殊な色をしているので、外から見てもそれとわかります。

＊長文読解、内容に和文が一致するか答える問題。なお、この extérieur [nm] は「外側」を意味する名詞。

extraordinaire [ɛkstraɔrdinɛr]

adj 形

(程度が) 異常な、素晴らしい、特別の

▷ extra (hors de「外に」)＋ordinaire「普通の」

準2級

Parfois, il arrive des événements extraordinaires. 08. 春. 筆

ときに、とんでもない事が起こります。

＊長文読解、内容に仏文が一致するかを答える問題。このあと、「サメ」が海水浴場に現れた話へと展開する。

C'était un panorama extraordinaire.

とびきり素晴らしい景色だった。

extrêmement [ɛkstrɛmmɑ̃]

adv 副

きわめて、非常に、極端に

準2級

J'ai extrêmement faim.

私はものすごくお腹が空いています。

Ma tante souffrait d'une grave maladie, qui rendait sa peau extrêmement fragile. 16. 春. 筆. 改

おばは、肌が極めて弱くなってしまう深刻な病で苦しんでいた。

＊長文読解、内容に仏文が一致するかを答える問題。

F f

face [fas] nf 女

正面、側面（=aspect）、（人の）顔（=visage, figure）

5級・4級

□en face de qqn / qqch
～の真向かいに（の）

□en face　正面に、向かいに

La boulangerie est en face du parc.
パン屋は公園の向かい側にあります。

Vous verrez l'hôtel de ville à votre gauche. Son bureau est juste en face.
左手に市役所があります。彼（彼女）のオフィスはその正面です。

3級・準2級

On dînera ensemble dans le restaurant italien en face du musée.
美術館の正面のイタリアン・レストランでいっしょに夕飯を食べましょう。

facile [fasil] adj 形

簡単な（=simple）、容易な（↔ difficile）

5級

C'est facile.　それは簡単です。

4級

出　題

単語を正しく並び替えて［　］内に記入しなさい。

Il n'est [　　　] la cuisine.
de　pas　faire　facile 03.秋.筆.改

非人称構文（il est facile de+inf.）を否定形にして、「料理をするのは簡単ではない」という意味の文を完成させる。

（解答）*pas facile de faire*

3級・準2級

Ce texte n'est pas facile à traduire.
このテキストは訳すのが容易ではない。

◆facilement adv 副

「簡単に、容易に」

3級

Mon directeur d'usine se met facilement en colère.
うちの工場長はすぐに怒り出す。

準2級

Dans ces conditions, on ne peut pas imaginer *facilement* que l'eau manquera un jour. 11.春.筆.改
こうした状況では、いつの日か水が不足するということは容易には想像し難い。

＊長文読解、空所補充語句の選択問題で、facilement を選ぶ。ただし、この場合は、「想像するのは難しい」on peut difficilement imaginer とストレートに表現する方がもたつきのないフランス語になる。

façon [fasɔ̃] nf 女

やり方（=manière）、仕方、流儀

4級・3級

□de toute façon
いずれにせよ（=en tout cas）

De toute façon, c'est vous qui décidez.
いずれにせよ、決めるのはあなたです。

＊この言い回しは、準2級 11.秋 に、空欄に façon を書き入れる問題として登場している。

Je ne comprends pas sa façon de penser.
私には彼（彼女）の考え方がわからない。

準2級

J'ai trouvé excellente la façon *dont*

il parle de son pays. 17.春.筆

私は、自分の国を語る彼の流儀がすばらしいと思った。

＊空欄に関係代名詞 dont を入れる問題。

faculté [fakylte] nf 女

(大学の) 学部 (▶fac と略される)、能力、才能

3級・準2級

出題歴なし

□aller à la faculté [fac] 大学に行く

Elle fait ses études à la faculté de médecine.

彼女は医学部で学んでいる。

Gabriel a la faculté de rendre les autres heureux.

Gabriel には他人を楽しませる才能がある。

faible [fɛbl] adj 形

(身体・能力が) 弱い (↔ fort)

3級・準2級

Ma mère était trop faible pour se lever.

母はあまりに衰弱していて立ち上がれなかった。

Il est faible en anglais.

彼は英語が苦手だ。

▶ Il n'est pas bon en anglais. / L'anglais n'est pas son fort. も類義。L'anglais est son point faible.「英語は彼のウイークポイントである」などともいう。

faim [fɛ̃] nf 女

空腹、飢え (=famine)

5級・4級

□avoir faim 空腹である

- Tu as faim ?
- Non, je viens juste de manger.

-「お腹すいてる？」
-「いいえ、食べたばかりですから」

3級・準2級

À cette époque, beaucoup d'enfants sont morts *de* faim. 準2:12.春.筆

その当時、たくさんの子どもが飢えで亡くなった。

＊適当な前置詞を選択肢から選ぶ問題。mourir de＋[原因] で、「～が原因で死ぬ」の意味。ただし、mourir de faim は「お腹がすいて死にそうだ」という比喩的な意味でも使われる (例 Je meurs de faim.「空腹で死にそうだ」)。

faire [fɛr] (S)4 vt 他

作る、する、(時間が) かかる、(値段などが) ～である、(天気・気温が) ～である、[使役で] ～させる

5級・4級・3級

□faire du ski スキーをする

□faire ses devoirs 宿題をする

□faire la cuisine 料理をする

□faire la vaisselle 皿を洗う

□faire les courses 買い物をする

Quel temps fait-il aujourd'hui ?

今日はどんな天気ですか？

Qu'est-ce que vous faites (dans la vie) ? お仕事は何ですか？

▶ ちなみに、「時間」を添えて Qu'est-ce que vous faites ce soir ? とすれば「今夜は何をしますか？」の意味になる。

Ça fait combien ?

(まとめて) いくらになりますか？

Il fait beau [mauvais].

よい天気です (悪い天気です)。

Ma mère aime faire des gâteaux.

母はケーキ作りが好きです。

J'ai beaucoup à faire.

やることがたくさんあります。

Ça fait longtemps qu'elle habite ici.

彼女はここに長く住んでいます。

A B C D E F G H I J K L M N O P Q R S T U V W X Y Z

Mon père fait soixante kilos.

父は体重が 60 キロです。

準2級

Je me suis fait voler mon passeport *par* cet homme. 15. 春. 筆. 改

あの男にパスポートを盗まれた。

＊前置詞 par を答える問題。se faire＋inf.＋par qqn で「人に〜される」や「人に〜させる、〜してもらう」といった意味になる。

fait [fɛ] nm 男

事実、出来事 (＝événement)

4級

□tout à fait まったく、すっかり

Je suis tout à fait d'accord avec vous. 私はあなたにまったく賛成です。

3級・準2級

□en fait (ところが) 実際には、実は

□au fait

(別の話題に転じて) ところで (＝à propos)

Au fait, comment va votre mère ?

ところで、お母さんはお元気ですか？

Le fait est que je n'ai plus d'argent.

実を言えば、私はもうお金がありません。

falloir [falwar] (III) 15 v impers 非動

必要である、(時間が) かかる、〜しなければならない、〜すべきだ

5級・4級

Il faut beaucoup d'argent pour faire ça.

それをするには大金が必要だ。

Il faut environ 12 heures pour aller de Paris à Tokyo.

パリから東京まで約 12 時間かかります。

Il ne faut pas être en retard. 4:04. 春. 筆

遅刻してはいけません。

＊対話文 (選択問題) から。否定命令 (禁止) の意味合い。

3級・準2級

Il fallait courir longtemps *sous* la pluie. 3:16. 春. 筆. 改

雨の中を長時間走らなくてはならなかった。

＊前置詞 sous を選択肢から選ぶ問題。「雨の中」だからといって、dans la pluie とは言わない。

Il faut que tu ailles voir le médecin.

君は医者に診てもらわないと。

famille [famij] nf 女

家族

5級・4級

Comment va votre famille ?

ご家族はお元気ですか？

3級

Pour moi, la famille, c'est tout.

私には、家族がすべてだ。

準2級

Je pense y aller avec ma famille un de ces jours. 17. 秋. 書

近いうちに、家族といっしょにそこを訪れようと思います。

＊「書き取り」(ディクテ)。

fatigué(e) [fatige] adj 形

疲れる、うんざりする

5級・4級

Ma mère est un peu fatiguée.

母は少し疲れています。

Irène a l'air fatiguée.

Irène は疲れているようだ。

3級・準2級

Je *ne me sens plus fatiguée* même

après une longue journée de travail. 準2:13.春.筆.改

1日ずっと仕事をしたあとでも、もう疲れは感じません。

＊会話文、選択肢から空所に適語句を補充する問題。

◆ fatigant(e) adj 形

「疲れさせる、うんざりさせる」

3級・準2級

Arrête ! Tu es vraiment fatigant(e) !

やめて！ 本当にうるさいんだから！

Vivre dans une si grande ville est très intéressant, mais c'est aussi très fatigant. 準2:08.春.筆.改

こんな大都市で暮らすのはとても面白いが、同時にとても疲れる。

＊長文読解（内容に一致する仏文の選択問題）から。「こんな大きな都市」は Paris を指しているが、出題文は une ville si grande の語順になっていた。間違いではないが、une si grande ville の語順の方が自然だと感じ、そう改めた。

◆ fatigue nf 女

「疲労、疲れ」

3級・準2級

Mathieu souffre de fatigue mentale.

Mathieu は精神的な疲労で苦しんでいる。

faute [fot] nf 女

間違い、過失（=erreur）

3級・準2級

□sans faute　間違いなく、かならず

Ce n'est pas (de) ma faute.

それは私のミス（私のせい）じゃない。

＊空欄に faute を書かせ、上の定型表現を完成させる問題が、準2級[11.春]に出されたほか、肯定文 C'est ta faute.「あなたのせいだ」も、空欄に faute を書かせる問題として、準2級[14.秋]に登場している。

On ira sans faute demain soir.

明晩、かならずまいります。

fauteuil [fotœj] nm 男

肘掛け椅子、アームチェアー

3級

J'ai acheté un fauteuil ancien au marché aux puces.

蚤の市で、時代物のアームチェアーを買いました。

faux, fausse [fo, fos] adj 形

偽の（↔ exact, vrai）、間違った

準2級

Les données étaient fausses.

データは偽物だった。

Je regrette, mais c'est faux.

申し訳ありませんが、それは違います。

favori(te) [favɔri, -rit] adj 形

お気に入りの、大好きな

3級

C'est sa chanson favorite.

これは彼（彼女）が大好きな歌だ。

Quels sont tes musiciens favoris ?

お気に入りのミュージシャンは誰ですか？

fax [faks] nm 男

ファックス（▶「ファックス送受信」une télécopie と「ファックス装置」un télécopieur の両方を指す）

3級

Ce matin, j'ai reçu un fax de New York.

今朝、ニューヨークからファックスを受けとった。

Voulez-vous envoyer ceci par fax ?
これをファックスで送ってくれませんか？

félicitation [felisitasjɔ̃] nf 女

[複数で] 祝辞、賛辞

3級

Félicitations ! おめでとう！

Toutes mes félicitations !
おめでとう（心からのお祝いを）！

femelle [fəmɛl] nf 女

（動物の）メス（↔ mâle）

3級

Un mâle adulte est deux fois plus gros qu'une femelle. 01.春.筆
大人のオスはメスの倍の大きさがある。
＊アフリカに住むヒヒ（babouin）の話。内容に一致する和文の選択問題。

femme [fam] nf 女

（男性に対して）女性（↔ homme）、（夫に対して）妻（↔ mari）

5級・4級

Voilà une belle femme.
あそこに美しい女性がいる。

Mon frère habite à Hakodate avec sa femme et ses enfants.
兄（弟）は妻子と函館に住んでいます。

Qu'est-ce qu'il a acheté pour sa femme ?
彼は奥さんに何を買いましたか？

3級

Elle est devenue une vraie femme.
彼女はすっかり女性らしくなった。

準2級

Le judo est adapté aux hommes et femmes de tous âges. 13.春.筆
柔道はあらゆる年齢の男女に適している。
＊会話文の空所補充問題（選択肢あり）から。

fenêtre [fənɛtr] nf 女

窓

5級・4級

□regarder par la fenêtre
窓から外を眺める

Est-ce que je peux ouvrir [fermer] la fenêtre ?
窓を開けても（閉めても）いいですか？

On peut voir la Seine par cette fenêtre.
この窓からセーヌ川が見えます。

3級・準2級

Donnez-moi une place côté fenêtre, s'il vous plaît.
窓側の席をお願いします。
▶「通路側の席」は une place côté couloir という。

fer [fɛr] nm 男

鉄、アイロン（=fer à repasser）

4級

□le chemin de fer 鉄道

3級・準2級

Il faut battre le fer pendant qu'il est chaud.
（ことわざ）鉄は熱いうちに打て。
▶フランスでは、この言い回しは「好機を逃すな」あるいは「行動するなら今だ」という意味合いで使われる。

Le square est entouré d'une grille de fer.
その小公園は鉄の柵で囲まれている。

ferme [fɛrm] nf 女

農園、農場

■準2級

L'oncle de Lucie a une ferme en France. 10. 秋. 聞

Lucie のおじはフランスに農場を持っている。

＊長文を聞き、続いて読み上げられる仏文が内容に一致するか否かを答える問題。

fermer [fɛrme] (I) 0 vt 他 vi 自

閉める、閉じる (↔ ouvrir)

■5級・4級・3級

Tu peux fermer la fenêtre ?

窓を閉めてもらえますか？

Mon bureau ferme entre midi et 15 heures.

私のオフィスは正午から 15 時まで閉まります。

■準2級

Elle a fermé les yeux, mais elle n'avait plus sommeil. 15. 春. 書

彼女は目を閉じたが、もう眠くなかった。

＊「書き取り」（ディクテ）。

◆fermé(e) adj 形

「閉まった」

■5級・4級・3級

Le musée est fermé le lundi.

美術館は月曜休館です。

Aujourd'hui, tous les magasins près d'ici sont fermés.

今日、この近くのすべてのお店が閉まっています。

fête [fɛt] nf 女

祭り、祝日、祭日、パーティー

■4級・3級

Demain, c'est la fête de mon village.

明日はわが村の祭りです。

Ils font la fête du mariage chez eux. 3:12. 秋. 聞

彼らは自宅で結婚パーティーをします。

＊会話文を聞いた後、内容に一致する和文を選ぶ問題。

■準2級

On va prendre un pot pour fêter ça ? お祝いに一杯飲みに行かない？

◆fêter (I) 0 vt 他

「(誕生日などを) 祝う」

■準2級

Cette année, Claude a fêté les deux cents ans de sa boulangerie. 11. 春. 聞

今年、Claude は彼のパン屋の 200 周年記念を祝った。

＊長文を聞き、そのあとに読み上げられる仏文が内容に一致するか答える問題。

feu [fø] nm 男
feux pl 複

火、火事、信号

■4級

Au feu ! 火事だ！

＊準2級 08. 春 に、この一言を書かせる問題が出ている。

■3級

Est-ce que tu as du feu ?

（たばこを吸うのに）火を貸してもらえる？

Vous devez vous arrêter au *feu* rouge. 3:11. 秋. 筆. 改

赤信号では止まらなくてはならない。

＊適語補充問題。

■準2級

Il n'y a pas de fumée sans feu.

（ことわざ）火のないところに煙は立たぬ。

feuille [fœj] nf 女

葉、紙片、書類

3級

出題

単語を正しく並び替えて[ ]内に記入しなさい。

Le vent [ ] mortes.
les fait feuilles voler a

07. 秋. 筆

「風で枯れ葉が舞い上がった」といった意味にする。使役動詞 faire＋inf. の展開。そして les feuilles mortes で「枯れ葉」の意味。

（解答）*a fait voler les feuilles*

Tu peux me donner une feuille de papier ? 紙を1枚もらえる？

février [fevrije] nm 男

2月

5級・4級

□en février 2月に（＝au mois de février）

Aujourd'hui, c'est le premier février.
今日は2月1日です。

Il y a eu beaucoup de neige en février. 2月は雪が多かった。

3級・準2級

Elle veut faire un petit *voyage* au mois de *février*. 準2:13. 春. 聞
彼女は2月にちょっとした旅行がしたいと思っている。

＊voyage と février を空欄に書き取る問題。

fiancé(e) [fjɑ̃se] n 名

婚約者、フィアンセ

4級・3級

C'est la photo de ma fiancée.

4:92. 春. 筆

これは僕のフィアンセの写真です。

＊対話文を完成させる問題の一部。

Elle a présenté son fiancé à ses parents.
彼女は両親に婚約者を紹介した。

fichier [fiʃje] nm 男

（パソコンの）ファイル、資料カード

準2級

出題歴なし

Ce fichier joint est important.
この添付ファイルは重要だ。

＊「添付ファイル」は un fichier attaché ともいう。

fier, fière [fjɛr] adj 形

（人や性格が）高慢な、（de ～を）自慢に思っている

3級

□être fier de qqn/qqch ～が自慢である

Brigitte est fière de sa beauté.
Brigitte は自分の美しさを鼻にかけている。

Mon oncle vient d'avoir un fils, il en est très fier.
おじは息子が生まれて、それがとても自慢だ。

fièvre [fjɛvr] nf 女

（病気による）熱、（気分の高揚による）熱狂

4級・3級

□avoir de la fièvre 熱がある

J'ai de la fièvre depuis hier.
昨日から熱がある。

準2級

Hier soir, notre bébé avait de la fièvre. 14. 春. 書
昨晩、うちの赤ちゃんが熱を出した。

＊「聞き取り」（ディクテ）。

figure [figyr] nf 女

顔（＝visage）、図形

4級・3級

Elle s'est lavé la figure ce matin.

今朝、彼女は顔を洗った。

▶ se laver le visage も同義（ただ visage「顔」に比べると、figure の方が日常的な語）。se débarbouiller「（急いで）顔の汚れを落とす」といった言い方もある。

Il a l'air méchant avec la figure écrasée. 3:92. 春. 筆

それ（犬）は、つぶれた顔をして意地悪そうだ。

＊この文を参考に、イラストから「ブルドッグ」un bouledogue, un bulldog を選ぶという、犬好きは抵抗を覚えそうな設問。

準2級

□changer de figure　顔色を変える

Regardez la figure 2, page 120.

120 ページの図 2 を見てください。

fille [fij] nf 女

（親から見た）娘（↔ fils）、女の子（↔ garçon）

5級

Ma fille aime la danse.

うちの娘はダンスが好きです。

4級・3級

Les filles ne pensent qu'à maigrir.

女の子たちは痩せることばかり考えている。

Charlotte est fille unique.

Charlotte は一人娘です。

準2級

La petite fille porte un grand livre *sous* son bras. 10. 春. 筆

少女は大きな本を脇に抱えている。

＊文意に従い、前置詞 sous を選択肢から選ぶ問題。

◆fillette nf 女

「（6 歳から 12 歳ぐらいの）少女（↔ garçonnet）」

3級・準2級

Deux chambres, l'une pour notre fils âgé de 15 ans et l'autre pour nos fillettes âgées de 5 et 8 ans. 3:91. 春. 筆

部屋を 2 つ（お願いします）、1 つは 15 歳の息子用に、もう 1 つは 5 歳と 8 歳の娘用に。

＊ホテル宛の手紙文のなかに登場した。

film [film] nm 男

（個々の）映画（作品）

5級

Le film commence à *neuf* heures. 16. 春. 聞

その映画は 9 時に始まる。

＊数詞 neuf (9) を聞き取る問題。

4級

出　題

単語を正しく並び替えて [　] 内に記入しなさい。

Tu as vu [　　　] ?
beau　ce　film　japonais 02. 秋. 筆. 改

＊「あの美しい日本映画を見た？」という意味にする。名詞（この問題では film）を前後から 2 つの形容詞が修飾する形は、整序問題の定番。なお、「映画を"見る"」と表現する際、voir を用いると「映画館で映画を見る」voir un film dans un cinéma という意味合い。これに対して regarder を用いると、「（自宅で）テレヴィで映画を見る」regarder un film à la télé といった含みになる。

（解答）*ce beau film japonais*

A B C D E F G H I J K L M N O P Q R S T U V W X Y Z

3級・準2級

Olivier double des films étrangers en français. 準2:12.秋.筆

Olivier は外国映画をフランス語に吹き替えています。

＊声優についての話の冒頭。なお、doubler には「吹き替える」と注記あり。

Ce film a obtenu un grand succès.

この映画は大当たりをとった。

fils [fis] nm 男

息子 (↔ fille)

5級・4級

J'ai un fils et une fille.

私には息子と娘がいます.

Ton fils travaille encore en Espagne ?

息子さんはまだスペインで働いてるの？

3級・準2級

Chaque matin, Irène accompagne son fils à l'école en voiture. 準2:08.春.筆

毎朝、Irène は息子を車で学校に送っていく。

＊動詞 conduire を使って Chaque matin, Irène conduit son fils à l'école.「学校へ車に乗せていく」と書き換える問題。なお、例文が「行き先」に力点を置くのに対して、conduire は「車の運転」に力点を置いた言い回し。これを emmener son fils à l'école en voiture とすると「家から学校へという移動」にポイントが置かれることになる。

fin [fɛ̃] nf 女

終わり、最後 (↔ début)、目的 (=but)

5級・4級

Elle arrive à Tokyo à la fin du mois de mars.

彼女は3月末に東京に着きます。

▶話し言葉では、「3月末」fin mars という言い方も使われる。

Les cours d'anglais pour enfants sont en fin d'après-midi, de quatre à six heures. 02.春.筆.改

子どものための英語教室は午後の最後で、4時から6時までです。

＊会話文の内容に一致する和文選択問題から。

3級・準2級

À la fin, elle a accepté de venir ici.

最後には、彼女はここに来ることを承諾した。

▶à la fin は文頭に置いて、「最後には」(=finalement) の意味。

finalement [finalmɑ̃] adv 副

(長い時間かかったが) 結局、ついに、最後には (=enfin)

3級

Finalement, il avait raison.

結局、彼が正しかった。

Finalement, la famille Dupont a décidé de voyager seulement une semaine en France. 13.秋.筆.改

結局、Dupont 一家は1週間だけフランスを旅することに決めた。

＊長文読解、内容に一致する和文選択問題から。

準2級

***Ainsi*, les gens perdent contact petit à petit et finalement ne se parlent plus.** 16.春.筆

このように、人々は次第に没交渉となり、最後にはもはや言葉を交わすこともなくなる。

＊長文読解。空欄補充問題（選択肢あり）。

finir [finir] (II) vt 他 vi 自

終わる、終える (=terminer, ↔ commencer)

5級・4級

Le cours finit à six heures et demie.
講義は6時半に終わる。

Tu as fini de manger ?
もう食べ終わった？

Je finis toujours mes repas avec un café. 4:11. 秋. 聞
食事はいつもコーヒーで終えます（食後はいつもコーヒーを飲む）。

＊会話文を聞いて、内容に一致する和文を選ぶ問題。

3級・準2級

Ma mère a fini par dire la vérité.
母はついに真実を口にした。

▶ finir par＋inf. で「ついに～する」の意味。

◆fini(e) adj 形

「終わった」

4級・3級

Ah, la saison des pluies est enfin finie. 4:15. 秋. 筆
ああ、梅雨がやっと終わった。

＊対話文を完成させる問題の一部。

C'est fini entre nous.
僕たちはもうおしまいだ。

fleur [flœr] nf 女

花

5級

Quelle est sa fleur préférée ?
彼（彼女）は何の花が好きですか？

4級・3級・準2級

□être en fleur(s)　花が咲いている

Les cerisiers sont en fleurs en ce moment. 4:94. 秋. 筆
今、桜が花盛りです。

＊日記を読み、その内容に一致する和文を選ぶ問題。「桜が咲いている」は3級 17. 秋 にも出題例がある。

Mon jardin est plein de fleurs toute l'année.
うちの庭は1年中花がいっぱいです。

fleuve [flœv] nm 男

（海に注ぐ）川、大河

3級

La Loire est le plus long fleuve de France.
ロワール川はフランスで一番長い川だ。

出　題

下記の説明文に対応する単語を1～5から選べ。

On le prend pour traverser un fleuve ou la mer.
1 bateau　2 carrefour　3 moto
4 station　5 voiture 05. 春. 筆. 改

「川や海を渡るためにそれに乗る」のだから、「船」が解答。

（解答）*1*

fois [fwa] nf 女

度、回、倍

5級・4級

C'est *la première fois*. 5:02. 春. 筆
初めてです。

＊序数をともなう整序問題。

Je fais du sport deux fois par semaine.
私は週に2度スポーツをします。

▶ "[数に関連する語] fois par＋[時間（単位）]" で「～につき…回（度）」の意味になる（例 une fois par mois「月に1度」、plusieurs fois par an「年に数回」）。

3級

□à la fois　同時に（＝en même temps）

A B C D E F G H I J K L M N O P Q R S T U V W X Y Z

Un mâle adulte est deux fois plus gros qu'une femelle. 01. 春. 筆

大人のオスはメスの倍の大きさである。

＊アフリカに住むヒヒ（babouin）に関する文の内容に一致する和文の選択問題。倍数表現 "[数詞] ＋fois plus ... que A"「A の～倍の…」に注意。

準2級

En faisant du judo, on peut entraîner le corps et l'esprit à la fois. 13. 春. 筆

柔道をすると、肉体と精神を同時に鍛えられます。

Chaque fois que je la vois, elle est plus jolie.

会うたびに、彼女はますますきれいになる。

fond [fɔ̃] nm 男

奥、うしろ

4級・3級

□au fond de qqch

～の奥に、～のうしろ（後方）に

Claire était assise au fond de la classe. Claire は教室の奥に座っていた。

Au fond du couloir, à droite.

廊下の突き当たりの右側です。

準2級

Au fond de la mer, il y a des poissons de toutes les couleurs. Vous pouvez y découvrir un autre monde. 16. 春. 筆. 改

海の底には、あらゆる色の魚がいます。別の世界を発見できますよ。

＊会話文の空所補充問題（選択肢あり）から。

football [futbol] nm 男

サッカー（▶foot と略す）

4級・3級・準2級

□jouer au football

サッカーをする（＝jouer au foot）

Elles sont allés voir un match de football hier soir.

彼女たちは昨晩サッカーの試合を見に行った。

On va jouer au football ce samedi, mais il faut encore deux personnes pour pouvoir faire un match. 3:11. 秋. 筆

今度の土曜にサッカーをするんだけど、試合をするにはあと 2 人必要です。

＊会話文の空所補充問題の出だし。

force [fɔrs] nf 女

（肉体的・精神的な）力、気力

3級

Elle n'a plus *la force* de marcher. 15. 春. 聞. 改

彼女はもう歩く元気がありません。

＊la force を空欄に書き取る問題。

Voulez-vous tirer de toutes vos forces ?

力一杯引っ張ってもらえますか？

forêt [fɔrɛ] nf 女

森、森林

4級・3級

Il y a une forêt à côté de chez nous.

わが家のそばには森があります。

Je me suis promené(e) en forêt avant d'aller au travail ce matin.

今朝、仕事に行く前に森を散歩した。

準2級

En automne, beaucoup de Français vont en forêt pour y chercher des champignons. 10. 春. 筆

秋には、大勢のフランス人が森へキノコを探しに行く。

＊長文の空所補充問題（選択肢あり）から。

▶見出語は深く広い「森」を指し、それほど

深くない「林」「森」は bois [nm] という。また、憩いの場として植林された「林」「木立」なら bosquet [nm] と呼ばれる。

forme [fɔrm] nf 女

(物の) 形、形式、(心身の) 調子

3級・準2級

□être en forme

元気だ、好調だ (=tenir la forme)

Mon fils est toujours en forme.

息子はいつも元気です。

＊この en forme を書かせる問題が準 2 級 11. 秋 に出された。

Cette chaise a une forme bizarre.

この椅子は奇妙な形をしている。

◆former (I)0 vt 他

「形作る、組織する、構成する」

3級・準2級

Le Premier ministre forme son gouvernement. 首相が内閣を組織する。

◆formation nf 女

「形成、編成、訓練」

＊3 級 93. 秋 に、「組閣」formation d'un ministère (名詞) →「組閣する」former un ministère (動詞) という問題が出たことがあるが、現在では 2 級レヴェルの単語。Mon fils a suivi une formation professionnelle à Chiba.「息子は千葉で職業訓練を受けた」などと使われる。

formidable [fɔrmidabl] adj 形

すごい、すばらしい

4級・3級・準2級

C'est formidable ! それはすごい！

▶当該の人物ではなく、その人の行為などを指して使う。

Les vacances d'hiver au Canada, ce sera formidable. 3:08. 春. 聞

カナダで過ごす冬のヴァカンスは、きっとすばらしいだろうね。

＊長文を聞いたあと、和文がその文意に即しているかどうかを答える。なお、この文では「カナダ行きが決定している」が、もし、まだ計画段階で「カナダ行きが未定」ならば、動詞は条件法が使われる。

fort(e) [fɔr, fɔrt] adj 形

強い (↔ faible)、(コーヒーなどが) 濃い、(スポーツ・科目などが) 得意である

4級

Elle a un fort accent anglais.

彼女には強い英語訛(なま)りがある。

Le vent est trop fort ce soir.

今晩は風がすごく強い。

3級・準2級

La mère de François est forte aux échecs.

François の母親はチェスが得意です。

Le père de Françoise est fort en maths.

Françoise の父親は数学が得意です。

▶「～が得意である」の言い回しは、対象により前置詞が異なるので注意が必要。たとえば、être fort(e) [bon(ne)] à＋ゲーム・スポーツなど (3 級 16. 秋 に出題例あり)、être fort(e) [bon(ne)] en＋分野・教科など、といった具合。

◆fort adv 副

「強く」

5級・4級

Parlez plus fort, s'il vous plaît.

もっと大きな声で話してください。

fortune [fɔrtyn] nf 女

財産、資産、運命

A B C D E **F** G H I J K L M N O P Q R S T U V W X Y Z

■3級

Elle a oublié dans le taxi son bagage contenant toute sa fortune. 03. 春. 筆

彼女は全財産の入ったかばんをタクシーに忘れた。

＊長文読解問題の一部。

Il a perdu sa fortune dans cette entreprise.

彼はその事業で財産を失った。

fou (fol), folle [fu (fɔl), fɔl]

adj 形

狂った、馬鹿げた、(de ～に) 夢中になった

■準2級

C'est fou de faire ça !

そんなことするなんて馬鹿げてるよ！

Ichiro est fou de cinéma français.

Ichiro はフランス映画に熱中している。

fourchette [furʃɛt] nf 女

フォーク

■3級

Apportez-moi une autre fourchette, s'il vous plaît.

(レストランなどで) 新しいフォークをお願いします。

Taro n'aime pas manger *avec* une fourchette. 13. 秋. 筆

Taro はフォークで食べるのが好きではない。

＊「～で、～を使って」と道具を示す前置詞を選択肢から選ぶ問題。

fragile [fraʒil] adj 形

壊れやすい (↔ solide)、(体が) 弱い (= faible, ↔ robuste)

■3級

Fais attention à ce vase, il est très fragile !

その花瓶に気をつけて、とっても壊れやすいから！

■準2級

Une de ses amies souffrait d'une grave maladie, qui rendait sa peau extrêmement fragile. 16. 春. 筆. 改

彼 (彼女) の友人の一人は、肌が極めて弱くなってしまうという重病に苦しんでいた。

＊長文読解、内容に一致する仏文の選択問題。

frais, fraîche [frɛ, frɛʃ]

adj 形

(気候が) 涼しい、(飲食物などが) 新鮮な、冷たい

■4級・3級

Il fait frais aujourd'hui.

今日は涼しい。

Elle a pris une boisson fraîche.

彼女は冷たい飲み物を飲んだ。

Cette salade est très fraîche.

このサラダはとてもみずみずしい。

■3級・準2級

On regarde des films dehors, à l'air frais du soir. 3:10. 春. 聞. 改

戸外で夕方の涼しい空気に触れつつ、映画を見ます。

＊公園で上映される映画を話題にした会話文 (内容に一致する和文選択問題) から。

fraise [frɛz] nf 女

イチゴ

■3級

Cette tarte aux fraises est très bonne !

このイチゴのタルトはとてもおいしい！

Les fraises des bois sont délicieuses: c'est bien meilleur que les fraises cultivées ! 96. 春. 筆

野イチゴはおいしい、栽培イチゴよりもずっとおいしい。

＊複数のイラストから文意に即したものを選ぶ問題。

franc [frɑ̃] nm 男

(旧貨幣単位の) フラン

準2級

Après que le franc est passé à l'euro, les prix ont généralement monté. 08. 春. 5

フランがユーロへと切り替わったあと、物価が全般に上がった。

＊90年代の仏検では、5級〜3級までひろく使われていた単語。2002年に、フランス・ベルギーの通貨はユーロに移行した。

français(e) [frɑ̃sɛ, -sɛz] adj 形

フランスの、フランス人の、フランス語の

5級・4級

J'ai quelques amis français aux Philippines.

フィリピンに数人のフランス人の友人がいます。

Mon mari adore le vin français.

私の夫はフランスのワインが大好きだ。

3級

La cuisine française est connue dans le monde entier.

フランス料理は世界中に知られている。

準2級

J'ai trouvé un restaurant français près de mon bureau. 13. 秋. 書

私は自分のオフィスの近くにフレンチ・レストランを見つけた。

＊「書き取り」(ディクテ)。

◆ Français(e) n 名

「フランス人」

5級・4級

Les Français *aiment* le pain et le fromage. 5 :00. 春. 筆

フランス人はパンとチーズが好きだ。

＊aimer の3人称複数の直説法現在形を選ぶ問題。

3級

Beaucoup de Français se souviennent encore de Jacques Brel, *un des plus grands* chanteurs français. 93. 秋. 聞. 改

多くのフランス人は、フランスのもっとも偉大な歌手の一人である Jacques Brel をいまだに覚えている。

＊対話文の空所に un des plus grands を書き取る問題。

◆ français nm 男

「フランス語」

5級

□parler français　フランス語を話す

Elle parle français.

彼女はフランス語を話す。

J'apprends le français.

フランス語を学んでいます。

Est-ce que le français n'est pas facile ?

フランス語は易しくないですか？

◆ France nf 女

「フランス」

5級・4級

Mon fils habite en France.

息子はフランスに住んでいる。

Ma grand-mère est allée en France l'année dernière.

祖母は去年フランスに行った。

A B C D E F G H I J K L M N O P Q R S T U V W X Y Z

A B C D E F G H I J K L M N O P Q R S T U V W X Y Z

franchement [frɑ̃ʃmɑ̃]

adv 副

率直に、率直に言えば、きっぱりと

準2級

出題歴なし

Franchement, je ne suis pas d'accord avec vous.

率直に言って、私はあなたに同意できない。

＊「率直に言えば」には、ほかに à franchement parler, en toute franchise, pour être franc なども用いる。

frapper [frape] (I) 0

vt 他 vi 自

打つ (=battre)、(心を) 打つ

5級・4級

□frapper à la porte　ドアをノックする

On a frappé à la porte.

ドアをノックする音がした。

▶ ちなみに、Frappez à la porte, svp.「(入室前に) ノックしてください」という命令文を記した貼り紙がドアにあるのをよく見かける。

3級

Ils ont été frappés par la gentillesse de cette fille.

彼らはその少女の優しさに心打たれた。

frère [frɛr]

nm 男

兄、弟 (↔ sœur)

5級・4級

J'ai un grand frère et un petit frère.

私には兄と弟がいる。

▶ 通常、frère は「兄」と「弟」を区別しないが、「兄」grand frère, frère aîné、「弟」petit frère, frère cadet として区別することがある。

Tu as des frères et sœurs ?

兄弟姉妹はいるの？

3級・準2級

Tous les hommes sont frères.

人はみな兄弟。

frigo [frigo]

nm 男

冷蔵庫

3級

On ne trouve rien à manger dans le frigo.　12.秋.筆.改

冷蔵庫には食べるものが何もない。

＊整序問題から。「冷蔵庫」には技術的名称の réfrigérateur [nm]、あるいはブランド名に由来する frigidaire [nm] という語もある。frigo は frigidaire が口語的に変化した形。

frites [frit]

nfpl 女複

フライドポテト (=pommes (de terre) frites)

4級・3級

- Et comme plat ?
- Un steak-frites, s'il vous plaît.

-「で、メインは？」
-「フライドポテト添えのステーキをお願いします」

Alors un steak *avec des frites*, mademoiselle.　3:92.春.聞

では、フライドポテト添えのステーキをお願いします。

＊部分書き取り問題。frites を正確に書けるかがポイント。

froid(e) [frwa, frwad]

adj 形

寒い、冷たい (↔ chaud)、冷淡な

3級・準2級

Que ce vent est froid !

なんて冷たい風だ！

Il s'est montré froid avec nous.

彼は私たちに冷淡だった。

◆froid

nm 男

「寒さ、冷たさ、冷ややかさ」

5級・4級

□avoir froid 寒い (↔ avoir chaud)

Vous n'avez pas froid ?

寒くないですか？

Hier matin, il faisait froid.

昨日の朝は寒かった。

3級

□attraper [prendre] froid

(軽度の) 風邪をひく (=s'enrhumer)

出題

以下の文に対応する単語を 1～5 から選べ。

Il nous protège contre le froid en hiver.

1. château 2. chauffage
3. chauffeur 4. chemin
5. cheval 06. 秋. 筆. 改

「それは、冬に私たちを寒さから守ってくれる」という文意から判断して、「城」「暖房」「運転手」「道」「馬」という語群から適切なものを選ぶ。

(解答) *2*

準2級

Il neige. J'ai mis des gants *contre* le froid. 10. 秋. 筆

雪が降っている。寒さに備えて (寒くないように) 私は手袋をした。

＊「～に対して、～に備えて」と防止・予防を示す前置詞 contre を、与えられた語群から選ぶ問題。

fromage [frɔmaʒ] nm 男

チーズ

5級・4級・3級

Tu aimes le fromage ?

チーズは好きですか？

On a mangé du fromage à la fin du repas.

食事のあとにチーズを食べました。

準2級

Coupez ce fromage *en* huit, s'il vous plaît. 14. 春. 筆

このチーズを 8 つに切ってください。

＊前置詞の問題。"couper qqch en＋[数詞]" で「～を…個に切る」の意味。

frontière [frɔ̃tjɛr] nf 女

国境

3級

La frontière entre la France et l'Italie est très facile à passer.

フランスとイタリアの間の国境は、通過が実に容易だ。

Pour le 82e Tour de France, les cyclistes passent la frontière entre la France et la Belgique. 97. 春. 筆

第 82 回ツールドフランス (フランス一周自転車レース) で、自転車に乗った選手たちはフランスとベルギーの間の国境を通過する。

＊長文とその後に示される仏文が内容に一致するか否かを答える。

fruit [frɥi] nm 男

フルーツ、果実、(努力の) 成果

5級・4級・3級

Tu prends des fruits au petit déjeuner ?

朝食にフルーツを食べるの？

Elles adorent les fruits tropicaux.

彼女たちはトロピカルフルーツが大好きだ。

準2級

Elle était contente de pouvoir acheter des légumes et des fruits très frais. 16. 秋. 書. 改

とても新鮮な野菜と果物を買うことができて

A B C D E F G H I J K L M N O P Q R S T U V W X Y Z

彼女は満足だった。

＊「書き取り」（ディクテ）。légumes, frais の綴りにミスが出やすい。なお、出題文は直説法複合過去 a été が用いられていたが、（より自然な）直説法半過去に直した。

fumer [fyme] (I) 0 vi 自 vt 他

たばこを吸う、（たばこを）吸う

4級・3級

Pauline a complètement arrêté de fumer. Pauline はすっかりたばこをやめた。

準2級

La raison était, selon lui, qu'il fumait une cigarette en conduisant. 10. 春. 筆

彼によれば、運転しながらタバコを吸っていたのが（警察につかまった）理由だった。

＊長文読解問題（内容に一致する仏文の選択）の一部。

◆ fumeur, fumeuse n 名

「喫煙者」

3級

Fumeurs ou non-fumeurs ?

96. 春. 聞. 改

喫煙車ですか、禁煙車ですか？

＊「喫煙席ですか、禁煙席ですか？」とも訳せる。部分書き取り問題から。

fusée [fyze] nf 女

ロケット

3級

出題

下記の文に対応する単語を選べ。

une personne qui voyage dans l'espace à bord d'une fusée

1 医師 **2** 宇宙飛行士 **3** 家具職人 **4** ソムリエ **5** 漫画家

00. 春. 筆. 改

提示された説明は「ロケットに乗って宇宙を旅する人」と訳せる。ちなみに "à bord de＋[乗物（船、飛行機、車など）]" で「〜に乗って」の意味

（解答）*2*

futur [fytyr] nm 男

未来、将来（＝avenir, ↔ passé, présent）

3級・準2級

Cette histoire se passe dans le futur.

この物語は未来が舞台です。

Pouvez-vous imaginer que dans le futur, on n'écrira plus avec un stylo ?

準 2 : 14. 春. 筆

将来、もはやペンで字を書くことがなくなると想像できますか？

＊長文の空所補充問題、冒頭の一文。futur は「過去・現在・未来」といった「抽象的な、改まった未来」を指す。類義の avenir は「来るべき具体的な未来」のこと。

G g

gagner [gaɲe] (I)0 vt 他

(働いて金を) 稼ぐ、(試合などに) 勝つ

4級

出題

単語を並び替えて [ ] 内に記入しなさい。

Maurice [ ] femme.
sa que gagne moins

02. 春. 筆. 改

劣等比較「Maurice は奥さんよりも稼ぎが少ない」の意味になるよう並べる。

(解答) *gagne moins que sa*

3級・準2級

□gagner sa vie 生計を立てる

Comment est-ce qu'il gagne sa vie ?

彼はどうやって生計を立てているのですか？

Heureusement, ma fille a gagné le premier prix au concours de piano.

幸運にも、娘はピアノのコンクールで1等をとった。

gai(e) [ge] adj 形

陽気な、愉快な (=joyeux, ↔ triste)

3級

Elle n'est pas aussi gaie que d'habitude. 彼女はいつもほど陽気ではない。

gant [gɑ̃] nm 男

[多く複数で] 手袋

3級・準2級

Mets tes gants, il fait froid.

手袋をして、寒いから。

▶「手袋を脱ぐ」なら enlever を用いる。

Autrefois, à Paris, une femme élégante ne sortait jamais sans gants.

かつて、パリではエレガントな女性が手袋なしで出かけることはなかった (外出の際にはきまって手袋をしていたものだ)。

garage [garaʒ] nm 男

ガレージ、車庫、修理工場

3級

Ma nouvelle maison n'a pas de garage.

私の新しい家にはガレージがありません。

▶ Il n'y a pas de garage dans ma nouvelle maison. と言い換えられる。

Clara a fait réparer sa voiture au garage.

Clara は車を修理工場で修理してもらった。

▶「自動車修理工」は garagiste。

準2級

Ils ont suivi un chat noir, et il est entré dans le garage de leur maison.

17. 秋. 筆. 改

彼らが黒猫を追いかけていくと、猫は家のガレージの中に入った。

＊長文読解、内容に一致する仏文を選ぶ問題。

garçon [garsɔ̃] nm 男

男子、男の子、少年、息子

5級・4級・3級

Combien de garçons y a-t-il dans la classe ?

クラスには男子が何人いますか？

Tu connais ce garçon ?

あの少年を知ってる？

準2級

André avait toujours dit qu'il voulait avoir un garçon. 08. 春. 聞

André は、常々、男の子が欲しいと言っていた。

＊長文を聞いて、そのあとに読み上げられる仏文が内容に一致しているかを問う問題。

garder [garde] (I) 0 vt 他

取っておく、保つ、(人を) 見守る

3級

Tenez, gardez la monnaie.

はい、おつりは取っておいてください。

▶ Tenez, gardez tout. も類義。ただし、tout は、おつりがやや多めでも「いいよ、全部取っておいて」という感覚で使われる。

Vous pouvez venir garder mon bébé demain ? 02. 春. 筆. 改

明日、赤ちゃんの世話をしに来てもらえますか？

＊空欄補充、会話文完成問題。

準2級

J'ai gardé un bon souvenir de ce voyage grâce à lui. 16. 秋. 筆. 改

彼のおかげで、この旅がよい思い出になっています。

＊長文読解、内容に一致する仏文を選ぶ問題。

gare [gar] nf 女

(鉄道の) 駅 (▶「地下鉄の駅」は la station という)

5級

Mon école est loin de la gare.

私の学校は駅から遠い。

4級・3級・準2級

Laissez-moi devant la gare.

駅前で降ろしてください。

Pouvez-vous m'indiquer le chemin de la gare ?

駅へ行く道を教えてもらえますか？

▶ 簡便に、Pour aller à la gare, s'il vous plaît ? という問い方もできる。

gâteau [gato] nm 男
gâteaux pl 複

ケーキ

5級・4級

Ma mère fait souvent des gâteaux.

母はよくケーキを作ります。

Vous préférez *les* gâteaux japonais ? 4:08. 春. 筆

和菓子の方が好きですか？

＊総称を表す定冠詞 (複数) を選択肢から選ぶ問題。

3級・準2級

Quand elle était petite, elle n'aimait pas les gâteaux.

幼い頃、彼女はケーキが好きではなかった。

Comme il n'aime pas le vin, je lui apporte des fleurs ou des gâteaux. 準2:11. 春. 書

彼はお酒が好きではないので、彼には花かケーキを持っていく。

＊「書き取り」(ディクテ)。apporte des fleurs ou des gâteaux の箇所を正しく書き取るのは難しい。

gauche [goʃ] nf 女

左、左側

5級・4級・3級

□tourner à gauche　左に曲がる

Vous prenez la deuxième rue à gauche.

2番目の通りを左に曲がってください。

Vous trouverez la poste en *tournant* à gauche après l'église. 3:05. 春. 筆. 改

教会を過ぎて左に曲がれば、郵便局がありますよ。

＊動詞活用問題、tourner を現在分詞にして、ジェロンディフを完成させる。

◆gauche adj 形

「左の、左側の」

5級・4級・3級

Elle a été blessée au pied gauche en tombant.

彼女は転んで左足を負傷した。

gaz [gaz] nm 男 pl 複

ガス、気体

3級・準2級

N'oublie pas de fermer le gaz.

ガス栓を閉め忘れないでよ。

général [ʒeneral] nm 男
généraux [-ro] pl 複

一般、普遍

3級・準2級

□en général

普通、一般に、概して（＝généralement）

En général, mon mari dort jusqu'à onze heures le dimanche.

普通、日曜は、11時まで夫は寝ています。

◆général(e) adj 形
généraux mpl 男複

「一般的な、全体的な」

準2級

出題歴なし

M. Lebrun manque de culture générale.

Lebrunさんには一般教養が欠けている。

◆généralement adv 副

「一般的に、概(おおむ)ね」

4級・3級

Généralement, je me couche vers onze heures.

普通、私は11時頃寝ます。

準2級

En France, les femmes vivent généralement plus de 84 ans.

08. 秋. 筆. 改

フランスでは、女性は概して84歳以上生きる。

＊平均寿命 l'espérance de vie に関する正誤問題の一部。

genou [ʒənu] nm 男
genoux pl 複

膝（ひざ）

3級

Robert avait mal aux genoux, il ne pouvait plus marcher.

Robertは膝が痛くて、もう歩けなかった。

genre [ʒɑ̃r] nm 男

種類、ジャンル

3級・準2級

Tu aimes quel genre de musique ?

どんなジャンルの音楽が好き？

Quel est *l'intérêt* des agences qui présentent ce genre de services ?

準2:10. 秋. 筆. 改

こうした類(たぐい)のサーヴィスを提供する（旅行）代理店のメリットは何ですか？

＊長文読解、空所に補充する適語選択問題。

gens [ʒɑ̃] nmpl 男複

人々

5級・4級

Il y a beaucoup de gens dans la rue.

通りに大勢の人がいる。

3級・準2級

Cet acteur est très connu parmi les jeunes gens.

あの俳優は若い人たちの間でとても有名だ。

A B C D E F G H I J K L M N O P Q R S T U V W X Y Z

A B C D E F **G** H I J K L M N O P Q R S T U V W X Y Z

gentil(le) [ʒɑ̃ti, -tij] adj 形

親切な、優(やさ)しい、すてきな

5級

Merci, c'est gentil.

ご親切にありがとうございます。

Elle est gentille. 彼女は優しい。

4級・3級

***Soyez* gentils avec les personnes âgées.** 4:15. 春. 筆

お年寄りには親切にしなさい。

＊ être の二人称複数命令形を選択肢から選ぶ問題。前年には、類似の形が整序問題で登場している。また、3 級 02. 秋 には être gentil(le) avec qqn の前置詞 avec を問う問題が出されたこともある。

準2級

C'est gentil à vous de m'avoir invité(e).

ご招待いただきありがとうございます。

◆ gentillesse nf 女

「親切、親切な行為（言葉）」

3級

Je vous remercie de toutes vos gentillesses.

いろいろとご親切にありがとうございました。

géographie [ʒeɔgrafi] nf 女

地理（学）

3級・準2級

Ma fille aime la géographie mais pas l'histoire.

娘は地理は好きですが、歴史は好きではありません。

Ses connaissances en géographie sont encore insuffisantes.

彼（彼女）の地理学の知識はまだ足りない。

glace [glas] nf 女

アイクスリーム、氷、鏡

4級・3級

Tu aimes quel genre de glace ?

どんな種類のアイスクリームが好き？

Elle essaye un chapeau devant une glace. 10. 春. 聞

彼女は鏡の前で帽子を試着している。

＊ 読み上げられる文にふさわしいイラストを選ぶ問題。

gomme [gɔm] nf 女

消しゴム

4級

出題歴なし

Prête-moi ta gomme.

消しゴムを貸して。

gorge [gɔrʒ] nf 女

喉（のど）、咽頭、喉元

4級

□ avoir mal à la gorge 喉が痛い

J'ai mal à la gorge. 喉が痛い。

3級

Ça fait *quelques jours* que j'ai mal à la gorge et que je tousse. 99. 秋. 聞. 改

数日前から喉が痛くて咳が出ます。

＊ 文の一部、quelques jours を書き取る問題。

goût [gu] nm 男

趣味、好み、味覚、味

4級・3級

Mon père a bon goût pour les vêtements.

父は服の趣味がいい。

Cette sauce n'a pas de goût.

このソースは味がしない。

準2級

Depuis quelques années, plusieurs émissions culinaires donnent aux jeunes le goût pour la cuisine.

13. 春. 筆. 改

ここ数年、いくつもの料理番組が、若者たちに料理への関心をもたせている。

＊長文読解、空所補充問題。

◆goûter (I)0 vt 他

「～の味をみる」

3級

Goûtez ce fromage !

このチーズを味見してみて！

gouvernement [guvɛrnəmɑ̃] nm 男

政府、政権

準2級

出題歴なし

Il est temps d'avoir un changement de gouvernement.

そろそろ政権交代があってもいい頃だ。

grâce [gras] nf 女

恩恵、優美、感謝

3級・準2級

□grâce à qqn /qqch　～のおかげで

Grâce à toi, il parle de mieux en mieux le français.

君のおかげで、彼はフランス語をだんだん上手に話せるようになっている。

Je pense que c'est grâce à cela que je suis toujours en bonne santé.

3 :07. 秋. 8

いつも自分が健康でいられるのはそのおかげと思っています。

＊長文読解、内容に一致する和文を選ぶ問題。ちなみに、cela は、この文の前に出てきた marcher longtemps「長く歩くこと」を指す。

gramme [gram] nm 男

[単位] グラム

4級・3級

Ajoutez cinquante grammes de sucre.

砂糖を 50 グラム加えてください。

＊数字表現「～グラム」を聞き取る問題として、90 年代に複数回出題されている。

grand(e) [grɑ̃, grɑ̃d] adj 形

背が高い、大きい、(程度が) すごい

5級・4級

Didier est beaucoup plus grand que son père.

Didier は父よりずっと背が高い。

Moi, j'ai un grand frère et une petite sœur.

私には兄と妹がいます。

3級

Lisbonne est la plus grande ville du Portugal.

リスボンはポルトガル最大の都市だ。

Napoléon est un grand homme bien connu, mais il n'était pas grand.

Napoléon はよく知られた偉人だが、背は高くなかった。

▶ un grand homme は「偉人」の意味。形容詞を後置して、un homme grand とすると「背の高い人」の意味になる。

準2級

C'est pourquoi un grand nombre de personnes attendent déjà dehors.

09. 秋. 書

そのせいで、大勢の人たちがすでに外で待っています。

＊洋服の特売に並ぶ人たちに関する「書き取り」(ディクテ)。

A B C D E F **G** H I J K L M N O P Q R S T U V W X Y Z

◆grandeur nf 女

「(物の) 大きさ」

4級

Les cinq chambres sont de même grandeur. 95.春.筆.改

5つの寝室は大きさが同じだ。

＊イラストを見て、説明文が正しいか否かを答える問題。

◆grandir (II) vi 自

「成長する、大きくなる」

準2級

Elle est née au Japon mais elle a grandi en Chine.

彼女は日本生まれだが、中国で育った。

▶後半部を … elle a vécu [elle a été élevée] en Chine. としても類義になる。

grand-mère [grɑ̃mɛr] nf 女

祖母

5級・4級・3級

Ma grand-mère a quatre-vingt ans.

私の祖母は80歳です。

Mon grand-père et ma grand-mère sont déjà morts.

私の祖父も祖母もすでに亡くなりました。

準2級

La grand-mère de Michelle est connue comme bonne cuisinière dans ce village. 09.秋.聞.改

Michelleの祖母は、その村の料理上手として知られています。

＊長文に続いて読み上げられる仏文が、長文に内容一致しているか否かを答える問題。

grand-père [grɑ̃pɛr] nf 女

祖父

5級・4級

Manon va chez son grand-père.

Manonは祖父の家に行く。

3級・準2級

Il faut emmener mon grand-père à l'hôpital. 3:17.春.聞

病院に祖父を連れて行かなくてはなりません。

＊会話文を聞き、その内容に和文が一致しているかを答える。

grands-parents [grɑ̃parɑ̃] nmpl 男複

祖父母

4級・3級

Je vois mes grands-parents une fois par an.

年に1度、祖父母に会いに行きます。

準2級

Les grands-parents sont généralement plus tolérants que les parents. 17.秋.筆

一般的に、祖父母は両親よりも寛容だ。

gras(se) [gra, gras] adj 形

脂肪質の、太った

準2級

Selon le professeur Dubois de l'Université d'Ottawa, beaucoup de gens, surtout les jeunes, pensent que le lait est *trop gras*. 16.秋.筆

オタワ大学のDubois教授によると、多くの人、とりわけ若者が、牛乳には脂肪が多すぎると思っている。

＊長文の空欄に適切な語句を選ぶ問題。文脈から、trop grasを選択する。

gratuit(e) [gratɥi, -tɥit]
adj 形
ただの、無料の（=libre, ↔ payant）

3級

C'est gratuit. それはただです。

Le British Museum à Londres est gratuit.
ロンドンの大英博物館は入場無料です。

準2級

Chaque matin, à la sortie du métro ou dans les rues, on distribue des journaux gratuits. 08.秋.筆
地下鉄の出口や通りで、毎朝、無料の新聞が配られている。
＊長文（フランス人が新聞を読まなくなったというテーマ）の空欄に適切な語句を選ぶ問題。

◆gratuité nf 女
「無料（であること）」

3級

La gratuité des transports est-elle vraie ?
送料無料というのは本当ですか？
▶「この送料無料という話」を主語にして、Cette histoire de gratuité des transports est-elle vraie ? とすれば、話者が「送料無料」に対して強い疑念を抱いていることになる。

◆gratuitement adv 副
「無料で」

3級・準2級

On entre gratuitement dans ce musée le lundi.
その美術館は月曜は入場無料です。
▶On accède gratuitement à ce musée le lundi. も類義になる。

grave [grav] adj 形
重大な（=important）、深刻な、（病気が）重い

4級・3級

Ce n'est pas grave.
それは大したことではない。
＊3級 10.秋 に、この定型表現を書かせる問題が出されている。

準2級

Vous avez déjà eu une maladie grave ?
いままでに重い病気にかかったことはありますか？

◆gravement adv 副
「ひどく、深刻に」

準2級

Malheureusement, ces produits chimiques nuisent gravement à l'état naturel du jardin. 09.秋.筆.改
残念だが、こうした化学製品は、庭の自然な状態に著しく害を与える。
＊空欄に入る適切な語句を選択肢から選び、論説文を完成させる問題。なお、出題文には、「築かれたものを破壊する」ことを意味する動詞 détruire が使われていたが、文意と合わないので nuire とした。

grec, grecque [grɛk]
adj 形
ギリシアの

4級

J'aime la feta : c'est un fromage grec.
私はフェタが好きです。それはギリシアのチーズです。

◆Grèce nf 女
「ギリシア」

A B C D E F G H I J K L M N O P Q R S T U V W X Y Z

A B C D E F G H I J K L M N O P Q R S T U V W X Y Z

4級

Elle habite en Grèce.
彼女はギリシアに住んでいる。

Ce voyage en Grèce a été très agréable.
このギリシアへの旅はとても快適でした。

◆ grec nm 男

「ギリシア語」

4級

出題歴なし

Tu apprends le grec ?
ギリシア語を習っているの？

grève [grɛv] nf 女

ストライキ

3級

□être en grève　ストライキ中である

出　題

（　）に入る語を 1~4 から選びなさい。

Il faut d'abord discuter avant de faire la (　　).
1 bureau　2 direction　3 grève
4 service　17.秋.筆.改

選択肢から適語を選んで「ストライキをする前に、まず議論をする必要がある」という文にする。

（解答）*3*

grippe [grip] nf 女

インフルエンザ、流行性感冒

3級

Mon fils a eu la grippe il y a deux semaines.
息子は 2 週間前にインフルエンザにかかった。

▶「インフルエンザ（流感）にかかる」は avoir [attraper] la grippe という。通常の「風邪」には rhume [nm] を用いる。

gris(e) [gri, griz] adj 形

灰色の、グレーの

3級

Les hommes portent souvent des costumes gris.
男性はよくグレーのスーツを着る。

Le ciel est gris, on dirait qu'il va pleuvoir.
空は灰色で、雨が降り出しそうだ。

gronder [grɔ̃de] (I) 0 vt 他 vi 自

（子どもなどを）叱（しか）る、（雷などが）とどろく

3級・準2級

出題歴なし

Augustin s'est fait gronder par le professeur.
Augustin は先生に叱られた。

＊se faire gronder で「叱られる」。受動態 être grondé(e) を使うよりも自然な言い回しとなる。

gros(se) [gro, gros] adj 形

太った（↔ maigre）、大きい、重大な（= grave）

5級・4級

Elle a une grosse valise.
彼女は大きなスーツケースを持っている。

Nous avons un gros chat à la maison.
うちには太った猫がいます。

3級・準2級

En colonie de vacances, même un petit enfant est obligé de dire claire-

ment ce qu'il veut. Il fait donc de gros progrès en communication.

準2:13. 秋. 筆

子どものための合宿では、幼児でも自分の希望を明確に伝えざるを得ない。そのため、コミュニケーション（能力）が大いに発達する。

＊長文読解、内容に一致する仏文を選ぶ問題。

◆grossir (II) vi 自

「(人が) 太る (↔ maigrir)」

準2級

En effet, les gens qui ne veulent pas grossir évitent de boire du coca.

16. 秋. 筆. 改

実際、太りたくない人たちはコーラを飲むのを避けている。

＊長文読解、選択式の空所補充問題。

groupe [grup] nm 男

集団、グループ

4級・3級・準2級

□en groupe　団体で、共同で

Ils forment un groupe de dix personnes.

彼らは 10 人のグループです。

Cela leur permet d'apprendre à *travailler en groupe*.　準2:09. 春. 筆

それによって彼らは共同作業を学ぶことができる。

＊文中の空欄に語句を補う問題。

guère [gɛr] adv 副

[ne とともに用いて] ほとんど～ない (しない)

3級・準2級

出題歴なし

Frédy n'a guère d'amis.

Frédy にはほとんど友人がいない。

guéri(e) [geri] adj 形

(傷や病気が) 治(なお)った、(人が) 回復した (=rétabli)

3級・準2級

Mon rhume est enfin guéri.

風邪がやっと治った。

Je suis heureux que tu sois guéri.

全快おめでとう。

▶もちろん、「私 je」と「あなた tu」が女性なら、Je suis heureuse que tu sois guérie. となる。なお、guéri は動詞 guérir（活用番号（II））からの派生語。

guerre [gɛr] nf 女

戦争 (↔ paix)

3級・準2級

Nous ne voulons pas la guerre.

私たちは戦争は望みません。

Ma femme et ma mère sont en guerre.

妻と母は戦争状態です。

guichet [giʃɛ] nm 男

(銀行や劇場、駅などの) 窓口、カウンター

3級・準2級

Réservez vos places au guichet numéro six.

6 番窓口で席を予約してください。

Où est le guichet, s'il vous plaît ?

窓口はどこですか？

guide [gid] nm 男

ガイド、添乗員、ガイドブック

4級・3級・準2級

Mon cousin travaille comme guide dans un château pendant les vacances.

ヴァカンスの間、いとこは城のガイドとして働いている。

Vous pouvez acheter des guides dans la boutique.

ガイドブック（案内書）は店内でお買い求めいただけます。

guitare [gitar] nf 女

ギター

4級・3級

☐jouer de la guitare

ギターを弾(ひ)く（=faire de la guitare）

Mon passe-temps, c'est jouer de la guitare.

私の趣味はギターを弾くことです。

準2級

Les personnes âgées font de la guitare seulement pour s'amuser.

13. 秋. 筆. 改

高齢の人たちは楽しむためだけにギターを弾いています。

＊会話文の空所補充問題から。

H h

(s')habiller [abije] (I) 0

vr 代動

服を着る (↔ se déshabiller)

4級

Tu n'as pas encore fini de t'habiller ?

まだ着替えが終わらないの？

3級・準2級

Habille-toi vite ! Tu vas être en retard !

急いで服を着て！ 遅れるよ！

◆ habillé(e) **adj** 形

「服を着た、ドレスアップした」

3級

- Tu n'es pas encore habillé ?
- J'hésite entre ces deux costumes.

16. 春. 筆

-「まだ、服を着てないの？」
-「この2つのスーツで迷ってるんだよ」

＊対話文完成問題から。

habiter [abite] (I) 0 **vi** 自 **vt** 他

住む、居住する

5級・4級

- Vous habitez où ?
- J'habite à Hiroshima.

-「どこに住んでいますか？」
-「広島です」

Tu habites à quel étage ?

何階に住んでいるの？

3級

Ça fait longtemps qu'elle habite Paris ?

彼女はパリに住んで長いのですか？

▶ 自動詞なら habiter à Paris が通常の言い回しだが、例文のように、他動詞で habiter Paris とすると、Paris を心持ち強調するニュアンスが生じる。

Il habitait un appartement parisien tout seul pour son travail.

彼は仕事のために、パリのアパルトマンで一人暮らしをしていた。

◆ habitant(e) **n** 名

「住民、居住者」

3級

Il y a plus de dix millions d'habitants à Tokyo.

東京の人口は1000万を超える。

habitude [abityd] **nf** 女

(個人の) 習慣

4級

□d'habitude

いつもは、普段は (=habituellement)

D'habitude, ma mère ne porte pas *de* lunettes. 12. 春. 筆. 改

普段、母は眼鏡をかけていない。

＊冠詞の問題。porter des lunettes の不定冠詞が、否定形になると de に変わる点がポイント。

3級

□comme d'habitude　いつものように

Ce matin, mon père s'est promené avec son chien dans le parc comme d'habitude.

今朝、父はいつものように公園を犬と散歩した。

＊comme d'habitude を書かせる問題が準2級 09. 秋 に出されている。comme toujours も類義。

A B C D E F G **H** I J K L M N O P Q R S T U V W X Y Z

準2級

☐avoir l'habitude de＋inf.
～する習慣がある

Elle a l'habitude de boire du thé après chaque repas.
彼女は毎食後、紅茶を飲むことにしている。

†hasard ['azar] nm 男

偶然（＝occasion）

3級

☐par hasard　偶然に、たまたま

J'ai rencontré ma tante par hasard.
偶然おばに会った。

準2級

☐au hasard　あてもなく

J'aime marcher au hasard dans Tokyo.
私は東京をあてもなく歩くのが好きだ。

Ce n'est pas un hasard s'il a échoué au concours.
彼が入試に落ちたのは偶然ではない。

†haut(e) ['o, 'ot] adj 形

（高さ・声・音などが）高い、（値段・質などが）高い

5級

C'est haut ! 96.春.聞
（高さが）高い！
＊イラスト群から、ビルを見上げているものを選ぶ。

4級・3級・準2級

Quelle est la plus haute montagne de ce pays ?
この国で一番高い山はどれですか？
▶ Quelle est la montagne la plus haute de ce pays ? と言い換えることもできる。

Parlez à haute voix !
（聞こえないので）大声で話して！

◆ †haut adv 副

「高く」

5級

Il ne faut pas parler haut. 01.秋.筆
大きな声で話さないで。
＊うしろの席に座っている男性に声をかけているイラストの説明文なのだが、不自然な印象を受ける。確かに haut に「声高に」の意味はあるが、「大きな声で話す」は parler fort が一般的だからだ。

4級・3級

Les avions volent très haut dans le ciel. 飛行機が空高く飛んでいる。

◆ †haut nm 男

「高さ、上の方、高所」

4級

出　題

単語を並び替えて［　］内に記入しなさい。

Ecrivez votre nom [　　　] page.
de　en　la　haut 97.春.筆

en haut de qqch「～の上に、上方に」を見抜いて、「そのページの上部に名前を書いてください」という文を完成させる。

（解答）*en haut de la*

3級・準2級

Je voudrais mettre mes bagages en haut.
荷物を上にあげたいのですが。

Cette tour fait au moins 30 mètres *de* haut. 準2:10.秋.筆.改
このタワーは少なくとも高さ 30 メートルある。
＊前置詞 de を答える問題。"［数量表現］＋de haut" で「～の高さ」の意味になる。

†hauteur ['otœr] nf 女

高さ、標高、高度

3級・準2級

出題歴なし

Quelle est la hauteur de la tour Eiffel ?

エッフェル塔の高さはどれぐらいありますか？

▶ これはクイズ番組で用いられるような少々芝居がかった言い回しで、日常会話では Quelle hauteur a la tour Eiffel ? などとするのが自然。

herbe [ɛrb] nf 女

草、牧草

3級

Il ne peut pas distinguer les légumes des mauvaises herbes. 06.秋.筆.改

彼は野菜と雑草の区別がつかない。

＊長文読解問題。

†héros, héroïne ['erɔ, -ɔin] n 名

英雄、ヒーロー、ヒロイン

3級・準2級

Mon père est vraiment mon héros.

父は本当に私のヒーローです。

Quand j'étais enfant, je voyais beaucoup de films américains. Et je rêvais de devenir un héros. 準2:16.春.書

子どもの頃、私はアメリカ映画をたくさん見ました。そして、ヒーローになることを夢見ていました。

＊「書き取り」（ディクテ）。

hésiter [ezite] (I) 0 vi 自

ためらう、躊躇する

3級

N'hésite pas à me téléphoner.

遠慮なく私に電話して。

準2級

Céline hésite à se marier maintenant. Elle pense être trop jeune.

Céline は、今結婚することをためらっている。自分が若すぎると思うからだ。

heure [œr] nf 女

時間、1時間、（特定の）時刻

5級・4級

- Quelle heure est-il ?
- Il est huit heures.

-「何時ですか？」 -「8時です。」

▶ 午前・午後を区別するなら、huit heures du matin / huit heures du soir とする。24時間制なら、例文は「午前8時」を指し、「午後8時」は Il est vingt heures.「20時です」となる。

À tout à l'heure. じゃ、後で（後ほど）。

4級

Vous avez l'heure ?

（見知らぬ人に）何時ですか（時計をお持ちですか）？

▶ 会話では、Vous avez l'heure, s'il vous plaît ? と使うことも多い。

Mon fils dort huit heures par nuit.

息子は1日に8時間寝る。

3級・準2級

□à l'heure 定刻に；1時間につき

□tout à l'heure 先ほど；後ほど

Mes parents sont arrivés à l'heure à Narita.

両親は時間どおり成田に着いた。

Jean est tombé d'une moto qui *roulait* à 50km à l'heure. 3:07.秋.筆.改

Jean は時速50キロで走っていたバイクから投げ出された。

＊動詞 rouler を直説法半過去に活用させる問題。

heureux, heureuse [œrø, -røz] adj 形

(人が) 幸福な、幸せな、嬉(うれ)しい (↔ malheureux)

5級・4級・3級

Je suis heureux [heureuse] de vous voir.

あなたにお目にかかれて嬉しく思います。

▶ Je suis heureux [heureuse] de faire votre connaissance. も同義。

Bonne et heureuse année.

あけましておめでとう (よいお年を)。

準2級

Elle est heureuse quand elle regarde de jolies robes. 17. 春. 書. 改

彼女はかわいらしい服を眺めていると幸せを感じる。

＊「書き取り」(ディクテ)。

◆ heureusement adv 副

「幸いにも、運よく」

4級・3級・準2級

Heureusement, elle a réussi son examen.

幸い、彼女は試験に受かった。

Heureusement, Luc a pris un taxi et il est arrivé à l'heure à l'aéroport.

幸いにも、Luc はタクシーに乗り、空港に時間通り着いた。

hier [ijɛr] adv 副

昨日(きのう)

5級・4級

Alors, qu'est-ce que tu as fait hier ?

で、昨日は何をしたの？

Elle est partie hier soir à Moscou.

彼女は昨晩モスクワへ出発した。

3級

J'ai trop bu hier. Je ne *me souviens* de rien. 09. 秋. 筆

昨日は飲みすぎました。何も覚えていません。

＊「夕べはどうやって帰宅したの？」Comment êtes-vous rentré hier soir ? との問いへの応答。文意から、se souvenir を直説法現在に活用させる問題。前文が複合過去なので、きちんと意味が把握できていないと誤答が生じやすい。

準2級

Hier, elle est allée au marché près de chez elle. 16. 秋. 書

昨日、彼女は自宅近くの市場へ行った。

＊「書き取り」(ディクテ)。

histoire [istwar] nf 女

歴史、物語、話

5級・4級

Mon fils étudie l'histoire de l'Europe.

息子はヨーロッパの歴史を研究している。

3級・準2級

出　題

単語を並び替えて [ ] 内に記入しなさい。

Cette [　　] monde.
le fait tout pleurer histoire

3 : 15. 秋. 筆. 改

faire＋inf.「使役」の形、tout le monde「みんな、すべての人」などを見抜き、「この話はみんなを涙させる」という文を導く。

(解答) *histoire fait pleurer tout le*

L'histoire se répète.

(ことわざ) 歴史は繰り返す。

◆historique adj 形

「歴史の、歴史に関する、歴史に残る」

3級・準2級

Visitons tous les monuments historiques de cette ville. 準2:09.秋.筆

この町のすべての史跡を見に行きましょう。

＊空所を埋めて、対話文を完成させる問題。

hiver [ivɛr] nm 男

冬

5級・4級

□en hiver　冬に

Nous sommes en hiver. 今は冬です。

On fait du ski *en* hiver. 4:07.秋.筆

冬にはスキーをします。

＊適当な前置詞を選択肢から選ぶ問題。

3級・準2級

Je préfère un hiver froid à un été chaud.

私は暑い夏より寒い冬のほうがいい。

Les soldes d'hiver commencent bientôt. 準2:12.春.筆

冬のバーゲンが間もなくはじまる。

＊会話文の空所補充問題の冒頭。

homme [ɔm] nm 男

人間、男性 (↔ femme)

5級・4級

Regardez ces hommes ! 5:17.春.聞

あの人たちを見て！

＊この文を聞き、適切なイラストを選ぶ問題。男性が一人か複数かを聞き分けるのがポイント。

Vous connaissez cet homme ? 4:99.秋.筆

あの男の人を知っていますか？

＊動詞 connaître の正しい活用形を選ぶ問題。

3級・準2級

Les hommes vivent moins longtemps que les femmes.

男性は女性ほど長生きはしない。

honnête [ɔnɛt] adj 形

(人が) 正直な、誠実な、善良な (↔ malhonnête)

準2級

出題歴なし

Pour être honnête, je ne sais pas vraiment.

正直言って、私にはよくわかりません。

▶ pour être honnête＝honnêtement「正直に言って、本当のところ」。

†honte ['ɔ̃t] nf 女

恥、不名誉

3級・準2級

出題歴なし

C'est une honte !

恥ずかしいことだ (恥知らずなことだ)！

◆†honteux, honteuse adj 形

「恥ずべき、恥ずかしい」

3級・準2級

出題歴なし

Mon ami était honteux d'avoir menti.

友は嘘をついたことを恥じていた。

hôpital [ɔpital] nm 男 hôpitaux [-to] pl 複

病院

5級・4級・3級

□aller à l'hôpital　病院に行く

□être à l'hôpital　入院している

□sortir de l'hôpital

退院する（＝quitter l'hôpital）

□aller voir qqn à l'hôpital

～を見舞いにいく

Jeanne dois aller à l'hôpital demain.

Jeanne は、明日病院に行かなくてはならない。

Ma sœur est à l'hôpital pendant deux semaines.

姉（妹）は2週間入院している。

▶「入院している状態」をいう。「入院する」なら entrer à l'hôpital。

準2級

Qui aime les hôpitaux ?

病院が好きな人なんていますか？

◆hospitaliser (I) 0 vt 他

「入院させる」

3級

Elle a souvent été hospitalisée.

彼女はしばしば入院している。

À mon avis, il faut l'hospitaliser d'urgence.

思うに、彼（彼女）を至急入院させたほうがいい。

horloge [ɔrlɔʒ] nf 女

（駅などにある公共の）大時計、柱時計

3級

L'horloge de la gare de Lyon a annoncé l'heure.

リヨン駅の大時計が時を告げた。

▶動詞 sonner で言い換えてもよい。ちなみに、小ぶりの「（振り子のある）掛け時計、置き時計」は la pendule（男性名詞 le pendule なら「振り子」）、「目覚まし時計」は le réveil という。

hôtel [otɛl] nm 男

ホテル

5級・4級

***Cet* hôtel est très cher.** 5:14.秋.筆

このホテルはとても（値段が）高い。

＊指示形容詞を選ぶ問題。

M. Kernerman a oublié son passeport à l'hôtel quand il a payé la note.

Kernerman 氏はチェックアウトの際、ホテルにパスポートを忘れてきた。

3級・準2級

Pour mieux connaître le Japon, Sylvie a réservé sur internet un *ryokan*, un hôtel traditionnel japonais.

3:17.春.筆.改

日本をもっとよく知ろうと、Sylvie は、日本の伝統的なホテルである「旅館」をネットで予約した。

＊長文読解問題（内容一致する和文を選択）の改作。

Plusieurs hôtels doivent être construits avant les Jeux olympiques.

オリンピックまでに幾つものホテルを建設しなくてはならない。

huile [ɥil] nf 女

油、オイル

3級・準2級

出題歴なし

Tu veux bien acheter une bouteille d'huile ?

オイルを1瓶買って来てくれない？

Mettez un peu d'huile d'olive dans la salade.

サラダにオリーヴ・オイルを少し入れてください。

humain(e) [ymɛ̃, -ɛn] adj 形

人間の、人間的な

準2級

Le fonctionnement du corps humain est fort compliqué.

人体の機能は非常に複雑だ。

Cela dépasse les possibilités humaines.

これはとても人間業とは思えない。

humide [ymid] adj 形

湿った、じめじめした (↔ sec)

3級・準2級

出題歴なし

Il fait chaud et humide aujourd'hui.

今日は蒸し暑い。

Mon linge est encore humide.

洗濯物がまだ湿っぽい。

◆ humidité nf 女

「湿気」

3級

出題歴なし

Quelle humidité ! なんて湿気だ！

A B C D E F G H I J K L M N O P Q R S T U V W X Y Z

I i

ici [isi] adv 副
ここで、ここに (↔ là)

5級・4級

J'habite ici depuis six mois.
半年前からここに住んでいます。

Il y a une pharmacie près d'ici ?
この近くに薬局はありますか？

3級・準2級

Passez *par* ici, s'il vous plaît. 3:05.春.筆
こちらからどうぞ。
＊「～を通って」と場所を示す前置詞 par を選択する問題。

idée [ide] nf 女
考え (=pensée)、アイデア、意見 (=opinion)

5級・4級・3級

C'est une bonne idée !
それはいい考えだ！
▶ 非人称を用いた Il m'est venu une idée.「私にある考えが浮んだ」も基本表現。

D'*où* vient cette idée ? 3:10.春.筆
その考えはどこから生まれるの（どうしてそんな考えになるの）？
＊疑問詞 où を選択肢から選ぶ問題。

準2級

En tout *cas*, je suis pour cette idée. 08.秋.筆
とにかく、私はその考えに賛成です。
＊和訳を参照して、en tout cas「いずれにせよ、とにかく、どんな場合でも」の cas を解答する問題。この熟語から「アンツーカー（水はけのよい人工土を敷いた全天候型競技場）」という語が生まれた。

L'idée que je ne vous verrai plus me rend triste.
もうあなたに会えないと思うと悲しくなる。

identité [idɑ̃tite] nf 女
本人（同一人）であること

4級

□une carte d'identité　身分証明書

Elle *a perdu* sa carte d'identité hier. 99.秋.筆
彼女は昨日、身分証明書をなくした。
＊和訳を参考に、perdre の直説法複合過去を選択する問題。

ignorer [iɲɔre] (I) 0 vt 他
（人物・事物）知らない
▷ i「～ない」+gnorer (connaître「知っている」)

準2級

Elle ignore tout de moi.
彼女は私のことを何も知らない。

出　題

A・B がほぼ同じ意味になるよう語群から単語を選び、必要な形にして答えなさい。

A Elle ignore la patience.
B Elle (　　) complètement de patience.
coûter　faire　manquer　recevoir　se mettre 12.秋.筆.改

「彼女は忍耐を知らない」→「忍耐を欠く」 "manquer de + [無冠詞名詞]" とする。
（解答）*manque*

île [il] nf 女
島

4級・3級

L'île de la Cité est le plus vieux quartier de Paris.

シテ島はパリで最も古い地区だ。

Qu'est-ce que tu emporterais si tu devrais aller vivre sur une île déserte ?

もしも無人島で暮らさなくてはならないことになったら、何を持って行く？

image [imaʒ] nf 女

絵、映像、イメージ

準2級

□un livre d'images　絵本

Cette bibliothèque possède plus de 100 000 livres pour enfants, des romans et des livres d'images.

16. 春. 聞. 改

その図書館は 10 万冊以上の子ども向けの本や小説、絵本を所蔵している。

＊長文を聞き、あとに流れる仏文がその内容に一致するか否かを答える。

Cela a contribué à améliorer l'image du Japon.

それは日本のイメージアップに役立った。

▶ contribuer à＋inf.「～することに貢献する」。

◆imaginer (I) 0 vt 他

「想像する、思う」

3級・準2級

C'est une chose qu'on ne pouvait pas imaginer avant. 3 : 16. 秋. 筆

これは以前なら想像できないことだった。

＊長文読解、内容が一致する和文を選択する問題。

L'examen n'a pas été aussi facile que je l'imaginais.

試験は、思っていたほど楽ではなかった。

◆imagination nf 女

「想像力」

準2級

出題歴なし

Il manque d'imagination.

彼は想像力に欠ける。

▶「想像力に富んでいる」なら、avoir beaucoup d'imagination とか avoir une imagination débordante などという。

immeuble [imœbl] nm 男

（街中にある数階建ての）大きな建物、ビル

4級・3級・準2級

Vous habitez à quel étage dans cet immeuble ?

この建物の何階にお住まいですか？

Elle habite au deuxième étage d'un immeuble au nord de Tokyo.

彼女は、東京の北にある建物の 3 階に住んでいる。

immobilier, immobilière

[imɔbilje, - jɛr] adj 形

不動産の

3級

J'ai trouvé mon appartement à Lille grâce à une agence immobilière.

不動産屋のおかげで、リールにアパルトマンが見つかった。

important(e) [ɛ̃pɔrtɑ̃, -tɑ̃t]

adj 形

重要な、大切な、（数量が）大きな

3級・準2級

Kevin a touché une somme *importante.* 3 : 91. 秋. 筆. 改

Kevin は莫大な金額を受け取った。

＊同意語の considérable を選択肢から選ぶ問題。

Il est important d'agir immédiatement.

すぐに行動することが大切だ。

▶ Il est important qu'on agisse immédiatement. と書き換えられる。

Il est difficile d'apprendre ce texte par cœur.

このテクストを暗記するのは難しい。

▶ Ce texte est difficile à apprendre par cœur. とも表現できる。

◆ important nm 男

「重要なこと」

3級

***L'important pour moi,* c'est surtout d'être seule.** 04.春.筆

私にとって大切なことは、何よりも一人でいることです。

＊文意を考えて、対話文の空所に、選択肢から適当なフレーズを選ぶ問題。

◆ importance nf 女

「重要性」

準2級

出題歴なし

Tu dois donner de l'importance aux moments passés avec eux.

君は、彼らといっしょに過ごす時間を大切にすべきだ。

importer [ɛ̃pɔrte] (I)0

vi 自

(à ～にとって) 重要である、大事である

3級

□peu importe　どうでもよい

□n'importe quand [où, qui, quoi]

いつ（どこ、誰、何）でも

Votre opinion importe peu.

あなたの意見などどうでもよい。

Téléphonez-moi n'importe quand.

いつでもいいから電話をください。

importer [ɛ̃pɔrte] (I)0

vt 他

輸入する (↔ exporter)

3級

Le Japon importe du pétrole des pays arabes.

日本はアラブ諸国から石油を輸入している。

◆ importation nf 女

「輸入 (↔ exportation)」

3級

Je m'occupe bien sûr de l'importation et le travail est très intéressant.

94.春.筆.改

もちろん、私は輸入業に携わっている身ですが、それはとてもおもしろい仕事です。

＊長文読解、内容が一致する和文を選択する問題。

impossible [ɛ̃pɔsibl] adj 形

不可能な (=irréalisable)、手に負えない (=insupportable)

4級

C'est impossible.

それはあり得ない（それは無理です、まさか）。

3級・準2級

Il me semble impossible de finir ce travail avant dix heures.

この仕事を10時までに終えることは不可能に思える。

Erika a un caractère impossible.

Erika は気むずかしい性格だ。

impression [ɛ̃presjɔ̃] nf 女

印象、感じ

準2級

La première impression est la plus importante.

第一印象がもっとも大切だ。

J'ai l'impression que tu es plus calme qu'avant. 13.春.筆.改

あなたは以前よりも落ち着いている印象を受けます。

＊対話文の空所補充問題から。"avoir l'impression de＋inf. / que＋[直説法]" で「～のような気がする、～という印象をもつ」という意味。

incendie [ɛ̃sɑ̃di] nm 男

火事、火災

3級・準2級

Ils ont échappé à l'incendie. 3:91.春.筆

彼らは火事を逃(のが)れた。

＊前置詞の問題。échapper à qqch は「～から逃げる、～をまぬがれる」の意味。

Il y a eu un début d'incendie dans le quartier.

近所でぼやがあった。

▶「ぼや」は un léger incendie といった言い方もできる。

incroyable [ɛ̃krwajabl] adj 形

信じられない (↔ croyable, crédible)、驚くべき (=étonnant)

3級

C'est incroyable ! 信じられない！

Il m'a raconté une histoire incroyable.

彼は私に、信じられないような話をした。

indépendant(e) [ɛ̃depɑ̃dɑ̃, -dɑ̃t] adj 形

独立した、(de ～と) 無関係の

4級・3級

La chambre de François est assez grande et très indépendante. 4:92.秋.筆

François の寝室はかなり広くて、独立性が高い。

＊アパルトマンの見取り図から、説明文に該当する箇所を選ぶ問題。

Elle a un esprit indépendant.

彼女には独立心がある。

indiquer [ɛ̃dike] (I) 0 vt 他

指し示す、示す、教える

3級・準2級

Pouvez-vous m'indiquer la route pour aller à Limoges ?

リモージュへ行く道を教えていただけますか？

L'étude indique enfin *un changement du lieu de l'achat*. 準2:08.春.筆

つまり、この調査は買い物をする場所の変化を示すものである。

＊論説文の空所補充問題。

◆indication nf 女

「[多く複数で] 指示、命令、情報」

3級

Au prochain croisement, il n'y a aucune indication. 93.春.筆.改

次の交差点には何の指示もありませんから。

＊対話文と、それに続く仏文が内容一致しているか否かを答える問題。

industriel(le) [ɛ̃dystrijɛl] adj 形

産業の、工業の

3級

Au mois d'août, la production industrielle baisse dans cette région.

8月には、この地方で工場生産が落ち込む。

A B C D E F G H **I** J K L M N O P Q R S T U V W X Y Z

infirmier, infirmière
[ɛ̃firmje, -mjɛr] n 名
看護師

3級

Mon fils travaillait comme infirmier.
息子は看護師として働いていた。

L'infirmière est très gentille avec les malades.
あの看護師さんは病人にとても優しい。

inflation
[ɛ̃flasjɔ̃] nf 女
インフレーション (↔ déflation)

3級

Ce pays a un taux d'inflation très élevé.
この国はインフレ率がとても高い。
＊3級 91. 秋 に見出語の出題例がある。

information
[ɛ̃fɔrmasjɔ̃] nf 女
情報 (=renseignement)、[複数で] ニュース

3級・準2級

J'ai quelques informations à ce sujet.
その件についてはいくらか知っています（情報があります）。

▶ 見出語が「（特定の問題についての詳しい）情報」を指すのに対して、類義の un renseignement は「（広く実用的な）情報」を意味する単語。

J'ai écouté les informations sportives à la radio ce matin.
今朝、ラジオでスポーツニュースを聞いた。

ingénieur
[ɛ̃ʒenjœr] nm 男
技師、エンジニア

4級・3級

Il est ingénieur en informatique.
彼は情報科学（コンピュータ）のエンジニアだ。

inquiet, inquiète
[ɛ̃kjɛ, -ɛt] adj 形
心配な、気がかりな

3級・準2級

Patrice est inquiet pour ses parents âgés.
Patrice は高齢の両親のことを心配している。

Je suis inquiète de la santé de mon mari.
私は夫の健康が気がかりです。

◆ (s')inquiéter
(I)6 vr 代動
「(de ～を) 心配する」

4級・3級

Ne t'inquiète pas ! 心配しないで！

準2級

Tes parents s'inquiètent certainement pour toi. 12. 春. 書. 改
両親はきっと君のことを心配しています。
＊「書き取り」（ディクテ）。

inscrire
[ɛ̃skrir] (III)39 vt 他
記入する、登録する

3級

Alors, voudriez-vous m'inscrire pour ce voyage ? 97. 秋. 聞
では、私の分の、この旅行の申し込み手続きをしていただけますか？
＊会話文を聞き取り、その内容に一致する和文を選択する問題。

◆ (s')inscrire
(III)39 vr 代動
「(自分を) 登録する」

3級

Tu t'es déjà inscrit(e) au cours de

français ?

フランス語の授業にもう登録した？

◆ inscription nf 女

「登録、(参加の) 申し込み」

3級

Pourriez-vous remplir ce papier pour l'inscription ? 97. 秋. 聞

申し込みのため、この用紙にご記入いただけますか？

＊会話文を聞き取り、その内容に一致する和文を選択する問題。3 級の出題なので、表現にしばりがあるのかもしれないが、普通は Pourriez-vous remplir ce formulaire d'inscription ? といった言い方をする。

insister [ɛ̃siste] (I) 0 vi 自 vt 他

(sur ～を) 強調する、固執する、うるさく言う

3級

Il a insisté pour venir.

彼はどうしても来ると言っている。

Elle a tellement insisté que j'ai fini *par* la croire. 92. 春. 筆. 改

彼女があまりに言い張るので、最後には彼女を信じた。

＊文意を考えて、前置詞を選択肢から選ぶ問題。finir par＋inf. は「ついに～する、最後には～する」(↔ commencer par) の意味。

(s')installer [ɛ̃stale] (I) 0 vr 代動

身を落ち着ける、居をかまえる

4級

Tu vas t'installer à Rouen ?

Rouen に住むのですか？

3級・準2級

出　題

適切な文を選び、対話を完成させなさい。

A On se met là, au fond ?
B (　　　　)
A Ici, alors ?
1 J'aimerais qu'on aille au cinéma.
2 J'aimerais qu'on entre dans un restaurant moin cher.
3 J'aimerais qu'on s'installe plus près de la terrasse. 3 : 97. 秋. 筆

「あそこ、奥に座ろうか？」「じゃ、ここは？」というのが A、それに対し、「映画に行きたい」「もっと安いレストランに入りたい」では会話が成立しない。「テラスにもっと近いところに座りたいのですが」がふさわしい。

(解答) *3*

instant [ɛ̃stɑ̃] nm 男

瞬間、一瞬

3級・準2級

Un instant, j'arrive !

ちょっと待って、すぐ行きます！

＊Un instant, s'il vous plaît.「ちょっとお待ちください」の instant を答えさせる問題として、準 2 級 14. 秋 に出題されている。

Pour l'instant, tout va bien.

今のところ、すべて順調です。

▶ pour l'instant は「今のところ、さしあたって」という意味。

Elle est arrivée à l'instant.

彼女はたった今着いたところです。

▶ この例文は Elle vient juste d'arriver. と言い換えられる。à l'instant は文脈次第で「(過去) たった今」、「(未来) 今すぐ」のいずれも意味し得る。

instituteur, institutrice

[ɛ̃stitytœr, -tris] n 名

(小学校の) 先生、教諭 (=maître, maîtresse)

3級・準2級

Mon père a été instituteur pendant longtemps.

父は久しく小学校の教師をしていた。

C'est l'institutrice qui m'a appris à lire.

読むことを教えてくれたのは小学校の先生です。

instrument

[ɛ̃strymɑ̃] nm 男

道具、(科学や医療の) 器具、楽器 (=instrument de musique)

3級

Tu joues de quel instrument ?

どんな楽器を演奏するの？

intelligent(e)

[ɛ̃teliʒɑ̃, -ʒɑ̃t] adj 形

頭のいい (↔ bête)、知的な

4級

Qui est *le plus intelligent de* la classe ? 08. 春. 筆

クラスでもっとも聡明なのは誰ですか？

＊整序問題。

3級・準2級

Les gens intelligents cherchent à comprendre avant de juger.

頭のいい人は、判断する前に理解しようと努める。

◆ intelligence nf 女

「知能、知性、理解力」

準2級

Et *ce n'est pas tout* : en tapant des mots sur son ordinateur, on ne stimule pas autant son intelligence qu'en écrivant de belles lettres. 14. 春. 筆

それだけではありません、パソコンで言葉を打っても、きれいな文字を手で書くときほど知能は刺激されないのです。

＊長文読解、空所補充問題。

intention

[ɛ̃tɑ̃sjɔ̃] nf 女

意図、意向

4級・3級

□avoir l'intention de＋inf.

〜するつもりだ (=compter＋inf.)

J'ai l'intention d'aller au Brésil le mois prochain.

来月ブラジルに行くつもりです。

準2級

Je n'ai pas dit ça dans l'intention de te blesser.

君を傷つけるつもりで、そんなことを口にしたのではない。

interdit(e)

[ɛ̃tɛrdi, -dit] adj 形

禁じられた

3級

Il est interdit de stationner ici. Vous *le* savez bien. 99. 秋. 筆. 改

ここは駐車禁止です。ご存じでしょ。

＊中性代名詞 le を選択肢から選ぶ問題。

準2級

Il est interdit de boire et de manger dans la bibliothèque de Manon. 16. 春. 聞

Manon の図書館では、飲食禁止です。

＊長文を聞き、続いて読み上げられる文が、

その内容に一致するか否かを解答する問題。

◆ interdire (S)4 vt 他

「(人が) 禁止する (=défendre, ↔ permettre)」

準2級

Le médecin m'a interdit le vin.

医者は私に酒を禁じた。

Il est interdit de fumer sur le quai.

プラットホームでの喫煙は禁じられている。

▶ 公的な禁止の意味合い。慣例的・日常的な禁止を表す場合は、il ne faut pas＋inf. が広く用いられる。

intéressant(e) [ɛ̃terɛsɑ̃, -ɑ̃t]

adj 形

おもしろい、興味のある、(値段が) 得な (=avantageux)

5級・4級・3級

Ce n'était pas très intéressant.

それはあまりおもしろくなかった。

On a vu un film intéressant à la télé hier soir.

昨晩、テレヴィでおもしろい映画を見ました。

Pour moi, il est intéressant de découvrir les différences entre Paris et Tokyo.

私にとって、パリと東京の違いを見つけ出すことは興味深いです。

準2級

Chez elle, il y a toujours de bons plats à des prix intéressants.

13. 秋. 書. 改

彼女の店には、お得な値段のおいしい料理がいつも置いてある。

＊「書き取り」(ディクテ)。

◆ intéresser (I)0 vt 他

「(人に) 興味を持たせる」

3級・準2級

Non, merci. Ça ne m'intéresse pas.

いいえ、けっこうです。興味がありません。

◆ (s')intéresser (I)0

vr 代動

「(à ～に) 関心を抱く」

3級・準2級

Avec l'âge, mon mari s'intéresse de plus en plus à la cuisine japonaise.

年とともに、夫はますます日本料理に関心を持っています。

◆ intérêt nm 男

「興味、関心、面白さ、利息、メリット」

準2級

J'ai un grand intérêt pour la politique.

私は政治に大いに関心があります。

Christian trouve que la vie parisienne n'a aucun intérêt.

08. 春. 筆

Christian は、パリの暮らしはまったく面白みがないと思っている。

＊長文読解、内容が一致する仏文を選択する問題。

intérieur(e) [ɛ̃terjœr]

adj 形

内側の、室内の、国内の

4級

On peut passer du salon à la chambre des parents par une porte intérieure.

92. 秋. 筆. 改

居間から両親の部屋へは、室内のドアを通って行くことができます。

＊部屋の見取り図から、説明文にふさわしい場所を答える問題。

◆ intérieur n 名

「内部、室内、国内」

■3級・準2級

On se met où, à l'intérieur ou à la terrasse ? 3:98. 秋. 聞

どこに座ろうか？ 中か、それともテラス？

＊読み上げられる文にふさわしい状況が描かれたイラストを選ぶ問題。

international(e)

[ɛ̃tɛrnasjɔnal] adj 形

internationaux [-no] mpl 男複

国際的な (↔ national)

■3級・準2級

Mes études de commerce international sont terminées et je travaille depuis un mois dans une entreprise qui importe des chaussures. 3:94. 春. 筆

国際通商の専門課程を終えて、靴の輸入会社で1ヶ月前から働いています。

＊手紙文の一部、内容が一致する和文を選択する問題。

Mon neveu a acquis une renommée internationale comme pianiste.

甥(おい)はピアニストとして国際的な名声を得た。

internet [ɛ̃tɛrnɛt] nm 男

インターネット (▶ Internet の表記もあるが、現用は小文字が通例)

■3級・準2級

□sur internet インターネットで (に)

J'ai eu l'information sur internet.

私はインターネットでその情報を得た。

Daniel a l'intention de montrer les photos sur internet.

Daniel はネット上に写真を載せるつもりでいる。

interruption [ɛ̃terypsjɔ̃]

nf 女

中断、妨害

■3級

□sans interruption

ひっきりなしに、とぎれずに

Ils ont joué de dix heures à dix-neuf heures sans interruption.

彼らは10時から19時まで中断なしに試合をした。

intime [ɛ̃tim] adj 形

親密な、内輪の

■3級

Je publie depuis plusieurs années mon journal intime sur internet. 02. 春. 筆. 改

数年前から、インターネット上に自分の日記を公開しています。

＊長文読解問題。journal intime に「日記」と注記あり。

J'ai peu d'amis intimes.

自分には親しい友人はほとんどいません。

introduire [ɛ̃trɔdɥir] (III) 35

vt 他

取り入れる、導入する

■3級

On a l'intention d'introduire un nouveau type d'ordinateur.

新型のコンピュータを導入するつもりです。

＊93. 秋 には introduire を名詞化して introduction d'un nouveau type d'ordinateur とする問題が3級で出されている。

inutile [inytil] adj 形

無駄な、役に立たない (↔ utile)

■準2級

C'est inutile d'essayer.

試しても無駄です。

Je croyais qu'on trouvait seulement des choses inutiles au marché aux puces ! 09.秋.筆.改

蚤の市では役に立たないものしか見つからないと思っていた！

＊長文読解、空所補充問題。le marché aux puces には「蚤の市」と注記あり。

inventer [ɛ̃vɑ̃te] (I) 0 vt 他

発明する

3級

Qui a inventé cette nouvelle machine ?

この新しい機械を発明したのは誰ですか？

◆invention nf 女

「発明」

3級

La nécessité est mère de l'invention.

（ことわざ）必要は発明の母である。

invitation [ɛ̃vitasjɔ̃] nf 女

招待（状）

準2級

Je vous remercie beaucoup de votre invitation.

招待いただきありがとうございます。

Micheline a refusé mon invitation à aller à l'opéra.

Micheline はオペラに行こうという私の招待を断った。

inviter [ɛ̃vite] (I) 0 vt 他

（人を）招待する

5級・4級・3級

Alex a invité des amis chez lui hier soir.

昨日の晩、Alex は自宅に友人を招待した。

Nicole *nous* invite à dîner ce vendredi soir. 3:01.春.筆

今度の金曜の晩に Nicole は私たちを夕飯に招待してくれる。

＊inviter qqn à qqch「～に人を招待する」の直接目的語を問う問題。

準2級

Je l'ai invité à venir habiter à Paris avec moi. 13.春.書

パリに来て私といっしょに住もうと彼を誘った。

＊「聞き取り」（ディクテ）。

◆invité(e) n 名

「（招待）客、ゲスト」

3級・準2級

Il a reconnu son vieil ami *parmi* nos invités. 準2:17.春.筆

彼は、私たちの招待客の中に旧友がいることに気づいた。

＊前置詞 parmi「（3人、3つ以上の）間に」を選択肢から選ぶ問題。

isolé(e) [izɔle] adj 形

（家などが）孤立した、離れた

3級

Le petit village isolé est *sous* la neige. 97.春.筆

その人里離れた小さな村は、雪に埋まっている。

＊sous la neige「雪のなかに（下に）」の前置詞を答える問題。Le petit village est isolé par la neige. と受動態なら「その小村は雪で孤立する」といった意味になる。

Italie [itali] nf 女

イタリア

5級・4級

☐aller en Italie　イタリアに行く

Quand est-ce que tu vas en Italie ?

いつイタリアに行くの？

Elles viennent d'Italie.

彼女たちはイタリアの出身だ。

◆ italien(ne) adj 形

「イタリアの、イタリア人の、イタリア語の」

5級・4級・3級

Vous aimez la cuisine italienne ?

イタリア料理はお好きですか？

Adriano est d'origine italienne, il est né à Rome.

Adriano はイタリアの出身で、ローマ生まれです。

◆ Italien(ne) n 名

「イタリア人」

5級

Ce sont des Italiennes. 10.秋.聞

こちらはイタリア人女性です。

＊イタリア人女性（複数人）が描かれたイラストを選ぶ問題。

◆ italien nm 男

「イタリア語」

5級・4級・3級

□parler italien　イタリア語を話す

□apprendre l'italien　イタリア語を学ぶ

Ma fille veut aller à Rome pour un an afin d'apprendre l'italien.

娘はイタリア語を勉強するために、1年間ローマに行きたがっている。

＊pour un an は「1年の予定で」。この意味の前置詞 pour はよく出題されるが、解答率は低い。

J j

jamais [ʒamɛ] adv 副

[ne ... jamais] けっして〜ない、かつて、これまでに

4級・3級

Mon petit frère ne mange jamais de poisson.

弟はけっして魚を食べません。

Zoé n'est jamais allée en Thaïlande, mais elle espère y aller un jour.

Zoé はタイに行ったことは一度もありませんが、いつか行きたいと思っています。

準2級

C'est le meilleur film français que j'aie jamais vu.

これは今まで見たなかで一番いいフランス映画だ。

jambe [ʒɑ̃b] nf 女

(腿から足首までの人の) 脚、足、(物の) 脚

5級・4級

J'ai mal à la jambe depuis hier.

昨日から脚が痛い。

▶もし「両脚が痛い」なら avoir mal aux jambes となる。

3級・準2級

- Elle s'est blessée à la jambe ?
- Oui, pendant qu'elle *jouait* dans le jardin avec ses amis. 3:05. 秋. 筆

-「彼女は足をけがしたの？」
-「ええ、友だちと庭で遊んでいたときに」

＊過去の状況説明なので、動詞 jouer は直説法半過去になる。ただ、得点率は 26% とすこぶる低調。理由のひとつに、直説法半過去は、期間を特定する前置詞 pendant とともに用いられないというルールが適用されると思い込んだ受験生が多かったことが考えられる（例 Elle a joué dans le jardin avec ses amis pendant deux heures.「彼女は2時間友だちと庭で遊んだ」)。

jambon [ʒɑ̃bɔ̃] nm 男

(肉製品の) ハム

3級

Tu préfères le sandwich au jambon ?

ハムサンドの方がいいですか？

Vous voulez un peu de jambon ?

ハムを少しいかがですか？

janvier [ʒɑ̃vje] nm 男

1月

5級・4級

□en janvier 1月に (=au mois de janvier)

Je vais en France en janvier.

1月にフランスに行く予定です。

Elle est née à Osaka le 17 janvier 1995.

彼女は1995年1月17日に大阪で生まれた。

▶日付に関して、1日(ついたち)は「序数」premier、ほかは「基数」で表す。

3級・準2級

Je vais passer six mois ici, à Dijon, à partir du mois de janvier. 3:99. 秋. 聞

1月から、ここディジョンで半年間過ごすつもりです。

＊会話文を聞いて、内容が一致する和文を選択する問題。

Japon [ʒapɔ̃] nm 男

日本

5級・4級

Il y a *quatre* saisons au Japon. 5:00. 春. 聞

A B C D E F G H I J K L M N O P Q R S T U V W X Y Z

日本には四季がある。

＊数詞を聞き取る問題。

Pour le Japon, c'est combien, par avion ? 4:01. 秋. 聞

日本へは、航空便でいくらですか？

＊選択肢から、郵便局の窓口のイラストを選ぶ。

3級・準2級

Le Japon est resté fermé au monde pendant deux siècles et demi.

日本は2世紀半にわたって鎖国をしていた。

◆japonais(e) adj 形

「日本の、日本人の、日本語の」

5級・4級・3級

Tu veux *du* thé japonais ? 5:10. 秋. 筆. 改

日本茶はいかが？

＊適当な部分冠詞を選ぶ問題。

Ma nièce adore la cuisine japonaise.

姪(めい)は日本食が大好きだ。

◆Japonais(e) n 名

「日本人」

準2級

Je connais *peu* de Japonais qui parlent français aussi bien que toi. 13. 秋. 聞

君と同じぐらい上手にフランス語を話す日本人はほとんど知りません。

＊会話文を聞いて、空欄に peu を書き取る問題。

◆japonais nm 男

「日本語」

5級・4級・3級

Vous parlez japonais ?

日本語を話せますか？

Monsieur Kim a eu de bonnes notes en japonais.

Kim さんは日本語でいい成績をとった。

jardin [ʒardɛ̃] nm 男

庭、公園

5級・4級・3級

Il y a deux vieux arbres dans mon jardin.

うちの庭には2本の老木がある。

Ce jardin est plein de fleurs au mois de juin.

その庭は6月に花でいっぱいになる。

jaune [ʒon] adj 形

黄色い

5級

Quel est ce fruit jaune ?

この黄色い果実は何ですか？

4級

出題

単語を並び替えて［　］内に記入しなさい。

Vous voyez [　　　　　] ?
fleurs　jaunes　les　petites

4:07. 春. 筆. 改

「あの小さな黄色い花が見えますか？」という文を作る。形容詞2つで、名詞を前後からはさむ設問は整序問題の定番。

(解答) *les petites fleurs jaunes*

jeter [ʒəte] (I)4 vt 他

投げる、(投げ) 捨てる

4級・3級

Il ne faut pas jeter des pierres ! 4:98. 春. 聞

石を投げないで！

＊文意に即したイラストを選ぶ問題。選択するイラストは、小石を手に持っている子どもへ声をかける場面なので、Ne jette pas de pierres ! と否定命令にする方が自然。というのも、Il ne faut pas … が「投石を禁ずる」ということを広く警告する意味であるのに対し、否定命令ならば、目の前で石を投げようとしている相手を諌(いさ)める意味になるため。

Elle jette son vieux sac. 3:06.春.聞

彼女は古いカバンを捨てる。

＊ごみ箱らしきものにカバンを放り投げているイラストを選ぶ。

準2級

Ma grand-mère a jeté un regard froid. 祖母は冷たい視線を投げた。

jeu [ʒø] nm 男
jeux pl 複

ゲーム、競技

4級・3級

Elle est forte à ce jeu ?

彼女はこのゲームが得意なの？

Mon petit-fils a participé aux jeux Olympiques il y a huit ans.

孫は 8 年前にオリンピックに出場した。

jeudi [ʒødi] nm 男

木曜日

5級・4級

- Quel jour sommes-nous ?
- Nous sommes jeudi.

-「何曜日ですか ?」
-「木曜日です」

＊ちなみに、この対話はそのまま 5 級 10.秋 に出題されている、定番の言い回し。また、曜日に日付を添えるときは、曜日の前に定冠詞を置くことが多い（例 Nous sommes le jeudi 26 décembre.「12 月 26 日木曜日です」）。

3級・準2級

Désolée, le jeudi, c'est le jour *où* je dîne avec mes parents. 準2:15.春.筆.改

ごめんなさい、木曜は、両親と夕食をとる日です。

＊関係代名詞 où を選択肢から選ぶ問題。

jeune [ʒœn] adj 形

若い (↔ vieux)、年下の

5級・4級

Françoise est *plus jeune que* Pauline. 5:94.春.筆.改

Françoise は Pauline よりも若い。

＊比較表現は整序問題の定番。

Ma mère *faisait* du sport quand elle était jeune. 4:08.秋.筆.改

母は若いころスポーツをやっていた。

＊動詞活用選択問題。和訳を参照しつつ、faire の直説法半過去を選ぶ。

3級・準2級

Sa grande sœur paraît plus jeune que son âge.

彼 (彼女) の姉は年よりも若く見える。

◆jeune adv 副

「若く」

3級

□faire jeune 若く見える

Elle fait très jeune.

彼女はとても若く見える。

▶ この言い回しにおける jeune は、時に形容詞的に扱われ、主語と性数一致することがある。

◆jeunesse nf 女

「若さ、青春時代」

3級

Mon père a passé toute sa jeunesse en Belgique.

父は青春時代をベルギーで過ごした。

jogging [dʒɔgiŋ] nm 男
ジョギング

4級・3級

☐faire du jogging　ジョギングをする

Je fais du jogging trois fois par semaine.

週に3回ジョギングをする。

Ta femme continue à faire du jogging le matin ?

奥さんは朝のジョギング続けているの？

▶ continuer à＋inf. で「～し続ける」の意味。

joie [ʒwa] nf 女
（苦労が報われた時などの）喜び、嬉しさ（= plaisir）

3級・準2級

- Tu veux passer les vacances avec nous ?
- Avec joie !

-「いっしょに休暇を過ごしませんか？」
-「喜んで！」

▶ Avec plaisir. / Volontiers. なども類義。

La joie venait toujours après la peine.

喜びはいつも苦しみのあとにやってきた。

▶ 詩人 Guillaume Apollinaire の言葉。

joli(e) [ʒɔli] adj 形
きれいな、かわいい（↔ laid）

5級・4級

***Cet* oiseau est très joli.**　5:11. 春. 筆

この鳥はとてもかわいい。

＊指示代名詞の三択問題。

3級・準2級

Elle a acheté une jolie robe pour son rendez-vous avec Michel.

彼女は Michel とのデートのために、きれいなワンピースを買った。

jouer [ʒwe]（II）0 vi 自 vt 他
遊ぶ、（スポーツを）する、（楽器を）演奏する、出演する

5級・4級・3級

☐jouer au tennis　テニスをする

☐jouer aux cartes　トランプをする

▶ jouer à＋[スポーツ・ゲーム]「～をする」

☐jouer du piano　ピアノを弾く

▶ jouer de＋[楽器]「～を演奏する」（ただし、Il a joué un air de jazz au piano.「彼はピアノでジャズの曲を演奏した」のように、他動詞 jouer に au piano「ピアノで」を添えるようなケースには注意。）

Vincent joue bien de la guitare.

Vincent はギターを上手に弾きます。

Nous *jouions* souvent sur la plage.　4:16. 秋. 筆

ぼくたちは海辺でよく遊びました。

＊和訳を参考に、jouer の直説法半過去を選択肢から選ぶ問題。

jouet [ʒwɛ] nm 男
おもちゃ

4級

Elle a acheté un jouet à son enfant.

彼女は子どもにおもちゃを買った。

3級

Le Père Noël apporte beaucoup de jouets aux enfants.

サンタクロースは子どもたちにたくさんおもちゃを持ってくる。

jouir [ʒwir]（II） vi 自
（de ～を）楽しむ、（de ～に）恵まれている

3級・準2級

C'est une femme qui sait jouir de la vie.

あの人は、人生を楽しむすべを知っている女性です。

jour [ʒur] nm 男

[日付] 日、[時間単位] 1 日、曜日

5級・4級

□tous les jours　毎日（＝chaque jour）

Il y a 365 jours dans une année.

1 年は 365 日ある。

Mes parents mangent du riz tous les jours. 私の両親は毎日米を食べる。

▶ tous les deux jours なら「1 日おきに」、tous les huit jours なら「1 週間おきに」という意味になる。

Quel jour sommes-nous aujourd'hui ?

今日は何曜日ですか？

▶ 省略を補えば、Quel jour de la semaine sommes-nous [est-ce] aujourd'hui? となる。なお、Quel jour du mois sommes-nous [est-ce] aujourd'hui?（＝Quelle date sommes-nous?）は「日付」を尋ねる言い回し。

3級

On a passé huit jours à Nice.

ニースで 1 週間過ごしました。

▶「1 週間」（une semaine）が huit jours、「2 週間」（deux semaines）は quinze jours となるのがフランス式のカジュアルな言い回し。相撲の場所における日程の数え方に似ている。

準2級

Alors, on va ensemble au musée dont je t'ai parlé l'*autre* jour ? 11. 春. 聞

では、先日話した美術館にいっしょに行きませんか？

＊l'autre jour「先日、この前」の autre を空欄に書き取る問題。

journal [ʒurnal] nm 男
journaux [-no] pl 複

新聞、（テレヴィやラジオの）ニュース、日記

5級・4級・3級

Est-ce que tu lis le journal du matin ?

朝刊は読みますか？

Pour tuer le temps, je vais lire le journal.

暇つぶしに、新聞でも読みます。

準2級

***Selon* les journaux, il fera beau demain matin.** 10. 秋. 筆. 改

新聞によれば、明朝は晴れです。

＊前置詞の選択問題。

journaliste [ʒurnalist] n 名

ジャーナリスト、記者

5級・4級

Son père est journaliste ?

彼（彼女）の父親はジャーナリストですか？

3級・準2級

***Selon* la journaliste, il y a eu un accident dans ce quartier.** 準 2 : 14. 春. 筆

ジャーナリストによれば、このあたりで事故が起きたそうだ。

＊前置詞の選択問題。

Le Premier ministre a été longuement interrogé par les journalistes.

首相は新聞記者から長々と質問された。

journée [ʒurne] nf 女

（朝から夕刻までの）昼間（↔ soirée）、1 日、1 日の仕事

A B C D E F G H I **J** K L M N O P Q R S T U V W X Y Z

5級・4級

□toute la journée　1日中

- Bonne journée !
- Vous aussi !

-「(挨拶で) よい1日を！」
-「あなたも (よい1日を)！」

Il a neigé toute la journée hier.
昨日は1日中雪だった。

3級

Nous avons eu une journée agréable à Okinawa.
沖縄で、気持ちのいい1日を過ごした。

joyeux, joyeuse [ʒwajø, -øz] adj 形

喜ばしい、楽しい

3級・準2級

出題歴なし

Joyeux Noël !　メリークリスマス！

▶ une joie「喜び」から派生した形容詞。"Joyeux [Joyeuse]＋[名詞]!" の形では、Joyeux anniversaire !「誕生日おめでとう！」も大切な一言。

juillet [ʒɥijɛ] nm 男

7月

5級・4級

Elle est arrivée à Toulon à la fin du mois de juillet.
彼女は7月の終わりにトゥーロンに着いた。

Cette année, on part en vacances au début du mois de juillet.
今年は、7月の初めにヴァカンスに行きます。

▶「7月の初め」は début juillet ともいう。

3級

Le quatorze juillet est la fête nationale de la République française.
7月14日はフランス共和国の国民の祝日だ。

▶「革命記念日」。バスチーユ監獄襲撃 la prise de la Bastille 事件が起源。

juin [ʒɥɛ̃] nm 男

6月

5級・4級

Au Japon, la saison des pluies commence en juin.
日本では、梅雨は6月から始まる。

Le 21 juin est le jour le plus long de l'année.
6月21日は1年で一番 (昼間が) 長い日だ。

jupe [ʒyp] nf 女

スカート

5級・4級

Elle porte une jupe longue.　17.秋.筆
彼女はロングスカートをはいている。

＊適当なイラストを選ぶ問題。単に「丈が短いスカート」は une jupe courte、デザインとしての「ミニスカート」なら une mini-jupe という。

Cette jupe blanche te va très bien.
その白いスカートはあなたにとても似合っています。

3級

J'aime mieux la jupe que le pantalon.　04.秋.聞
私はズボンよりスカートが好きだ。

＊この文を聞いて、適当なイラストを選ぶ問題。

jus [ʒy] nm 男 pl 複

(野菜や果物の) ジュース、果汁

4級・3級

Je bois un verre de jus d'orange tous les matins.
毎朝、オレンジジュースを1杯飲みます。

Ce melon a beaucoup de jus et un

goût délicieux.

このメロンは果汁が多く、とてもおいしい。

▶ 日本語の「ジュース」とは異なり、jus は「天然果汁」(jus de fruit)、すなわち果汁100% の液体のみを指し、「果汁 10%」といった合成飲料の意味はない。なお、「肉汁」も jus (=jus de viande) という。

juste [ʒyst] adv 副

ちょうど、正確に

5級・4級

Mon fils vient juste de rentrer.

息子はちょうど戻ったところです。

Tu connais le restaurant juste en face de la banque ?

銀行の真正面にあるレストランを知ってる？

3級・準2級

- Avec ce train, on arrive à Lyon à quelle heure ?
- À huit heures juste. 3:12. 秋. 筆

-「この電車は何時にリヨンに着きますか？」
-「ちょうど 8 時です」

* 対話文の空所補充問題から。Ce train arrive à Lyon à quelle heure ? と問いかけると少しフォーマルな表現になる。なお、英語の影響か、この例のように juste を用いて「ちょうど～時」を表すことがあるが、これは少々堅苦しい言い方。日常会話では À huit heures pile. とする方がしっくりくる。

justement [ʒystəmɑ̃] adv 副

まさに、的確に

4級・3級

- Moi, je ne connais pas du tout ce pays ...
- Justement, tu ne veux pas y aller avec moi ? 4:00. 秋. 筆

-「私は、その国はまったく知りませんから…。」
-「だからこそ、いっしょにそこへ行ってみたくない？」

* 会話文と内容が一致する和文を選択する問題。相手の推論（意見）を逆手にとって、「それだからこそ～」と論を展開している例。

3級・準2級

Justement, c'est ce que j'allais vous dire.

それはまさに、私があなたに言おうとしていたことです。

▶ 相手の発言などが、話者の思惑と一致して「ちょうど（まさしく）」の意味。

Jacques a justement remarqué notre faute.

Jacques は私たちのミスを的確に指摘した。

justice [ʒystis] nf 女

公正、正当 (=injustice)、正義（感）、（当然の）裁き、司法

準2級

出題歴なし

Il n'a aucun sens de la justice.

彼には正義感の欠片（かけら）もない。

K k

kilogramme [kilɔgram]

nm 男

キログラム（▶ kilo と略す / 記号 kg）

5級・4級

- Vous voulez combien d'oranges ?
- Deux kilos, s'il vous plaît.

-「オレンジはどれぐらいお入り用ですか？」
-「2 キロください」

Mon père pèse quatre-vingt-un kilos.

父は体重が 81 キロです。

3級・準2級

Chaque personne a droit à 20 kilogrammes de bagages en franchise. 3 : 91. 春. 筆

各人、重量 20 キロまでの荷物は無料で持ち込むことができます。

＊20 を vingt とスペルアウトする問題。franchise de bagages は「（機内への）無料手荷物制限重量」のこと。

kilomètre [kilɔmɛtr] nm 男

キロメートル（▶ kilo とは略さない / 記号 km）

5級・4級・3級

Cette église est à cinq kilomètres de la gare

その教会は駅から 5 キロのところにある。

On devrait faire quatre kilomètres à pied chaque jour !

毎日 4 キロは歩かないと！

準2級

Il reste combien de kilomètres avant l'arrivée ?

ゴールまでは残り何キロですか？

L l

là [la] adv 副

[ici と対義的に] そこ (に)、あそこ (に)、[ici と同義的に] ここ (に)

5級・4級

Qui est là ? (そこにいるのは) 誰ですか？

Est-ce que Monsieur Maurois est là ?

Maurois さんはご在宅ですか？

▶ être là で「そこにいる、在宅している」の意味。

3級・準2級

Il y avait des pots de peinture verte tombés par terre. Le chat avait dormi sur le sol là où leur contenu avait coulé, puis il avait fait sa toilette avec sa langue. 準2:17.秋.筆

床に緑色のペンキの壺がいくつか転がっていた。猫は壺の中身が流れ出た床の上で眠り、それから自分の舌で毛づくろいをしたのだ。

＊「緑色の猫」についての長文読解問題。内容に一致する仏文を選択。

◆ -là adv 副

「その～、そちらの～」(▶“指示形容詞＋名詞 -là”, “指示代名詞 -là” の形で用いる)

4級

Cet homme-là s'appelle Jean-Paul.

あの男は Jean-Paul という名だ。

3級・準2級

- Bonjour, monsieur. Vous avez des pommes de terre ?

- Oui, vous voulez celles-ci ou celles-là ? 3:13.秋.筆

-「こんにちは。じゃがいもあります？」

-「ありますよ、こちらのとあちらの、どちらがいいですか？」

＊対話文を完成させる問題。このあと、Quelle est la différence?「どう違うの？」と客が問いかける流れ。

là-bas [laba] adv 副

あそこに (で)、そこに、向こうに

5級・4級・3級

Tu vois un château là-bas?

そこに城が見えますか？

Qui est cette femme là-bas ?

向こうにいるあの女性は誰ですか？

Vous êtes restés là-bas pendant combien de temps ? 3:15.春.聞

そこにはどれぐらいの期間滞在しましたか？

＊内容に一致する和文を選択する問題。

lac [lak] nm 男

湖、湖沼

4級・3級

□au bord du lac 湖のほとりに

Quel est le plus grand lac d'Europe ?

ヨーロッパで1番大きな湖は何ですか？

▶ ちなみに、答えは「カスピ海」la mer Caspienne (名称は「海」だが、世界最大の湖)。

準2級

Surtout le feu d'artifice sur le lac est magnifique. 16.秋.筆

とりわけ、湖上の花火は素晴らしい。

＊スイス、ジュネーヴでの夏の休暇に触れた会話文の空所補充問題から。

laisser [lɛse] (I)0 vt 他

[放置・放任] ～のままにさせておく、残す、置き忘れる

4級

Ne laissez pas la porte ouverte.

ドアを開けっ放しにしないで。

J'ai laissé mes clés chez moi.

家に鍵を置き忘れた。

▶ こうしたケースでは、単数 ma clé より複数形を用いることが多い。

3級・準2級

Laisse-moi tranquille, s'il te plaît.

そっとしておいてください（私にかまわないで）。

Ma secrétaire a laissé un mot sur la table.

秘書はテーブルの上にメモを残した。

lait [lɛ] nm 男

ミルク、牛乳

5級・4級・3級

□boire du lait　牛乳を飲む

Ma fille aime beaucoup le café au lait.　娘はカフェオレが大好きです。

準2級

Il semble que le lait *ne convienne plus* aux besoins des consommateurs d'aujourd'hui.　16. 秋. 筆

牛乳は、今日の消費者の需要にもはや適合しないようだ。

＊長文の空所補充問題。文脈から、ne convienne plus「もう適していない」を選び出す。

lampe [lɑ̃p] nf 女

ランプ、電灯

3級

Cette lampe ne marche plus.

このランプはもうつかない。

lancer [lɑ̃se] (I) 1 vt 他

投げる

3級

Elle a lancé une balle dans le jardin du voisin.

彼女は隣の庭にボールを投げた。

Les enfants ont lancé des pierres à un chien.

子どもたちが犬に石を投げつけた。

▶ 動詞を jeter に置き換えてもよい。

langue [lɑ̃g] nf 女

（記号体系としての）言語、（日本語、フランス語といった）国語

4級・3級

Elle parle quelles langues ?

彼女は何語が話せるの？

準2級

Maintenant, je sais saluer en plusieurs langues.　13. 秋. 聞. 改

今では、いくつもの言語で挨拶ができます。

＊長文に続いて読み上げられる文が、長文の内容に一致するか否かを答える問題。

large [larʒ] adj 形

（寸法の）大きい、（幅の）広い（↔ étroit）

4級・3級

Ce couloir n'est pas très large.

この廊下はそれほど広くはありません。

La rivière est large.　川幅が広い。

▶ 英語の large なら「（面積や容積が）大きい」の意味だが、フランス語の large は「幅のある、横に広い」の意味で、英語の wide に近い。

larme [larm] nf 女

涙

準2級

出題歴なし

Quand elle l'a quitté sur le quai de la gare, elle avait les larmes aux yeux.

駅のプラットホームで彼と別れるとき、彼女は目に涙を浮かべていた。

laver [lave] (I)0 vt 他

(衣類・皿などを) 洗う (=nettoyer)

4級・3級

Les légumes sont sales, je vais les laver.

野菜が汚れているから、洗いましょう。

▶ たとえば泥のついた野菜を丁寧に「洗う」なら、nettoyer を用いることもある。

Ce matin, ma machine à laver s'est arrêtée tout d'un coup. 3:16.春.聞

今朝、うちの洗濯機が突然止まってしまった。

＊対話文の冒頭に流れるこの一文を聞き取り、問題用紙に書かれた和文と内容が一致するかを問うもの。

準2級

Ma femme cuisine et je lave la vaisselle après chaque repas.

私の妻が料理をして、私が毎食後に皿を洗います。

◆ (se) laver (I)0 vr 代動

「(自分の体を) 洗う」

4級

Lave-toi les mains avant de manger.

食べる前に手を洗って。

▶ 基礎学習者は se laver の se が直接目的語か間接目的語かを混同しやすい。

(1) Elle s'est *lavée* dans la baignoire.

(2) Elle s'est *lavé* les cheveux dans la salle de bains.

▶ (1) は「彼女は浴槽で体 (=彼女自身) を洗った」(se が直接目的語なので、過去分詞が性数一致)。(2) は「彼女は浴室で自分の髪を洗った」(les cheveux が直接目的語で、se は間接目的語なので、過去分詞の性数一致はしない)。

◆ lavage nf 女

「洗うこと」

＊3 級 92.春 に 1 度、lavage d'une voiture「洗車」を laver une voiture「車を洗う」と、名詞を動詞に書き換える問題で出された。

leçon [ləsɔ̃] nf 女

授業、レッスン、(教科書の) 課

5級・4級

Aujourd'hui, on étudie la leçon onze.

今日は、11 課を勉強しましょう。

Je n'ai rien compris à la leçon.

私は授業がまるでわからなかった。

3級・準2級

Je voudrais donner des leçons de danse aux enfants.

子どもたちにダンスのレッスンをしたいのですが。

lecture [lɛktyr] nf 女

読書

3級

Elle aime la lecture.

彼女は読書好きです。

Vous désirez de la lecture, monsieur ?

(機内などで) 何かお読みになりますか？

準2級

Mon neveu a découvert le plaisir de la lecture à sept ans. 13.春.筆.改

甥(おい)は 7 歳で読書の喜びを見出した。

＊長文読解 (内容に一致する仏文を選択する問題)。

◆ lecteur, lectrice n 名

「読者、朗読者」

3級

Je vois de temps en temps mes lecteurs. 02.春.筆

私はときどき読者（ホームページの読者）に会います。

＊長文読解、内容に一致する和文選択問題。なお、例文のように voir を使うと、「（街中やどこかその辺で）会う」という意味になり、約束して「落ち合う」というニュアンスを欠く。出題文から文脈は判然としないが、もし、読書会などのイヴェントでの予定された「読者との交流、出会い」を指すなら動詞 rencontrer を使う。

léger, légère [leʒe, -ʒɛr] adj 形

軽い（↔ lourd）、薄い、あっさりした

5級・4級

Cette valise est très légère.

このスーツケースはとても軽い。

Ce café est un peu léger.

このコーヒーは少し薄い。

3級

Plus on monte, plus l'air est pur et léger. 96.春.筆

登れば登るほど、空気はきれいで薄くなる。

＊適当なイラストを選ぶ問題から。

◆ légèrement adv 副

「軽く、少し、わずかに」

3級

Plusieurs voyageurs sont tombés et se sont légèrement blessés. 01.春.聞

何人かの乗客が倒れて、軽傷を負いました。

＊会話文を聞き、和文がその内容に合致するかを答える問題。

légume [legym] nm 男

野菜

5級・4級

Mangez des légumes verts pour votre santé.

健康のために緑の野菜を食べなさい。

Mes parents cultivent des légumes.

両親は野菜を育てています。

3級・準2級

Les Français mangent moins de fruits et légumes qu'autrefois, parce que *leur prix a augmenté*. 準2:08.春.筆

フランス人は昔ほど果物や野菜を食べません。というのも、価格が上がったからです。

＊長文読解、空所補充問題。

lendemain [lɑ̃dmɛ̃] nm 男

［通例定冠詞 le とともに］翌日、直後

3級

J'ai acheté un vélo, mais on me l'a volé le lendemain.

自転車を買ったが、翌日盗まれた。

準2級

Le premier jour nous sommes restés à l'hôtel, et le lendemain matin, nous sommes allés à la plage.

私たちは初日はホテルで過ごし、翌朝、ビーチに行った。

lent, lente [lɑ̃, lɑ̃t] adj 形

遅い、ゆっくりした

3級

- Pourquoi ? Ton ordinateur ne marche plus ?
- Si, mais il est vieux et lent. 13.秋.聞.改

-「どうして？ 君のパソコンはもう動かないの？」
-「いや、そうじゃないけど、古くて遅いんだ」

◆ lentement adv 副

「ゆっくりと（↔ rapidement）」

4級・3級・準2級

Ma grand-mère marche lentement.

祖母はゆっくり歩きます。

Pourriez-vous parler plus lentement, s'il vous plaît ?
もう少しゆっくり話していただけますか？

lettre [lɛtr] nf 女
手紙、文字

5級・4級

Elle écrit une lettre à son ami.
彼女は友人に手紙を書く。

Il y a 26 lettres dans l'alphabet français.
フランス語のアルファベットは26文字ある。

3級

Chaque mois, je *reçois* une lettre de ma fille. 08.秋.筆
毎月、私は娘から手紙をもらう。
＊動詞 recevoir を直説法現在に活用する問題。

lever [ləve] (I) 3 vt 他
上げる、起こす

3級

出題歴なし
Levez le doigt avant de parler !
発言する前には指をあげて！
▶発言のサインは、「挙手」ではなく「(人差し指での) 挙指」がフランス式。

◆(se) lever (I) 3 vr 代動
「起きる、(太陽が) 昇る」

4級・3級

Le week-end, mon mari se lève plus tard que d'habitude.
週末、夫はふだんよりも遅く起きます。

En été, le soleil se lève tôt.
夏は日の出が早い。

lèvre [lɛvr] nf 女
[しばしば複数で] 唇

準2級

出題歴なし
Ma petite-amie avait le sourire aux lèvres.
ガールフレンドは口もとに微笑みを浮かべていた。

liberté [libɛrte] nf 女
(身体や行動に関する) 自由

準2級

La liberté du travail, c'est très important.
労働の自由、それはとても重要だ。

Liberté, Egalité, Fraternité.
(フランス革命の標語) 自由、平等、友愛 (博愛)。

librairie [librɛri] nf 女
書店、本屋

3級・準2級

- Tu n'as pas acheté le livre que tu cherchais dans cette librairie ?
- Non, je ne l'ai pas trouvé. Elle est trop petite. 3:11.春.筆
-「あの書店で、探していた本を買わなかったの？」
-「ええ、見つからなかったんです。書店が小さすぎて」
＊選択肢から適当な言い回しを選び、会話を成立させる問題。

Elle travaille comme caissière dans une librairie, trois fois par semaine.
彼女は週に3回、本屋のレジ係として働いている。

libre [libr] adj 形
(人が) 自由な、暇な、(席などが) 空いている (↔ occupé)、無料の (=gratuit)

5級・4級

Est-ce que tu es libre dimanche ?

日曜日、暇ですか？

« Entrée libre » 入場無料。

＊準2級17.春に、この libre を書かせる問題が出ている。なお、« Entrée gratuite » も類義。

3級・準2級

出　題

単語を正しく並び替えて[　]内に記入しなさい。

Désolé, il n'y [　　　　　].
a　chambres　de　libres　pas

3:13.春.筆

「あいにくですが、空いている部屋はございません」という意味になるように並べる。il y a の構文、des chambres libres が否定文で冠詞が変化する点にも注意。

（解答）*a pas de chambres libres*

lieu [ljø] nm 男
lieux pl 複

場所（＝endroit）、［複数で］現場

3級

□avoir lieu　行われる、（事件などが）起こる

Écrivez ici votre lieu de naissance.

ここにあなたの出生地をお書きください。

Le mariage de mon collègue a eu lieu la semaine dernière.

先週、同僚の結婚式が執（と）り行われた。

＊avoir lieu の形は、準2級16.春などにも筆記問題で出されている。

準2級

□au lieu de qqch / ＋inf.
（～する）代わりに

Au lieu de prendre le bus, j'ai préféré y aller à pied.

バスに乗らずに、歩いて行くことにしました。

ligne [liɲ] nf 女

線、列、（交通機関の）路線

3級

Vous êtes en ligne, parlez. 91.春.筆

電話はつながっています、話しなさい。

＊会社での電話応対というシチュエーションの対話文から。ただし、parlez は軍隊調で無礼だ。Je vous écoute.「どうぞお話しください」が通常の言い回し。なお、en ligne は「電話がつながっている」の意味。rester en ligne なら「電話を切らずにいる」という意味になる。

準2級

Quelle ligne dois-je prendre pour aller à Kusatsu ?

草津に行くにはどの線に乗らなくてはなりませんか？

limite [limit] nf 女

限界、限度、期限

3級

Ma patience a ses limites.

私の忍耐にも限度があります。

La date limite est le 31 mars.

締め切りは3月31日です。

La réservation est possible, dans la limite des disponibilités. 95.秋.筆

利用期限内であれば自由に予約できます。

＊貸し自転車に関する説明を読んで、その内容に和文が一致するか否かを答える問題。なお、現在では3級レヴェルとは思われない disponibilité「（物を）自由に利用できること」という単語にも注は付されていない。

lire [lir]（III）36 vt 他

読む、読書する

5級・4級

Qu'est-ce que tu lis ?

何を読んでいるの？

Elle lit le russe mais ne peut pas le parler.

彼女はロシア語を読めますが、話すことはできません。

3級

Sylvie est trop petite *pour* savoir lire. 17.秋.筆.改

Sylvie は幼すぎて本は読めません。

＊trop … pour＋inf.「～するには…すぎる、…すぎて～ない」の相関句の問題。

準2級

Ce livre est écrit pour *ceux* qui n'aiment pas lire. 16.春.筆

この本は読書が好きではない人たち向きに書かれています。

＊指示代名詞 ceux を選択肢から選び出す問題。

lit [li] nm 男

ベッド、寝床

5級・4級

Allez, au lit ! さあ、寝なさい！

＊準 2 級 08.春 に、Allez au lit, les enfants !「子どもたちは寝なさい！」という文の lit を書かせる問題も出ている。

3級・準2級

Je n'ai pas eu le temps de faire mon lit ce matin.

今朝はベッドメイキングしている時間がなかった。

Je préférerais une chambre avec un grand lit.

ダブルベッドの部屋にしていただきたいのですが。

litre [litr] nm 男

[単位] リットル

準2級

En effet, chaque Français utilise 150 litres d'eau par jour, *alors que* 100 litres devraient suffire. 11.春.筆

実際には、フランス人１人あたり、１日 100 リットルの水があれば十分なのに、150 リットルを使っている。

＊長文読解、空所補充問題。主節と対比・対立する内容を導く接続詞 "alors que" を選択肢から選ぶ。

livre [livr] nm 男

本、書物、ノート、(大部の作品の) 巻

5級・4級・3級

Je trouve ce livre très intéressant.

この本は、とてもおもしろいと思う。

J'ai offert à ma fille un livre d'images.

私は娘に絵本を贈った。

準2級

Les touristes peuvent y emprunter des livres gratuitement. 12.春.筆

観光客は、そこで無料で本を借りることができる。

＊長文読解、内容に一致する仏文を選択する問題。

livrer [livre] (I)0 vt 他

配達する、届ける

3級

Est-ce que vous pouvez livrer des fleurs cet après-midi ? 98.春.筆

今日の午後、花を届けていただけますか？

＊対話文完成問題。この質問を受けて、花屋が Ce serait pour où, monsieur ?「(お届けは) どちらへでしょうか？」と応じる。

location [lɔkasjɔ̃] nf 女

賃貸借、レンタル

3級

Vous payez la location lorsque vous rendez le vélo. 95. 秋. 筆

自転車を返す際にレンタル料を払います。

Ils sont en location.

彼らは借家住まいです。

loger [lɔʒe] (I) 2 vi 自

泊まる、住む

3級

Elle loge à l'hôtel pendant dix jours.

彼女は10日間ホテルに宿泊している。

◆ (se) loger (I) 2 vr 代動

「泊まる、住む」

3級

Je cherche à me loger le plus près possible du centre-ville. 93. 秋. 筆

中心街のできるだけ近くに住もうと思います。

* 手紙文を読んで、内容と一致する文を選択する問題。

◆ logement nm 男

「住むこと、住宅」

準2級

Nous cherchons un logement, mais nous ne sommes pas du même avis. 09. 春. 筆

私たちは住まいを探していますが、意見が合いません。

* 会話文の空所補充問題。なお、logement には「住居」の注記あり。

loi [lwa] nf 女

法、法律

準2級

Les appareils photo de l'époque faisaient beaucoup de bruit. *C'est pourquoi* une loi a interdit leur usage dans les tribunaux. 15. 春. 筆. 改

当時のカメラは音がうるさかった。そのせいで、法廷でのカメラの使用が法律で禁じられたのである。

* 空所補充問題。前文を受けて、「そういうわけで～なのである」となる表現 c'est pourquoi を選ぶ。なお、出題文は C'est pourquoi une loi a interdit de s'en servir dans les tribunaux. となっているが、文意が取りにくいので、「カメラの使用」leur usage と書き換えた。

loin [lwɛ̃] adv 副

(空間的・時間的に) 遠く (に)、遠くで

5級・4級

L'arrêt de bus, c'est loin d'ici ?

バス停は、ここから遠いですか？

3級・準2級

La mer n'est pas loin d'ici, on peut y aller à pied.

海はここから遠くないので、歩いて行けますよ。

Le printemps n'est plus loin.

春はもう遠くはない。

◆ loin nm 男

「遠方」

3級

Au loin, on voyait une île.

遠くに、島が見えた。

loisir [lwazir] nm 男

(時間的な) 余裕、暇、[複数で] 余暇、レジャー

3級

Qu'est-ce que vous faites pendant vos loisirs ?

暇なときには何をしていますか？

▶ À quoi occupez-vous votre temps libre ? も同義。

Je n'ai pas le loisir de faire du sport.

スポーツをやる暇がありません。

▶ avoir le loisir de＋inf で「～する暇（時間の余裕）がある」という意味。

Londres [lɔ̃dr] n 名

（英国の首都）ロンドン

4級・3級

Actuellement, mon mari travaille à Londres.

今、夫はロンドンで働いています。

準2級

Depuis novembre dernier, ça ne prend que deux heures et quart entre Paris et Londres. 08. 秋. 聞

この前の 11 月以降、パリ・ロンドン間は 2 時間 15 分しかかかりません。

＊対話文に続いて読み上げられる質問に答える（空所補充）。「聞き取り」問題のレヴェルを勘案して出題文のままとしたが、Depuis novembre dernier, le trajet entre Paris et Londres ne prend plus que deux heures et quart. などと表現する方が文意は明瞭だ。

long(ue) [lɔ̃, lɔ̃g] adj 形

（空間的・時間的に）長い（↔ court）

5級・4級・3級

□avoir les cheveux longs　髪が長い

La Garonne est moins longue que la Loire.

ガロンヌ川はロワール川ほど長くない。

Les jours sont longs en été.

夏は日が長い。

Vous allez faire un long séjour à Paris ?

パリに長く滞在の予定ですか？

◆ long nm 男

「長さ、縦」

4級・3級

Ce pont fait six cent quarante mètres de long. 3 :93. 秋. 筆. 改

この橋は長さが 640 メートルある。

＊640 m をスペルアウトする問題。新綴りなら、six-cent-quarante mètres の表記も可。部屋の大きさなどについて、long「縦」、large「横」と訳されることが多いが、厳密には「長い辺」が long、「短い辺」が large である。

◆ longueur nf 女

「（空間的）長さ、縦（↔ largeur）、（時間的）長さ（＝durée）」

3級

Quelle est la longueur de ce pont ? 01. 春. 聞

この橋の長さはどれぐらいですか？

＊この問いにふさわしいイラストを選ぶ。

longtemps [lɔ̃tɑ̃] adv 副

長い間、久しく

5級・4級

Ma grand-mère a été malade pendant longtemps.

祖母は長いこと病気をしていた。

3級・準2級

Cela fait longtemps que nous ne nous sommes pas vus. 準 2 :09. 秋. 筆

お久しぶりです。

＊会話を完成させる問題。直訳は「私たちが会わなくなって久しい」となり、久々の再会の際に使われる。

lors [lɔr] adv 副

［lors de qqch の形で］～のときに

3級

Nous nous sommes connu(e)s lors d'un voyage en France.

私たちはフランス旅行のときに知り合った。

lorsque [lɔrsk] conj 接

〜するとき (=quand)

3級

Qu'est-ce que votre mari faisait lorsqu'il y a eu cet accident ?

09. 秋. 筆

その事故があったとき、あなたの夫は何をしていたのですか?

＊対話文で、動詞活用を答える問題。

On allait sortir lorsqu'elle est arrivée.

外出しようとしているところに彼女がやってきた。

準2級

Lorsque je suis fatigué, je pense souvent à la mer près du village où je suis né. 08. 春. 筆

疲れを覚えると、私はよく、生まれ故郷の村の近くにある海に思いを馳せます。

＊長文を読み、後続する仏文が長文の内容と一致するかどうかを答える問題から。

louer [lwe] (I)0 vt 他

賃貸しする、賃借りする(レンタルする)、予約する (=réserver)

3級・準2級

□maison à louer 貸家

C'est une maison à louer. 3:01. 春. 筆

それは貸家だ。

＊「〜のための」と用途を示す前置詞 à を答える。

J'ai loué un appartement la semaine dernière.

先週、私はアパルトマンを借りた。

▶ louer はそもそもは「場所を賃借する(賃貸する)」の意味で、「貸す」(=prêter)、「借りる」(=emprunter) 両方に使える。車のレンタルや、座席の予約にも用いる。

lourd(e) [lur, lurd] adj 形

重い (↔ léger)、(天気が) うっとうしい、(料理などが) 胃にもたれる

5級・4級

Cette valise est trop lourde pour moi.

このスーツケースは私には重すぎる。

3級・準2級

Il fait lourd aujourd'hui.

今日はうっとしい天気だ。

Je n'arrive pas à soulever cette table tout seul, elle est trop lourde.

このテーブルを一人では持ち上げることができません、重すぎます。

lumière [lymjɛr] nf 女

光、あかり

3級

出題

下記の文にふさわしい単語を選べ。

On en a quand on a allumé une lampe.
1. appétit 2. courage 3. lit
4. lumière 5. patience

07. 春. 筆. 改

「ランプを灯(とも)すと得られる」。「光、あかり」が答え。

(解答) *4*

Mon fils laisse toujours toutes les lumières allumées.

息子はいつも家中の電気をつけっぱなしにする。

lundi [lœ̃di] nm 男

月曜日

▷ lune「月」+di (英語 day「日」)

5級

Nous sommes lundi. 今日は月曜です。

▶ C'est lundi. や On est lundi. も同義。

4級・3級

Ce magasin est fermé *le* lundi.

4:00.春.筆

この店は月曜休みです。

＊「毎週月曜日には」の意味になるよう、空欄に定冠詞を答える問題。tous les lundis, chaque lundi と類義。

準2級

Après avoir passé un bon week-end, il est pénible de reprendre le travail le lundi.

楽しい週末を過ごしたあと、月曜日にまた仕事に戻るのはつらい。

lune [lyn] nf 女

月(つき)

5級・4級

La lune est belle ce soir.

今夜は月がきれいだ。

3級

La pleine *lune* est superbe ce soir.

17.秋.筆.改

今夜は満月がすばらしい。

＊文意に鑑み、空欄に選択肢から lune を選ぶ問題。

lunettes [lynɛt] nfpl 女複

[複数で] メガネ

4級

□porter des lunettes

メガネをかけている

Mon grand-père ne voit rien sans ses lunettes.

祖父はメガネがないと何も見えない。

Cet homme porte toujours des lunettes.

あの男はいつもメガネをかけている。

3級・準2級

Elle a sorti des lunettes de soleil de son sac.

彼女はバッグからサングラスを取り出した。

lutter [lyte] (I)0 vi 自

(contre ～と) 戦う

3級

Ils pensent que nous permettons aux enfants de mieux lutter contre la maladie.

11.春.筆

私たちのおかげで、子どもたちがより病気に立ち向かえるようになると彼らは考えている。

＊長文読解、内容に一致する和文を選択する問題。ちなみに、ils は médecins「医者」を指し、nous は clowns「道化師、ピエロ」を指している。

準2級

Mais en fait, beaucoup de gens veulent lutter contre la solitude.

16.春.筆

しかし実際は、多くの人たちが孤独と戦おうとしている。

＊長文読解、空所に補充する適語句選択問題の一部。

lycée [lise] nm 男

(フランスの) リセ、高等学校 (▶ 原則 16 歳から 3 年間)

3級

Alex est un ami de lycée.

Alex はリセ (高校) 以来の友人です。

Tu vas à quel lycée ?

どこの高校に通っているの？

A B C D E F G H I J K **L** M N O P Q R S T U V W X Y Z

準2級

Après le lycée, mon frère a travaillé dans un hôtel à Paris. 12. 春. 聞. 改

リセを出たあと、兄（弟）はパリのホテルで働いた。

＊長文聞き取り、内容に一致する仏文を選択する問題。

◆ lycéen(ne) n 名

「リセの生徒、高校生」

3級

Ton fils est lycéen ?

息子さんは高校生ですか？

準2級

Il étudiait beaucoup pour ses examens quand il était lycéen.

11. 春. 筆

彼は高校生のとき、大いに試験勉強をしました。

＊選択肢から préparer を選び、直説法半過去にして Il *préparait* beaucoup ses examens quand il était lycéen.「試験に備えて勉強した」と書き換える問題。

M m

machine [maʃin] nf 女

(特定の作業をする) 機械

3級

J'ai acheté une nouvelle machine à laver hier. 昨日、新しい洗濯機を買った。

▶「洗濯機」は un lave-linge ともいう。例は、用途を示す à＋inf. を machine の後に置き、「～する機械」を表現する定番の言い方。別例として machine à coudre「ミシン」、machine à laver la vaisselle「食洗機」(＝un lave-vaisselle)、machine à calculer (＝calculatrice)「計算機」、machine à café「コーヒーメーカー、コーヒーの自動販売機」などがあげられる。

準2級

Appuyez *sur* ce bouton pour mettre la machine en marche. 15. 春. 筆

その機械を作動させるにはこのボタンを押してください。

＊前置詞の問題。appuyer sur qqch「(ボタンなどを) 押す」を見抜く。

madame [madam] nf 女

mesdames [medam] pl 複

[主に既婚女性への敬称] ～さん、～夫人 (▶ Mme, Mmes と略す)

5級・4級・3級・準2級

Bonjour, madame. Comment allez-vous ?

こんにちは、奥様。ご機嫌いかがですか？

C'est Mme Dumont qui nous a invité(e)s à dîner hier.

昨日、私たちを夕食に招待してくれたのは Dumont 夫人です。

mademoiselle [madmwazɛl] nf 女

mesdemoiselles [medmwazɛl] pl 複

[主に独身女性への敬称] ～さん、～嬢 (▶ Mlle, Mlles と略す)

5級・4級・3級・準2級

Bonsoir, mademoiselle.

こんばんは、お嬢さん。

Quel est votre nom, mademoiselle ?

お嬢さん、お名前は？

Mlle Durand va probablement se marier avec mon ami, Pierre.

Durand さんは、おそらく私の友人の Pierre と結婚するでしょう。

magasin [magazɛ̃] nm 男

店 (▶ boutique より規模の大きなもの)

5級・4級

□un grand magasin　デパート

Ce magasin ferme vers vingt et une heures. この店は 21 時ごろ閉まる。

Je vais vendre des vins japonais dans un grand magasin. 4:14. 春. 聞. 改

デパートで日本のワインを販売するつもりです。

＊会話文、内容に一致する和文を選択する問題。

Ma femme aime faire les magasins.

妻はショッピングが好きだ。

3級・準2級

Mes parents ont ouvert un petit magasin de fleurs quand j'avais dix ans. 準2:12. 秋. 書. 改

両親は私が 10 歳のときに小さな花屋を開いた。

＊「書き取り」(ディクテ)。

A B C D E F G H I J K L **M** N O P Q R S T U V W X Y Z

magazine [magazin] nm 男

(写真やイラストなどのある) 雑誌、グラヴィア誌

準2級

出題歴なし

Elle feuilletait un magazine.

彼女は雑誌を拾い読みしていた。

magnifique [maɲifik] adj 形

見事な、すばらしい (=splendide)

3級・準2級

C'est magnifique ! すばらしい！

On a passé une semaine dans une villa magnifique.

私たちはすばらしい別荘で1週間過ごした。

mai [mɛ] nm 男

5月

5級・4級

□en mai　5月に (=au mois de mai)

Nous sommes aujourd'hui le premier mai. 今日は5月1日です。

3級・準2級

En mai, il y a plusieurs jours fériés.

5月には、祝祭日が数日ある。

maigre [mɛgr] adj 形

(不健康に) 痩(や)せた (↔ gros)

4級

Ava est maigre, mais son mari est *gros*. 92.秋.筆.改

Ava はがりがりですが、彼女の夫はでっぷりしています。

* maigre の反意語 gros を書かせる問題。maigre を強調すると squelettique「(骸骨のように) 骨と皮の」となる。「(健康的に) 痩せた」なら mince を使い、「かっこよく細身な、すらりとした」なら形容詞 svelte を用いる。

◆maigrir (II) vi 自

「痩(や)せる (↔ grossir)」

4級・3級

Tu as maigri, non ? 痩せたんじゃない？

Ma fille a maigri de trois kilos en huit jours.

娘は1週間で3キロ痩せた。

▶「3キロ痩せる」は perdre trois kilos ともいう。形容詞 maigre と違って、動詞 maigrir は「不健康に痩せる」というイメージには直結せず、mincir「痩せる、ほっそりする、ほっそり見せる」の意味合いで使うことができる。「ダイエットする」なら faire un régime (minceur) という。

mail [mɛl] nm 男

メール

4級

J'ai reçu un mail la semaine dernière. 11.秋.筆

先週、メールを受け取った。

* 会話を読み、内容に一致する和文を選択する問題。mail には「eメール」の注記あり。また、e-mail, email の表記も用いられる (3級 02.春、準2級 17.春 に出題例あり)。

main [mɛ̃] nf 女

手

5級・4級

□se laver les mains　手を洗う

Elle a un dictionnaire dans la main gauche. 彼女は左手に辞書を持っている。

Ce pianiste a de grandes mains.

あのピアニストは手が大きい。

3級・準2級

□se serrer la main　(互いに) 握手を交わす

Prenez en main l'avenir des enfants. 3:98.春.筆.改

子どもの未来を引き受けて。

＊Un enfant par la main「子どもと手をつないで」という組織が出した広告文の一部。prendre en main(s) qqch は「～を引き受ける、～の責任を負う」という熟語。

maintenant [mɛ̃tnɑ̃]

adv 副

今、現在

5級・4級

Vous pouvez venir maintenant ?

今、来られますか？

3級・準2級

Désolé. Je n'ai pas d'autres tailles maintenant. 準2:15.秋.聞

申し訳ありません。今、別のサイズはございません。

＊対話文の一部。他のサイズの在庫がないことを伝える店員 le vendeur の言葉。ただし、店員であれば maintenant「今＝この瞬間」ではなく、「(あいにく) ただいまは、今現在は」en ce moment, pour le moment などと口にするほうが自然。

mais [mɛ] conj 接

(1) でも、しかし (2) [否定表現の後で] そうではなくて～だ

(1) 5級・4級・3級

Il neigeait, mais ma grand-mère est sortie.

雪が降っていたが、祖母は外出した。

Mon mari n'a rien dit, mais a haussé les épaules.

夫は何も言わずに肩をすくめた。

準2級

Ce matin, le vent est encore fort, mais il y a du soleil. 10.春.書

今朝はまだ風は強いですが、日が照っています。

＊「書き取り」(ディクテ)。

Non seulement je le connais, mais je connais aussi ses parents.

私は彼と知り合いであるだけでなく、彼の両親とも知り合いです。

▶ non seulement A, mais (aussi) B「A ばかりか B も (また)」という相関句。ちなみに、7 つの等位接続詞 (二つの文や語句を対等に結びつける接続詞) を一度に覚えられるフレーズがある。Mais où est donc Ornicar ? (mais, ou, et, donc, or, ni, car)「でも、Ornicar は一体どこに？」という。

(2) 4級・3級・準2級

Elles ne sont pas nées en France, mais en Italie.

彼女たちはフランスではなく、イタリアで生まれた。

Il ne travaille pas en ville, mais dans la nature. 準2:11.春.筆

彼は町中ではなく、自然の中で働いています。

＊ネイチャーガイドに触れた長文読解問題から。

◆ mais adv 副

「[oui, si, non の強調として] もちろん」

5級・4級

- Tu viens avec nous ? - Mais oui.

-「いっしょに来ますか？」-「もちろん」

- Ta femme est malade ? - Mais non.

-「奥さん、病気なの」
-「とんでもない (まさか)」

＊Mais non ! の mais を答える問題が、3 級 12.秋 に出題されたことがある。

3級

- Tu n'avais pas bien préparé ton examen ? - Mais si ! 01.秋.聞.改

-「試験の準備をちゃんとしなかったの？」

A B C D E F G H I J K L M N O P Q R S T U V W X Y Z

-「もちろんやったよ！」

＊会話文の聞き取り問題の一部。否定疑問への対応。

maison [mɛzɔ̃] nf 女

(一戸建ての) 家

5級・4級

Mon père aime rester à la maison.

父は家にいるのが好きです。

Un ami de ma femme a une maison de campagne là-bas, et il nous invite.

4:13.春.筆.改

妻の友人がそこに別荘を持っていて、私たちを招待してくれています。

＊長文読解、内容に一致する和文を選択する問題。une maison de campagne は「(田舎の) 別荘」の意味。類義語 une villa はイタリア語経由の単語で「庭付きの別荘、邸宅」をいう。

3級・準2級

□une maison à vendre　売り家

Mon oncle a construit sa propre maison à Kawasaki le mois dernier.

先月おじは川崎にマイホームを建てた。

maître, maîtresse [mɛtr, -trɛs] n 名

(小学校の) 先生、主人、飼い主

3級

Le maître d'école de ma fille est patient avec elle.

娘の先生は辛抱強く接してくれる。

▶ ただし「小学校の先生」を指す公的な単語は、現在では professeur あるいは enseignant(e) を使う。

Un chien doit obéir à sa maîtresse.

犬は飼い主の言うことをきかなくてはならない。

mal [mal] adv 副

悪く、下手に

5級・4級

Mon grand-père conduit mal.

祖父は運転が下手だ。

- Tu vas bien ?　- Pas mal, et toi ?

-「元気ですか？」
-「元気ですよ、で、あなたは？」

▶ Pas mal. を直訳的に「悪くない」とか「まあまあ」と訳すことがままあるが、実際は「まあまあ」よりもずっと「(調子が) 良い」状態を指す点に注意。

Cette porte ferme mal.

このドアはうまく閉まらない。

3級・準2級

□se sentir mal　気分がよくない

Tu dors mal ces jours-ci ?

この頃、よく眠れないの？

◆ mal nm 男
maux pl 複

「苦労 (=peine)、痛み (=douleur)」

5級・4級

□avoir mal à＋[定冠詞]＋[身体の部分]　～が痛い

J'ai mal à la tête.　頭が痛い。

- Qu'est-ce que vous avez ?
- J'ai mal à l'estomac.

-「どうしたのですか？」
-「お腹が痛いのです」

▶ avoir mal à l'estomac は文脈次第で「胃が痛い」ともとれる。

3級

J'ai du mal à dormir *depuis* quelques jours.

97.秋.聞

ここ数日よく眠れないのです。

＊前置詞 depuis を書き取る問題。avoir du

mal à＋inf. で「～するのに苦労する」の意味。

malade [malad] adj 形

病気の

5級・4級

□tomber malade　病気になる

Quand il avait dix ans, sa mère est tombée malade.

彼が10歳のときに、母親が病気になった。

3級・準2級

Ma fille est malade ; le médecin dit que ce n'est pas grave.

娘は病気ですが、医者は大したことはないと言っています。

◆ malade n 名

「病人」

3級

On y soigne les malades et les blessés. 01. 春. 筆

そこでは病人やけが人の手当てをする。

＊この文に適する語を選択肢から選ぶ。答えは hôpital「病院」。

maladie [maladi] nf 女

病気、疾病

3級・準2級

Mon ami est mort après une longue maladie.

友は長い病気のあとで亡くなった。

Il y a une semaine que le directeur du personnel est en congé (de) maladie.

人事部長は病気で1週間欠勤している。

mâle [mɑl] nm 男

雄、牡 (↔ femelle)

3級

Mes parents ont deux chiens : un mâle et une femelle.

両親は犬を2匹飼っています。雄と雌です。

malheureux, malheureuse [malœrø, -røz] adj 形

不幸な、不運な (↔ heureux)、(出来事が) 悲しい (=triste)

3級・準2級

Qui est la malheureuse victime ? 3:97. 春. 筆

その不幸な犠牲者は誰だい？

＊「結婚するんだ」Je me marie! という友人の発言に対し、ふざけて発せられた一言。適切な文を空欄に入れて会話を完成させる問題から。

Leur mariage était malheureux.

彼らの結婚生活は不幸だった。

◆ malheureusement adv 副

「不幸にも、残念ながら」

3級・準2級

Malheureusement, elle ne pourra pas assister à la réunion.

あいにく、彼女は会議には参加できません。

◆ malheur nm 男

「不幸、不運」

準2級

出題歴なし

Il lui est arrivé un grand malheur, il a eu un cancer.

彼に大きな不幸が起こった。癌(がん)にかかったのだ。

maman [mamɑ̃] nf 女

ママ、お母さん

■5級・4級・3級

- **Tu as déjà fini tes devoirs ?**
- ***Bien sûr, maman.*** 4:00.秋.筆

-「宿題はもうすませたの？」
-「もちろんだよ、ママ」

＊対話文を完成させる問題。このあと、Alors, tu peux regarder la télévision. と展開する。

■準2級

- **Maman, je peux passer chez le coiffeur ?**
- **Oui, vas-*y*.** 08.秋.筆

-「ママ、床屋に行っていい？」
-「ええ、行ってらっしゃい」

＊選択肢から代名詞 y を選び、空欄に入れる問題。

manger [mɑ̃ʒe] (I) 2 vt 他 vi 自

食べる、食事をする

■5級・4級

□manger de la soupe スープを飲む

Nous mangeons du pain et buvons du lait. 私たちはパンを食べ、牛乳を飲む。

■3級

出 題

単語を正しく並び替えて［ ］内に記入しなさい。

Je ne [ ] le frigo.
à dans rien manger trouve

12.秋.筆

「冷蔵庫に食べるものが何も見つからない」の意味にする。すでに活用されている動詞 trouve を軸に、rien à manger の並びがわかれば解答できる。

(解答) *trouve rien à manger dans*

■準2級

Je vais y manger à midi, lundi et vendredi. 13.秋.書.改

月曜日と金曜日のお昼はそこに食べに行く。

＊「書き取り」(ディクテ)。Je vais y manger の代名詞 y は聞き落としやすい。

manière [manjɛr] nf 女

仕方、やり方、[複数で] マナー、行儀

■準2級

Je n'aime pas sa manière de penser.

私は彼（彼女）の考え方が気に入らない。

Quelle est la meilleure manière d'étudier le français ?

フランス語を学ぶ最良の方法は何ですか？

manquer [mɑ̃ke] (I) 0 vt 他 vi 自

乗り遅れる、(de ～が) 足りない、人がいなくて寂しい

■4級

Guy a manqué son train ce matin.

今朝、Guy は電車に乗り遅れた。

■3級・準2級

- **Mes respects à Madame.**
- **Je n'y manquerai pas.**

-「奥さんによろしく」
-「そう伝えます（承知しました）」

▶ この manquer は「(約束や義務を) 怠る」という語義。

Il a manqué d'être écrasé par une voiture.

彼はあやうく車にひかれるところだった。

▶ manquer (de)＋inf. で「あやうく～するところだ」(＝faillir) の意味。

Tu me manques beaucoup.

君がいなくてとても寂(さび)しい。

▶ manquer à qqn で「(人がいなくて) 寂しい思いをさせる」という意味。

出　題

AとBがほぼ同じ意味になるように適語を選び、必要な形にしなさい。

A　Elle n'avait pas de patience.
B　Elle (　　　) de patience.

aller　comprendre　compter
manquer　mettre　準2:17.春.筆.改

「彼女には辛抱(しんぼう)が足りなかった」の意味にする。"manquer de＋[無冠詞名詞]" の形を見抜く。時制は直説法半過去。

(解答) *manquait*

manteau [mɑ̃to] nm 男
manteaux pl 複

(厚手の) コート、オーヴァー

4級・3級

Mon père a mis son vieux manteau.
父は古いコートを着た。

準2級

***Malgré* la chaleur, elle portait un manteau.**　09.春.筆.改
暑いのに彼女はコートを着ていた。

manuel(le) [manɥɛl]
adj 形

手の、手仕事の

準2級

***Voilà pourquoi* l'écriture manuelle risque de disparaître dans les prochaines années.**　14.春.筆
こうしたわけで、近い将来、手で字を書くことがなくなってしまう恐れがある。

＊長文読解、空所補充問題。前述の内容を受けて、「そういうわけで～である」を意味する Voilà pourquoi (＝C'est pourquoi) を空所に入れる。なお、écriture manuelle に「手で字を書くこと」という注記はあるが、これはこなれた言い回しではなく、「手で書かれた、自筆の」という形容詞 manuscrit を使う方が自然。

Je préfère les voitures manuelles.
マニュアル車 (マニュアルギヤ付きの車) の方が好きです。

marchand(e) [marʃɑ̃, -ʃɑ̃d]
n 名

商人 (＝commerçant)

準2級

Pourquoi le marchand n'a-t-il pas apporté ce que Claudine avait acheté ?　10.春.聞
どうして商人 (ここでは家具屋) は Claudine が買ったものを持って来なかったのですか？

＊対話の聞き取り問題での質問文。答えの Parce qu'il s'est trompé d'adresse.「住所を間違えたから」の trompé, adresse を書き取る問題。

marché [marʃe] nm 男

市場、マーケット、売買

4級・3級

□aller au marché
市場に買い物に行く (＝faire son marché)

□bon marché　安い → **bon marché**

Il y a un marché par semaine sur la place.　広場では、週に1回市が立つ。

▶例文は「回数」に力点を置いた言い方。類義だが、もし「頻度」にポイントを置けば、Il y a un marché chaque semaine sur la place.「毎週市が立つ」となる。

準2級

□marché aux puces　蚤の市

J'ai acheté ce vase au marché aux puces avant-hier.
一昨日、この花瓶を蚤の市で買いました。

A B C D E F G H I J K L **M** N O P Q R S T U V W X Y Z

marcher [marʃe] (I)0 vi 自

歩く、(事柄が) うまく運ぶ、(機械などが) 動く

5級

On doit marcher jusqu'à la gare.

駅まで歩かなくてはなりません。

4級

- Ton ordinateur ne marche plus ?
- Si, mais il est vieux. 10. 秋. 筆. 改

-「パソコンはもう動かないの？」
-「いや、動くんだけど、古いんだ」

＊会話文、内容に一致する和文を選択する問題。

3級・準2級

Il fallait marcher longtemps *sous* la pluie. 3:16. 春. 筆

雨の中をずっと歩かなくてはならなかった。

＊前置詞の選択問題。通常、「雨の中」は dans la pluie とは表現しない。なお、« Une fille dans la pluie » というフレンチポップスがあるが、これは日本語歌詞の仏訳という経緯をもつ。

◆ marche nf 女

「歩くこと、ウォーキング、(乗り物の) 進行、(物事の) 推移、進展」

準2級

□mettre qqch en marche　～を始動する

On n'arrive pas à mettre cette machine en marche.

どうしてもこの機械が動きません。

mardi [mardi] nm 男

火曜日

5級・4級

Demain, c'est mardi. 明日は火曜です。

3級

Le mardi, ma fille a une leçon de piano.

娘は毎週火曜にピアノのレッスンを受けています。

▶ le mardi は tous les mardis, chaque mardi とほぼ同義。

mari [mari] nm 男

夫 (↔ femme)

5級・4級・3級

Elle est plus âgée que son mari.

彼女は夫より年上だ。

Mon mari vit tout seul à Morioka pour son travail.

夫は仕事のために盛岡で一人暮らしをしています。

準2級

Elle est venue dans cette ville avec son mari. 11. 秋. 書

彼女はこの町に夫とやってきた。

＊「書き取り」(ディクテ)。

mariage [marjaʒ] nm 男

結婚 (↔ divorce)、結婚式

3級

Ils fêtent leur mariage chez eux. 12. 秋. 聞. 改

彼らは自宅で結婚を祝う。

＊会話を聞き、「結婚パーティーはレストランで行われる」という和文が、内容に不一致と判定する問題。

Leur mariage a été célébré à l'église l'après-midi.

彼らの結婚式は午後に教会で行われた。

準2級

D'autre part, en France, le nombre de mariages diminue depuis 2000.

08. 秋. 筆. 改

一方で、フランスでは、婚姻数は2000年以降減ってきている。

＊長文読解、内容に一致する仏文を選択する問題。子どもの数が増えている一方で、婚姻数は減少しているという文脈。

(se) marier [marje] (I) 0

vr 代動

結婚する

4級・3級

Paul et Marie se sont mariés en quelle année ?

Paul と Marie は何年に結婚したのですか？

Ma sœur s'est mariée avec un homme riche.

姉（妹）は裕福な男性と結婚した。

準2級

Beaucoup de couples français choisissent d'avoir des enfants sans se marier. 08. 秋. 筆

多くのフランス人カップルが結婚せずに子どもを持つことを選んでいる。

＊長文読解、内容に一致する仏文を選択する問題。

◆ marié(e) adj 形

「既婚の、結婚している (↔ célibataire)」

4級

Vous êtes marié(e) ?

結婚なさってますか？

Je suis marié(e). 私は結婚しています。

▶ 婚姻状態を表す例としては、Je suis célibataire.「独身です」、Je suis fiancé(e).「私は婚約しています」、Je suis divorcé(e).「離婚しています」などもある。

3級・準2級

En 2007, en France, plus de 50% des enfants sont nés de couples non mariés. 準2:08. 秋. 筆

2007年、フランスでは、子どもの半数以上が結婚していないカップルから生まれた。

＊長文読解、内容に一致する仏文を選択する問題。

mars [mars] nm 男

3月

5級・4級

☐ en mars　3月に（=au mois de mars）

Combien de jours y a-t-il en mars ?

3月は何日ありますか？

3級・準2級

Début mars, il a demandé une semaine de vacances. 3:12. 秋. 筆

3月初めに、彼は1週間の休暇を申請した。

＊長文読解、内容に一致する和文を選択する問題。

Avec mars arrive le printemps.

3月には春になる。

▶「3月とともに春が来る」が直訳。

match [matʃ] nm 男

（スポーツの）試合、ゲーム

4級

Je voudrais aller voir le match de baseball. 野球の試合を見に行きたいのですが。

Ils ont gagné le match 2 à 1.

彼らは2対1で試合に勝った。

3級・準2級

- Vincent est bon en tennis ?
- Oui, mais il *a perdu* le match la semaine dernière. 3:15. 春. 筆. 改

–「Vincent はテニスがうまいの？」
–「ええ、でも先週は試合に負けました」

＊動詞活用の問題。実際の出題文は Vincent est bon au tennis ? であったが、不自然な

ので en に変更した。

mathématiques [matematik] nfpl 女複

数学（▶ 通常複数形で使う。口語では maths [mat] と略すことが多い）

4級・3級

Il est bon en mathématiques et il aime réfléchir à des problèmes difficiles.

彼は数学が得意で、難問に取り組むのが好きだ。

▶ être fort(e) en mathématiques としても同義。「数学が苦手だ」なら être faible en mathématiques という。

Je déteste les maths depuis mon enfance. 子どもの頃から数学は嫌いだ。

matin [matɛ̃] nm 男

朝、午前

5級

□ce matin 今朝

□demain matin 明日の朝、明朝

□tous les matins 毎朝（=chaque matin）

Tu bois du thé tous les matins ?

毎朝、紅茶を飲むのですか？

4級・3級・準2級

□du matin au soir 朝から晩まで

Il est rentré du théâtre à une heure du matin. 彼は午前1時に劇場から帰った。

Nous servions les clients du matin au soir, tous les jours, même le dimanche. 3:05.秋.筆

私たちは朝から晩まで、毎日、日曜日も接客をした。

＊長文読解、内容に一致する和文を選択する問題。

matinée [matine] nf 女

朝（の間）、午前中

4級・3級

□toute la matinée 午前中ずっと

Venez me voir dimanche dans la matinée.

日曜の午前中にいらしてください。

▶「早朝に」なら au début de la matinée, en début de matinée、「昼近くに」なら à la fin de la matinée, en fin de matinée という。

mauvais(e) [movɛ, mɔvɛ, -vɛz] adj 形

悪い（↔ bon）、（天気が）悪い、まずい、苦手な

5級

Il fait mauvais. 天気が悪い。

▶ Il fait mauvais temps. も同義。

4級

Quel mauvais temps !

なんてひどい天気だ！

3級

Non, vous avez un mauvais numéro.

（電話で）いいえ、番号違いです。

Je n'ai pas bien dormi à cause d'un mauvais *rêve*. 11.春.筆

悪い夢のせいでよく眠れなかった。

＊文意を勘案して、選択肢から rêve「夢」を選ぶ問題。なお、はっきり「悪夢」というなら un cauchemar という単語もある。

準2級

Ces produits chimiques sont bons pour empêcher les mauvaises herbes de pousser. 09.秋.筆.改

この化学薬品は、雑草が生えてくるのを防ぐのに役立つ。

＊長文読解、空所に補充する仏文選択問題。

◆ mauvais **adv** 副

「悪く」

4級

Ça sent mauvais dans cette salle de classe. この教室は嫌な臭いがする。

méchant(e) [meʃɑ̃, -ʃɑ̃t]

adj 形

(人が) 意地悪な (=malin)、(動物が) 危険な (=dangereux)

4級・3級・準2級

« Chien méchant »

「猛犬注意」

＊4 級97. 秋に、「掲示」のイラスト群から適当なものを選ぶ問題で登場している。

Elle est méchante de dire ça.

そんなことを言うなんて彼女は意地が悪い。

mécontent(e) [mekɔ̃tɑ̃, -tɑ̃t]

adj 形

(de ～に) 不満な、満足していない (=insatisfait, ↔ content, satisfait)

準2級

出題歴なし

Elle est mécontente de son poste actuel. 彼女は今の地位に不満だ。

médecin [medsɛ̃] **nm** 男

医者、医師 (=docteur)

5級・4級・3級

Mon oncle est médecin à l'hôpital.

おじは病院の勤務医です。

▶ médecin は主に「内科医」の意味で用いられる。ちなみに「外科医」は chirurgien, chirurgienne という。

Je suis allé chez le médecin *sans* prendre rendez-vous. 3:03. 秋. 筆

私は予約をせずに医者に行った。

＊前置詞 sans を選択肢から選ぶ問題。

準2級

Comme il n'y a pas de médecin(s) dans notre village, nous sommes allé(e)s à l'hôpital du village voisin.

14. 春. 書

私たちの村には医者がいないので、隣村の病院に行った。

＊「書き取り」(ディクテ)。文脈はないが、フランスの話だとしたら少々不自然だ。フランスでは、通常「村」に hôpital「病院」はないからである。都市部に 2～3 の病院がある程度。よって、後半は「隣村の医者のところへ」… nous sommes allé(e)s chez le médecin du village voisin. などとする方が実情に即している。

médecine [medsin] **nf** 女

医学

3級・準2級

Elle est étudiante en médecine.

彼女は医学部の学生だ。

▶「彼女は医学を学んでいる」Elle fait des études de médecine. あるいは Elle étudie la médecine. も類義。

médicament [medikamɑ̃]

nm 男

薬

4級・3級

Prenez ce médicament pour la gorge.

喉(のど)用にこの薬を飲んでください。

Il faut que vous preniez ce médicament après le repas.

食後にこの薬を飲まなければいけません。

準2級

Le docteur nous a donné un médicament. 14. 春. 書

医者は私たちに薬をくれた。

＊「書き取り」（ディクテ）。

meilleur(e) [mɛjœr] adj 形

[bonの優等比較級・最上級] よりよい、もっともよい

4級

Je connais le meilleur restaurant dans ce quartier.

私はこの界隈の最上級のレストランを知っています。

Quel est le meilleur hôtel dans la banlieue de Kyoto ?

京都郊外で最良のホテルはどこですか？

3級・準2級

出　題

単語を正しく並び替えて [　] 内に記入しなさい。

Je pense [　　　] que l'autre.
ce　que　est　film　meilleur

3 :96. 秋. 筆

Je pense que「〜と思う」という出だしに、「この映画はもう一方のものよりも優れている」という比較の文をつなげる問題。

（解答）*que ce film est meilleur*

membre [mɑ̃br] nm 男

（ある集団の）一員、メンバー

3級

Ma tante est membre d'un club de golf. おばはゴルフクラブのメンバーです。

même [mɛm] adj 形

同じ、まさにその、〜自身

4級

Ma femme a le même âge que moi.

妻は私と同い年です。

▶ Ma femme et moi avons le même âge. も同義になる。

La même chose, s'il vous plaît.

同じものをください。

3級・準2級

□en même temps　同時に（＝à la fois）

Dites-le-lui vous-même.

ご自分で彼（彼女）にそうおっしゃってください。

◆ même adv 副

「〜でさえ」

3級

□quand même　それでも、ともかく（＝tout de même, malgré tout）

- Maman, je n'ai plus *faim*.
- Finis ta salade quand *même*.

17. 春. 聞. 改

-「ママ、もうお腹いっぱい」
-「それでも、サラダは残さず食べて」

＊会話を聞いて、空所に faim と même を書き取る問題。

Ce restaurant japonais est ouvert tous les jours, même le dimanche.

その和食レストランは毎日、日曜でさえも開いています。

準2級

Certaines viennent même de très loin.　09. 秋. 書

（わざわざ）かなり遠方から来ている人たちもいます。

＊「書き取り」（ディクテ）。

ménage [menaʒ] nm 男

家事、掃除

4級・3級

□faire le ménage　家事をする、（家の）掃除をする

M. Durand aide sa femme à faire le ménage.

Durand 氏は妻が家事をするのを手伝う。

Nous avons une femme de ménage.

うちにはお手伝いさんがいます。

準2級

出　題

A と B がほぼ同じ意味になるように、適語を選び必要な形にしなさい。

A　Elles mettront une heure pour faire le ménage.

B　Le ménage leur (　　　) une heure.

aller　donner　faire　prendre　se passer　15. 秋. 筆. 改

「彼女たちは掃除する（家事をする）のに 1 時間かけるだろう」の意味。選択肢から prendre を選び、直説法単純未来に活用する。なお、14. 秋には同じ準 2 級で、faire le ménage＝nettoyer という言い換えの問題も出されている。

（解答）*prendra*

mener [məne]（I）3 vt 他

（道が）（à ～に）通じる、導く

準2級

Ce petit chemin mène au village voisin. この小道は隣の村に通じている。

Tous les chemins mènent à Rome.

（ことわざ）すべての道はローマに通ず。

mensuel(le) [mɑ̃sɥɛl] adj 形

月ごとの、毎月の

3級

Cette émission de télévision est mensuelle.

このテレヴィ番組は月に 1 度の放送だ。

＊3 級 98. 春に一度出題例がある。

mentir [mɑ̃tir]（III）5 vi 自

嘘をつく、裏切る

3級

Mon frère ne ment jamais.

兄（弟）はけっして嘘はつかない。

準2級

Il a été puni *pour* avoir menti.　13. 秋. 筆

彼は嘘をついたために罰せられた。

＊前置詞 pour を選択肢から選ぶ問題。

◆ mensonge nm 男

「嘘」

準2級

出題歴なし

Il existe des cas dans lesquels le mensonge est acceptable.

嘘が許容されるケースは存在する。

menu [məny] nm 男

（レストランの）メニュー、定食、コース、（コンピューターの）メニュー

4級

Je prends le menu à 30 euros.

30 ユーロのコースにします。

▶ une chambre à 100 euros「100 ユーロの部屋」、un dictionnaire à 20 dollars「20 ドルの辞書」など、金額を示すときには前置詞 à を使う。

3級・準2級

Est-ce que je peux avoir le menu, s'il vous plaît ?

メニューを見せていただけますか？

mer [mɛr] nf 女

海

A B C D E F G H I J K L **M** N O P Q R S T U V W X Y Z

5級

Ils sont à la mer. 17.春.筆

彼らは海にいます。

＊イラストに適合する仏文を選ぶ問題。

4級・3級・準2級

□au bord de la mer　海辺に

Mon fils aime nager en mer.

息子は海で泳ぐのが好きです。

Il pêche des poissons au bord de la mer. 3:08.春.聞

彼は海辺で魚を釣っている。

＊この文を聞き、ふさわしいイラストを選択する問題。

merci [mɛrsi] nm 男 interj 間

ありがとう、(辞退・拒否を表して) 結構です

5級・4級

Merci beaucoup. どうもありがとう。

▶ Merci bien. なら「(軽い礼で) どうも」という感じ。Merci mille fois. (あるいは Mille fois merci.) は、直訳が「千回ありがとう」なので「本当にありがとうございます」(＝Je vous remercie beaucoup.) という意味になる。

Merci pour votre cadeau.

プレゼントありがとうございます。

▶ Merci de votre cadeau. ともいうが、慣用句を除いて、現在では pour の使用頻度が高くなっている。

- Vous voulez encore du café ?
- Non, merci.

-「もう少しコーヒーはいかが？」
-「いえ、結構です」

3級・準2級

Je prendrai un thé au lait, merci.

ミルクティーをお願いします。

＊文末に添えて、「お願いします」のニュアンスを込める。

Merci de ton conseil, mais *créer ma propre société*, c'est mon rêve depuis longtemps. 準2:11.春.筆

忠告ありがとう、でも自分の会社を設立することが私の長年の夢なのです。

＊対話文の空所補充問題から。

mercredi [mɛrkrədi] nm 男

水曜日

5級・4級

Nous sommes mercredi.

今日は水曜日です。

▶ On est mercredi. や C'est mercredi. も同義。

3級・準2級

À partir de mercredi prochain, pour trois nuits. 3:08.秋.聞.改

次の水曜日から、3泊の予定です。

＊C'est pour quand ?「いつのご予約ですか？」という問いへの返答。ホテルのフロント係との電話での対話を聞き、その内容に和文が一致しているか否かを答える問題。

En France, les enfants n'ont pas classe le mercredi.

フランスでは、子どもたちは水曜日には授業がない。

＊定冠詞をつけた le mercredi は「(毎週) 水曜日」の意味で、tous les mercredis とか chaque mercredi とほぼ同義。

mère [mɛr] nf 女

母、母親 (↔ père)

5級・4級・3級

Comment va ta mère ?

お母さんはお元気？

Camille ne ressemble pas beaucoup à sa mère.

Camille は母親にあまり似ていません。

準2級

La fête des Mères, c'est en juin.

母の日は6月にあります。

merveilleux, merveilleuse [mɛrvɛjø, -jøz] adj 形

(信じられないほど) すばらしい、驚くべき

準2級

出題歴なし

Disney World est un endroit merveilleux pour les enfants.

ディズニーワールドは子どもにとってすばらしい場所だ。

message [mɛsaʒ] nm 男

メッセージ、伝言

4級・3級

Merci pour votre message.

メッセージをありがとうございます。

▶ 返信メールの決まり文句。

J'aimerais laisser un message pour M. Abé.

Abé さんに伝言を残したいのですが。

mesurer [məzyre] (I) 0 vt 他 vi 自

測る、長さが～ある、身長が～ある

4級・3級

Elle mesure un mètre soixante et pèse cent kilos.

彼女は身長が1メートル60、体重が100キロある。

J'ai mesuré la table, elle fait deux mètres de long.

テーブルを測ったら、長さが2メートルあった。

◆ mesure nf 女

「(長さ・重量の) 測定、単位、措置、対策」

準2級

□ (au fur et) à mesure que

～に応じて、～につれて

À mesure que je vieillis, ma vue baisse.

年とともに、視力が低下する。

▶ 少しレヴェルは上がるが、être en mesure de + inf.「～できる」とか、sur mesure「オーダーメイドの」(衣服) なども使用頻度の高い言い回し。

météo [meteo] nf 女

天気予報 (▶ météorologie の略語)

3級・準2級

La météo dit qu'il neigera demain matin. 予報では明日の朝は雪です。

▶ 仏検では La météo dit que S+V の言い回しが頻出するが、日常会話では、dire の代わりに annoncer「知らせる、告げる」を用いたり、selon la météo とか d'après la météo「天気予報によれば」というフレーズを用いたりする。

métier [metje] nm 男

職業、仕事

4級・3級

Quel est votre métier ?

あなたの職業は何ですか？

▶ Qu'est-ce que vous faites (dans la vie) ? や Quelle est votre profession ? といった問いかけも類義。

準2級

C'est à ce moment-là qu'il a trouvé son vrai métier. 09. 秋. 筆

彼が本当の仕事を見つけたのはこの時だった。

＊長文読解、内容に一致する仏文を選択する問題。ただ、vrai métier「本当の仕事」では意味が曖昧である。『仏検公式ガイドブック』の解説では「天職」と訳されているが、それなら vocation [nf] が適語ではな

いか。

mètre [mɛtr] nm 男

メートル（▶ m と略す）

4級・3級・準2級

Elle mesure un mètre soixante-cinq.

彼女は身長１メートル 65 です。

▶ 身長は「メートル＋センチメートル」で表現する。あるいは Elle mesure 1,65 mètre. という表記もある。ただし、センチメートルだけを用いて 165 cm とは言わない。

Elle fait parfois plus *de* 20 mètres de long. 4:03. 春. 筆. 改

それ（クジラ la baleine）はときとして体長が 20 メートルを超える。

＊前置詞の問題。"plus de＋[数詞]＋[名詞]" で「～以上」の意味。

Cette tour fait environ 55 mètres de haut. この塔は高さ約 55 メートルである。

métro [metro] nm 男

地下鉄

5級・4級

☐en métro　地下鉄で

☐prendre le métro　地下鉄に乗る

Pardon, où est la station de métro ?

すみません、地下鉄の駅はどこですか？

J'attends mon oncle à la sortie du métro.

地下鉄の出口でおじを待っています。

- Tu rentres comment ? - En métro.

-「どうやって帰るの？」 -「地下鉄で」

3級・準2級

Dépêchez-vous pour qu'on *puisse* prendre le dernier métro. 3:92. 秋. 筆

最終電車に間に合うように急いでください。

＊動詞活用の問題。"pour que＋[接続法]" の形にする。

mettre [mɛtr] (III) 32 vt 他

置く、記入する、（服を）着る、（～に時間が）かかる

5級

J'ai mis mon sac sur la chaise.

椅子の上に鞄を置いた。

▶ この例のように、「人が物を場所に置く」が見出語の本来の意味。

4級・3級

Tu mets du sucre dans ton café ?

コーヒーに砂糖を入れる？

Vous avez mis combien de temps pour venir ici ?

ここに来るのにどのくらい時間がかかりましたか？

Mets ton *pyjama* et va au lit. 3:14. 春. 筆

パジャマを着て、もう寝なさい。

＊空欄に選択肢から pyjama を選ぶ問題。

準2級

Mon grand-père *met* de l'ordre dans sa chambre. 13. 秋. 筆. 改

祖父は部屋の整理をする。

＊「部屋をかたづける」ranger sa chambre を「部屋を整理する」mettre de l'ordre dans sa chambre に書き換える問題。

◆ (se) mettre (III) 32 vr 代動

「身を置く、～し始める」

3級

On se met là, au fond ? 97. 秋. 筆

（レストランで）あそこ、奥に座る？

＊対話文を完成させる問題。この提案を受けて、J'aimerais qu'on s'installe plus près de la terrasse.「もっとテラスの近くに座りたいんだけど」と応じる。

Tout le monde s'est mis à rire.

みんなどっと笑いだした。

▶ se mettre à＋inf. は「(不意に) ～し始める」の意味。

meuble [mœbl] nm 男

家具、調度

3級・準2級

Il y a trop de meubles dans cette pièce; elle paraît petite.

この部屋は家具が多すぎて、部屋がせまく感じられます。

◆meublé(e) adj 形

「家具付きの」

4級・3級

Vous cherchez un studio meublé dans ce quartier ?

この界隈で家具付きのワンルームマンションをお探しですか？

midi [midi] nm 男

[無冠詞で] 正午 (↔ minuit)、昼食時間

5級

Il est midi et quart. 12時15分です。

Elle travaille jusqu'à midi.

彼女は昼まで仕事をする。

4級

On prend le train de dix heures à Paris et on arrive à Dijon vers midi.

パリで10時の電車に乗れば、ディジョンには昼頃に着きます。

3級・準2級

Comme c'était vers midi, nous sommes allées déjeuner ensemble.

準2:11. 秋. 聞

昼近くだったので、私たちはいっしょに昼食を食べに行きました。

＊この文を含む対話を聞いて、問題冊子に書かれた Elle l'a rencontrée vers (　　　). に midi を、Elle est allée (　　　). に déjeuner を書き取る問題。

mieux [mjø] adv 副

[bien の優等比較・最上級] よりよく、もっともよく

5級・4級

Vous allez mieux ?

(具合は) よくなっていますか？

▶ aller bien の比較級の表現。

C'est Anne qui chante le mieux de notre classe.

クラスで一番歌がうまいのは Anne だ。

▶ 副詞の最上級と強調構文は相性がよい。

Il vaut mieux prendre un taxi.

タクシーに乗ったほうがいい。

▶ valoir mieux＋inf. で「～したほうがいい」という意味。

3級・準2級

Tant mieux !

(満足の表現) それはよかった！

＊3級 12. 秋 には、このフレーズの mieux を答える問題が出されている。なお、文脈により、「それは好都合だ！」といった訳もあり得る。

C'est vrai que Tokyo est une ville pratique, mais j'aime mieux la vie calme de Kamakura que celle pleine de bruits de Tokyo. 準2:09. 春. 聞. 改

確かに東京は便利な都市ですが、私は東京の騒音だらけの暮らしより、鎌倉の静かな暮らしのほうが好きです。

＊手紙文の聞き取り問題。aimer mieux A que B「B より A のほうを好む」という言い回しが使われている。

mignon(ne) [miɲɔ̃ ,-ɲɔn] adj 形

かわいい (↔ laid)

3級

Elle est mignonne, votre fille !

あなたの娘さん、かわいいわね！

▶見た目だけでなく、性格についても用いる。

milieu [miljø] nm 男
milieux pl 複

（場所などの）中央、（時間の）真ん中

4級・3級・準2級

□au milieu de qqn / qqch

〜の中央に、〜の半ばで

Mon chat noir est au milieu du salon.

うちの黒猫はリヴィングの真ん中にいます。

Mon ami a quitté l'université au milieu de l'année scolaire.

友人は年度の途中で大学をやめた。

On se met au milieu ?

中央に座りましょうか？

mince [mɛ̃s] adj 形

（人が）ほっそりした（↔ gros）、薄い（↔ épais）

4級・3級・準2級

Ma femme est mince mais pas maigre.

妻はスマートだが、やせ細ってはいない。

▶minceが「スマートな」という肯定的な意味合いなのに対して、maigreは「やせ細った」という否定的な意味合いをもつ。

Ce dictionnaire est mince.

この辞書は薄い。

mine [min] nf 女

（主に健康状態を反映した）顔色

3級

□avoir bonne [mauvaise] mine

顔色がいい（悪い）

Tu n'as pas bonne mine ; tu es malade ? 顔色がよくないよ、病気なの？

ministère [ministɛr] nm 男

省（庁）、内閣

3級

Mon père est employé au ministère des Affaires étrangères.

私の父は外務省で働いています。

＊3級 93.秋 に、「組閣」formation d'un ministère→「組閣する」former un ministèreという書き換えが出題されたことがある。

minuit [minɥi] nm 男

［無冠詞で］午前0時（↔ midi）、真夜中

▷mi (milieu「真ん中」)＋nuit「夜」

5級・4級・3級

Il est bientôt minuit et demi.

まもなく午前0時半です。

▶minuitは男性名詞なのでminuit et demiとなるが、une demi-heureをプラスする感覚で、minuit et demieと綴る人もいる。

準2級

Dans la plupart des restaurants, les gens travaillent de huit heures du matin jusqu'à minuit. 準2:13.春.筆

ほとんどのレストランでは、人々が朝の8時から真夜中まで働いている。

＊長文読解、空所に補充する仏文を選択する問題から。

minute [minyt] nf 女

（時間の単位としての）分、短い時間

5級・4級

J'arrive dans dix minutes.

10分後にまいります。

3級・準2級

Le train avait dix minutes de retard.
電車が 10 分遅れた。

Attends une minute.　少し待って。

Il faut cinq minutes pour aller à la gare.　駅までは 5 分かかります。

miroir [mirwar] nm 男

鏡

3級・準2級

出題歴なし

Ma secrétaire se regarde toujours dans le miroir.
私の秘書は鏡ばかり見ている。

misérable [mizerabl] adj 形

哀れな、悲惨な

準2級

出題歴なし

Son oncle a mené une vie misérable dans ses dernières années.
彼（彼女）のおじは惨めな晩年を送った。

mode [mɔd] nf 女

流行、ファッション

3級

□à la mode　流行している

Cette année, les pantalons un peu serrés sont à la mode.　99.秋.筆
今年は、少しタイトなズボンがはやりです。

＊適当な仏文を選んで、会話を完成させる問題。ただ、厳密にいえば、ここでいう「タイトな」は見た目に力点を置いているので、形容詞 moulant(e)「（衣服が）体の線をくっきり見せる」のほうが、レヴェルは上がるが適切だと思われる。serré(e) は外見よりも、着用感が「ぴったりした、きつい」を表す語なので。

準2級

Ma fille veut travailler dans la mode.　17.春.書.改
娘はファッション界で働きたがっている。

＊「書き取り」（ディクテ）。「ファッション業界」は le monde de la mode という言い方もする。

mode [mɔd] nm 男

様式、方法

準2級

出題歴なし

Les modes de communication dans le cerveau humain et l'ordinateur sont similaires.
人間の脳とコンピュータの情報伝達法は似ている。

modèle [mɔdɛl] nm 男

（服や車などの）型、タイプ、規範

3級・準2級

- Lesquelles ?
- Là, ce modèle sportif.　3:02.秋.筆
-「どれでしょうか？」
-「あれです、スポーツタイプのものです」

＊靴屋でショーウインドウの chaussures [nf]「靴」を指差しながらの会話、その空所補充問題の一部から。

C'est notre nouveau modèle de voiture.　これは我が社のニューモデルの車だ。

moderne [mɔdɛrn] adj 形

近代の、現代の

4級

Le mercredi, le musée d'Art Moderne est ouvert jusqu'à 9 heures.　99.秋.聞
水曜日には、近代美術館は 9 時まで開いています。

＊対話を聞き、その内容に和文が一致してい

るかどうか確認する問題。

3級・準2級

Ma grand-mère a commencé à apprendre la danse moderne.
祖母がモダンダンスを習いだした。

moins [mwɛ̃] adv 副

より少なく、より〜でなく、[定冠詞をつけて] 最も少なく〜だ

5級・4級・3級

Parle moins vite !
もうちょっとゆっくり話して！

▶ Parle plus lentement ! としても同義。

C'est la chambre la moins chère.
これが一番安い部屋です。

Le monsieur est moins jeune que la dame. 5:09.春.筆
その男性はその女性ほど若くない。

＊イラストにふさわしい文を選ぶ問題。

Il est deux heures moins dix.
2時10分前です。

▶ この moins は辞書によっては前置詞に分類される。

準2級

Il y aura de moins en moins d'élèves dans cette région. 12.春.筆.改
この地域ではだんだん生徒数が少なくなっていくだろう。

＊de moins en moins で「だんだん少なく」の意味。この文を Le nombre d'élèves diminuera dans cette région. と書き換える問題（ただし、出題文は des élèves となっている）。

◆ moins nm 男

「最小」

3級

□au moins　少なくとも、最小限

Je vois Paul au moins une *fois* par mois. 95.秋.筆
私は少なくとも月に1度は Paul に会います。

＊和文を参考にして空所に単語を補充する問題。

mois [mwa] nm 男

(暦の) 月、1ヶ月 (間)

5級・4級・3級

□le mois prochain [dernier]
来月（先月）

Elles travaillent ici depuis six mois.
彼女たちは6ヶ月前からここで働いている。

Mon frère habite à Bordeaux depuis le mois d'avril.
兄（弟）は4月からボルドーに住んでいる。

Février est le mois le plus court de l'année. 2月は1年で一番短い月だ。

準2級

Le mois prochain, il va voyager en France pour la première fois de sa vie; c'était son rêve. 17.秋.聞
来月、彼は生まれてはじめてフランス旅行に出かけます。それは彼の夢でした。

＊長文を聞いて、そのあとに読み上げられる仏文が、内容に一致するか否かを答える問題。

moitié [mwatje] nf 女

半分

準2級

Je te donne la moitié de ma pomme ? りんごを半分あげようか？

Le résultat, c'est qu'en 2007, plus de la moitié des enfants sont nés de parents non mariés. 08.秋.筆
その結果、2007年には半数以上の子どもが、結婚していないカップルから生まれている。

＊長文読解、内容に一致する仏文選択問題。

moment [mɔmɑ̃] nm 男
瞬間、時間、期間、好機

5級

Un moment, s'il vous plaît.
少々お待ちください。

4級

□en ce moment 今、現在

□à ce moment(-là) そのとき、当時

Les cerisiers sont en fleurs en ce moment. 94. 秋. 筆
今、桜は花盛りです。
＊日記の一部。内容に一致する和文を選択する問題。

Qu'est-ce que vous *faisiez* à ce moment-là ? 03. 秋. 筆
そのときあなたは何をしていたのですか？
＊和訳を参照し、適切な活用形（この場合は直説法半過去）に活用された動詞を選ぶ問題。

3級・準2級

□pour le moment
さし当たって（=pour l'instant）

Pour le moment, tout va bien.
今のところ、すべて順調です。

monde [mɔ̃d] nm 男
世界、[集合的に] 人々（=gens, personnes）

5級・4級

□tout le monde 皆（みんな）、全員
▶ これを「全世界、世界中」（le monde entier）と勘違いしないように。

Bonjour tout le monde !
皆さん、こんにちは！

Il y a du monde dans la rue.
通りにたくさんの人がいる。
▶ Il y a beaucoup de monde dans la rue. も同義。

3級・準2級

C'est un peintre *dont* l'œuvre est connue dans le monde entier. 3 :15. 春. 筆
これは、世界中でその作品が知られている画家だ。
＊空欄に、選択肢から関係代名詞 dont を選ぶ問題。

Damas est une des plus anciennes villes du monde.
ダマスカスは世界でもっとも古い都市のひとつだ。

monnaie [mɔnɛ] nf 女
貨幣、つり銭、小銭

4級

Tu as de la monnaie ? 小銭はある？

3級・準2級

Gardez la monnaie.
（タクシーなどで）お釣りはとっておいてください。

Pourriez-vous me faire la monnaie ? 3 :99. 春. 聞
（札を差し出して）くずしていただけますか？
＊聞き取り問題。この文にふさわしいイラストを選ぶ。

monsieur [məsjø] nm 男
messieurs [mɛsjø] pl 複
[男性に対する敬称] ～さん、～氏（▶ M., MM. と略す）

5級・4級・3級

Comment allez-vous, monsieur ?
（男性に対して）お元気ですか？

Monsieur et madame Bonnet ont deux enfants.
Bonnet 夫妻には 2 人子どもがいます。

Au revoir, messieurs. À bientôt !
さようなら、みなさん。また、近いうちに！

A B C D E F G H I J K L M N O P Q R S T U V W X Y Z

Permettez-moi de vous présenter mon ami, M. Kobayashi.

私の友人、Kobayashi 氏を紹介させてください。

montagne [mɔ̃taɲ] nf 女

山

5級

□aller à la montagne　山に行く

Qu'est-ce que vous préférez, la mer ou la montagne ?

海と山、どちらが好きですか？

4級・3級

Ce matin, il a neigé sur les montagnes. 今朝、山には雪が降った。

On part faire du ski à la montagne.

山にスキーをしに行きます。

準2級

Je suis *né* dans un *village* au pied de la montagne. 17. 春. 聞

私はこの山の麓(ふもと)にある村で生まれました。

＊この文を聞き、2カ所の空所に né, village を書き取る。

monter [mɔ̃te] (I) 0 vi 自 vt 他

(階段などを) 上がる、(車などに) 乗る、のぼる

5級・4級・3級

Il monte dans un bus.

彼はバスに乗る。

Elle est montée au premier étage.

彼女は2階に上がった。

Elle a monté sa valise dans sa chambre.

彼女はスーツケースを部屋に運んだ。

▶ 上記2つの文における自動詞と他動詞の違い、複合過去での助動詞の違いに注意。

montre [mɔ̃tr] nf 女

腕時計

5級・4級

Il est sept heures à ma montre.

私の時計では7時です。

3級・準2級

Ta montre retarde de cinq minutes.

君の時計は5分遅れている。

▶ 反対に、「進んでいる」なら動詞 avancer を用いる。

出題

( ) 内に入る適語を選びなさい。

On porte une (　　　) pour savoir l'heure.

1. bouton　2. crayon　3. dent

4. montre　5. table　3 :08. 春. 筆. 改

「時間を知るために ( ) を身につけている」の空所補充。不定冠詞から、空欄に入るのは女性名詞であることも踏まえて解答する。

(解答) *4*

montrer [mɔ̃tre] (I) 0 vt 他

(人に) 見せる、示す

4級・3級

Je vais vous montrer les photos de mon voyage.

旅行の写真をあなたにお見せしましょう。

Monsieur, montrez-moi votre permis de conduire. 3 :01. 秋. 聞

すみません、免許証を拝見します。

＊この文を聞いて、警官がドライヴァーに話しかけているイラストを選ぶ。

準2級

En courant à travers la France,

●この出版案内には2020年9月現在の出版物から収録しています。
●表示価格は本体価格です。別途消費税がかかります。●重版等により本体価格が変わる場合がありますのでご了承ください。●ISBNコードはご注文の際にご利用ください。

〒102-8152 東京都千代田区富士見2-11-3 TEL 03(3288)7777 FAX 03(3288)7799[営業]

Thierry voulait seulement montrer son courage. 14. 秋. 筆

走って（マラソンで）フランスを横断することで、Thierry は勇気を示したいだけだった。

＊長文の内容に一致しているか否かという選択肢のひとつから。

monument [mɔnymɑ̃]

nm 男

（大きな）記念建造物

3級

L'après-midi, je me promène en ville et visite des monuments historiques. 00. 春. 聞

午後には町を散策して、歴史的な建造物を見学しています。

＊京都在住のフランス人が書いたという設定の手紙文の聞き取り問題から。

準2級

Je vais visiter les monuments les plus importants de Paris.

パリで一番重要なモニュメントをいくつか訪ねるつもりです。

(se) moquer [mɔke] (I) 0

vr 代動

からかう、馬鹿にする

3級・準2級

Ne te moque pas de moi!

バカにしないで！

Elle se moque toujours de mon accent.

彼女はいつも私の訛(なま)りを馬鹿にする。

Mon frère se moque toujours de moi parce que je mange trop.

私の兄（弟）は、私が食べ過ぎるせいでいつも私をからかう。

morceau [mɔrso] nm 男

morceaux pl 複

（物の）一部分、一切れ、（作品の）抜粋

3級・準2級

Donnez-moi un morceau de pain.

パンを一切れください。

＊3 級93. 秋には、un morceau de pain の morceau を書かせる問題が出されたが、正答率は 21.8% と低調であった。

Vous voulez combien de morceaux de sucre ? 砂糖はいくつ入れますか？

Écoutez ce morceau, il est beau!

この曲を聞いてください、きれいですよ！

mort [mɔr] nf 女

死

4級・3級

Il craint la *mort* de son chien. 3 : 96. 春. 筆

彼は犬の死を恐れている。

＊この文を、動詞 mourir を使って Son chien va mourir.「彼の犬が死にそうだ」と書き換える問題。

Il faut se préparer à la mort.

死への準備をしなくてはならない。

準2級

Mon ami est entre la vie et la mort en ce moment.

今この瞬間にも、私の友人は生死の境をさまよっている。

Elle est toujours *en* robe noire depuis la mort de son mari. 11. 春. 筆

彼女は夫を亡くしてから、いつも黒い服を着ている。

＊前置詞 en「～を着た（着ている）」を選択肢から選ぶ問題。

◆ **mort(e)** adj 形
「死んだ」→ **mourir**

mot [mo] nm 男

単語、言葉

5級

Je *ne* comprends *pas* ce mot. 97. 秋. 筆

この単語がわかりません。

＊否定文では、動詞を ne と pas ではさむという基本を確認する整序問題から。

4級・3級・準2級

□en un mot　つまり、一言で言えば

□mot à mot　一語一語、逐語的に

Que veut dire ce mot ?

この単語はどういう意味ですか？

On y trouve la définition des mots. 3 :01. 春. 筆

そこで、語の定義が見つかります。

＊この文から、単語 dictionnaire「辞書」を選択する問題。

Elle est partie sans un mot.

彼女は一言も言わずに出て行った。

moto [mɔto] nf 女

(125cc 以上の)　オートバイ、　バイク (▶ motocyclette の略)

4級

Kumiko va à la fac à moto.

Kumiko はバイクで大学に行く。

3級

□faire de la moto　バイクに乗っている

Il fait de la moto au bord de la mer. 14. 春. 聞

彼は海辺でバイクに乗っている。

＊適当なイラストを選ぶ問題。

準2級

Teppeï est tombé de moto en allant à la banque. 16. 春. 聞. 改

Teppeï は銀行に行く途中にバイクで転んだ。

＊この文を聞き、Quand Teppeï est tombé, il allait où ?「Teppeï が転んだとき、彼はどこに行こうとしていたか？」という質問に、À la banque. と答える。

mouchoir [muʃwar] nm 男

ハンカチ

3級

Réna a sorti un mouchoir de son sac. Réna はバッグからハンカチを出した。

Tu as des mouchoirs en papier ?

ティッシュペーパー持ってる？

mourir [murir] (III) 9 vi 自

死ぬ (↔ naître)、(植物が) 枯れる

4級・3級

Mon chat est mort quand j'avais huit ans. うちの猫は、私が 8 歳の時に死んだ。

Son grand-père est mort d'un cancer il y a deux semaines.

彼 (彼女) の祖父は 2 週間前に癌(がん)で亡くなった。

準2級

À cette époque, beaucoup d'enfants sont morts de faim. 12. 春. 筆

その当時、たくさんの子どもが餓死した。

＊前置詞 de を問う問題。"mourir de＋[原因]"で「～で死ぬ」(例 mourir d'un cancer「癌(がん)で死ぬ」)。ただし、文脈次第では、例示の mourir de faim は「空腹で死にそうだ」という意味でも使われる。はっきりと「餓死する、飢餓で死ぬ」と表現したい場合は mourir de famine とする。

◆ **mort(e)** adj 形
「死んだ」

3級

Elle a trouvé un petit oiseau mort dans le jardin.

彼女は庭で小鳥が死んでいるのを見つけた。

mouvement [muvmɑ̃] nm 男

動き、動作、運動

3級

Claire a dit non d'un mouvement de tête.

Claire は頭を振って「いいえ」と言った。

準2級

Elle a beaucoup appris sur le corps et les mouvements des animaux.

15.秋.筆.改

彼女は動物の体と動作について多くのことを学んだ。

＊動物専門の整体師について書かれた長文を読んで、内容に一致する仏文を選ぶ問題。

moyen [mwajɛ̃] nm 男

方法、手段 (=façon, manière)

3級・準2級

□moyen(s) de transport
移動手段、交通機関

- On peut y aller à pied ?
- C'est le seul moyen ! 3:05.秋.聞

-「そこには徒歩で行けますか？」
-「それが唯一の方法です！」

＊会話を聞いて、内容に一致する和文を選択する問題。

La ville veut simplement que les écoles changent de moyen de transport et utilisent le train *au lieu de* l'autocar pour ces voyages.

準2:15.秋.筆

市が望んでいるのは、単に、学校が移動手段を変更して、こうした旅行の際、バスの代わりに電車を利用するということだ。

＊パリ市の大気汚染対策に関する長文読解、空所補充問題。

moyenne [mwajɛn] nf 女

平均

準2級

□en moyenne　平均して

Un Japonais consomme en moyenne environ 54 kg de riz par an.

日本人は1人あたり1年で平均約54キロの米を消費している。

mur [myr] nm 男

壁

3級・準2級

Les murs ont des oreilles.

(ことわざ) 壁に耳あり。

Mon mari a peint les murs du salon en bleu.　夫が居間の壁をブルーに塗った。

mûr(e) [myr] adj 形

(果実が) 熟した (↔ vert)、(計画などが) 熟した、(人が) 成熟した

準2級

出題歴なし

Je n'aime pas les kakis trop mûrs.

私は熟れすぎの柿は好きじゃない。

Ma fille n'est pas encore mûre pour le mariage.　娘は結婚にはまだ早い。

musée [myze] nm 男

美術館、博物館

5級

C'est un musée. 17.秋.聞

美術館です。

＊Qu'est-ce que c'est ?「これは何ですか？」という文を聞いて、C'est un ami. / C'est un musée. のうち、返答として適切なものを

A B C D E F G H I J K L M N O P Q R S T U V W X Y Z

選択する問題。得点率は 75% とのこと。

4級・3級

La Joconde se trouve au musée du Louvre.

モナ・リザはルーヴル美術館にあります。

準2級

Tous les samedis, il visite le musée des vêtements et il y reste toute la journée. 17.春.書.改

彼は毎週土曜に衣裳博物館を訪れ、1日中そこで過ごしている。

＊「書き取り」（ディクテ）。

musique [myzik] nf 女

音楽

5級・4級

□écouter de la musique　音楽を聞く

C'est mon professeur de musique. 4:13.春.筆

彼は私の音楽の先生です。

＊Qui est ce monsieur ?「この人は誰ですか？」という問いへの返答として。

3級・準2級

Depuis son enfance, ma fille aime la musique.

子どもの頃から、娘は音楽が好きだ。

◆musicien(ne) n 名

「ミュージシャン、音楽家」

4級・3級

Salomé est musicienne ; elle joue de la flûte.

Salomé は音楽家で、フルートを演奏します。

Qui est le plus grand musicien du XXe siècle ?

20世紀最大の音楽家は誰ですか？

▶「世紀」はローマ数字で書かれることが多い。

N n

nager [naʒe] (I) 2 vi 自
泳ぐ

4級

Marcel nage bien.

Marcel は泳ぎがうまい。

▶ Marcel est un bon nageur. と言い換えられる。

Pauline aime nager à la piscine.

Pauline はプールで泳ぐのが好きだ。

3級・準2級

On peut aussi nager dans la Seine, non ? 準2:08. 春. 筆

セーヌ川でも泳ぐことはできるわよね？

＊対話文の空所補充問題。この女性の問いに対して Tu es folle ! C'est interdit: l'eau est trop sale !「どうかしたの（頭がおかしいんじゃないの）！ 禁止だよ。水が汚すぎるでしょ！」と続く。

naître [nɛtr] (III) 23 vi 自
生まれる (↔ mourir)

4級・3級

Ma fille est née à Paris le premier avril 2018.

娘はパリで 2018 年 4 月 1 日に生まれた。

▶ 場所、日時の順が一般的。ただ、日時にポイントを置いて、Ma fille est née le premier avril 2018 à Paris. とすることもできなくはない。

J'*avais* cinq ans quand mon frère est né. 4:03. 春. 筆. 改

弟が生まれたとき、私は 5 歳だった。

＊和訳を参考にしながら、avoir の直説法半過去を選択肢から選ぶ問題。

準2級

Les hommes naissent libres et égaux.

人は生まれながらにして自由で平等だ。

◆ naissance nf 女
「誕生」

4級

Quelle est votre date de naissance ?

生年月日はいつですか？

3級・準2級

Écrivez ici votre date et votre *lieu* de naissance. 3:12. 春. 筆

生年月日と出生地をここにお書きください。

＊選択肢から lieu を選ぶ問題。

Quel était le poids de ton fils à la naissance ?

生まれたとき息子さんの体重はどれぐらいでしたか？

national(e) [nasjɔnal] adj 形
nationaux [-no] mpl 男複
国民の、国の、国立の

3級・準2級

En France, le quatorze juillet est la fête nationale.

フランスでは 7 月 14 日は国民の祝日だ。

▶「フランス革命記念日」la fête nationale du 14 juillet (le 14 Juillet) は日本では「パリ祭」と称される。

◆ nation nf 女
「国民、国」

準2級

出題歴なし

L'Organisation des Nations Unies défend la paix. 国際連合は平和を守る。

▶「国際連合」は英語では UN（The United Nations）だが、仏語では ONU と略される。

A B C D E F G H I J K L M **N** O P Q R S T U V W X Y Z

nationalité [nasjɔnalite] nf 女

国籍、国民性

4級・3級

De quelle nationalité êtes-vous ?

国籍はどちらですか？

▶ Quelle est votre nationalité ? / Vous êtes de quelle nationalité ? としても同義。また、「出身はどちらですか（どこから来たのですか）?」Vous venez d'où ? も類義になる。

Chisa est de nationalité française.

Chisa はフランス国籍です。

nature [natyr] nf 女

自然、（人の）性質、性格

4級・3級

La nature est en danger.

自然が危機に瀕している。

J'aimerais vivre en harmonie avec la nature. 私は自然と調和して生きたい。

準2級

Il faisait froid, mais j'ai pu voir des fleurs et de petits animaux dans la nature. 14.秋.書

寒かったものの、自然のなかで花や小動物を見ることができた。

＊「書き取り」（ディクテ）。

◆ naturel(le) adj 形

「自然の、生まれつきの、当然の」

3級・準2級

Elle avait une capacité naturelle à jouer du piano.

彼女はピアノ演奏では生まれながらの才能があった。

Est-ce qu'il ne mange que des produits naturels ?

彼は自然食品以外は食べないのですか？

◆ naturellement adv 副

「自然に、生来、本来、（返事に用いて）当然」

3級・準2級

- Tu as réussi ton examen d'hier ?
- Naturellement ! 3:99.春.筆.改

-「昨日の試験に受かった？」
-「もちろんです！」

▶ Bien sûr ! も類義。

Les parents aiment naturellement leurs enfants.

生来、親はわが子を愛するものだ。

ne [n(ə)] adv 副

[ne...pas [plus, jamais] などの形で] 〜ない

5級・4級・3級

Je ne comprends pas.

（おっしゃっていることが）わかりません。

Il ne neige plus.

もう雪は降っていません。

Ma mère ne prend jamais de café le soir.

母は、夜にはけっしてコーヒーは飲まない。

Ma fille n'était pas encore née.

娘はまだ生まれていなかった。

▶ 上記の例文のように、母音（または無音の h）の前では n' となる。

Il n'y a personne dans la classe.

教室には誰もいません。

Je n'ai rien à faire.

何もすることがありません。

準2級

Depuis, je ne joue que de petits rôles. 16.春.書

それ以来、私はちょい役しか演じていません。

＊「書き取り」（ディクテ）。

nécessaire [nesesɛr] adj 形

必要な

4級・3級

出　題

単語を正しく並び替えて [ ] 内に記入しなさい。

Il est nécessaire [　　　] un pays.
connaître de pour voyager

4:97. 秋. 筆. 改

非人称構文、Il est nécessaire de＋inf.「～する必要がある」の形をとる。「ある国を知るには旅をする必要がある」となる。実際の出題文は C'est nécessaire [ ] un pays. であったが、この言い回しは試験問題としては口語的すぎて適当でないと判断し、修正した。

（解答）*de voyager pour connaître*

準2級

Je vous donnerai les informations nécessaires.

必要な情報をあなたに提供します。

neiger [neʒe] (I)2 v impers 非動

雪が降る

5級・4級

Est-ce qu'il neige encore ?

まだ雪が降っていますか？

▶「雪が降る」Il neige. は「雪」neige を主語にして La neige tombe. ともいう。

Il commence à neiger.

雪が降り出した。

3級

Il neige beaucoup dans cette région en *hiver*. 11. 秋. 筆

この地方では冬にはたくさん雪が降る。

＊文意に鑑みて、選択肢から空欄に hiver を入れる問題。

準2級

Mais comme il neige, les trains rapides sont en retard. 12. 春. 書. 改

しかし、雪が降っているので特急が遅れています。

＊「書き取り」（ディクテ）。

◆neige nf 女

「雪」

4級

Il y a encore *de la* neige à Aomori. 11. 秋. 筆. 改

青森にはまだ雪がある。

＊部分冠詞を入れる問題。

3級・準2級

En hiver, ce village est *sous* la neige. 3:02. 春. 筆

冬には、この村は雪に覆われる（雪の下に埋もれる）。

＊前置詞 sous を選ぶ。En hiver, ce village est couvert de neige. と言い換えても同義になる。

n'est-ce pas [nɛspa]

adv 副

[相手に同意を求めるための付加疑問] ～ですよね、ね、そうでしょ

5級・4級・3級

Il fait un peu chaud, n'est-ce pas ?

ちょっと暑いですよね？

Vous êtes français, n'est-ce pas ?

フランスの方ですよね？

Il y a une grande église dans votre ville, n'est-ce pas ?

あなたの町には大きな教会がありますよね？

A B C D E F G H I J K L M N O P Q R S T U V W X Y Z

nettoyer [nɛtwaje] (I) 9

vt 他

(洗浄などで汚れを落として) きれいにする、掃除する、洗濯する

4級

Je vais nettoyer le lavabo et la salle de bain(s).

これから洗面台と風呂をきれいにします。

3級・準2級

Ce dimanche, il a *passé tout son temps à* nettoyer le jardin. 3:10. 秋. 筆

この日曜日、彼は1日中庭を掃除して過ごしました。

＊整序問題。"passer＋[時間]＋à＋inf." の順に並べる。

neuf, neuve [nœf, nœv]

adj 形

(物が) 新品の、新しい

準2級

Alors, quoi de neuf ?

で、何か変わったことは？

＊ Quoi de nouveau ? も同義。親しい相手との会話を始めるのに使う定番の表現。なお、17. 秋 に Quoi de neuf ? の neuf を解答する問題が出ている。

C'est une voiture neuve ou d'occasion ? これは新車ですか、それとも中古車ですか？

neveu [nəvø] nm 男
neveux pl 複

甥 (おい) (↔ nièce)

3級

J'ai un neveu qui a presque cinq ans.

私にはもうすぐ5歳になる甥がいます。

Un de ses oncles est cuisinier dans ce restaurant et il demande parfois à son neveu de l'aider. 05. 秋. 筆

彼のおじの一人がこのレストランの料理人で、ときどき甥である彼に自分を手伝ってくれと頼んでくる。

＊長文を読んで、後続する和文がその内容と一致しているかを答える。

nez [ne] nm 男 pl 複

鼻

準2級

David s'est cassé le *nez* et les *jambes*. 16. 春. 聞. 改

David は鼻と両足を骨折した。

＊この文を聞いて、nez と jambes を書き取る問題。得点率はどちらも2割台と低調であった。

Mon père a le nez fin.

父は鼻がいい (鼻がきく)。

▶ avoir un nez fin なら「形の良い鼻をしている」の意味になる。

ni [ni] conj 接

[ne ... ni A ni B / ne ... pas A ni B で] A も B も…ない (しない)

3級

Ce plat n'est ni bon ni mauvais. Il n'a aucun *goût*. 15. 秋. 筆

この料理はおいしくもまずくもない。なんの味もしない。

＊文意に鑑みて、空所に適切な語を選択する問題。

準2級

Là-bas, il n'y a pas de salle de concert, ni de cinéma. 14. 春. 聞

そこには、コンサートホールも、映画館もありません。

＊会話とそれに関する質問を聞き、問題用紙に記載された文の空欄を埋める問題。

nièce [njɛs] nf 女

姪（めい）（↔ neveu）

4級・3級

J'ai deux nièces et un neveu.

私には姪が 2 人と甥（おい）が 1 人います。

準2級

Désolée, le mardi, c'est le jour *où* je dîne avec ma nièce. 15. 春. 筆. 改

ごめんなさい、火曜日は姪と夕食を食べる日です。

＊関係代名詞 où を選択肢から選ぶ問題。

Noël [nɔɛl] nm 男

クリスマス

3級

Joyeux Noël! メリークリスマス！

Ce sont des *cadeaux* de Noël pour ma *cousine* qui vit à Tokyo. 10. 秋. 聞

これは、東京で暮らしているいとこへのクリスマスプレゼントです。

＊この文を聞いて、cadeaux と cousine を書き取る問題。ちなみに、cousine はスペリング・ミスが多く、得点率は 19% であったという。

noir(e) [nwar] adj 形

黒い（↔ blanc）、暗い（＝sombre, ↔ clair）

5級・4級

Tu as un chat noir ?

黒猫を飼ってるの？

Ma femme a les cheveux noirs.

妻は黒髪です。

3級・準2級

Ça se pourrait, le ciel est noir. 3 :00. 秋. 筆

そうなるかもしれませんね、空が暗いですから。

＊Tu crois qu'il va pleuvoir ?「雨が降ると思いますか？」という問いに対する適切な返答を選択し、会話を成立させる問題。

nom [nɔ̃] nm 男

名前、姓

5級・4級・3級

Désolé(e), quel est votre nom ?

すみませんが、あなたのお名前は？

▶ただし、通常は Comment vous appelez-vous ? などと問うのが一般的。votre nom を使うなら、Est-ce que je peux vous demander votre nom ?「お名前をお聞きしてもいいですか？」などと聞く方が失礼ではない。

Je ne me rappelle pas son nom.

彼（彼女）の名前は覚えていません。

C'est à quel nom, madame ?

（ホテルなどで）で、何というお名前で（予約されましたか）？

▶たとえば、チェックインの際、フロント係には客がどんな名前（会社名など）で予約しているかわからない。そこで、Vous avez réservé à quel nom ? と尋ねてくる。

準2級

Dans ce magasin, j'ai vu des fleurs du monde entier, et maintenant, je connais tous leurs noms. 12. 秋. 書. 改

その店で世界中の花を見てきたので、今ではそのすべての名を知っています。

＊「書き取り」（ディクテ）。

nombre [nɔ̃br] nm 男

数、ナンバー

3級

Un grand nombre d'étudiants sont absents aujourd'hui.

今日は大勢の学生が休んでいる。

準2級

La baisse du nombre de mariages

A B C D E F G H I J K L M N O P Q R S T U V W X Y Z

n'empêche donc pas l'augmentation du nombre d'enfants. 08. 秋. 筆

したがって、婚姻数の減少は子供の数の増加を妨げはしない。

＊論説文を読み、内容に一致する仏文を選択する問題。

◆ nombreux, nombreuse adj 形

「数が多い」

3級

Il y a de nombreuses fautes d'orthographe dans ce dictionnaire.

この辞書にはたくさんのスペリング・ミスがある。

non [nɔ̃] adv 副

[肯定の疑問に] いいえ (〜ではない)、[否定の疑問に] はい (〜ではない)

5級・4級

- Vous aimez le fromage ?
- Non, je n'aime pas le fromage.

-「チーズは好きですか？」
-「いいえ、チーズは好きではありません」

- Vous voulez du café ?
- Non, merci.

-「コーヒーはいかがですか？」
-「いえ、けっこうです」

- Vous êtes déjà allé(e)(s) au Louvre ?
- Non, pas encore.

-「ルーヴルにもう行かれましたか？」
-「いいえ、まだです」

- Tu ne sais pas nager ?
- Non, je ne sais pas nager.

-「泳げないの？」 -「ええ、泳げません」

3級・準2級

Bien sûr que non.

もちろん違います (だめです)。

Il y a toujours beaucoup de monde dans la rue, non ?

相変わらず通りにはたくさん人がいますね？

▶最後の non は付加疑問の役割を持ち、n'est-ce pas と類義。

nord [nɔr] nm 男

北、北部 (↔ sud)

5級・4級・3級

La Belgique est au nord de la France. ベルギーはフランスの北にある。

Tu habites dans le nord de la France ? フランスの北部に住んでいるの？

Ce pays est situé en Afrique du Nord. この国は北アフリカに位置している。

◆ nord adj 形

「北の」

準2級

出題歴なし

Mon oncle habite dans la banlieue nord de Tokyo.

おじは東京の北の郊外に住んでいる。

＊形容詞 nord が不変である点に注意。

normal(e) [nɔrmal] adj 形
normaux [nɔrmo] mpl 男複

普通の、正常な (= ordinaire, ↔ anormal)

3級・準2級

C'est normal. それは当然のことです。

C'est normal que je ne connaisse pas Jacques Brel. 3:93. 秋. 聞. 改

私が Jacques Brel を知らなくても当たり前でしょ。

＊対話文の聞き取り問題の一部。Jacques Brel はベルギー生まれ、フランスでシャンソン歌手として成功した。

◆ normalement adv 副

「正常に、ふつうは」

3級

出　題

A、Bの2つの文意が、同じ①か違う②か答えなさい。

A Selon un livre, ces oiseaux vivent normalement plus au sud.

B 図書館の本によれば、筆者が見た鳥は筆者が住んでいる村よりも北に棲息している。

12.春.筆.改

長文読解、内容の一致する和文を選択する問題の対照箇所を併記したもの。Aには「本によれば、この鳥たちはふつうはもっと南に棲息している」とある。sudを「北」と勘違いしないかぎり正解は明確。

(解答) ②

note [nɔt] nf 女

ノート、メモ、(試験の) 点数、成績、(ホテルなどの) 勘定書

4級

Mon mari a oublié son passeport à l'hôtel quand il a payé la note.

99.春.筆.改

夫はチェックアウトしたとき、ホテルにパスポートを忘れた。

＊対話文と内容の一致する和文選択問題から。

3級・準2級

Marie a eu de bonnes notes *en* chinois.

3:96.春.筆.改

Marie は中国語でいい点数をとった。

＊前置詞の問題。"avoir de bonnes notes en ＋[科目]" の言い回しは、複数回登場している (準2級 16.春 など)。

◆noter (I)0 vt 他

「書き留める、メモする」

3級

Ne quitte pas, je prends un stylo *pour* noter.

97.秋.筆

(電話を) 切らないで、メモするのにペンを取るから。

＊目的を表す前置詞 pour を選択肢から選ぶ問題。

nouveau (nouvel), nouvelle [nuvo (-vɛl), -vɛl]

adj 形

nouveaux [-vo] mpl 男複

[名詞の前で] 新しい、今度の、[名詞の後で] (初めて現れて) 新しい、最新の

5級・4級

Voilà notre nouveau professeur d'anglais.

あの人が私たちの新しい英語の先生だ。

Tu es content de ton nouvel appartement ?

4:16.秋.筆

新しいアパルトマンには満足してる？

＊この問いへの回答で、Oui, il me *plaît* beaucoup.「うん、大いに気に入ってるよ」と動詞の空所補充をして会話を成立させる問題。

3級・準2級

Henri va publier un nouveau livre le mois prochain.

Henri は来月新しい本を出版します。

Ce vin nouveau est très bon.

この新酒はとてもおいしい。

Mon fils continue tous les jours à apprendre de nouvelles choses.

準2:16.秋.筆.改

息子は毎日新しいことを学び続けている。

＊長文読解、内容に一致する仏文を選択する問題。

A B C D E F G H I J K L M **N** O P Q R S T U V W X Y Z

◆ nouveau nm 男
nouveaux pl 複

「新しいこと」

準 2 級

☐de nouveau　再び、また（=encore）

☐à nouveau　改めて、新たに

Tu es de nouveau en retard ! 08. 春. 筆

また、遅れたね！

＊動詞を活用させ、対話文を完成させる問題から。

Examinons cette question à nouveau.

改めてその問題を検討してみよう。

nouvelle [nuvɛl] nf 女

知らせ、ニュース

4 級・3 級

C'est une bonne nouvelle !

それはグッドニュースだ！

Mon grand-père écoute les nouvelles à la radio tous les matins.

祖父は毎朝ラジオでニュースを聞いています。

準 2 級

On est *sans* nouvelles d'une dizaine de personnes depuis cet accident. 10. 春. 筆

その事故のあと、10 人ほどから音沙汰がない（10 人ほど消息不明だ）。

＊前置詞 sans を選択肢から選ぶ問題。

novembre [nɔvɑ̃br] nm 男

11 月

5 級・4 級・3 級

☐en novembre

11 月に（=au mois de novembre）

C'est aujourd'hui le 20 novembre.

今日は 11 月 20 日です。

準 2 級

À mon avis, novembre est le mois le plus triste de l'année.

思うに、11 月は 1 年で一番物悲しい月ではないか。

nuage [nɥaʒ] nm 男

雲

4 級・3 級

Demain, il y aura des nuages. 4:10. 春. 聞

明日は雲が出るでしょう（曇りでしょう）。

＊この文を聞き取り、適当なイラストを選ぶ問題。

Le ciel se couvre de nuages noirs.

空は黒い雲に覆われている。

▶ 逆に、「空には雲ひとつない」なら Il n'y a pas un nuage dans le ciel. となる。

◆ nuageux, nuageuse adj 形

「(空が) 曇った」

3 級

Le temps était nuageux et lourd.

天気は曇りでどんよりとしていた。

Sur la Bretagne, après dissipation du brouillard matinal, le ciel deviendra de plus en plus nuageux. 91. 秋. 筆

ブルターニュ地方は、朝方の霧が晴れたあと、空には次第に雲が広がるでしょう。

＊長文読解、内容に一致する和文を選択する問題。

nuit [nɥi] nf 女

夜、(ホテルでの) 1 泊 (=nuitée)

5 級・4 級

☐cette nuit　今晩

☐toute la nuit　一晩中

Bonne nuit !　おやすみなさい！

Je vais passer encore une nuit dans cet hôtel. このホテルにもう1泊します。

3級

Il y a une chambre à 90 euros par nuit. 08. 秋. 聞

1泊90ユーロの部屋があります。

＊ホテルでのやり取り。内容に一致する和文を選ぶ問題。「1泊」par nuit の代わりに la nuit を使って、C'est combien la nuit ?「1泊いくらですか？」などとする表現も使用頻度が高い。

準2級

Et la nuit, il y avait beaucoup d'étoiles dans le ciel. 14. 秋. 書

また、夜には空にたくさんの星が出ていた。

＊「聞き取り」(ディクテ)。

numéro [nymero] nm 男

番号、番地 (▶ 略号 N°)

4級・3級

J'ai oublié son numéro de téléphone.

彼（彼女）の電話番号を忘れてしまいました。

Ma tante habite rue Saint-Jacques, au numéro 7.

おばはサン・ジャック通り7番地に住んでいる。

O o

obéir [ɔbeir] (II) vi 自

(à ～に) 従う、服従する (↔ désobéir)

3級・準2級

出題歴なし

Mon chien n'obéit pas tout le temps.

うちの犬はいつも言うことを聞くわけではない。

objet [ɔbʒɛ] nm 男

物、品物、目的 (=but)

3級・準2級

Ce sont des objets de valeur.

それらは貴重品です。

Quel est l'objet de cette réunion ?

この会合の目的は何ですか？

obligé(e) [ɔbliʒe] adj 形

(de ～を) 余儀なくされた

3級・準2級

Je suis obligé(e) de rentrer à Hiroshima demain matin.

明日の朝、広島に帰らなくてはなりません。

出 題

単語を正しく並び替えて [ ] 内に記入しなさい。

Il n'est [ ] ma question tout de suite.

à de pas obligé répondre

3:17.秋.筆

「彼はすぐに私の質問に答える必要はない」という文にする。être obligé(e) de+inf.「～を余儀なくされる」に répondre à「～に答える、返事をする」をプラスする形。

(解答) *pas obligé de répondre à*

obtenir [ɔptənir] (III) 10 vt 他

手に入れる、獲得する (=gagner)

3級・準2級

Comment avez-vous obtenu cette information ?

この情報をどうやって手に入れましたか？

Elle a obtenu son permis de conduire en France à l'âge de 18 ans.

彼女はフランスで 18 歳で運転免許を取得した。

occasion [ɔkazjɔ̃] nf 女

機会、チャンス (=chance)

3級

Cet homme a manqué une bonne occasion.

あの男はせっかくのチャンスを逃した。

準2級

Ici à Tokyo, je n'ai pas l'occasion de parler français.

09.春.聞

ここ東京では、フランス語を話す機会がありません。

＊長文の聞き取り問題文から。

occupé(e) [ɔkype] adj 形

忙しい、(場所が) ふさがっている、使用中の (↔ libre)

4級・3級・準2級

Désolé(e), je suis très occupé(e) jusqu'à neuf heures du soir.

すみません、晩の 9 時までとても忙しいのです。

▶ 類義表現に être pris(e)「予定が詰まっている、用事がある」がある。対義表現は être libre「(人が) 時間がある、空いている」。

Les toilettes sont occupées.

トイレは使用中です。

▶「トイレは空いています」なら Les toilettes sont libres. という。

◆ occuper (I)0 vt 他

「(場所を) 占める」

4級

Cécile occupe la plus petite des quatre chambres. 92. 秋. 筆

Cécile は 4 つの寝室のうち、一番小さな寝室を使っている。

＊部屋の見取り図から場所を特定する問題。

◆ (s')occuper (I)0 vr 代動

「(de 〜の) 世話をする」

3級・準2級

***Qui va s'occuper de vos* enfants ?** 3 : 05. 秋. 筆. 改

誰があなたの子どもたちの世話をするのですか？

＊得点率 64% の整序問題から。

octobre [ɔktɔbr] nm 男

10 月

5級・4級

□en octobre　10 月に（＝au mois d'octobre）

Nous sommes le 20 octobre.

今日は 10 月 20 日です。

3級・準2級

Autrefois, en France, la rentrée universitaire était en octobre.

かつて、フランスでは、大学の新学期の開始は 10 月だった。

＊現在は大半が 9 月から。

odeur [ɔdœr] nf 女

(快、不快を問わず) におい、香り

準2級

Il y a une drôle d'odeur dans cette pièce. この部屋は変なにおいがする。

▶ odeur は「におい」の良し悪しに関係なくもっとも一般的に用いられる単語。parfum [nm] は「よい香り、香水」を、bouquet [nm] は「花や赤ワインの芳香」を指す。

Ils disent qu'elle sait bien écouter les sons et sentir les odeurs sur place. 13. 春. 筆

彼女が現場でちゃんと音を聞いたり、においをかいだりできると彼らは言っている。

＊弱視のジャーナリストに関する長文読解問題の内容一致選択文から。

œil [œj] nm 男
yeux pl 複 → yeux

(片方の) 目

準2級

出題歴なし

Elle n'a pas fermé l'œil de toute la nuit. 彼女は一晩中眠れなかった。

▶ ne pas fermer l'œil で「眠れない」という意味の熟語。

œuf [œf] nm 男
œufs [ø] pl 複

(鶏の) 卵

4級・3級

Tu veux combien d'œufs pour faire tes gâteaux ? 4 : 96. 春. 筆

ケーキを作るのに卵はいくつ いるの？

＊対話を完成させる設問の一部。

Mélangez de la farine avec deux œufs. 小麦粉と卵 2 個を混ぜてください。

▶ œuf の単複での発音の違いに注意。

œuvre [œvr] nf 女

仕事 (＝travail)、作品 (＝ouvrage)

3級

C'est un peintre *dont* l'œuvre est

connue dans le monde entier.

15. 春. 筆

彼は、その作品が世界中で知られている画家だ。

＊l'œuvre d'un peintre「画家の作品」を念頭に、関係代名詞 dont を選択肢から選ぶ問題。

J'ai les œuvres complètes de Flaubert dans ma bibliothèque.

私の書架に Flaubert の全集がある。

offrir [ɔfrir] (III) 2 vt 他

贈る、プレゼントする

5級・4級

Les enfants ont offert des roses à leur mère. 子どもたちは母親にバラを贈った。

Ils vont offrir des ordinateurs à cette école primaire.

彼らはその小学校にパソコンを贈るつもりだ。

準2級

Si tu veux, je t'offrirai les *mêmes* pour ton anniversaire. 10. 春. 筆

もし欲しいなら、あなたの誕生日に同じものをプレゼントしますよ。

＊les gants「手袋」を受けて、les mêmes「同じもの」(不定代名詞) を選択肢から選ぶ問題。

oh [o] interj 間

おお、ああ

5級・4級

Oh, pardon ! あっ、すみません！

Oh là là !

(感心しない事態に対して) あらら (いやはや)！

3級

Oh mon Dieu, qu'est-ce que je vais faire ? 94. 秋. 聞

ああ、神様、私はどうしたらいいのでしょうか？

＊警官と観光客とのやり取りの一部。なお、ここでは mon Dieu を「神様」と訳したが、Oh! と Mon Dieu! はどちらも同じように怒りや喜び、驚きなどを表明するもので、「ああ、おや、まあ」などとも訳せる。

oignon [ɔɲɔ̃] nm 男

タマネギ

4級・3級

J'aime la soupe à l'oignon.

オニオンスープが好きだ。

＊oignon は oi と綴って [wa] ではなく [ɔ] と読む変わり種。ただし、新綴りでは ognon という表記も認められている。

oiseau [wazo] nm 男
oiseaux pl 複

鳥

5級・4級

Quel est *ce* grand oiseau ?

5 : 09. 春. 筆. 改

あの大きな鳥は何ですか？

＊適切な指示形容詞を選択肢から選ぶ問題。

3級・準2級

Ton fils a un oiseau ?

息子さんは鳥を飼っているの？

▶ avoir の代わりに élever「飼う」を使うと「(ブリーダーとして) 鳥を飼育している」という意味合いになる。

Le mois dernier, quand je me suis promené au bord du lac, il y avait des oiseaux que je ne connaissais pas. 3 : 12. 春. 筆

先月、私が湖畔を散歩しているとき、見知らぬ鳥がいました。

＊長文読解、内容に一致する和文を選択する問題。

omelette [ɔmlɛt] nf 女
オムレツ

準2級

□faire une omelette オムレツを作る

On ne fait pas d'omelette sans casser des œufs.

(ことわざ) 卵を割らずにはオムレツは作れない。

▶「失敗や犠牲を恐れずに、思い切った冒険をしないと結果は得られない」という意味。

ombre [ɔ̃br] nf 女
陰、日陰

準2級

Il fait 30 degrés à l'ombre.

日陰で30度ある。

Certains lisent à l'ombre des arbres sur la plage. 12.春.筆.改

浜辺の木陰で読書をしている人たちもいる。

＊「浜辺の図書館」に関する長文読解、内容正誤（仏文）選択問題から。

oncle [ɔ̃kl] nm 男
おじ（叔父・伯父）（↔ tante）

4級

Mon oncle vient juste d'avoir cinquante ans.

おじはちょうど50歳になったばかりです。

3級・準2級

Cet été, j'ai passé une semaine chez mon oncle à Nagoya.

この夏、私は名古屋のおじの家で1週間過ごした。

opéra [ɔpera] nm 男
オペラ、オペラ劇場

4級

□l'Opéra オペラ座

L'Opéra de Paris se trouve à côté du Café de la Paix, non ? 95.春.筆.改

パリのオペラ座はカフェ・ドゥ・ラ・ペのそばにありますよね？

＊対話文の、和文による内容正誤問題から。

3級

L'opéra *ne nous intéresse pas du* tout. 05.秋.筆.改

オペラはまったく私たちの関心を引かない。

＊整序問題。

opinion [ɔpinjɔ̃] nf 女
意見、見解（＝avis, idée）、世論

3級・準2級

On m'envoie des e-mails. Leurs opinions m'aident à mieux me comprendre. 3:02.春.筆

皆（読者）が私にメールをくれます。彼らの意見は、自分自身をよりよく知るための助けになっています。

＊内容に一致する和文を選択する問題。

Mes opinions politiques ont changé petit à petit.

私の政治的な見解は少しずつ変化した。

opposé(e) [ɔpoze] adj 形
（方向や性格が）反対の、逆の（＝contraire, inverse）

3級

Le cinéma ? C'est *dans* la direction opposée. 97.秋.筆.改

映画館？ それは反対の方向にあります。

＊前置詞 dans を答える問題。今いる場所と反対方向を指すジェスチャーなどを添えて「あちらです」の意味で使う。前置詞なしで C'est la direction opposée. なら「ここは（こちらは）反対側です」の意味。

or [ɔr] nm 男
（金属の）金（きん）

A B C D E F G H I J K L M N **O** P Q R S T U V W X Y Z

■3級・準2級

出題歴なし

La parole est d'argent, le silence est d'or. （ことわざ）雄弁は銀、沈黙は金。

▶「（金に次いで）貴重なもの」「（金のように）貴重なもの」の意味で「銀と金」を並べた言い回し。同じような比喩表現に、l'âge d'or「黄金時代、幸福な時代」がある。

or [ɔr] conj 接

さて、ところで

■準2級

出題歴なし

Tous les hommes sont mortels, or Socrate est un homme; donc Socrate est mortel.

人はみな死すべきもの。ところで、Socrate は人間だ。ゆえに、Socrate は死ぬ運命だ。

▶ le syllogisme「三段論法」。A（大前提 la majeure), or B（小前提 la mineure); donc C（結論 la conclusion）という流れ。

orage [ɔraʒ] nm 男

雷雨、嵐

■3級・準2級

Il va y avoir un orage.

雷雨が来そうだ。

▶ L'orage va éclater. も類義。

orange [ɔrɑ̃ʒ] nf 女

オレンジ

■5級・4級

Deux kilos d'oranges, s'il vous plaît.

オレンジを2キロください。

■3級・準2級

Le sud de l'Espagne est une région productrice d'oranges.

スペイン南部はオレンジの産地だ。

ordinaire [ɔrdinɛr] adj 形

通例の、普通の、ありふれた（↔ extraordinaire)

■準2級

Le chat était de taille ordinaire.

その猫は普通の大きさだった。

▶ La taille du chat était normale. などと書き換えられる。

Le discours du politicien était très ordinaire.

その政治家の演説は実に月並みだった。

ordinateur [ɔrdinatœr] nm 男

パソコン、コンピュータ

■4級

Mon ordinateur est en panne.

私のパソコンが故障した。

▶ Mon ordinateur ne marche pas.「パソコンが動かない」とも言える。

■3級・準2級

Je peux me servir de cet ordinateur ?

3:98.春.筆

このパソコンを使ってもいいですか？

＊se servir de qqch「〜を使う」という言い回しの前置詞を問う問題。

▶ 上記の例文はすべて「パソコン」ではなく「コンピュータ」とも訳せる。なお、「パソコン」であることを明示するために、un ordinateur personnel あるいは un PC（英語からの借用）という言い方も使われる。

出題

下記の空欄に入る適語を1〜5から選びなさい。

Avec un (　　　), on peut apprendre beaucoup de choses sur internet.

1. banc　2. cahier　3. feu
4. ordinateur　5. roman

3:11. 秋. 筆. 改

「(コンピュータ) を使って、インターネットでたくさんのことが学べる」という文を作る。

(解答) *4*

ordonnance [ɔrdɔnɑ̃s]

nf 女

処方箋

3級

Je vous fais une ordonnance : vous prenez ce médicament, et tout *ira* bien. 99. 秋. 聞

処方箋をお渡しします。この薬を飲んでください、そうすればすっかりよくなりますから。

＊医者と患者との対話を聞き、空欄に ira を書き取る問題。

ordre [ɔrdr] nm 男

秩序、順番、命令

準2級

□en ordre　きちんとした、片づいた

Catherine *met* de l'ordre dans sa chambre. 13. 秋. 筆. 改

Catherine は部屋を片づける。

＊Catherine range sa chambre. と類義となる文を作成する問題。語群から mettre を選び出し (mettre de l'ordre dans qqch「〜のなかを整理する」)、直説法現在 (三人称単数) に活用する。

Qui donnera les ordres en cas d'urgence ? 緊急の際に誰が命令を下すのか？

oreille [ɔrej] nf 女

耳、聴覚

3級

Elle n'entend pas bien de l'oreille gauche. 彼女は左耳がよく聞こえない。

Il est tout blanc et a les oreilles pointues. 92. 春. 筆

それは全身が白で、耳がとがっている。

＊この説明にふさわしい「犬」chien [nm] をイラストのなかから選ぶ問題。

organiser [ɔrganize] (I) 0

vt 他

(旅行や計画を) 準備する (＝préparer)、企画する

3級・準2級

C'est un voyage organisé. 3:00. 秋. 聞

これはツアー旅行です。

＊対話文の「聞き取り」問題から。un voyage organisé の直訳は「計画された旅行」。なお、organiser un voyage pour Paris なら「パリ旅行の計画を立てる」という意味になる。

M. Martin organise un festival tous les quatre ans.

Martin 氏は 4 年おきにフェスティヴァルを企画している。

oser [oze] (I) 0 vt 他

[不定詞を伴って] 思い切って〜する、あえて〜する

3級

Miho a osé dire ce qu'elle pensait.

Miho は自分の考えていることを思い切って口にした。

準2級

Mais je *n'ose pas* changer de coiffure, parce que j'ai toujours eu les cheveux longs. 15. 秋. 筆

でも、私、髪型を変える勇気はないな。ずっとロングヘアーでいたから。

＊文意に即して、空欄に選択肢から oser の否定形を選ぶ。oser を否定で用いると「～する勇気がない、とても～できない」の意味になる。

ou [u] conj 接

あるいは、それとも

5級・4級

Qu'est-ce que vous prenez, un café ou un thé ?

何を飲みますか、コーヒーですか、それとも紅茶ですか？

3級・準2級

Il faut partir ou rester.

出発するか、あるいはとどまるかだ。

Comme il n'aime pas le vin, je lui apporte des fleurs ou des gâteaux. 準2:11.春.書

彼はワインが好きじゃないので、花かケーキを持って行きます。

＊「書き取り」（ディクテ）

où [u] adv 副

どこ、どこに（で）

5級・4級・3級

Tu vas où ? どこに行くの？

Où habitez-vous ?

どちらにお住まいですか？

Montrez-moi où est la sortie.

どこが出口か教えてください。

◆ d'où adv 副

「どこから」

5級・4級・3級

Tu viens d'où ?

出身はどちらですか（どこから来たの）？

D'*où* vient cette idée ? 3:10.春.筆

どうしてそんな考えになるのですか？

＊選択肢 en, où, y のなかから、疑問副詞 où を選択する問題。

oublier [ublije] (I)0 vt 他

忘れる（↔ se rappeler, se souvenir）、置き忘れる

4級・3級

J'ai oublié son adresse.

彼（彼女）の住所を忘れてしまった。

N'oubliez pas d'éteindre la lumière.

忘れずに電気を消してください。

▶ oublier de＋inf. で「～することを忘れる」の意味。

Mon père a oublié son parapluie dans le train. 父は電車に傘を忘れた。

3級・準2級

Je n'oublierai jamais le jour *où* je suis arrivée à Paris. 3:96.秋.筆

私は、パリに着いた日のことをけっして忘れないだろう。

＊場所や日時を先行詞とする関係代名詞 où を選択肢から選ぶ問題。

ouest [wɛst] nm 男

西、西部（↔ est）

4級・3級

La Chine est à l'ouest du Japon.

中国は日本の西にある。

▶ à l'ouest du Japon は「日本を外れた西（西方）に」、dans l'ouest du Japon とすれば「日本の内の西（西部）に」の意味になる。

準2級

Tours se trouve sur la Loire, dans l'ouest de la France. 17.秋.筆.改

トゥールはフランス西部、ロワール川沿いにある。

＊会話文の空欄補充問題。

oui [wi] adv 副

はい、ええ、そうです

5級・4級・3級・準2級

- Tu aimes la cuisine française ?
- Oui, bien sûr.

-「フランス料理は好き？」
-「はい、もちろん」

- Il est marié ? - Je pense que oui.

-「彼は結婚してるの？」
-「そうだと思うよ」

Il faut répondre par oui ou par non.

イエスかノーで答えなくてはなりません。

ouvrir [uvrir]（III）2 vt 他 vi 自

開ける、開く（↔ fermer）、営業する

5級・4級・3級

Il fait chaud. Ouvre la fenêtre.

暑い。窓を開けて。

Le musée ouvre à dix heures et demie. 美術館は10時半に開く。

準2級

Un petit restaurant vient d'ouvrir à côté de chez moi. 17. 秋. 書

わが家の隣（となり）に小さなレストランが開店した。

＊「書き取り」（ディクテ）。d'ouvrir の聞き取りは難しく、à côté de はスペリングのミスをしやすいので注意。

◆ ouvert(e) adj 形

「開いている、開いた」

5級・4級・3級

Ne laissez pas la porte ouverte.

ドアを開けっ放しにしないでください。

準2級

Ce supermarché est ouvert 24 heures *sur* 24. 15. 秋. 筆. 改

あのスーパーは24時間ずっと開いている。

＊選択肢から前置詞 sur を選ぶ問題。「比率」の意味合いで、直訳は「24時間 "につき" 24時間」となる。

◆ ouverture nf 女

「開始、開店」

4級・3級

Un mois après l'ouverture, seulement 40% des chambres étaient occupées, mais aujourd'hui cet hôtel est complet pour quatre semaines. 3 :02. 秋. 筆. 改

オープンして1ヶ月は、たった4割しか部屋は埋まっていませんでしたが、現在では、このホテルは4週間先まで満室です。

＊ホテルに関する長文を読み、続く和文が内容に一致しているか否かを答える問題。

A B C D E F G H I J K L M N O **P** Q R S T U V W X Y Z

P p

page [paʒ] nf 女

ページ

4級

Ouvrez votre livre à la page quatre-vingt-dix.

本の 90 ページを開いてください。

＊page をからめた言い回しは、数字の「聞き取り」問題の定番。

3級

J'ai écrit son numéro de téléphone sur la dernière page de ce *cahier*.

11. 秋. 筆

私はそのノートの最後のページに彼（彼女）の電話番号を書いた。

＊文意に照らして、選択肢から cahier「ノート」を選ぶ問題。

pain [pɛ̃] nm 男

パン

5級・4級・3級

Du pain, s'il vous plaît.

（レストランなどで）（追加の）パンをください。

Les Français aiment bien le pain et le fromage.

フランス人はパンとチーズが大好きだ。

準2級

Au début du XIXe siècle, les Français mangeaient en moyenne 900g de pain par jour.

11. 春. 聞. 改

19 世紀の初めには、フランス人は 1 日平均 900g のパンを食べていた。

＊パリの老舗のパン屋に関する長文を聞き、続いて読み上げられる短文が内容と一致するか否かを答える問題。

paix [pɛ] nf 女

平和（↔ guerre）

3級

Les femelles assurent la paix.

01. 春. 筆. 改

雌（めす）たちは平和を守っている。

＊アフリカに生息するヒヒ（babouin）の話。長文読解、内容に一致する和文を選択する問題。

準2級

□vivre en paix　静かに（仲良く）暮らす

Depuis sa retraite, mon père *vit* en paix.

13. 春. 筆

退職してから、父は静かに（安らかに）暮らしている。

＊Depuis sa retraite, mon père mène une vie tranquille.「退職してから、父は静かな暮らしを送っている」と類義になるよう、選択肢から vivre を選び、活用させる問題。

panne [pan] nf 女

故障、（故障による）停止

4級・3級・準2級

□en panne　故障した

L'ascenseur est en panne.

エレヴェーターは故障中だ。

＊準 2 級 18. 春 に、C'est en panne.「故障中です」（＝C'est hors service.）の panne の部分を書かせる問題が出たが、得点率は 27% だった。

Sa moto est tombée en panne sur l'autoroute.

彼（彼女）のバイクが高速道路で故障してしまった。

pantalon [pɑ̃talɔ̃] nm 男

（男性用・女性用）ズボン、パンタロン

5級・4級

Où est-ce que tu as acheté ce pantalon noir ?

その黒いズボンをどこで買ったの？

Comment tu trouves mon nouveau pantalon ?

私の新しいズボンをどう思う？

3級・準2級

Il portait une chemise bleue et un pantalon jaune.

彼は青いシャツと黄色のズボンを履いていた。

papa [papa] nm 男

パパ、お父さん

5級・4級

Papa et maman ne sont pas là.

パパとママがいないんだ。

Je *préparais* le dîner quand papa est rentré. 4:17.春.筆

夕食の準備をしていたら、お父さんが帰ってきた。

＊和訳を参考にし、préparer の直説法半過去を選択肢から選ぶ、動詞活用の問題。

3級

- Maman, tu pars déjà ?
- Oui. *Sois* sage et écoute bien ton papa. 05.春.筆

-「ママ、もう出かけるの？」
-「そうよ。おりこうにして、パパの言うことをよく聞いてね」。

＊動詞活用（être の命令形）の問題。

papier [papje] nm 男

紙、書類、［複数で］身分証

3級

Il y avait des papiers partout sur son bureau.

彼（彼女）の机の上は書類だらけだった。

***Remplissez* ce papier, s'il vous plaît.** 14.秋.筆

この書類にご記入ください。

＊vous に対する命令文の動詞活用問題。Veuillez remplir ce papier. としても同じ意味。

Depuis, je publie des livres en papier aussi. 02.春.筆

それ以来、私は紙の書物も書いています。

＊ネットの記事だけでなく、書籍も発表しているという文意。長文読解、内容に一致する和文を選択する問題。

papillon [papijɔ̃] nm 男

蝶（ちょう）

3級

出題

A・B、2つの文意が同じ①か違う②か答えなさい。

A La semaine dernière, dans la forêt, j'ai découvert deux espèces de papillons que je n'avais jamais vues ici.

B 先週、筆者は森で、それまで見たことのない2種類の蝶を発見した。

12.春.筆

A を訳せば「先週、森で、ここでは一度も見たことのない2種類の蝶を見つけた」となる。ただし、papillon には「蝶」の注記あり。

（解答）①

paquet [pakɛ] nm 男

包み、小包（=colis）

5級・4級・3級

Je voudrais envoyer ce paquet au Mexique, s'il vous plaît.

メキシコにこの小包を送りたいのですが。

A B C D E F G H I J K L M N O P Q R S T U V W X Y Z

Ce paquet n'est pas lourd ?

この荷物は重くないですか？

paraître [parɛtr] (III) 22

vi 自

～のように見える、現れる

4級・3級

Mon chef de cuisine paraît bien jeune. うちの料理長はかなり若く見える。

▶ Mon chef de cuisine fait plus jeune que son âge. と言い換えられる。

Cet acteur paraît plus âgé que son âge.

あの俳優は、実際の年齢よりふけて見える。

準2級

Il paraît que Pierre s'est disputé avec son amie hier. 13. 秋. 筆

Pierre は、昨日、ガールフレンドと口論したそうだ。

＊対話文完成問題中の一文。"il paraît que S＋V [直説法]"「～らしい、～だそうだ」は、伝聞に基づく推定を表す。

parapluie [paraplɥi] **nm** 男

傘（かさ）

▷ para (contre「対する、防ぐ」)＋pluie「雨」

4級・3級

N'oubliez pas votre parapluie.

傘を忘れないで。

Fermez votre parapluie, il ne pleut plus.

傘をたたんだらどうですか、もう雨は降っていませんよ。

▶ ouvrir son parapluie なら「傘を開く（さす）」の意味。

準2級

Vous sortez *sans* parapluie sous cette pluie ? 14. 春. 筆. 改

この雨の中、傘を持たずに出かけるのですか？

＊文意に即し、前置詞 sans を選ぶ。ちなみに、sous la pluie「雨の中」の sous を問う問題も頻出。

parc [park] **nm** 男

（規模の大きな、広い）公園（＝parc public）

4級・3級

Chaque matin, mes parents se promènent dans le parc.

毎朝、両親は公園を散歩します。

▶ jardin（＝jardin public）は街中にある広い公園を指す。parc は大規模な公園や宮殿、城に付属する大公園（庭園）を指す（例 le parc de Versailles「ヴェルサイユ宮殿の庭園」）。

準2級

Les arbres sont *en* fleurs dans le parc. 14. 秋. 筆

公園の木々が花盛りです。

＊「状態」を表す前置詞 en を選択肢から選ぶ問題。

parce que [parsk] **conj** 接

なぜなら、だから

5級・4級

Je ne fume plus, parce que ce n'est pas bon *pour* la santé. 4:93. 秋. 筆

もうタバコは吸いません、健康によくないですから。

＊適当な前置詞を語群から選ぶ問題。

3級・準2級

- Je ne pensais pas que c'était si loin.
- C'est parce que, la dernière *fois*, on a pris un taxi. 3:15. 春. 聞

－「こんなに遠いなんて思わなかった」
－「だって（それは）、前回はタクシーに乗ったからだよ」

＊空欄に fois を書き取る問題。

pardon [pardɔ̃] nm 男

[間投詞的に、呼びかけ・軽い謝罪として] すみません、失礼ですが

5級・4級

- Oh, pardon! - Ce n'est rien.
-「ああ、すみません！」
-「何でもありませんよ」

Pardon, je descends ! 4:09. 秋. 聞
すみません、降ります！
＊この文を聞き取り、その状況にふさわしいイラストを選ぶ問題。

3級・準2級

Pardon madame, pour aller au Louvre, s'il vous plaît.
すみません、マダム、ルーヴルにはどうやって行けばいいのでしょうか。

Je vous demande pardon !
ごめんなさい！
＊3級 12. 春 に、上記の例文の pardon を書かせる問題が出題された。

pareil(le) [parɛj] adj 形

同じ、似た、そのような

4級

Son père est triste d'avoir un fils pareil. 96. 秋. 筆. 改
彼の父親はそんな息子を持って悲しんでいる。
＊怠け者の息子を嘆く父親についての長文読解。内容に一致する和文を選択する問題。実際の出題では un pareil fils の語順なのだが、不自然なので変更した。「このような、そのような」を意味する pareil は名詞のうしろに置くのが日常会話では一般的。名詞の前に置く場合は、冠詞が省かれることが多い。

3級・準2級

C'est pareil. それは同じことです。
＊準2級 16. 春 に、この決まり文句の pareil を書かせる問題が出題された。否定文の「これは同じことではありません！」C'est pas pareil ! も日常会話でよく使う。

Je veux des chaussures pareilles aux tiennes. 私は君の持っている（履いている）ような靴が欲しい。

parents [parɑ̃] nmpl 男複

[複数で] 両親、親戚 (=ancêtre)

5級

Mes parents vont bien.
両親は元気です。

Bernard habite chez ses parents.
Bernard は親の家に住んでいる。

4級・3級

Tu vas passer le week-end chez tes parents ? 週末は、親の家で過ごすの？

準2級

Mes parents s'inquiètent certainement pour moi. 12. 春. 書
両親はきっと私のことを心配しています。
＊「書き取り」（ディクテ）。s'inquiètent, certainement をきちんと書き取るのは意外に難しい。特に下線部に注意。

paresseux, paresseuse

[parəsø, -søz] adj 形

怠惰な、なまけ者の

3級・準2級

Son mari est trop paresseux; il ne fait rien à la maison.
彼女の夫はあまりに怠惰で、家で何もしない。

Anatole est trop paresseux pour écrire. Anatole はひどい筆不精だ。

parfait(e) [parfɛ, -fɛt]

adj 形

完璧な、この上ない

4級

C'est parfait ! それで完璧だ！

＊3級 18. 春 には、この一言を書かせる問題が出ている。

3級・準2級

Sa performance était parfaite.

彼（彼女）の演奏はこの上ないものだった。

Le réceptionniste que Stéphanie a remarqué à New York était parfait. 準2:16. 秋. 筆

Stéphanie がニューヨークで注目したフロント係は完璧だった。

＊長文読解問題、内容一致の選択文から。

◆ parfaitement adv 副

「完璧に、まったく」

4級・3級・準2級

Cette cravate bleue vous ira parfaitement. 4:03. 春. 筆

このブルーのネクタイは、お客さまに実によくお似合いです。

＊会話文の店員のせりふ。内容に一致する和文を選択する問題。

Ma tante est parfaitement heureuse.

おばは申し分なく幸せだ。

parfois [parfwa] adv 副

時には、時折、時々（＝quelquefois）

4級・3級

En hiver, il fait *froid* ; parfois il neige. 4:94. 秋. 筆

冬は寒いです、時折、雪が降ります。

＊文意に即し、空所に froid を入れる。

Mon père est parfois de mauvaise humeur.

父は時に不機嫌になることがある。

準2級

Parfois, nous faisons la cuisine ensemble. 11. 春. 書

時々、私たちはいっしょに料理をします。

＊「書き取り」（ディクテ）。

parfum [parfœ̃] nm 男

香水、香り

5級・4級・3級

Tu aimes le parfum des roses ?

バラの香りは好きですか？

準2級

Elle change de parfum selon les saisons.

彼女は季節に応じて香水を変えている。

C'est un cadeau. Nous l'offrons à toutes *celles* qui achètent ce parfum. 12. 秋. 筆

プレゼントです。この香水をお買い上げの女性全員に進呈しております。

＊対話文の空所補充問題。指示代名詞 celles「人々（女性）」を入れる。

Paris [pari] nm 男

パリ（▶ フランスの首都）

5級・4級

Paris est la capitale de la France.

パリはフランスの首都です。

Elles habitent à Paris depuis longtemps.

彼女たちは長いことパリに住んでいます。

3級・準2級

Paris est une des villes les plus visitées du monde. 準2:13. 秋. 筆

パリは、世界でもっとも来訪者の多い都市のひとつだ。

＊長文読解、空所補充問題の一部。

◆ parisien(ne) adj 形

「パリの、パリ人の」

3級

À cette époque-là, ils vivaient dans la région parisienne.

その当時、彼らはパリ地区で暮らしていました。

準2級

La cuisine est faite par une vieille dame qui a longtemps travaillé dans un célèbre restaurant parisien. 17. 秋. 書

料理は、長年パリの有名レストランで働いていた年配の女性が作っている。

＊「聞き取り」（ディクテ）。

◆ Parisien(ne) n 名

「パリに住む人」

3級

- J'aime beaucoup Paris !
- D'accord, mais tu trouves les Parisiens aimables ? 95. 秋. 筆

–「パリは大好きです！」
–「わかりました、でもパリの人（パリジャン）は愛想がいいと思いますか？」

＊対話文を完成させる問題から。

parler [parle]（I）0 vt 他 vi 自

話す、話をする

5級・4級

□parler français フランス語を話す

Elle parle très bien français.

彼女はとても上手にフランス語を話す。

Mon fils a commencé à parler à un an et demi.

うちの息子は1歳半で話し始めた。

3級

Le maire parle quatre langues couramment.

その市長は、4ヶ国語を流暢に話す。

準2級

Alors, on va ensemble au musée dont je t'ai parlé l'*autre* jour ? 11. 春. 聞

それなら、この前話した美術館にいっしょに行かない？

＊対話文のあとに流れる質問への回答となる仏文（問題用紙に書かれている）における空欄を埋める問題。

◆ (se) parler（I）0 vr 代動

「話し合う、言葉を交わす」

3級

Elles ne se parlent plus.

彼女たちはもう互いに口をきかない。

part [par] nf 女

分け前、部分（=morceau, partie）、分担

4級

C'est de la part de qui ?

（電話で）どちらさまですか？

＊3級 12. 春 に、この定型表現の part を書かせる問題が出ている。

Excusez-moi, madame, mais il me semble que je vous ai déjà rencontrée quelque part. 98. 春. 筆

すみません、マダム、以前どこかでお会いしたことがあるように思うのですが。

＊対話文。内容に一致する和文を選択する問題から。quelque part は「どこかに、どこかで」（↔ nul part）。

3級・準2級

Dites bonjour de ma part à vos parents. 3 : 96. 春. 聞

ご両親によろしくお伝えください。

＊この文を聞いて、適当な応答文を選択肢から選ぶ問題。

Chacun va payer à part.

支払いは各人別々です。

▶ payer séparément も同義。「(2人で) 割り勘にする」なら payer moitié-moitié といった言い方をする。

partager [partaʒe] (I)2

vt 他

分ける、共有する

準2級

出題

A・B がほぼ同じ意味になるよう語群から語を選び、必要な形にしなさい。

A Elle habite dans le même appartement que sa sœur.
B Elle (　　　) un appartement avec sa sœur.
aimer　partager　préparer　montrer　saluer　11. 春. 筆. 改

「彼女は姉 (妹) と同じアパルトマンに住んでいる」を「共有している」と表現する。

(解答) *partage*

Il partage sa fortune entre ses trois enfants.

彼は 3 人の子どもに財産を分ける。

parti [parti] nm 男

党、政党

3級

M. Endo est membre de quel parti politique ?

Endo 氏はどの政党のメンバーですか？

participer [partisipe] (I)0

vi 自

(à ～に) 参加する (=prendre part à qqch)

3級

Allez-vous participer au congrès ?

学会に参加されますか？

Je vais participer au voyage à Fukushima.

私は福島への旅行に参加予定です。

◆ participation nf 女

「参加、関与」

3級

Le congrès a eu lieu avec la participation de 500 personnes.

大会は 500 人の出席のもと開催された。

▶「参加者、協力者」は participant(e) という。

particulier, particulière

[partikylje, -ljɛr] **adj 形**

特殊な、特別の、個人の

3級・準2級

C'est un cas un peu particulier.

これは少し特殊なケースです。

Il ne se passe rien de particulier aujourd'hui.

今日は特に変わったことはない。

◆ particulier nm 男

「特殊」

3級・準2級

□en particulier

特に (=surtout, particulièrement)

J'aime ce film français, en particulier sa musique.

このフランス映画が好きです。特に、その音楽が。

partie [parti] nf 女

部分

3級

Elle m'a aidé à faire une partie de mon travail.

彼女は、私の仕事の一部を手伝ってくれた。

J'ai lu seulement la première *partie* de ce roman. 17.春.筆

私はその小説の第一部だけを読みました。

＊文意に即して、partie を語群から選ぶ問題。

準2級

Pour les personnes âgées, les animaux de compagnie font partie de la famille. 09.秋.筆

高齢者にとって、ペットは家族の一員です。

＊長文読解、内容に一致する仏文を選択する問題。faire partie de qqch で「～の一員（一部）をなす、～に属する」の意味。

partir [partir] (III) 5 vi 自

出発する、出かける

5級・4級

Tu pars en vacances cet été ?

今年の夏、ヴァカンスに出かけますか？

Elle partira en Espagne dans une semaine.

彼女は1週間後スペインに出かけます。

3級・準2級

□à partir de qqch

（時間的・空間的に）～から、～以降

Jean-Paul sera absent à partir de demain. Jean-Paul は明日から欠席します。

Commencez à lire à partir d'ici.

ここから読み始めてください。

Il est parti chercher ses parents à la gare. 彼は両親を迎えに駅へ行った。

▶ partir＋inf.「～しに出かける」の意味。

Marc est parti à l'étranger pour peindre. 準2:15.秋.聞

Marc は絵を描くために外国へ発った。

＊最初に流れる仏文とあとから流れる複数の仏文の内容が一致しているか否かを答える問題から。

partout [partu] adv 副

いたるところに、どこででも

4級・3級・準2級

J'ai cherché ma clé partout.

私は鍵をあちらこちら探し回った。

Il y a des documents partout dans son bureau.

彼（彼女）のオフィスはいたるところ書類だらけだ。

Nous avons voyagé un peu partout en Europe.

私たちはヨーロッパのあちこちを旅した。

pas [pa] adv 副

[一般に ne と共に用いて否定の表現] ～ない

5級・4級

Elle n'est pas grande.

彼女は背は高くない。

Je ne sais pas quand.

いつなのかわかりません。

- Tu viens avec moi ?
- Oui, pourquoi pas ?

-「いっしょに来ますか？」
-「ええ、もちろんです」

3級・準2級

Pas de *chance* ! 3:10.春.筆

ついてないね！

＊和訳を参考に、chance を答える問題。

pas [pa] nm 男

歩み、歩調、歩幅

準2級

Ils marchaient d'un pas rapide.

彼らは足早に歩いていた。

▶ marcher à grands pas なら「大股で歩く」の意味。

Quand il a vu ce petit chien, mon chat a fait un pas *en* arrière.

12.秋.筆.改

その子犬を見て、うちの猫は1歩後ずさりした。

＊en arrière「後方へ」の前置詞 en を問う問題。

passé(e) [pase] adj 形

(時間などが) 〜過ぎの、過ぎ去った、過去の

3級・準2級

出題歴なし

Il est cinq heures passées.

5時過ぎです。

Nous devons apprendre de nos erreurs passées.

過去の失敗から学ばなくてはいけません。

passeport [paspɔr] nm 男

パスポート、旅券

5級・4級・3級

Votre passeport, s'il vous plaît.

パスポートをお願いします。

Nous devons présenter notre passeport au passage de la frontière.

国境を通る際にパスポートを提示しなくてはならない。

passer [pase] (I)0 vt 他 vi 自

通る、(時が) たつ、過ごす、(物を) 渡す

5級・4級・3級

Passez-moi le sel, s'il vous plaît.

塩をとってください。

J'ai passé une semaine à Nice.

私はニースで1週間を過ごした。

Je vous le passe !

(電話で) 彼に代わります！

＊準2級 13.秋 には、電話応対のこの定型文が、passe を答える問題として出題されている。

準2級

Comme le temps passe vite!

時が経つのは何と速いことか！

Il passe son temps à ne rien faire.

彼は無為に時を過ごしている。

◆(se) passer (I)0 vr 代動

「(事件などが) 起きる、(時が) 過ぎる」

4級・3級・準2級

Qu'est-ce qui se passe ? どうしたの？

＊Que se passe-t-il ? / Qu'est-ce qu'il se passe ? も同義。複合過去形 Qu'est-ce qui s'est passé ?「何が起きたのですか？」は、準2級 16.春 に出題されている。

passion [pasjɔ̃] nf 女

情熱

準2級

Mon père a une passion pour le jazz traditionnel.

父はオールドジャズに熱中している。

Pour cela, il a besoin de collaborateurs asiatiques qui partagent sa passion. 15.春.筆.改

そのために、彼は情熱を共にしてくれるアジア人協力者を必要としている。

＊長文読解、内容に一致する和文を選択する問題。

patience [pasjɑ̃s] nf 女

忍耐、辛抱(しんぼう)

4級・3級

Mon père a beaucoup de patience.

父は我慢(がまん)強い。

Il faut avoir un peu plus de patience.

もう少し辛抱しなくてはなりません。

準2級

Elle *manque* complètement de patience. 12. 秋. 筆

彼女はまったく忍耐を欠いている。

＊Elle ignore la patience.「彼女は忍耐というものを知らない」と同義の文を、manquer de qqch「～を欠く」を用いて作成する問題。

On n'a pas la patience d'attendre jusqu'à demain. 明日まで待ちきれない。

◆patient(e) n 名

「患者」

3級・準2級

Le médecin a examiné un patient.

医者は患者を診察した。

◆patient(e) adj 形

「辛抱強い」

準2級

Ma petite sœur n'est pas du tout patiente. 妹はまったく辛抱強くない。

▶ Ma petite sœur n'est pas patiente du tout. とも言える。

◆patienter (I)0 vi 自

「辛抱強く待つ」

3級・準2級

Vous pouvez patienter ?

お待ちいただけますか？

patinage [patinaʒ] nm 男

スケート

3級

En mars dernier, au championnat du monde de patinage artistique, j'ai terminé troisième. 98. 秋. 筆

去る3月、私はフィギュアスケート世界選手権で3位に入賞した。

＊長文読解、内容に一致する和文を選択する問題から。

pâtisserie [patisri] nf 女

ケーキ (=gâteau)、ケーキ屋 (店)

4級

□aller à la pâtisserie　ケーキ屋に行く

Tu veux aller à la pâtisserie à côté de la boulangerie ?

パン屋の隣のケーキ屋に行きたいの？

Tu aimes les pâtisseries à la crème ?

クリーム入りのケーキは好きですか？

3級

Après avoir fini ses études au Japon, il est retourné en Belgique pour aller à l'école nationale de pâtisserie. 15. 春. 筆

日本で学業を終えたあと、彼は国立製菓学校に通うためにベルギーへ戻った。

＊長文読解、内容に一致する和文を選択する問題から。

◆pâtissier, pâtissière n 名

「ケーキ職人、パティシエ」

3級

Ma fille dit qu'elle veut être pâtissière plus tard.

私の娘はいずれケーキ職人になりたいと言っている。

J'ai acheté une tarte chez le pâtissier hier. 昨日、ケーキ屋さんでタルトを買った。

patron(ne) [patrɔ̃, -trɔn] n 名

経営者、店主

3級・準2級

C'est un patron de café.

彼はカフェの店主だ。

出　題

A・B、2つの内容が同じ①か違う②か答えなさい。

A　Cet hôtel est né à la suite des expériences de sa patronne.

B　このホテルは、オーナーの体験がもとになって開設された。

3:02.秋.筆.改

長文読解、内容に一致する和文を選択する問題の、対照箇所を併記したもの。Aに「オーナーである女性の経験をもとに生まれた」と明記されている。ただし、この文は少々ぎこちない。(expérience を参照)

(解答) ①

pauvre [povr] adj 形

(金・質量・才能などが) 貧しい (↔ riche)、かわいそうな

5級・4級

La petite fille vient d'une famille pauvre.　その少女は貧しい家の生まれだ。

3級・準2級

Ces pauvres femmes ne savaient pas que leur père était si riche. 3:05.春.筆

その気の毒な女性たちは、父親がそんなに金持ちだとは知らなかった。

＊長文読解、内容に一致する和文を選択する問題から。

Jean ne pense qu'à l'argent. Quel pauvre type !

Jean は金のことしか考えない。哀れなやつだ！

payer [peje] (I)8 vt 他

(金・給与などを) 支払う、買ってやる (= acheter)

5級・4級・3級・準2級

Vous payez comment ?

お支払いはどうなさいますか？

Est-ce que je peux payer par carte ?

カードで支払えますか？

▶ Est-ce que je peux payer avec ma carte ? も同義。「現金で支払う」なら payer en espèces, payer en argent liquide, payer cash などという。「(通貨) で支払う」ならば payer en＋[通貨 (複数形)] を用い、たとえば payer en euros「ユーロで払う」、payer en dollars「ドルで払う」などという。

Tu *as payé* cher cette robe noire ?

準2:08.春.筆.改

その黒いドレスは高かった？

＊選択肢から payer を選び、Cette robe noire t'a côuté cher? を書き換える問題。主語の違いに注意。

pays [pei] nm 男

国、国家、(国内の特定の) 地域

5級・4級

Elle aime les pays étrangers.

彼女は外国が好きです。

Vous venez de quel pays ?

お国はどちらですか？

▶ Quel est votre pays ? も類義。なお、Vous êtes de quelle nationalité ? も類義だが、nationalité を使うのは、いささか事務的な印象がある。

3級・準2級

Ce *que* j'aime dans ce pays, c'est sa cuisine.

3:08.春.筆

私がこの国で好きなのは、その料理です。

＊関係代名詞 que を選択肢から選ぶ問題。

Alain s'est rendu dans plus de 30 pays pour son travail.

Alain は仕事で30カ国以上の国に行った。

paysage [peizaʒ] nm 男
風景、景色

4級・3級

C'est un de mes paysages préférés.
これは私の好きな風景のひとつです。

On voit un beau paysage *par* la fenêtre. 3:02. 春. 筆
窓から美しい景色が見える。
＊「(場所) を通って、(場所) から」を意味する前置詞 par を選択肢から選ぶ。

準2級

Quand il voit de beaux paysages, Marc arrête sa voiture pour les peindre. 15. 秋. 聞. 改
Marc は美しい景色を見かけると、車を止めてそれを絵に描きます。
＊長文を聞き、あとから読み上げられる仏文が内容と一致するか否かを答える。

peau [po] nf 女
peaux pl 複
肌、皮膚、(果物などの) 皮

準2級

Les bébés ont la peau douce.
赤ちゃんは肌がなめらかだ。

Elle souffrait d'une grave maladie qui rendait sa peau extrêmement fragile. 16. 春. 筆. 改
彼女は、肌が極めて弱くなってしまう深刻な病気に苦しんでいた。
＊長文読解、内容に一致する仏文を選択する問題。

pêcher [peʃe] (I) 0 vt 他
(魚を) 釣る

3級

Mon père aime pêcher en rivière.
父は川釣りが好きだ。

Il pêche des poissons au bord de la mer. 08. 春. 聞
彼は海辺で魚を釣っている。
＊この文を聞いて、適当なイラストを選ぶ問題。

peindre [pɛ̃dr] (III) 41
vt 他
絵を描く

3級・準2級

Elle va souvent à la campagne pour peindre des paysages.
彼女は風景を描くためによく田舎に行きます。
▶ なお、peindre は「ペンキを塗る」の意味にもなるが、それは「むき出しの壁に色を塗る」といった意味合いで使う。「色を変える」「塗り直す」なら repeindre を用いる。

peine [pɛn] nf 女
悲しさ、(精神的な) 苦悩 (↔ joie)、苦労 (=difficulté)

4級・3級

Ce n'est pas la peine.
それには及びません (その必要はありません)。
＊準 2 級 08. 春 には、この表現の peine を書かせる問題が出ている。

Ce n'est pas la peine de prendre un taxi. 4:04. 秋. 筆
タクシーに乗るまでもない。
＊対話文完成問題。"Ce n'est pas la peine de ＋inf." は「～するには及ばない」の意味。

準2級

On entend à peine le bruit de la rue.
通りの音がほとんど聞こえない。
▶ à peine で「ほとんど～ない」の意味。

peintre [pɛ̃tr] n 名
画家

4級・3級

Picasso est un peintre espagnol.

Picasso はスペインの画家だ。

▶ なお、現在は女性の「画家」に une peintre を使うが、辞書によっては見出語を男性名詞としているものもある。

Quel(s) peintre(s) aimez-vous ?

どの画家がお好きですか？

peinture [pɛ̃tyr] nf 女

(芸術としての) 絵画、絵 (=tableau)、絵画作品

3級・準2級

Vous vous intéressez à la peinture ?

絵画に関心はありますか？

Ils ne comprennent vraiment pas la peinture moderne.

彼らは間違いなく現代絵画を理解していない。

準2級

□faire de la peinture　絵を描く

Marc aime faire de la peinture depuis toujours. 15. 秋. 聞

Marc はずっと前から絵を描くのが好きです。

＊聞き取り問題の冒頭の一文。ただし、ここは peindre を用いる方が自然ではないか。たしかに『和仏辞典』で「絵を描く」を引けば、faire de la peinture と出てくる。しかし、これは「(本格的に) 絵をやる、絵描きである」といった意味合いか、さもなければ faire de la peinture à l'huile「油絵を描く」のように技法の説明を添えて使うことが多いからだ。

pénible [penibl] adj 形

(仕事などが) つらい、骨の折れる

準2級

出題歴なし

Cet homme a eu une vie très pénible.

あの男はとてもつらい人生を送った。

C'est pénible, cette chaleur !

この暑さはこたえる！

penser [pɑ̃se] (I) 0 vi 自 vt 他

思う、考える

5級

Nous pensons aller à la campagne dimanche.

日曜に、田舎に行こうと思っています。

4級

Je pense toujours à ma fille.

私はいつも娘のことを考えています。

Je pense qu'elle a tort.

彼女は間違っていると思う。

3級・準2級

Que pensez-vous *de* ce tableau ? 3:91. 春. 筆

その絵についてどう思いますか？

＊penser A de qqn/qqch で「～について A だと思う」という形。前置詞 de を選択肢から選ぶ問題。

Je pense y aller avec ma famille un de ces jours. 準 2:17. 秋. 書

近いうちに、家族といっしょにそこを訪れようと思う。

＊「書き取り」(ディクテ)。

perdre [pɛrdr] (III) 27 vt 他

失う (↔ retrouver)、(勝負に) 負ける (↔ gagner)

4級

Marion a perdu sa carte d'identité il y a trois jours.

Marion は 3 日前に身分証をなくした。

3級

Elle avait perdu son mari le mois d'avant. 03.春.筆

彼女は前の月に夫を亡くしていた。

＊長文読解、内容に一致する和文を選択する問題。

Vincent a perdu le match la semaine dernière. Vincent は先週試合に負けた。

準2級

Marcel a perdu tout intérêt pour son travail.

Marcel は仕事への興味をすっかり失った。

◆(se) perdre (III) 27 vr 代動

「道に迷う (=s'égarer)、途方にくれる」

3級

Je me suis perdu dans le quartier étranger. 08.秋.筆.改

見知らぬ界隈で道に迷ってしまった。

＊対話文の空所補充問題から。

◆perdu(e) adj 形

「失われた、なくした、無駄になった」

3級

C'est du temps perdu !

それは時間の無駄だ！

père [pɛr] nm 男

父、父親 (↔ mère)

5級・4級

Comment va votre père ?

お父さんはお元気ですか？

▶ Votre père est comment ? なら「お父さんはどんな人？」の意味。

C'est un cadeau pour ton père ?

お父さんへのプレゼントなの？

3級・準2級

Je pense que je suis un bon père.

思うに自分はいい父親だ。

Depuis, mon père habite tout seul dans son petit village. 準2:13.春.書

それ以来、父親は一人で小さな村に住んでいます。

＊「書き取り」(ディクテ)。

période [perjɔd] nf 女

期間 (=temps)、時代

3級

Il n'y a pas cours pendant la période des examens.

試験期間中は授業はありません。

Au cours de cette période, Gabriel a passé un été aux États-Unis, et un autre en Angleterre. 00.春.筆.改

この期間に、Gabriel はひと夏はアメリカ合衆国で、もうひと夏はイギリスで過ごしました。

＊長文を読んで、内容に一致する和文を選ぶ問題。

permanent(e) [pɛrmanɑ̃, -nɑ̃t] adj 形

恒久的な、連続的な

3級

Ma mère a une douleur permanente dans la jambe.

母は、ずっと脚の痛みに苦しんでいる。

Il y a des neiges permanentes sur le plus haut sommet du monde.

世界の最高峰は、万年雪に覆われている。

permettre [pɛrmɛtr] (III) 32 vt 他

(de ～を) 許可する、容認する

3級

Permettez-moi de me présenter.

A B C D E F G H I J K L M N O P Q R S T U V W X Y Z

自己紹介させていただきます。

Mes parents m'ont permis d'étudier à l'étranger.

両親は私の留学を許してくれた。

準2級

Il ne *permet* pas à ses enfants de regarder la télévision après 21 heures. 08. 春. 筆

彼は、21 時以降子どもたちがテレビを見ることを許さない。

＊「禁じる」interdire を用いた文、Il interdit à ses enfants de regarder la télévision après 21 heures. を、語群から permettre を選んで書き換える問題。

◆ permis nm 男

「許可証、運転免許証（=permis de conduire）」

3級

Sylvain a une voiture mais il n'a pas le permis de conduire.

Sylvain は車を持っているが、免許がない。

◆ permission nf 女

「許可」

準2級

出題歴なし

On ne peut pas utiliser cette salle sans permission.

許可なしにこの部屋は使えません。

personnage [pɛrsɔnaʒ] nm 男

人物、登場人物

準2級

Quel est le personnage principal du film ? あの映画の主役は誰ですか？

personne [pɛrsɔn] nf 女

人、人間

5級・4級

Il y a dix personnes dans le salon.

サロンには 10 人の人がいます。

Je voudrais réserver une table *pour* deux personnes. 4:12. 春. 筆

（レストランなどで）2 名で予約したいのですが。

＊前置詞 pour を選ぶ問題。「2 人用のテーブルを予約したいのですが」が直訳になる。

3級・準2級

Quelle est la relation *entre* ces deux personnes ? 3:15. 春. 筆

この 2 人のご関係は？

＊文意を考えて、選択肢から前置詞 entre「～の間（あいだ）」を選ぶ問題。

personne [pɛrsɔn] pron 代

[ne とともに] 誰も～ない

5級・4級・3級

Il n'y a personne dans la chambre.

部屋には誰もいない。

Je ne connais personne.

誰も知りません。

Personne n'est venu ici depuis hier.

昨日からここには誰もこなかった。

準2級

Le gros requin n'a attaqué personne, mais tout le monde a eu très peur. 08. 春. 筆. 改

大きなサメは誰も襲いはしなかったが、皆、とても怖い思いをした。

＊長文読解、内容に一致する仏文を選択する問題。

peser [pəze] (I)3 vi 自 vt 他

(〜の) 重さがある、重さを量る

4級・3級

Je pèse à peu près quatre-vingt-cinq kilos. 私の体重は 85 キロほどです。

Vous pouvez peser ces fruits ?

これらのフルーツの重さを量っていただけますか？

準2級

出 題

A・B がほぼ同じ意味になるよう語群から語を選び、必要な形にしなさい。

A Quel était le poids de ton enfant à la naissance ?
B Combien ( ) ton enfant à la naissance ?
coûter gagner peser rater rendre 14.春.筆

「生まれたときのお子さんの体重はどれぐらいでしたか？」と同義にすればよいので、「重さ (体重) が〜である」を意味する動詞を選んで直説法半過去に活用する。

(解答) *pesait*

petit(e) [p(ə)ti, -tit] adj 形

小さい、背が低い (↔ grand)、年下の (↔ âgé)

5級・4級・3級

Mon ami habite dans un petit village en France.

友だちは、フランスの小さな村に住んでいる。

Ma fille est encore petite.

私の娘はまだ小さい。

C'est un petit cadeau pour vous.

あなたへのささやかなプレゼントです。

▶ この petit は「ちょっとした」「心ばかりの」という意味合いで添えられている。

petit déjeuner

[p(ə)tideʒœne] nm 男

朝食 (▶ petit-déjeuner の表記も可)

5級・4級・3級・準2級

□prendre son petit déjeuner 朝食をとる

▶ 見出語をそのまま動詞として使うこともある。

Qu'est-ce que vous prenez pour votre petit déjeuner ?

朝食には何を食べますか？

Où est-ce que je prendrai mon petit déjeuner ?

さてと、どこで朝食をとろうか？

▶ この単純未来は「計画や予定」を自問する感覚で使われている。もし、条件法を用いて、たとえば、Où est-ce que je devrais prendre mon petit déjeuner ?「どこで朝食をとったらいいか？」ならば、人に「提案」を求める言い回しになる。

Au petit déjeuner, je mange du pain avec de la *confiture*. 3:11.春.筆

朝食には、パンにジャムをぬって食べます。

＊文意に即して、「ジャム」confiture を語群から選ぶ問題。

petit-fils [p(ə)tifis] nm 男

(男の) 孫

準2級

Elle aime beaucoup Xavier, son seul petit-fils. 09.秋.聞.改

彼女は唯一の孫息子である Xavier を、とてもかわいがっている。

＊長文を聞き、続いて読み上げられる仏文が、長文の内容に一致するかを答える問題。関係代名詞を用いて Elle aime beaucoup Xavier qui est son seul petit-fils. とも言える。

A B C D E F G H I J K L M N O **P** Q R S T U V W X Y Z

◆ petite-fille nf 女

「(女の) 孫」

準2級

出題歴なし

La grand-mère de Tobie a plusieurs petites-filles.

Tobie の祖母には、何人もの孫娘がいる。

◆ petits-enfants nmpl 男複

「孫たち」

準2級

Jean-Michel, grand-père de Margot, 8 ans, et de Paul, 5 ans, s'occupe de ses petits-enfants tous les mercredis.

17. 秋. 筆

8 歳の Margot と 5 歳の Paul の祖父、Jean-Michel は、毎週水曜日に孫たちの世話をする。

＊長文読解、空所に補充する適語句選択問題。

pétrole [petrɔl] nm 男

石油

準2級

出題歴なし

Le pétrole est une source d'énergie.

石油はエネルギー源だ。

▶「ガソリン」は essence [nf]、「天然ガス」は gaz naturel [nm] という。

peu [pø] adv 副

[肯定的に] 少し、[否定的に] ほとんど～ない

5級・4級

J'ai un peu sommeil. ちょっと眠い。

C'est un peu trop cher.

これはちょっと (値段が) 高すぎます。

J'ai un peu d'argent.

私は少しお金を持っています。

▶不定冠詞なしで、J'ai peu d'argent. なら「ほとんどお金を持っていない」の意味になる。

4級

□à peu près　約、だいたい

Ma fille mange peu. 娘は少食だ。

＊「ほとんど食べない」が直訳。準2級 09. 秋 に、manger peu が問われたことがある。

Il y a à peu près 200 km entre Paris et Deauville.

パリ・ドーヴィル間はおよそ 200 キロです。

3級・準2級

出題

A・B、2 つの文意が同じ①か違う②か答えなさい。

A Les premières années, très peu de gens venaient acheter ses chocolats.

B 彼の店は開店当初から繁盛していた。

3:15. 春. 筆. 改

長文読解、内容に一致する和文を選択する問題の対照箇所を併記したもの。A は「最初の数年は、彼のチョコレートを買いに来る人はほとんどいなかった」。これは B の日本語とは合わない。

(解答) ②

peur [pœr] nf 女

恐れ、恐怖 (=crainte)、心配 (=inquiétude)

5級・4級

□avoir peur　怖い

J'ai peur. 怖いです。

▶「すごく怖い (怖くて死にそう)」と表現したいなら、Je suis mort(e) de peur. という。なお、類義語 crainte [nf] は見出語より改まった語、horreur [nf] はさらに強い嫌悪感や反感を含んだ「恐怖」を指す。

N'ayez pas peur.

怖がらないで（心配しないで）。

3級・準2級

J'ai peur de ne pas pouvoir me joindre à vous demain soir.

明日の晩は、たぶん参加できないと思います。

Le chien de mes voisins *faisait* peur à mon chat. 準2:12.秋.筆

隣人の犬は、うちの猫を怖がらせていた。

＊Mon chat craignait le chien de mes voisins.「うちの猫は隣人の犬を恐れていた」を書き換える問題。選択肢から適切な動詞を選び適当な形に活用する。faire peur à qqn/qqch で「～を怖がらせる、恐れさせる」の意味。

peut-être [pøtɛtr] adv 副

たぶん、おそらく（=sans doute）

5級

- Tes parents arrivent quand ?
- Peut-être à midi.

-「ご両親はいつ着くの？」
-「おそらく、お昼に」

4級・3級

J'irai peut-être te voir dimanche.

日曜日には会いに行くかもしれません。

▶ peut-être は "peut+être" という合成語なので「～の可能性がないではない」とか「～かもしれない」の訳がふさわしいケースが少なくない。確実性の度合いは、peut-être < sans doute < probablement < certainement の順に増していく。
日本人は peut-être を多用しがちだが、日本語の「たぶん」より確実性はかなり低いので注意。

準2級

Bien. Vos yeux sont peut-être fatigués. Je vais regarder. 09.春.聞

そうですか。おそらく目の疲労でしょう。見てみましょう。

＊問診での医者のこの台詞に続き、Qu'est-ce que le médecin pense ?「医師はどう考えていますか？」という問いを聞いたあと、Il pense que les（　）de Claire sont peut-être fatigués.「Claire の（　）が疲れていると彼は考えている」の空欄に yeux「目」を書き取る問題。

pharmacie [farmasi] nf 女

薬屋、薬局、薬学

4級・3級

Il y a une pharmacie près d'ici ?

この近くに薬屋はありますか？

Allez tout de suite à la pharmacie.

すぐに薬局へ行ってください。

Elle fait des études de pharmacie.

彼女は薬学を専攻している。

◆pharmacien(ne) n 名

「薬剤師」

3級

出題歴なし

Sa femme est pharmacienne.

彼の奥さんは薬剤師です。

photo [fɔto] nf 女

写真（▶ photographie の略語）

5級

□prendre une photo de qqn/qqch

～の写真を撮る（=photographier）

▶ prendre qqn/qqch en photo も同義。

Elle prend une photo de sa famille.

彼女は自分の家族写真を撮る。

4級・3級

Excusez-moi, est-ce que je peux vous demander de nous prendre en photo ?

すみません、写真を撮ってもらえませんか？

準2級

Elle est mieux *en* photo que dans la réalité. 16. 秋. 筆

彼女は実際（実物）より写真の方がいい。

＊前置詞 en を選択肢から選ぶ問題。ただし、「実際（実物）より」の箇所は qu'en vrai とする方が自然ではないだろうか。

photographe [fɔtɔgraf] n 名

カメラマン

4級・3級

Mon frère est photographe de mode.

兄（弟）はファッションカメラマンだ。

phrase [fraz] nf 女

文、文章

3級

Cette phrase n'a pas de verbe.

この文には動詞がない。

▶ 英語の sentence に相当することに注意。英語では phrase は「句、表現」の意味。

Vous pouvez répéter la dernière phrase ? 97. 秋. 筆

最後の文を繰り返していただけますか？

＊この文の内容が、選択肢の Je n'ai pas bien compris.「よくわかりませんでした」と一致することを答える問題。

piano [pjano] nm 男

ピアノ

5級・4級

□faire du piano

ピアノをひく（＝jouer du piano）

- Tu aimes la musique ?
- Oui, je fais du piano. 5 : 17. 秋. 聞

-「音楽は好きですか？」
-「はい、ピアノをひきますから」

＊読み上げられる問いに、2者択一で解答する。ちなみに、誤答は Oui, je fais des gâteaux.「はい、ケーキを作ります」。

Ma fille avait cinq ans quand elle a commencé le piano.

娘は5歳でピアノを始めた。

▶ 直説法半過去と複合過去の組み合わせに注意。

3級・準2級

Vous jouez bien du piano !

あなたはピアノがうまいですね！

◆pianiste n 名

「ピアニスト」

3級

Cette pianiste a une bonne technique.

あのピアニストはすぐれたテクニックを持っています。

pièce [pjɛs] nf 女

部屋、硬貨、戯曲

4級・3級

Combien de pièces y a-t-il dans cette maison ? この家には何部屋ありますか？

Ils habitent un appartement trois pièces.

彼らは3部屋のアパルトマンに住んでいます。

▶ ちなみに、不動産屋では appartement を添えずに、un trois pièces cuisine / un trois-pièces avec cuisine「3DK」といった言い方をする。なお、une pièce は、une chambre「寝室」、un living「リヴィング」（＝un salon, une pièce de vie）、une salle à manger「食堂、ダイニング」を含むが、une cuisine「キッチン」、les toilettes「トイレ」、une salle de bain(s)「風呂」は含まない。

Tout est possible : un simple bonjour,

une chanson amusante, ou une petite pièce de théâtre. 3:11. 春. 筆

何でもできる。簡単な挨拶をしたり、楽しい歌を歌ったり、ちょっとした劇をしてみたり。

＊病気の子どもを訪ねる道化師の話を読んで、内容に一致する和文を選択して答える。ただし、問題文では pièce de théâtre に「劇」という注がある。

準2級

Insérez une pièce d'un euro, puis appuyez *sur* le bouton. 08. 春. 筆. 改

1ユーロ硬貨を入れて、それからボタンを押してください。

＊空所に補充する前置詞の選択問題。「ボタンを押す」appuyer sur le bouton を見抜く。出題文は Mettez で始まっているが、「(コインを) 入れる、挿入する」なら insérer という動詞を用いるのが自然。

pied [pje] nm 男

(足首からつま先までの) 足、(机などの) 脚、(山の) 麓(ふもと)

5級・4級

□à pied 徒歩で、歩いて

Il faut quinze minutes à pied.

徒歩で15分かかります。

J'ai trop mal aux pieds !

足が痛くてたまらない！

3級

Elle est élégante depuis les pieds *jusqu'à* la tête. 15. 秋. 筆

彼女はつま先から頭のてっぺんまで (全身) エレガントだ。

＊前置詞の問題。depuis les pieds jusqu'à la tête / des pieds à la tête で「足から頭まで」「全身」の意味になるが、現在は後者の言い回しが通常。

準2級

Je suis *né* dans un *village* au pied de la montagne. 17. 春. 聞

私は、山の麓にある村で生まれました。

＊この文を聞いて、問題用紙の2箇所の空所に naître の過去分詞 né (発話者が男性であることにも注意) と名詞 village を書き取る問題。

pierre [pjɛr] nf 女

石、石材

4級

Il ne faut pas jeter des pierres ! 98. 春. 聞

石を投げないで！

＊この文を聞き取り、適合するイラストを選ぶ問題。

3級・準2級

Les maisons en *pierre* sont plus solides que les maisons en bois. 3:07. 秋. 筆

石造りの家は、木造の家よりも頑丈だ。

＊文意に即し、「石」pierre を語群から選ぶ問題。

piquant(e) [pikɑ̃, -ɑ̃t]

adj 形

辛い、(舌や肌などを) 刺す

準2級

出題歴なし

Le tabasco est une sauce très piquante. タバスコはとても辛いソースだ。

pis [pi] adv 副

[mal の優等比較級] より悪く (▶ ただし、plus mal が通例)

4級・3級

Tant pis ! それは仕方ない (残念だ)！

▶ pis は、現在では上記の Tant pis !（反意 Tant mieux !「それはいい、しめた！」）といった限られた表現でしか使われない。

A B C D E F G H I J K L M N O **P** Q R S T U V W X Y Z

piscine [pisin] nf 女
プール

5級・4級・3級

□aller à la piscine　プールに行く

Est-ce que la piscine est *ouverte* le mercredi ? 5:14.春.筆

プールは水曜日に開いていますか？

＊対話文の空所を、選択肢から補う問題。

Mon mari va à la piscine quatre fois par mois. 夫は月に4回プールに行きます。

Tu nages chaque matin à la piscine ?

毎朝、プールで泳ぐの？

place [plas] nf 女
広場、座席、(空いている) スペース、立場

5級・4級・3級

Il y a beaucoup de monde sur la place. 広場にたくさん人がいる。

Cette place est libre ?

この席は空いていますか？

Je voudrais réserver deux places pour Takasaki. 4:95.秋.筆.改

高崎までの座席を2人分予約したいのですが。

＊対話文を完成させる問題から。

準2級

Il se gare toujours à la même place.

彼はいつも同じ場所に駐車している。

À ta *place*, j'accepterais. 14.秋.筆

私が君の立場だったら、承諾するよ。

＊和訳を参考にして、place「立場」を答える問題。

plage [plaʒ] nf 女
浜辺、海岸、ビーチ

4級・3級

□sur la plage　浜辺で(に)、海辺で

Tu viens à la plage avec nous ?

私たちといっしょに浜辺に行かない？

▶「浜辺で、海辺で」は au bord de la mer ともいう。

Elle a pris un bain de soleil sur la plage. 彼女はビーチで日光浴をした。

準2級

Alors les enfants se préparent pour aller à la plage. 10.春.書

それで、子どもたちは海に行く準備をしている。

＊「書き取り」(ディクテ)。

plaire [plɛr] (III) 37 vi 自
(à ～の) 気に入る

5級・4級・3級・準2級

□s'il te plaît　[tu に対して] どうか、(すみませんが) お願いします (▶ stp と略される)

□s'il vous plaît　[vous に対して] どうか、(すみませんが) お願いします (▶ svp と略される)

Cette montre me plaît beaucoup.

この時計を、私はとても気に入っています。

Ce film français plaît beaucoup aux jeunes.

あのフランス映画は若者に大人気だ。

- Tu veux encore du café ?
- Oui, s'il te plaît.

-「もう少しコーヒーはいかが？」
-「ええ、お願いします」

***Dis*-lui bonjour de ma part, s'il te plaît.** 3:02.春.筆

私からもよろしくと、彼に伝えてくださいね。

＊対話の流れに即し、動詞を tu に対する命令形にする問題。

Un café, s'il vous plaît.

コーヒーをお願いします。

Passez-moi le sel, s'il vous plaît.

塩をとってください。

***Suivez*-moi, s'il vous plaît.**

準 2 :10. 秋. 筆

こちらへどうぞ。

＊和訳を参照しながら、(S　　) とある空欄にSで始まる動詞の命令形を入れる問題。ただし、良問とは言い難い。レストランでといった注記がないし、この文は状況次第で「私についてきてください」などとも訳せる。『公式問題集』では、得点率が過去最低水準である21%と、あたかも難問であるかのように記されているが、和訳が頼みの綱であるこの設問形式は、出題者の見識が疑われるものである。

Tadashi espère que cette expérience plaira à Masako. 準 2 :14. 春. 聞

Tadashi は、この経験を Masako が喜んでくれることを望んでいる。

＊長文を聞いて、あとに流れる仏文がその内容に一致するか否かを答えるもの。

plaisir [plezir] nm 男

(生理的・精神的) 喜び、楽しみ (=joie, ↔ tristesse)

5級・4級

Avec plaisir. 喜んで。

▶ Volontiers. も同義。

Je vous accompagnerai avec plaisir.

喜んでお伴します。

3級・準2級

Ça me fait plaisir de vous voir.

お会いできて嬉しいです。

▶ faire plaisir à qqn で「(人を) 喜ばせる」という表現。

C'est un grand plaisir pour moi de parler avec lui. 準 2:11. 春. 書

私にとって、彼と話をするのは大きな喜びです。

＊「書き取り」(ディクテ)。

plan [plɑ̃] nm 男

(町などの) 地図、市街図、計画、プラン

4級

Vous avez un plan du métro ?

地下鉄の地図はありますか？

▶「地図」は通例、une carte というが、市街図や地下鉄の路線図などには un plan を用いる。

3級・準2級

Je cherche le musée d'Orsay sur le plan de Paris.

パリの地図で、オルセー美術館を探しています。

Quels sont vos plans pour le futur ?

あなたの将来の計画はどんなものですか？

plante [plɑ̃t] nf 女

植物、草花

4級

Nous sommes allés au jardin *des* plantes ce matin. 13. 春. 筆

私たちは今朝、植物園に行った。

＊前置詞 de と定冠詞 les の縮約形を答える。

3級・準2級

On dit que le déplacement des animaux et des plantes a une certaine relation avec la température.

3 :12. 春. 筆

動植物の移動が、気温と何らかの関係にあると言われている。

＊長文読解、内容に一致する和文を選択する問題。

Pensez à arroser les plantes.

植物に水をあげるのを忘れないで。

A B C D E F G H I J K L M N O **P** Q R S T U V W X Y Z

plat [pla] nm 男

(皿に盛られた) 料理、料理用大皿 (▶ une assiette より大きめ)

4級

- Et comme plat ?
- Un steak-frites. 97.春.筆

-「で、お料理 (メイン) は?」
-「フライドポテト添えのステーキを」

＊対話文を読んで、その内容に一致する和文を選ぶ問題。ウエーターの台詞は、Qu'est-ce que vous prenez comme plat principal ?「メイン (主菜) は何になさいますか ?」を簡略にしたもの。

3級

Quel est le plat du jour ?

本日のおすすめ料理は何ですか?

▶ du jour は「今日の、現代の」(例 les nouvelles du jour「今日のニュース」)。

準2級

Chez lui, il y a toujours de bons plats à des prix intéressants. 13.秋.書

彼の店には、いつもお得な値段のおいしい料理がある。

＊「書き取り」(ディクテ)。

plat(e) [pla, plat] adj 形

平らな

3級・準2級

出題歴なし

La Belgique est un pays relativement plat. ベルギーは比較的起伏のない国です。

plein(e) [plɛ̃, plɛn] adj 形

(de ～で) いっぱいになった、満ちた、満員の (=complet, ↔ vide)

4級・3級・準2級

À cette heure-ci, les restaurants sont pleins.

この時間には、レストランは人でいっぱいだ。

Ne restez pas en plein soleil !

かんかん照りのところにいないで!

▶ "en plein＋[無冠詞名詞]" で「～のただ中に」の意味。例文は「日向(ひなた)に長居しないで!」といった訳し方もできる。

Elle travaille à plein temps.

彼女はフルタイムで働いている (常勤である)。

▶ à plein(e) qqch で「～いっぱいに」の意味 (例 à pleine voix「大声で」、à pleine vitesse「全速力で」)。

◆ pleinement adv 副

「十分に、完全に」

3級

Elle est pleinement satisfaite de sa voiture.

彼女は自分の車にすっかり満足している。

pleurer [plœre] (I) 0 vi 自 vt 他

泣く、涙を流す

5級・4級

Pourquoi tu pleures ?

どうして泣いているの?

3級・準2級

Je suis sur le point de pleurer.

泣きそうです。

▶ sur le point de＋inf.「まさに～しようとしている、～する寸前で」の意味。

Elle fait semblant de pleurer.

彼女は泣くふりをしている。

pleuvoir [pløvwar] (III) 19 v impers 非動

雨が降る

5級・4級

Il pleut ce matin. 今朝は雨が降っている。
Regardez le ciel ! Il va pleuvoir.
4:02. 春. 聞

空を見てください！ 雨が降りそうです。

＊この台詞の内容にふさわしいイラストを選ぶ問題。こうした近接未来形では、通例、具体的な時間指定をしない。もし「"午後は" 雨だろう」と言いたいなら Il pleuvra cet après-midi. と単純未来を使うのが自然。

3級

□se mettre à pleuvoir 雨が降り出す

La météo dit qu'il pleuvra. 12. 春. 筆

予報では雨が降るそうだ。

＊会話を成立させる問題の選択肢から。近接未来を用いて La météo dit qu'il va pleuvoir. も自然な言い回し。あるいは D'après la météo il pleuvra. / La météo annonce de la pluie. などとも言い換えられる。

準2級

Hier, il pleuvait et mes enfants sont restés toute la journée à la maison.
10. 春. 書

昨日は雨で、子どもたちは1日中家にいた。

＊「書き取り」（ディクテ）。直説法半過去 pleuvait や toute la journée などはスペリング・ミスをしやすい。

Il pleut des cordes. 土砂降りです。

▶ pleuvoir à verse [à torrents] などともいう。

◆ pluie nf 女

「雨」

4級・3級

Ah, la saison des pluies est enfin finie. 4:15. 秋. 筆

ああ、梅雨（雨季、雨の季節）がやっと終わったよ。

＊対話文を完成させる問題。

Elles marchaient sous la pluie.

彼女たちは雨の中を歩いていた。

▶ sous la pluie「雨の中」は盲点になりやすく、前置詞問題によく出される。フランス語では「雨の下」と考えるので、dans la pluie とは表現しない。ちなみに être sous la douche なら「シャワーをあびている」となる。

準2級

出 題

A・B がほぼ同じ意味になるように、適語を選び必要な形にしなさい。

A Il a beaucoup plu cet été.
B Nous (　　　) beaucoup de pluie cet été.

arrêter avoir demander enseigner entendre 12. 春. 筆. 改

A は「今年の夏は雨が多かった」。よって B を「私たちはたくさん雨を持った → たくさん雨が降った」とする。時制は直説法複合過去。

（解答）*avons eu*

plupart [plypar] nf 女

[la plupart de＋複数名詞] 大部分の～、大多数の～

3級

La plupart de mes étudiantes sont très sérieuses.

私の（教え子の）大多数の女子学生は、とても真面目です。

▶ plupart を主語として用いた場合、動詞は複数形になり、形容詞の性は de に続く名詞に一致する。

準2級

Dans la plupart des restaurants, les gens travaillent de huit heures du matin jusqu'à minuit. 13. 春. 5

ほとんどのレストランでは、人々が朝の8時

から真夜中まで働いている。
＊長文の空所補充問題から。

La plupart du temps, nous n'avons pas conscience de notre faiblesse.

ほとんどの場合、私たちは自らの弱さを意識していない。

▶ la plupart du temps で「たいてい、ほとんどいつも」の意味。「弱さ」の箇所は de nos faiblesses と複数にもできる。

plus [ply(s)] adv 副

(1) [比較] (～より) さらに、もっと、より多く、[定冠詞をつけて] もっとも (多く)
(2) [ne, non とともに否定表現で] もう～ない、～も…ない

(1) 5級

Sylvie est plus grande que Pierre.

Sylvie は Pierre よりも背が高い。

4級

Donne-moi un peu plus de vin.

もう少しワインをください。

3級・準2級

Il faut *que tu manges plus de* légumes. 3:10. 春. 筆

君はもっと野菜を食べるべきだ。

＊整序問題。先入観で、plus ... que の比較と考えると正答を導けない。

L'Everest est deux fois plus haut que le mont Blanc.

エヴェレストはモンブランの2倍の高さがある。

Ichiro est le plus âgé de la classe.

Ichiro はクラスで一番の年長だ。

Aline t'aime de plus en plus !

Aline はますますあなたが好きになっています！

▶ de plus en plus で「ますます、だんだん」の意味 (↔ de moins en moins)。

Le vent est de plus en plus fort.

風がだんだん強くなっている。

▶ de plus en plus＋[形容詞・副詞] の例。名詞 (無冠詞) がうしろに続く場合は、通例、前置詞 de を介して用いられる (例 Il y a de plus en plus de vent.「だんだん風が出てきた」)。

(2) 5級・4級・3級

Il n'y a plus de bière dans le frigo.

冷蔵庫にもうビールはありません。

Tu n'as plus d'appétit ?

もう食欲がないの？

- Je n'aime pas cet acteur.
- Moi non plus.

-「その俳優は好きじゃない」 -「私も」

▶ 肯定文 J'aime cet acteur. に同調する場合は、Moi aussi. となる。

plusieurs [plyzjœr] adj pl 形複

いくつもの、数名 (数個) の

4級・3級

Tu vérifies tes mails plusieurs fois par jour ?

1日に何度もメールをチェックしますか？

▶ plusieurs は概ね 5～7 程度の数を指すとされているが、それ以上までカヴァーすると考えるネイティヴは少なくない。なお、quelques と同じく、量を表す名詞 (不可算名詞) には用いない。

準2級

Plusieurs maisons sont en flammes.

何軒もの家が炎上している。

▶ en flammes で「炎に包まれた、燃え上がっている」の意味。

Aujourd'hui, je sais saluer en plusieurs langues. 13. 秋. 聞

今では、私は複数の言語で挨拶ができます。

＊長文聞き取り問題の最後の一文。

plutôt [plyto] adv 副
むしろ

4級・3級

- Tu veux du vin rouge ?
- J'aimerais plutôt du blanc.

-「赤ワインにしますか？」
-「白の方がいいです」

Moi, je préférerais plutôt faire une promenade dans la forêt. 4:01. 春. 筆

私はそれよりも、森を散歩したいのですが。

＊対話文を読んで、内容に一致する和文を選ぶ問題。

準2級

C'est plutôt parce qu'il y a beaucoup d'excellents professeurs. 14. 春. 筆

むしろ、優秀な教員がいっぱいいるからです。

＊海外研究の意義についての長文読解。空所に入れる適当な語句を選ぶ設問。

poche [pɔʃ] nf 女
ポケット

4級・3級

Vito marche avec les mains dans les poches.

Vito は両手をポケットに入れて歩いている。

▶「ポケットから手を出す」なら sortir les mains de ses poches という。

poème [pɔɛm] nm 男
(一編の) 詩、詩作品

3級

Il a écrit un poème romantique à sa fiancée.

彼は婚約者にロマンチックな詩を書いた。

Que pensez-vous des poèmes que *je vous ai envoyés* ? 92. 秋. 聞

私があなたに送った詩をどう思いますか？

＊イタリックの部分を書き取る問題。過去分詞の性数一致が難。

poids [pwa] nm 男 pl 複
重さ、体重

3級

□ prendre du poids

体重が増える (＝grossir, ↔ perdre du poids)

出　題

(　) に入る適当な語を語群から選べ。

J'ai pris du (　　　) parce que j'ai beaucoup mangé pendant les vacances.
bruit　cour　poids　résultat　robe 16. 春. 筆. 改

「休暇中に食べ過ぎて体重が増えた (太った)」の意味にする。

(解答) *poids*

準2級

Quel était le poids de ton enfant à la naissance ? 14. 春. 筆

生まれたとき、お子さんは体重はどのくらいでした？

＊この文を Combien *pesait* ton enfant à la naissance ? と書き換える問題。語群から peser を選び、直説法半過去に活用する。

point [pwɛ̃] nm 男
点、地点、ポイント

3級

Nous sommes d'accord *sur* ce point. 12. 秋. 筆

私たちはその点で意見が一致している。

＊前置詞の問題。ちなみに、être d'accord sur qqch「(事柄) について意見が一致している」と être d'accord avec qqn「(人) に同意する」は混同されやすい。

A B C D E F G H I J K L M N O **P** Q R S T U V W X Y Z

準2級

Quel est ton point de vue sur ce sujet ?

このテーマに関して、あなたの意見は？

▶ point de vue で「見地、観点、視点」、あるいは「見晴らし」の意味。

Ma femme était sur le point de partir. 妻はちょうど出かけようとしていた。

▶ être sur le point de＋inf. で「まさに～しようとしている、今にも～しそうである」。

poisson [pwasɔ̃] nm 男

魚、（魚料理の）魚肉

5級・4級

Vous désirez de la viande ou du poisson ?

お肉とお魚、どちらになさいますか？

3級・準2級

Il prend des poissons pour son plaisir ou pour gagner sa vie. 3:06. 秋. 筆

彼は楽しみで、あるいは生計を立てるために、魚を獲っている。

＊この文を手掛かりに、pêcheur「漁師」を語群から選ぶ問題。設問の性質上、致し方ないとは思うが、prendre des poissons は動詞 pêcher を使う方が無理はない。

On devrait manger du poisson au moins une fois par semaine.

少なくとも週に1度は魚を食べたほうがいい。

poitrine [pwatrin] nf 女

胸、（女性の）乳房

準2級

出題歴なし

J'ai ressenti une douleur dans la poitrine. 私は胸に痛みを感じました。

poivre [pwavr] nm 男

胡椒（こしょう）

3級

Passez-moi le poivre, s'il vous plaît.

胡椒を取ってください。

＊94. 春 に、passer を活用させる問題としてこの基本例文が出題されている。

poli(e) [pɔli] adj 形

礼儀正しい、行儀のよい（=courtois, ↔ impoli）

3級・準2級

出題歴なし

Soyez poli(e) avec vos voisins.

隣人には礼儀正しくしなさい。

On dit souvent que les Japonais sont polis et gentils.

日本人は礼儀正しく親切だとよく言われる。

police [pɔlis] nf 女

警察

4級・3級

□ un agent de police 警察官

□ le commissariat de police 警察署

Il y a eu un accident ! Appelle la police ! 事故だ！ 警察を呼んで！

準2級

Deux agents de police courent *derrière* un voleur. 10. 春. 筆

警官が2人、泥棒を追いかけている。

＊適当な前置詞を選ぶ問題。直訳は「泥棒のうしろを走る」となる。

politique [pɔlitik] adj 形

政治の、政治的な

準2級

Guillaume a étudié les sciences politiques à l'université.

Guillaume は大学で政治学を学んだ。

On y trouve toutes les informations

nécessaires, depuis les problèmes politiques jusqu'aux sports. 08.秋.筆

そこには政治問題からスポーツに至るまで、必要な情報はみな載っている。

＊新聞の効能についての長文読解問題より。

◆politique nf 女

「政治、政策」

準2級

出題歴なし

Le gouvernement a décidé de changer sa politique étrangère.

政府は外交政策の変更を決めた。

pomme [pɔm] nf 女

リンゴ、アップル

5級・4級・3級

Donnez-moi deux kilos de pommes, s'il vous plaît. リンゴを2キロください。

Lydie a acheté une délicieuse tarte aux pommes à la boulangerie.

Lydie はパン屋で、おいしいリンゴのタルト（アップルパイ）を1つ買った。

pomme de terre

[pɔmdətɛr] nf 女

ジャガイモ

4級・3級

Les légumes préférés des Parisiens sont la tomate et la pomme de terre. 3:09.春.筆.改

パリジャンに人気の野菜は、トマトとジャガイモです。

＊長文読解、内容に一致する和文を選択する問題。

En général, le bifteck est accompagné de pommes de terre frites.

通常、ステーキにはフライドポテトが添えられている。

▶複数形は pommes de terre となる点に注意。「フライドポテト」は des pommes frites とも言うが、通常は frites だけで使うことが多い（例 un bifteck frites「フライドポテト添えのステーキ」）。

pont [pɔ̃] nm 男

橋

4級

Tournez à droite avant le petit pont.

小さな橋の手前を右に曲がってください。

3級・準2級

Ils regardaient le soleil couchant en traversant le pont.

橋を渡りながら、彼らは夕日を眺めていた。

Paris comporte 37 ponts au-dessus de la Seine.

パリには、セーヌ川に架かる橋が37ある。

populaire [pɔpylɛr] adj 形

人気のある、大衆の（↔ bourgeois）

3級

Totoro est un personnage animé populaire.

トトロはアニメの人気キャラクターだ。

Le Tour de France est une course très populaire. 97.春.筆.改

ツール・ド・フランスはとても人気のあるレースだ。

＊長文読解、内容に一致する仏文選択問題の冒頭文。

porc [pɔr] nm 男

豚、豚肉

3級・準2級

出題歴なし

Ils élèvent des porcs.

彼らは豚を飼育している。

Mon ami musulman ne mange pas de porc.

私のイスラム教徒の友人は、豚肉を食べません。

port [pɔr] nm 男

港

4級・3級

À partir du port de pêche, on va à la plage à pied.

漁港から、歩いて海岸まで行く。

Un bateau est entré dans le port.

船が入港した(錨を降ろした)。

▶「港を出て行く」なら quitter le port などという。

porte [pɔrt] nf 女

ドア、扉、玄関

5級・4級

Ferme la porte à clé !

ドアに鍵をかけて!

Ouvrez la porte, s'il vous plaît !

ドアを開けてください!

3級

Mon frère m'attend à la porte du parc. 10. 春. 聞. 改

兄(弟)が公園の入り口で私を待っている。

＊会話文を聞き、和文が内容に一致しているかを答える問題。ただし、「公園の入り口」は、ふつう l'entrée du parc という。

Quelqu'un a frappé à la porte.

誰かがドアをノックしました。

準2級

Quand Marie rentrait à la maison, son chat noir l'attendait toujours à la porte. 11. 秋. 聞

Marie が家に帰ると、黒猫はいつも玄関で彼女を待っていた。

＊長文のあとに流れる、内容に一致する仏文の選択問題から。

porter [pɔrte] (I)0 vt 他 vi 自

(衣服を)身につけている、(荷物などを)持つ、運ぶ

5級・4級・3級

M. Miura porte toujours une cravate verte.

Miura さんはいつも緑のネクタイをしている。

D'habitude, Céline ne porte pas de lunettes.

普段、Céline はメガネをかけていません。

▶ porter は「身につけている」という状態をいう。avoir も「着用」の意味では同義。ただし、「身につける」という動作なら mettre を用いる。

Mon grand-père portait une lourde valise.

祖父は重いスーツケースを運んでいた。

準2級

Elle porte une baguette *sous* le bras. 14. 秋. 筆

彼女はバゲットを小脇に抱えている。

＊前置詞の問題。この例は細長いバゲットなので「腕の下に」sous le bras となる。ただし、抱える対象や状況で前置詞も変化する(例 Ma mère porte son petit-fils dans ses bras.「母は孫を腕(の中)に抱いている」)。

◆(se) porter (I)0 vr 代動

「体の調子が〜である」

3級・準2級

Ma grand-mère se porte bien.

祖母は元気です。

Je me porte mieux qu'hier.

昨日より体調がいい。

▶主語が人で、"se porter＋[様態の表現]"なら「体調」を示す言いまわしになる。

poser [poze] (I)0 vt 他

置く (=mettre)、設置する (=installer)、(質問を) する

4級

Je peux vous poser une question ?

質問してもいいですか？

3級・準2級

Posez vos valises ici et *ouvrez*-les, s'il vous plaît. 3:96. 秋. 聞

ここにスーツケースを置いて、開けてください。

＊税官吏 le douanier と旅行者 la voyageuse の会話の空所補充問題。ouvrez の書き取り正答率は 31.7%。

◆ (se) poser (I)0 vr 代動

「(問題が) 生じる」

準2級

C'est alors qu'un grand problème s'est posé.

大問題が生じたのはその時だった。

posséder [pɔsede] (I)6 vt 他

所有する、(能力や資質などを) 持っている

準2級

Il possède une grande fortune personnelle.

彼には大きな個人資産がある。

C'est Mme Mitsui qui possède tous ces tableaux.

Mitsui 夫人がこれらの絵画をすべて所有しています。

possible [pɔsibl] adj 形

できる、可能な (↔ impossible)

5級・4級

Cet après-midi, si c'est possible.

できれば、今日の午後に。

Ce n'est pas possible ! 4:13. 春. 聞

(それは) ありえない！ (まさか！)

＊対話文聞き取り問題 (内容に一致する和文を選択)。Pas possible ! ともいう。

3級・準2級

De Paris à ta ville, est-il possible de faire un aller et retour en train dans la même journée ? 3:09. 春. 筆

パリからあなたの町まで、電車で日帰りで往復できますか？

＊対話文の空欄に、適切な語句を選択肢から選ぶ問題から。

Venez le plus vite possible.

できるだけ早く来てください。

▶「できるだけ早く」には dès que possible, aussitôt que possible も使える。

◆ possibilité nf 女

「可能性、可能なこと」

3級

Elle a le choix entre plusieurs possibilités.

彼女はいくつかの可能性の中から選択できる。

poste [pɔst] nf 女

郵便、郵便局 (=bureau de poste)

5級

La poste est près de la banque.

郵便局は銀行のそばです。

4級

La poste va fermer dans quelques minutes. Dépêchez-vous. 11. 春. 聞

郵便局はもうあと数分で閉まります。急いでください。

＊対話文聞き取り問題 (内容に一致する和文を選択)。

A B C D E F G H I J K L M N O P Q R S T U V W X Y Z

A B C D E F G H I J K L M N O **P** Q R S T U V W X Y Z

3級・準2級

J'ai envoyé ce paquet *par* la poste. 3:15.春.4

あの小包は郵便で送りました。

＊「手段・方法」を表わす前置詞 par を答える。

◆ poster (I)0 vt 他

「投函する、郵送する」

3級

Tu sors ? Tu peux poster cette lettre ? 97.春.筆

出かけるの？（だったら）この手紙を出してくれる？

＊対話文を完成させる問題の一部。「～を投函する」mettre qqch à la poste ともいう。

poste [pɔst] nm 男

地位、ポスト、部署

3級・準2級

Non, il *a abandonné* ce poste il y a un an. 3:12.秋.筆

いいえ、1年前に彼はその地位を捨てました。

＊動詞活用の問題。ただし、abandonner より quitter を使う方が自然。

Mon oncle occupe un poste élevé.

おじは高い地位についています。

poulet [pulɛ] nm 男

若鶏、鶏肉

3級・準2級

出題歴なし

Je voudrais manger du poulet rôti.

ローストチキンが食べたい。

Le plat du jour, c'est du poulet aux champignons.

本日のおすすめは、若鶏のキノコ添えです。

▶「雄鶏」は coq [nm]、「雌鶏」は poule [nf] という。

poupée [pupe] nf 女

人形

4級・3級・準2級

Elle joue à la poupée.

彼女はお人形遊びをしている。

Ta fille ressemble à une poupée.

君の娘さんはまるでお人形のようだ。

pourquoi [purkwa] adv 副

なぜ、どうして

5級・4級・3級

- Pourquoi tu fermes la fenêtre ?
- *Parce qu'il y a du bruit.* 5:01.春.筆

-「どうして窓を閉めるの？」
-「だって、音がうるさいから」

＊対話文を完成させる問題。pourquoi の問いかけに対して、parce que と応じる定番の展開。

- Tu es libre demain ?
- Oui, pourquoi ?

-「明日は暇？」 -「うん、どうして？」

- Tu ne boirais pas un petit verre ?
- Pourquoi pas ?

-「ちょっと一杯飲まない？」 -「いいね」

▶ Pourquoi pas ? は「どうしていけないの？」→「もちろん OK です」という意味。英語の Why not? に相当する。

Dis-moi pourquoi tu as fait ça.

なぜそんなことをしたのか話して。

pourtant [purtɑ̃] adv 副

しかしながら

4級・3級

Ma tante est riche, et pourtant elle n'a pas l'air heureuse.

おばは裕福ですが、幸せそうには見えません。

▶対立の意味合いが mais よりも弱く、

cependant よりは強い単語。

pousser [puse] (I)0 vt 他

押す、(à ~に) 駆り立てる、うながす

5級・4級

Ne poussez pas ! 押さないでください！

▶ Ne me poussez pas ! と目的語を添えてもいい。

Camille pousse la porte pour sortir. 4:10.秋.筆

Camille はドアを押して外に出る。

＊この動作を表しているイラストを選択する問題。

3級

出 題

A・B、2つの文意が同じ①か違う②か答えなさい。

A **C'est celui qui m'a poussée à écrire le roman. Il est devenu mon mari.**

B 話者は小説を書くように勧めてくれた男性と結婚した。

02.春.筆.改

長文読解、内容に一致する和文を選択する問題の対照箇所を併記したもの。A は「その人は私に小説を書くように勧めてくれた男性です。彼は私の夫になりました」となるので….

(解答) ①

pouvoir [puvwar] (III)20 vt 他

[可能] ～できる、[許可] ～してよい、[依頼：疑問文] ～してくれませんか

5級

Je peux entrer ? 入ってもいいですか？

Est-ce que je peux essayer cette robe ?

このワンピース（ドレス）を試着してもいいですか？

▶「許可」を求める言い方で Je peux+inf. ? / Puis-je+inf. ? も同義。ただ、Est-ce que je peux+inf. ? が広く一般的に使われる言い回し。Puis-je+inf. ? は丁寧すぎるきらいがある。

4級

Il sait bien nager, mais il ne peut pas nager aujourd'hui.

彼は泳ぎはうまいですが、今日は泳げません。

▶「(能力的に) 可能」savoir と「(今、この場で) 可能」pouvoir の差異に注意。たとえば、すいすい泳げるのだが、体調不良で今日は無理といったケース。

Je peux vous aider ?

お手伝いしましょうか？

Tu peux m'attendre ici ?

ここで待っててくれる？

3級・準2級

Je suis content de pouvoir rencontrer dans ce café des gens qui aiment la peinture. 3:10.秋.筆.改

あのカフェで、絵が好きな人たちと会えて満足です。

＊長文読解、内容に一致する仏文を選択する問題から。

pratique [pratik] adj 形

便利な、実用的な

4級・3級

Le bus est pratique pour aller chez elle. 彼女の家に行くならバスが便利です。

Le nouvel ordinateur est très pratique.

新しいパソコンはとても便利です。

準2級

Il y a aussi des cours pratiques

là-bas ? 16. 春. 筆

そこでは実技講習もありますか？

＊l'école de plongée「ダイヴィング・スクール」の話。空所補充問題（会話文）の一部から抜粋。

◆ pratiquer (I) 0 vt 他

「(スポーツなどを) する」

3級

Ma fille pratique le judo depuis un an. 娘は1年前から柔道をやっている。

▶ faire du judo も同義になる。なお、jouer も「(スポーツを) する」の意味だが、これは jouer au tennis など「球技」に限る。

précieux, précieuse

[presjø, -sjøz] adj 形

高価な、価値のある、貴重な

3級

Rien n'est plus précieux que le temps. 時間ほど貴重なものはない。

▶ Le temps est plus important que tout. などと言い換えられる。

Quelques minutes après, il a quitté le café en oubliant son précieux violon. 04. 秋. 8

数分後、彼は貴重なヴァイオリンを置き忘れたままカフェを出た。

＊長文読解、正誤問題。

précis(e) [presi, -siz] adj 形

正確な (=exact)、(時刻が) ちょうどの

3級・準2級

出題歴なし

Son explication est précise.

彼 (彼女) の説明は正確です。

Alors, rendez-vous à 20 heures précises.

じゃ、20時きっかりに会うことにしましょう。

▶ à 20 heures pile も同義。

préférer [prefere] (I) 6

vt 他

より～を好む、～するほうを好む

5級・4級

Je préfère le poisson à la viande.

私は肉より魚が好きだ。

Tu préfères le vin ou la bière ?

ワインとビール、どっちにする？

3級・準2級

Plutôt que d'être propriétaire d'une maison, je préfère louer.

私は、家を所有するより借りるほうがいい。

Non, je n'aime pas les musées. Je préfère prendre des *photos* dans les *rues*. 準2:12. 春. 聞

いや、美術館は好きじゃない。道で写真を撮っているほうがいい。

＊対話文を聞いて、設問に答える問題。対話文のあとに Est-ce que Julie aime les musées ? という質問が流れ、問題用紙における Non, elle préfère prendre des (　) dans les (　). の2箇所の空欄に photos と rues を入れる。

◆ préféré(e) adj 形

「お気に入りの、ひいきの」

3級

Quel est votre film préféré ?

あなたのお気に入りの映画は？

Qui est ton actrice préférée ?

好きな女優は誰ですか？

premier, première

[prəmje, -mjɛr] adj 形

最初の、第一番目の (↔ dernier)

5級・4級

Mon petit frère est *en première année*. 5:12. 秋. 筆. 改

弟は1年生です。

＊整序問題。

Prenez la première rue à gauche.

最初の通りを左に行ってください。

3級・準2級

J'ai d'abord présenté mon premier roman sur internet. 3:02.春.筆

まず私は、インターネット上で最初の小説を発表した。

＊長文読解、内容に一致する和文を選択する問題。

C'est mon premier voyage à l'étranger. これが私の初めての海外旅行です。

◆premier nm 男

「(月の) 1日(ついたち)、2階」

3級・準2級

Nous sommes le premier octobre.

今日は10月1日です。

Ma sœur habite au premier.

姉(妹)は2階に住んでいる。

▶ habiter dans le premier なら「(パリやリヨンなどの) 第1区 (=le premier arrondissement) に住んでいる」の意味になる。

prendre [prɑ̃dr] (III) 47

vt 他

飲む、食べる、手に取る、(乗物に) 乗る、(風呂などに) 入る、(写真を) 撮る、(道を) 行く

5級・4級・3級

Qu'est-ce que tu prends, un café ou un thé ?

何にする、紅茶、それともコーヒー？

Mon mari prend son petit-déjeuner vers six heures. 夫は6時頃朝食をとる。

Prends un parapluie, il va pleuvoir !

傘を持って行って。雨になるよ！

On prend le métro ?

地下鉄に乗るの？

Tu as pris une douche ?

シャワーを浴びたの？

On peut prendre des photos ici ?

ここで写真を撮ってもいいですか？

Prenez la deuxième rue à droite, s'il vous plaît.

2番目の通りを右に曲がってください。

準2級

Aujourd'hui on *a pris* l'habitude d'obtenir des informations sur internet. 08.秋.筆.改

今日、私たちはインターネットで情報を得る習慣を身につけた。

＊長文の空所を補充する問題。

Prenez votre *temps* ! 14.春.筆

どうぞごゆっくり！

＊和訳を参考に、定番の言い回しを導く。(t　) の空所を temps と見抜く。

prénom [prenɔ̃] nm 男

(姓に対して) 名 (↔ nom de famille)

3級・準2級

Vos nom et prénom, s'il vous plaît.

あなたの姓名をお願いします。

Quel est son prénom ?

彼(彼女)のファーストネームは何といいますか？

Ils *ont donné* le prénom de « Léo » à leur enfant. 準2:15.秋.筆

彼らは子どもに「レオ」という名をつけた。

＊Ils ont appelé leur enfant « Léo ».「子どもをレオと名づけた」を書き換える問題。

préparer [prepare] (I) 0

vt 他

準備する、用意する、調理する

5級・4級

Préparez votre sac !

鞄の用意（荷物の準備）をしてください！

D'accord ! Je *prépare* des sandwichs. 5:15.春.筆

了解！ サンドイッチを作るね。

＊会話文の空欄を埋める問題。

3級

C'est ta femme qui a préparé ce plat de viande ? 09.春.筆

この肉料理を作ったのは君の奥さんですか？

＊選択肢から適当な文を選んで、対話を完成させる問題の一部。

準2級

Il *préparait* beaucoup ses examens quand il était lycéen. 11.春.筆

彼は高校生の頃、試験に備えてたいそう準備をしたものだ。

＊Il étudiait beaucoup pour ses examens.「彼は大いに試験勉強したものだ」と同義の文を作る問題。語群から préparer を選び、直説法半過去に活用させる。

◆ préparation nf 女

「準備」

3級

出題

（ ）内に入る適当な語（名詞）を書きなさい。

préparer le déjeuner →（ ） du déjeuner 93.春.筆

「昼食を準備する」を「昼食の準備」とする。

（解答）*préparation*

près [prɛ] adv 副

近くに、そばに

5級・4級

□près de qqn/qqch ～のそばに

Ma tante habite tout près.

私のおばは、すぐ近くに住んでいます。

On peut déjeuner près de la fenêtre ? 窓際で昼食をとれますか？

3級

□à peu près およそ、だいたい

Il faut combien de jours, à peu près ? 93.秋.筆.改

だいたい何日かかりますか？

＊注文した本がどれくらいで入手可能かを尋ねる文脈。対話文の空所補充問題の一部。

準2級

Elle habite près de la mer et il y a beaucoup de fleurs autour de sa maison. 09.春.書

彼女は海の近くに住んでいて、家の周りには花がたくさん咲いています。

＊「書き取り」（ディクテ）。

présent [prezɑ̃] nm 男

現在、今

3級・準2級

□à présent

（過去と比べて）現在は、今は（=maintenant）

Vous étiez à Shibuya avant ? Où habitez-vous à présent ?

以前は、渋谷におられましたよね？ 今は、どちらにお住まいですか？

***À présent*, la plupart des pays européens choisissent d'autres types d'appareil.** 準2:14.秋.筆

今では、欧州の大半の国々が、別の型式の装置（ここでは避雷針のこと）を選んでいる。

＊長文読解、空所補充問題。

◆ présent(e) adj 形

「現在の、今の（=actuel）、出席している

(↔ absent)」

3級・準2級

出題歴なし

Profitons de l'instant présent.

今このときを楽しもう。

Dix-sept personnes étaient présentes à la réunion.

会議には 17 人が出席していた。

présenter [prezɑ̃te] (I) 0

vt 他

紹介する、発表する

4級

Je te présente mon amie Nathalie.

友だちの Nathalie を紹介します。

3級・準2級

Ils vont présenter la civilisation de l'époque de Kamakura.

彼らは鎌倉時代の文化を紹介しようとしている。

On présente les collections d'été à Paris en janvier.

夏のコレクションはパリで1月に発表される。

***Permettez*-moi tout d'abord de me présenter.** 準2:17. 秋. 筆

ではまず、私から自己紹介させていただきます。

＊Si vous le voulez bien, je vais tout d'abord me présenter.「よろしければ、私から自己紹介をいたします」という文を書き換える問題。

◆(se) présenter (I) 0

vr 代動

「自己紹介する」

4級

出 題

日本語の意味に対応するように、（　）に入る適当な語句を選べ。

自己紹介してください。

(　　　), s'il vous plaît.
1. Présentez-vous
2. Se présenter
3. Vous présentez

01. 春. 筆

代名動詞 se présenter の vous に対する命令文を選ぶ。

（解答）*1*

président(e) [prezidɑ̃, -dɑ̃t]

n 名

大統領、学長、社長

4級・3級

Le président des États-Unis s'est rendu au Japon la semaine dernière.

アメリカ大統領が先週日本を訪問した。

presque [prɛsk] adv 副

ほとんど

4級・3級

Il ne reste presque plus de whisky dans la bouteille.

ボトルには、もうほとんどウイスキーが残っていない。

J'ai presque fini mon travail.

仕事はほとんど終わりました。

準2級

Je ne me mets presque jamais en colère. 17. 秋. 筆

私はめったに怒ることはありません。

＊長文の空所補充問題の文中から。

A B C D E F G H I J K L M N O **P** Q R S T U V W X Y Z

pressé(e) [prese] adj 形

急いでいる

4級

Je suis très pressé(e).

すごく急いでいます。

3級

Mais pourquoi tu es si *pressé* ?

16. 春. 聞

でも、どうしてそんなに急いでいるの？

＊空欄の書き取り問題。Sylvie が Jacques にする質問中の空所を書き取る。さて、聞き取る自信は？ 文字で見るとさして難しいとは感じないだろうが、得点率は 16% にとどまったという。

準2級

Ici, tout le monde semble pressé.

09. 春. 聞

ここでは、皆が急いでいるように思えます。

＊東京の印象を述べている文章の一部。長文を聞き、そのあとに流れる仏文が内容に一致するか否かを答える問題。

prêt(e) [prɛ, prɛt] adj 形

用意（準備）ができている（=préparé）

4級・3級

Tout est prêt. 全て準備はできています。

Je suis prêt(e), on peut y aller.

用意はできました、出られますよ。

準2級

Très bien. Je serai prête à cinq heures moins le quart. 14. 秋. 筆

わかりました。5時15分前にはしたくを済ませておきます。

＊会話文の空欄補充問題から。

prêter [prete] (I) 0 vt 他

貸す（↔ emprunter）

4級・3級・準2級

Tu me prêtes ton parapluie ?

傘を貸してくれる？

Dominique a prêté un dictionnaire japonais-français à son ami.

Dominique は友だちに和仏辞典を貸した。

▶ prêter は、「無償で物品を貸す」あるいは「人にお金を貸す」といったケースに使う。また、比喩的に「手を貸す」prêter la main といった言い方もする。

prévoir [prevwar] (III) 12 vt 他

予想する、予定する、計画する

3級

La météo prévoit qu'il neigera ce week-end.

天気予報では今週末は雪になるそうだ。

▶ Selon la météo, il neigera ce week-end. と言い換えられる。

Nous avons prévu de passer nos vacances au Maroc.

私たちはモロッコで休暇を過ごす予定でした。

prier [prije] (I) 0 vt 他 vi 自

祈る、頼む、懇願する

5級・4級・3級

□je vous en prie / je t'en prie

（勧めて）どうぞ、（依頼して）どうか、（感謝に対して）どういたしまして

Asseyez-vous, je vous en prie.

どうぞ、お座りください！

- Merci, monsieur. - Je vous en prie.

-「ありがとうございます」
-「どういたしまして」

- Je peux m'asseoir ?
- Je vous en prie.

－「座っていいですか？」 －「どうぞ」

Je t'en prie, ne me laisse pas seul(e).

お願い、私を1人にしないで。

Le dimanche, on va à l'église pour prier.

日曜日には、教会に祈りに行きます。

principal(e) [prɛ̃sipal] adj 形

principaux [-po] mpl 男複

主要な

準2級

La population française continue à augmenter. Il y a deux raisons principales à cela. 08. 秋. 筆

フランスの人口は増え続けている。それには主要な2つの理由がある。

＊長文読解問題の出だしの文から。

printemps [prɛ̃tɑ̃] nm 男

春

5級・4級

□au printemps 春に

Vous aimez le printemps au Japon ?

日本の春は好きですか？

Quelle saison préférez-vous ?

どの季節が好きですか？

3級・準2級

Les cerisiers fleurissent au printemps. 桜は春に咲く。

Une hirondelle ne fait pas le printemps.

(ことわざ) 一羽の燕(つばめ)では春にならない。

▶「ひとつの出来事だけで軽々に結論を導くな」という教え。ちなみに hirondelle は仏検準1級相当の単語だが、この言い回しは日常生活でよく耳にする。

privé(e) [prive] adj 形

私的な、個人の (↔ public)

3級・準2級

Le bar donne sur les jardins privés de l'hôtel. 3 :99. 春. 筆. 改

バーはホテルのプライベートガーデンに面しています。

＊パリのホテルの案内文を読んで、内容に一致する和文を選ぶ。

C'est juste entre vous et moi. C'est privé.

これはここだけの話です。私個人のことなので。

Cette actrice connue ne parle jamais de sa vie privée.

あの有名女優は、私生活についてけっして話さない。

prix [pri] nm 男

値段、価格、物価、賞

5級・4級

Quel est le prix de ce sac jaune ?

この黄色いバッグの値段はいくらですか？

3級・準2級

Ma fille a gagné le premier prix au concours de piano.

うちの娘がピアノのコンクールで1等をとった。

Cette année, la hausse des prix a été de deux pour cent.

今年、物価上昇は2% だった。

problème [prɔblɛm] nm 男

(主に急いで解決が求められる) 問題、課題

4級・3級

Il n'y a pas de problème.

問題ありません (大丈夫です)。

▶依頼に対する承諾の返事。Pas de problème.

A B C D E F G H I J K L M N O P Q R S T U V W X Y Z

も同義。

Les problèmes de maths étaient assez faciles.

数学の問題はかなり易しかった。

準2級

Tout *serait donc parfait*, s'il n'y avait pas un problème important. 14. 秋. 筆

したがって、もし重大な問題がなければ、すべて完璧だろう。

＊長文読解、空所補充問題から。

prochain(e) [prɔʃɛ̃, -ʃɛn] adj 形

（現在を軸に）次の、今度の（↔ dernier）、近い

5級

☐ le mois prochain　来月

☐ la semaine prochaine　来週

Tu es libre, le week-end prochain ?

今度の週末は暇ですか？

À la prochaine fois !

また今度（近いうちに）！

▶ くだけた会話では fois を省いて、À la prochaine ! ともいう。

4級・3級・準2級

Ma fille aura huit ans l'année prochaine. 娘は来年 8 歳になります。

Le prochain TGV pour Lyon part à quelle heure ?

次の Lyon 行きの TGV は何時に出ますか？

◆ prochainement adv 副

「近いうちに（=bientôt）」

4級

J'espère te lire prochainement. 91. 秋. 筆

近いうちに連絡くださいね。

＊手紙文の内容に合う和文を選ぶ問題、その結びの一言。「近いうちに、あなたが書いたものを読むのを楽しみにしています」が直訳。

proche [prɔʃ] adj 形

（時間的・空間的に）近い、接近した（↔ éloigné）

3級

Notre hôtel est tout proche de la gare. 私たちのホテルは駅のすぐ近くです。

Où est la gare la plus proche d'ici ?

ここからの最寄駅はどこにありますか？

produire [prɔdɥir]（III）35 vt 他

生産する、（結果などを）生じる

準2級

Cette région produit beaucoup de fruits.

この地域はたくさんのフルーツを産している。

Il est le plus grand musicien que le monde ait jamais produit.

彼はこれまでに世界が生んだ最高の音楽家だ。

◆ produit nm 男

「生産物、製品」

準2級

En deux cents ans, de nouveaux produits sont apparus. 11. 春. 聞

200 年間で、いくつかの新しい製品が現れた。

＊老舗のパン屋の話。長文を聞いて、あとに流れる仏文がその内容と一致しているか否かを問う問題から。

professeur [prɔfesœr] nm 男

（中・高・大学などの）先生（▶ prof と略す。女性の先生を professeure とするケースもあ

るが、多くは見出語の形のままで使う）

5級

C'est notre professeur de français.

こちらは私たちのフランス語の先生です。

4級・3級・準2級

Mon frère est professeur de chimie à l'université de Kanazawa.

兄（弟）は金沢大学の化学の教授です。

Ma fille a un excellent professeur de violon.

娘にはすばらしいヴァイオリンの先生がついています。

profession [prɔfesjɔ̃] nf 女

（専門的で知的な）職業

3級

Quelle est votre profession ?

お仕事は何ですか？

▶ Qu'est-ce que vous faites dans la vie ? や Quel est votre métier ? も類義の言い回し。profession が「特別な知識や修練を要する専門職」を指すのに対して、主に「（体を使う）技術職」を métier [nm] という。

準2級

Quelle profession rêviez-vous de faire ?

（かつて）どんな職業を夢見ていましたか？

L'âge de la retraite dépend des professions. 定年は職業によって異なります。

Mais il faut faire attention **: les émissions ne montrent pas tout de la profession.** 13. 春. 筆

しかし注意しなくてはならないのは、テレヴィ番組がその職業（ここでは料理人のこと）のすべてを見せてくれるわけではないということです。

＊長文の空所に補充する適語句選択問題。

profiter [prɔfite] (I) 0 vi 自

（de ～を）活用する、利用する、（à ～の）役に立つ

3級

Je profiterai *de* mes vacances pour visiter Rome. 96. 秋. 筆

ヴァカンスを利用してローマを訪れます。

＊前置詞の問題。なお、目的を表す pour（～するために）にとらわれて直訳すると、「ローマを訪れるためにヴァカンスを活用するだろう」といった意味のわかりにくい訳文ができあがる。ここでは時間軸にそって、pour を結果的に訳すという方法が有効。

準2級

Ce voyage a bien profité à ma fille.

この旅は娘にとって、とてもためになった。

profond(e) [prɔfɔ̃, -fɔ̃d] adj 形

深い

準2級

La piscine de l'école est profonde de deux mètres. 16. 春. 筆. 改

学校のプールは深さが 2 メートルある。

＊対話文の空所補充問題の一文。ただし、La piscine de l'école fait deux mètres de profondeur. の方が自然な言い方。

Cette affaire a eu un impact profond sur la société.

あの事件は社会に大きな衝撃を与えた。

programme [prɔgram] nm 男

プログラム、（テレヴィ・ラジオの）番組

3級

Selon **le programme, il y a un film intéressant à la télé.** 01. 春. 筆

番組表によれば、テレヴィで面白い映画があります。

＊適当な前置詞を選択肢から選ぶ問題。

準2級

Je dois installer un nouveau programme.

私は新しいプログラムをインストールしなくてはならない。

Grâce à ce programme, il a fait de grands progrès en français. 16.秋.聞.改

このプログラムのおかげで、彼はフランス語が大いに上達した。

＊長文を聞き、そのあとで流れる仏文が内容と一致するか否かを答える問題。

progrès [prɔgrɛ] nm 男

(科学・技術などの段階的な) 進歩、発展

3級

□faire des progrès

進歩 (上達、向上) する

Tu as fait des progrès en guitare ?

ギターは上達したの？

準2級

En colonie de vacances, même un petit enfant fait de gros progrès en communication. 13.秋.筆.改

サマーキャンプ (子どものための合宿) では、幼児さえもコミュニケーション (能力) が大きく向上する。

＊長文読解、内容に一致する仏文を選択する問題から。

projet [prɔʒɛ] nm 男

(比較的長期の) 計画、企画

4級・3級

Vous avez des projets pour cet été ?

この夏は予定がありますか？

André est *contre* mon projet. 3:11.春.筆

André は私の計画に反対している。

＊適当な前置詞を語群から選ぶ。なお、「(計画に) 賛成」なら pour を用いる。

準2級

Cela fait partie du projet de réaménagement du quartier. 10.春.筆.改

これは地域再開発計画の一部です。

＊会話文の空欄に、選択肢から適切な語を選ぶ問題。faire partie de qqch で「～の一部をなす」の意味 (例 La France fait partie de l'Europe.「フランスはヨーロッパの一部です」)。ただし、出題文は不定冠詞を用いて une partie となっている。

promener [prɔmne] (I) 3 vt 他

散歩させる

4級・3級

Jean promène son chien tous les matins. Jean は毎朝犬を散歩させる。

Tu pourrais aller promener les chiens ?

犬を散歩に連れて行ってもらえる？

◆(se) promener (I) 3 vr 代動

「散歩する」

5級・4級・3級

Elle se promène seule en forêt.

彼女は森のなかを1人で散歩する。

▶「散歩する」には se promener, faire une promenade、あるいは口語で se balader が使われる。flâner「気ままにぶらぶら歩く」という動詞もある。

- Jacques est encore au lit ?

- Non, ce matin il *s'est levé* tôt pour aller se promener. 3:08.秋.筆

-「Jacques はまだ寝てるの？」

-「いや、今朝は早く起きて散歩に行ったよ」
＊動詞活用の問題。se lever を直説法複合過去にする。

準2級

On se promène ensemble avec le chien, on déjeune à l'heure qu'on veut, on regarde longtemps la télévision. 17. 秋. 筆
犬を連れて散歩して、好きな時間に昼食をとり、長々とテレヴィを見る。
＊長文読解、空所に補充する適語句選択問題の一部。

◆ promenade nf 女

「散歩、散歩道」

4級

□faire une promenade
散歩する（=se promener）

Faisons une promenade dans le parc ! 公園を散歩しましょう！

3級・準2級

Si on allait faire une petite promenade ? ちょっと散歩しようか？
▶ "Si+S+V［直説法半過去］?" で「誘い」の意味合い。On va faire un petit tour ? といった言い方もする。

La semaine dernière, j'ai fait une promenade de trois jours en montagne. 準2:14. 秋. 書
先週3日間、山歩きをしました。
＊「書き取り」（ディクテ）。

promettre ［prɔmɛtr］（III）32

vt 他

約束する（=garantir）

3級

Je vous le promets. 約束します。
▶ Vous avez ma parole.（直訳は「私の約束を持っている」）も同義になる。

Ma tante m'a promis de venir dès que possible.
おばは、できるだけ早く来ると私に約束した。

◆ promesse nf 女

「約束」

準2級

□faire une promesse
約束する（=promettre）

□tenir sa promesse
約束を守る（↔ manquer à sa promesse）

Elle ne *manque* jamais à sa promesse. 13. 秋. 筆
彼女はけっして約束を破らない。
＊Elle tient toujours sa promesse.「彼女は常に約束を守る」を言い換える問題。

proposer ［prɔpoze］（I）0

vt 他

（意見や計画を）（積極的に）申し出る、提案する、～するつもりだ

3級・準2級

Il a proposé un changement de projet. 彼は計画の変更を提案した。

◆ proposition nf 女

「提案」

3級

Mon père a fini *par* accepter notre proposition. 00. 秋. 筆. 改
父はとうとう私たちの提案を受け入れた。
＊finir par+inf.「ついに（最後には）～する」の前置詞を問う問題。

propre ［prɔpr］ adj 形

（1）清潔な、きれいな（↔ sale）　（2）［名詞の前で］自分自身の

A B C D E F G H I J K L M N O **P** Q R S T U V W X Y Z

(1) 3級・準2級

Cette chambre n'est pas propre.

この部屋はきれいじゃない。

Gilles portait une chemise blanche propre.

Gilles は清潔な白いシャツを着ていた。

(2) 3級

Mon frère *a créé* sa propre société il y a deux ans. 13. 春. 筆

兄（弟）は2年前に自分の会社を起こした。

＊動詞活用の問題。

準2級

Ils s'intéressent aussi à l'histoire de leur propre famille. 17. 秋. 筆

彼らは、自分たちの家族の歴史にも興味がある。

＊長文の空欄を補充する選択問題から。

propriétaire [proprijetɛr]

n 名

所有者、持ち主（▶「借家人」は locataire という）

準2級

M. Roussel est propriétaire d'une résidence au bord de la mer.

Roussel 氏は海辺の高級マンションの所有者です。

Qui est le propriétaire de ce chat noir ? この黒猫の飼い主は誰ですか？

protéger [prɔteʒe] (I) 7

vt 他

守る、保護する (=défendre)

3級

On porte *un chapeau* pour protéger sa tête du soleil. 02. 秋. 筆

太陽から頭を守るために帽子をかぶる。

＊un chapeau「帽子」の部分が空所になっており、それを選択肢から選ぶ問題。

Ce grand arbre nous protège de la pluie.

この大きな木が私たちを雨から守ってくれる。

province [prɔvɛ̃s]

nf 女

地方、（パリや首都圏に対して）田舎

3級

Y a-t-il une différence entre la capitale et la province ?

首都と地方の間に違いはありますか？

準2級

À l'époque, j'habitais dans une ville de province et j'allais à l'église avec mes parents tous les dimanches. 14. 秋. 聞

当時、私は地方都市に住んでいて、毎週日曜日には両親と教会に行っていた。

＊長文を聞き、続いて流れてくる10の仏文が長文の内容と一致するか否かを答える問題。

public, publique [pyblik]

adj 形

公の、公共の (↔ privé)、公開の

3級・準2級

Tous les matins, je *fais* un petit tour du jardin public. 3:94. 春. 筆

毎朝、私は公園をちょっと散歩している。

＊和訳を参考に、動詞を活用する問題。直説法現在が答え。

Cette information n'a pas encore été rendue publique.

この情報はまだ公開されていません。

◆ public **nm** 男

「大衆、（映画などの）観衆」

3級・準2級

□en public

人前で、公衆の面前で（↔ en privé）

Vous avez peur de parler en public ?

人前で話すのが怖いのですか？

▶ 副詞 publiquement と同義。反意の en privé は「個人的に、内々に」の意。

Le bâtiment est ouvert au public tous les jours sauf le dimanche.

その建物は、日曜日以外は毎日一般公開されている。

publier [pyblije]（I）0 vt 他

出版する、発表する

3級・準2級

Elle espère publier son premier roman cette année.

彼女は最初の小説を今年出版したいと思っている。

puis [pɥi] adv 副

それから、次に

5級・4級・3級・準2級

Elle va acheter du pain, puis de la viande.

彼女はパンを買い、それから肉を買う。

Il pleut, et puis il fait froid.

雨が降っている、その上、寒い。

Fais le ménage puis la lessive !

掃除をして、次に洗濯をして！

pur(e) [pyr] adj 形

澄んだ、純粋な

3級

L'air est pur sur la plage tôt le matin.

早朝の浜辺は空気が澄んでいる。

À la *campagne*, l'air est plus pur qu'en ville. 16.春.筆

田舎は都会より空気がきれいだ。

＊適当な語を選択肢から選ぶ。ville の対立語である campagne「田舎」が正解。

Q q

quai [kɛ] nm 男

(石やコンクリートの) 波止場、河岸、(駅の) プラットホーム

3級・準2級

Elles se promenaient sur les quais de la Seine.

彼女たちはセーヌの河岸を散歩していた。

出 題

以下の説明に合う単語を選びなさい。

On y attend des trains.
1. garage 2. musée 3. parc
4. quai 3 : 03. 春. 筆

「そこで電車を待つ」のだから「プラットホーム」が正解。

(解答) *4*

qualité [kalite] nf 女

質、品質 (↔ quantité)、才能、長所

3級

Le vin est de mauvaise qualité cette année. 今年はワインの質が悪い。

準2級

Ceux-ci sont de meilleure qualité que les anciens. 14. 秋. 筆

これは古いものよりも性能がいい。

＊避雷針の「新型」と「旧型」を比較している文。長文の空所に補充する適語句選択問題から。

quand [kɑ̃] adv 副

いつ

5級・4級・3級

Vous partez quand ? いつ出発ですか？

C'est quand, l'anniversaire de Marina ? Marina の誕生日はいつですか？

Je lui avais défendu de venir, mais elle est venue quand même.

彼女には来るなと言ってあったのに、それでもやって来た。

▶ quand même は多くの場合、文末や動詞の後に置いて「それでも」の意味。

◆ quand conj 接

「～のときに」

4級・3級

Je suis fatigué(e) quand je ne prends pas mon déjeuner.

昼食を抜くと疲れます。

▶「(心身共に) 好調である」être en forme を否定で使って、Je ne suis pas en forme quand je ne prends pas mon déjeuner. といった言い方もできる。

Je *prenais* une douche quand le téléphone a sonné. 3 : 91. 秋. 筆

シャワーを浴びていたら、電話が鳴った。

＊線の過去 (直説法半過去) と、点の過去 (直説法複合過去) を問う、動詞活用問題。

quantité [kɑ̃tite] nf 女

量 (↔ qualité)、分量

準2級

Pour elle, la quantité compte plus que la qualité.

彼女には、質より量が重要だ。

quart [kar] nm 男

4 分の 1、(時間・時刻の) 15 分

5級・4級

Il est cinq heures et quart.

5 時 15 分です。

A B C D E F G H I J K L M N O P Q R S T U V W X Y Z

Notre bus part dans un quart d'heure. 私たちのバスは15分後に出発だ。

3級

Les *trois quarts* des candidats ont réussi l'examen. 93.春.筆.改

受験生の4分の3が試験に受かった。

＊かつて頻出した、分数をフランス語で表記する問題。分数表記は demi の注記を参照のこと。

準2級

Depuis novembre dernier, ça ne prend que deux heures et quart entre Paris et Londres. 08.秋.聞

この前の11月以降、パリとロンドンの間は2時間15分しかかかりません。

＊長文の聞き取り問題から。

quartier [kartje] nm 男

地区、界隈（の人々）

4級・3級

Mes parents habitent dans un quartier tranquille.

両親は閑静な地区に住んでいます。

▶反対に、「うるさい（騒がしい）界隈」は un quartier bruyant、あるいはレヴェルは上がるが「繁華街」なら un quartier commerçant animé といった言い方をする。

Désolé. Je ne suis pas du quartier. 3:01.秋.筆

すみません。この辺の者ではないので。

＊対話文を完成させる問題の一部。être du quartier は「この界隈の者である、この界隈が地元である」という意味。

準2級

De plus en plus de Français vont acheter les fruits et légumes dans les magasins de quartier, au lieu d'aller au supermarché. 08.春.筆.改

スーパーに行かずに、近所の店で果物や野菜を買うフランス人がだんだん増えている。

＊長文読解、空所に補充する仏文の選択問題から。

que [kə] conj 接

(1) [名詞節を導く] ～（という）こと（を） (2) [比較級で] ～に比べて、～よりも (3) [ne ... que] ～しか…ない（＝seulement） (4) [C'est＋強調部分＋que ...] [主語以外の強調構文] ～は～である

(1) 4級・3級

Je pense qu'il a raison.

彼は正しいと思う。

La météo dit qu'il neigera demain.

予報では明日は雪だそうだ。

準2級

- Vous connaissez cet homme ?
- Oui. Je crois que je l'ai déjà vu *quelque part*. 16.秋.筆

-「この男性を知っていますか？」
-「ええ。すでにどこかで会ったことがあると思います」

＊空所を補充して対話文を完成させる問題。

(2) 5級・4級

Mon frère est plus gros que M. Gros.

私の兄（弟）は Gros 氏よりも太っています。

Ma sœur nage mieux que lui.

私の姉（妹）は彼よりも泳ぎがうまい。

3級・準2級

Aujourd'hui, les vêtements coûtent beaucoup moins cher qu'hier. 準2:09.秋.書

今日は、衣類が昨日に比べてずっと安い。

＊「聞き取り」（ディクテ）。

(3) 5級・4級

Je n'ai que cinq euros.

A B C D E F G H I J K L M N O P Q R S T U V W X Y Z

私は5ユーロしか持っていません。

Ma tante ne mange que des légumes. おばは野菜しか食べません。

3級・準2級

Pour l'instant, nous n'avons qu'une *petite table* pour deux personnes.

3:10.春.聞

今のところ、2人用の小さなテーブルひとつしかございません。

＊空所に petite table を書き取る問題。

(4) 4級

C'est à Paris que j'ai trouvé ce sac à dos.

私がこのリュックサックを見つけたのはパリでです。

3級・準2級

Ils attendaient en silence dans le couloir. C'est alors qu'on a entendu le petit cri du bébé.

準2:08.春.聞

彼らは廊下で静かに待っていた。と、その時、かすかに赤ちゃんの泣き声がした。

＊長文のあとに流れる文が、その内容と一致するか否かを答える問題。

que [kə] pron 代

何、何を

5級・4級・3級

Que faites-vous cet après-midi ?

今日の午後は何をしますか？

Que désirez-vous ?

（店で）何にいたしましょうか？

Que se passe-t-il ? 何があったの？

◆ que adv 副

「[感嘆文を導き] なんて」

4級

Qu'il fait beau !

なんていい天気なんだろう！

Qu'elle est belle !

彼女はなんて綺麗なんだろう！

◆ qu'est-ce que pron 代

「何、何を」

5級・4級・3級

Qu'est-ce que c'est ? これは何ですか？

Qu'est-ce qu'elle fait dans la vie ?

彼女はどんな仕事をしていますか？

Qu'est-ce que ça veut dire ?

それはどういう意味ですか？

◆ qu'est-ce qui pron 代

「何が」

4級・3級

Qu'est-ce qui se passe ?

何があったの（どうしたの）？

Dis-moi, qu'est-ce qui t'arrive ?

ねえ、君、どうしたんだ？

quel(le) [kɛl] adj 形
quel(le)s pl 複

何、どんな

5級・4級・3級

Quel est votre nom ?

あなたの名前は何ですか？

▶「ファーストネームは？」と問うなら Quel est votre prénom ? となる。

Quelle heure est-il ? 何時ですか？

Elle a quel âge ? 彼女は何歳ですか？

Quel temps fait-il à Okinawa ?

沖縄はどんな天気ですか？

quelque [kɛlk(ə)] adj 形

なんらかの、[複数で] いくつかの (= plusieurs)

4級

Ma mère est malade depuis quelques

jours.　母は数日前から病気です。

J'ai quelques amis à Paris.

パリに何人か友人がいます。

▶「いくつかの、数個の」を意味する類義語 plusieurs が可算名詞とともに用いられて「いくらか多めの」を意味するのに対して、quelques は「少なさ」に照準を合わせる傾向がある。plusieurs が「本来1つか、数が少ないものが、予想に反して多い」ことを含意するのに対して、quelques は「多いはずのものが思ったより少ない」ことを示唆する語であるため。

3級・準2級

Je prépare un article sur le voyage. Est-ce que je pourrais vous poser quelques questions ?　準2:08. 秋. 筆

旅行についての記事を準備しています。(そこで) いくつか質問をさせていただけますか？

＊対話文の空所に入る、仏文選択問題の一部。

quelque chose　[kɛlkə ʃoz]

pron 代

何か

5級・4級

Vous voulez boire quelque chose ?

何かお飲みになりたいですか？

Je peux vous demander quelque chose ?

ちょっとお尋ねしてもよろしいですか？

3級・準2級

Il y a quelque chose d'intéressant dans le journal ?

新聞に何か面白いことは載っていますか？

▶ quelque chose に形容詞を添える際は "de ＋[男性形単数]" を用いる。この規則は3級・準2級で過去に複数回出題されている。

Vous avez quelque chose à ajouter ?

何か付け加えることはありますか？

▶ quelque chose à＋inf. で「何か～するもの」の意味。この言い回しも3級・準2級で何度か過去に出題されている。

quelquefois　[kɛlkəfwa]

adv 副

ときどき、ときおり (＝de temps en temps)

3級

Mon mari ne sort pas souvent, mais il va quelquefois au cinéma.

夫はしょっちゅうは外出しませんが、ときどき映画に行きます。

Il est dans le ciel et cache quelquefois le soleil.　06. 秋. 筆

それは空にあり、ときおり太陽を隠す。

＊この文が指し示す単語を選択肢から選ぶ問題。nuage「雲」が答え。ただし、設問の性質上致し方ないものの、les nuages と複数にするのが通例なので、Ils sont dans le ciel et cachent quelquefois le soleil. と定義づけする方が自然だ。

quelqu'un　[kɛlkœ̃]　**pron** 代

誰か、ある人

5級・4級

Il y a quelqu'un ?　誰かいますか？

Tu attends quelqu'un ?

誰かを待ってるの？

3級・準2級

Demandez à quelqu'un d'autre.

誰か別の人に聞いてください。

qu'est-ce que → que

qu'est-ce qui → que

question　[kɛstjɔ̃]　**nf** 女

質問 (＝interrogation)、問題 (＝problème)

A B C D E F G H I J K L M N O P Q R S T U V W X Y Z

5級・4級・3級

Est-ce que je peux vous poser une question ? 質問してもよろしいですか？

▶ 授業中に「先生、質問があります」と言う場合は、Monsieur (Madame), j'ai une question. が簡便な言い回し。

準2級

Il pose des questions *auxquelles* on ne peut jamais répondre. 16.春.筆

彼は、誰もけっして答えられないような質問をする。

＊répondre à qqch を前提に、適当な関係代名詞を選択肢から選ぶ問題。なお、「そんな質問に答える義務はありません」とつっぱねるなら、Je ne suis pas obligé(e) de répondre à une telle question. などと言う。

queue [kø] nf 女

(人の) 列、行列

3級

□faire la queue 列をつくる、順番を待つ

Les gens font la queue pour acheter les billets pour le concert.

コンサートチケットを買うために人が列をつくっている。

Il faut qu'on *fasse* la queue. 98.春.筆

列に並ばなくてはいけません。

＊il faut que のあとに、faire の接続法現在を入れる問題。

qui [ki] pron 代

誰 (を)、誰が

5級・4級・3級

Qui est ce monsieur ?

この方はどなたですか？

Qui attendez-vous ?

誰を待っているのですか？

À qui est ce dictionnaire ?

この辞書は誰のですか？

◆qui est-ce que pron 代

「誰を」

5級・4級・3級

Qui est-ce que vous cherchez ?

誰を探しているのですか？

Qui est-ce que tu as vu hier ?

昨日、誰に会ったの？

◆qui est-ce qui pron 代

「誰が」

4級・3級

Qui est-ce qui vient ?

誰が来るのですか？

Qui est-ce qui vous a dit cela ? 3:91.春.聞

誰があなたにそれを言ったのですか？

＊この文を聞いて、適切な応答 C'est Vincent qui me l'a dit. を選択肢から選ぶ。

quitter [kite] (I)0 vt 他

(場所を) 離れる、(仕事などを) やめる

4級・3級

Ne quittez pas.

(電話で) 切らずにそのままお待ちください。

On quittera Marseille dans huit jours. 1週間後にマルセイユを離れます。

準2級

出 題

A・B がほぼ同じ意味になるように ( ) に入る適語を選び、必要な形にしなさい。

A Christine arrêtera de travailler dans un mois.
B Christine (　　　) son travail dans un mois.
avoir mettre prendre quitter

14.秋.筆.改

arrêter de＋inf.「～するのをやめる」を用いた「Christine は 1 ヶ月後に仕事をやめる」という文を、quitter qqch を用いて A と同じく直説法単純未来の文にする。

（解答）*quittera*

quoi [kwa] pron 代

何

4級・3級・準2級

De quoi parlez-vous ?

何の話をしているのですか？

À quoi penses-tu ? 何を考えてるの？

- Alors, quoi de neuf ?
- Pas grand-chose.

-「で、何か変わったことは？」
-「特に何も」

quotidien(ne) [kɔtidjɛ̃, -djɛn] adj 形

日々の、日常の（＝journalier）

3級

Anne est partie faire sa promenade quotidienne.

Anne は毎日の散歩（日課の散歩）に出かけた。

準2級

En effet, dans notre vie quotidienne, on écrit de moins en moins à la main. 14.春.筆

実際、日常生活では、手で書くことがだんだん少なくなってきている。

＊空欄に補充する仏文の選択問題の一部。

R r

raconter [rakɔ̃te] (I) 0

vt 他

話す、語る、物語る

4級

Qu'est-ce que tu racontes ?

何の話をしているの？

Raconte-moi un peu ce que tu as fait et ce que tu as vu. 91. 秋. 筆

君がしたことや見たことを、少し僕に話して。

＊手紙文の内容に一致する和文の選択問題。折り返しの近況報告を催促している文。ただ、この例は会話調で、同じ言い回しの反復が気になるので、書き言葉なら、Raconte-moi un peu ce que tu as fait et vu. とまとめるのがよい。

3級・準2級

Elle nous a raconté que sa fille était revenue d'Europe il y a un mois.

彼女は、娘さんが1ヶ月前にヨーロッパから戻ったと私たちに話した。

Dans mon enfance, ma mère me racontait des histoires pour m'endormir.

子どもの頃、母は僕を寝かしつけるために物語を話し聞かせてくれたものだ。

radio [radjo] nf 女

ラジオ

5級・4級・3級

□écouter la radio　ラジオを聞く

□à la radio　ラジオで

Mon père fait la cuisine en écoutant la radio.

父はラジオを聞きながら料理をしている。

準2級

Je donne la météo à la radio. 11. 秋. 筆. 改

私はラジオで天気予報を伝えています。

＊気象予報士との対話文を読んで、空所を埋める問題から。annoncer la météo à la radio ともいう。

raisin [rɛzɛ̃] nm 男

ブドウ

3級

Les bons raisins font du bon vin.

よいブドウがおいしいワインを作る。

Ce matin, il y avait beaucoup de raisins, mais il n'y en a plus. 12. 春. 聞

今朝はたくさんブドウがあったのですが、今はもうありません。

＊果物屋と客との会話。和文が会話の内容と一致しているかを問う問題。

raison [rɛzɔ̃] nf 女

理由、理性

5級・4級

□avoir raison　正しい (↔ avoir tort)

Je pense qu'elle a tout à fait raison.

まったくもって彼女が正しいと思います。

3級・準2級

Vous connaissez la raison de sa colère ?

彼（彼女）がどうして怒っているか、お分かりですか？

C'est la raison pour *laquelle* il n'est pas venu. 準2:13. 秋. 筆

彼が来なかったのはそのせいだ。

＊空所に選択肢から適切な語を選び、対話文を完成させる問題。C'est la raison pour laquelle S+V で「理由」を導き、「そんなわけで〜だ」の意味になる。

Vous n'avez aucune raison de vous excuser.
あなたが謝る理由は何もありません。

ramasser [ramase] (I) 0
vt 他
拾う、(散らばっているものを) 拾い集める、収集する

準2級

Ils ramassent les ordures sur les plages. 彼らは浜辺のごみを拾う。

En automne, on ramasse des champignons en forêt.
秋には森で、きのこ狩りをする。

▶ ただ、「きのこ狩りをする」は cueillir des champignons が通常の言い方。

ramener [ramne] (I) 3
vt 他
連れ戻す、持ち帰る

準2級

Ma fille a ramené à la maison un chien abandonné.
娘は捨て犬を連れて家に帰ってきた。

▶ revenir を用いて、Ma fille est revenue à la maison avec un chien abandonné. などと言い換えられる。

ranger [rɑ̃ʒe] (I) 2 vt 他
(きちんと) 並べる、整理する

3級・準2級

Range tes affaires avant *de* partir. 3:00. 春. 筆. 改
出かける前に身の回りのものを片づけて。
＊適当な前置詞を選ぶ問題。avant de＋inf. で「～する前に」。ranger ses affaires で「身の回りのものを片づける」という意味。

Ma fille déteste ranger sa chambre.
娘は自分の部屋を整頓するのが嫌いだ。

rapide [rapid] adj 形
(速度が) 速い、すばやい (↔ lent)

4級

C'était un bon ordinateur, mais il n'est plus assez rapide ! 10. 秋. 筆
これはすぐれたコンピュータだったが、今はもう (動作が) 速くない！
＊会話文。内容に一致する和文の選択問題。

3級・準2級

Mon fils a fait des progrès rapides en math(s).
息子は数学の力が急速に伸びた。
▶ math(s) は mathématiques の略。

◆ rapidement adv 副
「速く、急いで」

3級・準2級

Ils ont fait ce travail très rapidement.
彼らはとても素早くその仕事を仕上げた。

rappeler [raple] (I) 4 vt 他
再び呼ぶ、再び電話する、思い出させる

4級

Tu peux me rappeler vers midi ?
お昼頃、電話をかけなおしてくれますか？

3級・準2級

Cette photo me rappelle ma jeunesse.
この写真は青春時代を思い出させてくれる。

Je te rappelle que demain, c'est notre anniversaire de mariage.
忘れないでよ、明日は私たちの結婚記念日だからね。

◆ (se) rappeler (I) 4 vr 代動
「思い出す、覚えている」

3級

Tu ne te rappelles pas bien ton

enfance ?

子ども時代のことをちゃんと覚えてないの？

準2級

出 題

A・B がほぼ同じ意味になるよう、適語を選んで必要な形に直しなさい。

A Il a déjà oublié le nom de ce restaurant.
B Il ne (　　　) plus le nom de ce restaurant.
apprendre　passer　respecter
se rappeler　terminer

10. 春. 筆. 改

「すでに忘れた」から「もう覚えていない」に書き換える。なお、se souvenir de qqch「〜を覚えている」も類義だが、前置詞 de が必要であることに注意。

（解答）*se rappelle*

rapport [rapɔr] nm 男

報告（書）、レポート、関係

3級

Il y a beaucoup d'erreurs dans votre rapport. 07. 春. 筆. 改

あなたのレポートにはたくさんミスがあります。

＊対話文の動詞活用問題の一部。

準2級

Je dois écrire mon rapport avant lundi matin.

月曜の朝までに報告書を書かなくてはなりません。

Mon fils est grand par rapport à la moyenne.

うちの息子は平均よりも背が高い。

▶ 熟語 par rapport à qqn / qqch は「〜に比べて」の意味。

rare [rar] adj 形

稀（まれ）な

準2級

C'est un métal rare.

これはレアメタル（希少金属）だ。

Non, c'est plutôt rare. 13. 秋. 筆

いいえ、それはむしろ稀です。

＊会話文の空欄補充問題の、正解の選択肢。

◆ rarement adv 副

「まれに、めったに（〜ない）」

3級

Mon grand-père tombe rarement malade. 祖父はめったに病気にならない。

rater [rate] (I) 0 vt 他

（電車などに）乗り遅れる、失敗する（= échouer）

3級

Mon mari a raté le dernier train.

夫は終電に乗り遅れた。

▶ manquer le dernier train も同義。

***Faites* attention à ne pas rater votre avion.** 11. 春. 筆

飛行機に乗り遅れないように注意してください。

＊動詞活用問題。faire の vous に対する命令文をつくる。

準2級

Paul et Marie ont raté leur examen.

Paul と Marie は試験に落ちた。

ravi(e) [ravi] adj 形

(de 〜で) 大変うれしい

3級

Je suis ravi(e) de vous rencontrer.

お目にかかれてとてもうれしいです。

Elles sont ravies de pouvoir faire un

voyage autour du monde.

彼女たちは、世界一周の旅ができるのをとても喜んでいます。

準2級

La plupart des invités étaient ravis, mais *certains* n'étaient pas contents du repas. 14. 春. 筆

大半の招待客は満足していたが、食事に不満な人たちもいた。

＊空欄に、選択肢から不定代名詞 certains を選ぶ問題。

rayon [rɛjɔ̃] nm 男

(デパートの) 売り場、コーナー、(本棚などの) 棚、段

3級・準2級

出題歴なし

Où est le rayon jouets, s'il vous plaît ? おもちゃ売り場はどこですか？

réaliser [realize] (I) 0 vt 他

(計画などを) 実現する (=accomplir)

3級

Ce projet a été réalisé rapidement.

その計画は速やかに実行された。

＊3級で 94. 秋 に、la réalisation d'un projet → réaliser un projet の書き換えが出題されたことがある。

réalité [realite] nf 女

現実、現実性

準2級

La réalité dépasse la fiction.

事実は小説より奇なり。

Elle est mieux *en* photo que dans la réalité. 16. 秋. 筆

彼女は実際よりも写真のほうがいい。

＊前置詞 en を答える問題。

récemment [resamɑ̃]

adv 副

最近

4級・3級

Est-ce que tes parents t'ont téléphoné récemment ?

最近、ご両親から電話がきましたか？

準2級

Tout récemment, mon frère a commencé à étudier le chinois.

ごく最近、兄（弟）が中国語を勉強し始めた。

▶ récemment は、ある事柄が「過去のある時点で発生」したことを表すので、通常過去時制とともに用いる。「現在まで継続」していることを表すには、ces temps-ci, ces derniers temps（「最近、近頃」）を用いる（例 L'économie de ce pays marche bien ces temps-ci.「最近、この国の経済は順調だ」）。

réception [resɛpsjɔ̃] nf 女

パーティー、(ホテルの) 受付

3級

Ils ont organisé une réception de mariage dans un hôtel à Karuizawa.

彼らは、軽井沢のホテルで結婚披露宴を開いた。

Je vais demander à la réception.

受付（フロント）で聞いてみます。

recette [r(ə)sɛt] nf 女

料理法、レシピ、(目的のための) 手段、秘訣 (=secret)

準2級

À chaque recette, Jérôme ajoute une brève explication du film. 15. 春. 筆

レシピのひとつひとつに、Jérôme は映画についての短い説明を付け加える。

＊レシピ本を執筆中の会社員の話。長文に続

いて示されている仏文が、その内容に一致するか否かを答える問題。ただし、この recette には注記が付されている。

Quelle est la recette du succès en affaires ?

ビジネスの成功の秘訣は何ですか？

▶ ちなみに faire recette「(映画・芝居などが) 当たる、成功する」という熟語もある。

recevoir [rəsvwar, rsə-] (III) 18 vt 他

受け取る、(客などを) 迎える、(入学を) 認める

5級・4級

Elle a reçu un cadeau pour son anniversaire.

彼女は誕生日プレゼントをもらった。

▶ 見出語は「受ける、受け取る」という「動作」を意味する。

Cet hôtel au bord de la mer reçoit de plus en plus de clients.

あの海辺のホテルはますます多くの客を迎え入れている。

Elle a été reçue à un examen.

彼女は試験に受かった。

▶ être reçu(e)「受け入れられる」→「合格する」の意味。

準2級

Maintenant, il reçoit de très bons cours de droit à l'école où il voulait aller. 12.春.聞.改

彼は今、行きたがっていた学校で、とてもすばらしい法律の授業を受けています。

＊長文に続いて流れる仏文から、内容に一致するものを選択する問題。

recherche [r(ə)ʃɛrʃ] nf 女

(学術的な) 研究、調査

3級

Elle a passé sa vie à faire des recherches sur les gorilles.

彼女はゴリラの研究に生涯を捧げた。

▶「研究対象」は前置詞 sur で導く。

recommander [r(ə)kɔmɑ̃de] (I) 0 vt 他

勧める、忠告する

3級・準2級

Alors, quel restaurant me recommandez-vous ?

では、どのレストランがお勧めですか？

Je vous recommande le vin rouge, avec ce plat.

この料理には赤ワインがお勧めです。

reconnaître [r(ə)kɔnɛtr] (III) 22 vt 他

それとわかる、認める

4級・3級

Vous me reconnaissez ?

私のこと覚えていますか？

準2級

Excusez-moi, je ne vous avais pas reconnu tout de suite !

すみません、すぐにはあなただとわかりませんでした！

réduire [redɥir] (III) 35 vt 他

減らす、縮小する、値下げする

3級

Le mois dernier, ma femme a réduit de moitié ses dépenses.

先月、妻は支出を半分に切り詰めた。

Mais non, Mademoiselle, c'est *moins* cher qu'ailleurs et le prix est déjà

réduit. 97.春.聞

とんでもない、これは他店より安いですし、すでに割引価格です。

＊店員と客とのやりとり。比較の moins を空所に入れる問題。

◆réduction nf 女

「縮小、値下げ」

3級

□faire une réduction　値引きする

Vous avez une carte de réduction ?

割引カードはお持ちですか？

réel(le) [reɛl] adj 形

現実の (↔ irréel)、本当の (＝vrai, ↔ imaginaire)

準2級

J'ai fait un rêve qui ressemblait à la vie réelle.

実生活に似た夢を見ました。

Par exemple, il y en a certains qui parlent d'événements réels de l'histoire, et on trouve de plus en plus de jeux qui *sont utilisés pour l'éducation*. 09.春.筆

たとえば、なかには歴史上の本当の出来事を題材にしたものがあり、また、教育利用されるゲームもどんどん増えてきている。

＊ゲームに関する話題。文脈から判断して、空欄に適当な語句を選択肢から選ぶ。

réfléchir [refleʃir] (II) vi 自

よく考える、熟考する

3級・準2級

Réfléchissez bien *avant* de répondre. 3:05.春.筆

答える前によく考えて。

＊前置詞句 avant de＋inf.「～する前に」の avant を選択肢から選ぶ。

Laissez-moi réfléchir un instant.

少し考えさせてください。

▶なお、Je vais y réfléchir.「そのことは考えておきます」も返事を保留する言い回し。Je vais voir.「検討しておきます」も類義。

Keï et Mako doivent réfléchir à leur futur.

Keï と Mako は自分たちの将来をよく考えてみなくてはならない。

▶逆に、「考えもせずに行動する」なら agir sans réfléchir といった言い方をする。

réfrigérateur [refriʒeratœr] nm 男

冷蔵庫

3級・準2級

Il n'y a plus rien dans le réfrigérateur. 冷蔵庫にはもう何にもありません。

▶口語では、「冷蔵庫」を le frigo（あるいは le frigidaire）ともいう。

出　題

下記の文に、もっともよく対応する語を選びなさい。

On y conserve les aliments au frais.
1. bibliothèque　2. cuisine
3. garage　4. réfrigérateur
5. station 3:01.春.筆.改

「そこでは食物を新鮮な状態で保存する」という定義に合う場所を選ぶ問題。

（解答）*4*

refuser [r(ə)fyze] (I)0 vt 他

拒否する (↔ accepter)、(入学・入場などを) 断る

3級・準2級

Nicolas refuse de revoir ses parents.

Nicolas は両親に再会するのを拒んでいる。

Julia a été refusée à son examen

d'entrée. Julia は入学試験に落ちた。

▶ 受け身で使われる点に注意。Julia a échoué à son examen d'entrée. と同義。

regarder [r(ə)garde] (I) 0

vt 他 **vi** 自

見る、[多くは否定・疑問で] (人に) 関係がある

5級・4級

Mes parents regardent la télé tous les matins. 両親は毎朝テレヴィを見ます。

Qu'est-ce qu'ils regardent par la fenêtre ? 彼らは窓越しに何を見ているの？

3級

Je regarde seulement.

(店で) ちょっと見ているだけです。

▶ 目的語なしで用いる例。特段買うつもりがないという意思表示。Merci. Je regarde. といった言い方もする。

準2級

Cette affaire ne te regarde pas.

その件は君には関係ない。

▶ 類義の表現に、Cette affaire ne te concerne pas. (少し丁寧) とか、Tu n'as rien à voir dans cette affaire. (いささか突き放した感じ) もある。

◆ regard nm 男

「視線、まなざし」

3級

Les clientes peuvent s'y reposer sans être gênées par les regards masculins. 02. 秋. 筆

女性客たちは、男性の視線に煩わされずにそこでくつろげる。

＊女性専用ホテルに関する長文を読解し、内容に一致する和文を選ぶ問題。

régime [reʒim] nm 男

ダイエット

3級

Il faut que je suive un régime.

ダイエットをしなくては。

▶ suivre un régime で「ダイエットをする、痩せるために節食する」の意味。

- Alors, pourquoi tu as *si* mauvaise mine ?
- C'est sans doute à cause de mon régime. 97. 秋. 聞. 改

-「じゃ、どうしてそんなに顔色が悪いの？」
-「たぶん、ダイエットのせいよ」

＊対話文を聞いて、空所に si を書き取る問題。

région [reʒjɔ̃] nf 女

(特色で区分された) 地方、地域

3級

Vous venez de quelle région ?

どの地方のご出身ですか？

Il pleut beaucoup dans cette région.

この地方にはたくさん雨が降る。

準2級

Mais elle ne veut pas quitter la région où elle est née. 13. 春. 書. 改

しかし、彼女は生まれた地方を離れたがらない。

＊「書き取り」(ディクテ)。

◆ régional(e) adj 形
régionaux mpl 男複

「地方 (特有) の」

3級

On *a mangé* quelques spécialités régionales. 00. 春. 聞. 改

土地の名物料理をいくつか食べた。

＊空所に a mangé を書き取る問題。

règle [rɛgl] nf 女

(個々の) 規則

準2級

Les règles sont les règles.

規則は規則ですから。

▶「規則なので従ってもらいます」という含意。「規則に従って」なら selon les règles という。

Les gens ne respectent pas toujours les règles de sécurité. 08. 春. 筆. 改

人は常に安全規則を守るとは限らない。

＊長文を読んで、続いて示される仏文が内容と一致するかどうかを判断する問題。

regretter [r(ə)grɛte] (I) 0 vt 他

後悔する、残念に思う

3級

Je regrette, il n'est pas là. 03. 秋. 筆

申し訳ありませんが、彼はおりません。

＊この文とほぼ同義になる、Désolé, il est sorti.「すみません、彼は出かけました」を選択肢から選ぶ問題。

準2級

Je regrette beaucoup de ne pas pouvoir vous accompagner au concert.

コンサートにごいっしょできなくて、とても残念です。

régulièrement [regyljɛrmɑ̃] adv 副

規則的に、規則正しく

3級

Les enfants viennent nous voir régulièrement.

子どもたちが、私たちに欠かさず会いに来てくれます。

準2級

***C'est pour cela que* 60 000 associations culturelles ou sociales sont créées chaque année en France, et leur nombre augmente régulièrement.** 16. 春. 筆

そのために、フランスでは、毎年 6 万の文化・社会団体が創設され、その数は規則的に増えている。

＊長文の空所に補充する適語句選択問題。孤独と闘うフランス人が、ヴォランティア活動に力をそそぐという文脈に即して、「原因・理由」を導く言い回しを選択肢から選ぶ。

reins [rɛ̃] nmpl 男複

[複数で] 腰 (▶ 単数なら「腎臓」)

3級・準2級

出題歴なし

Ma mère a mal aux reins.

母は腰が痛い。

▶「腰痛」あるいは「ぎっくり腰」は tour de reins [nm] という。

relation [r(ə)lasjɔ̃] nf 女

関係、[多くは複数で] 交際

3級・準2級

Je suis content d'avoir de bonnes relations avec mes collègues.

私は、同僚たちとの良好な関係に満足しています。

Quelle est la relation *entre* ces deux personnes ? 3 : 15. 春. 筆

あの 2 人はどんな関係ですか？

＊前置詞 entre を問う問題。

準2級

Parler anglais, c'est important pour avoir de meilleures relations avec nos clients. 17. 春. 聞. 改

英語を話すのは、顧客とよりよい関係を結ぶ

ために大事なことです。

＊長文を聞き、続いて流れてくる10の仏文が内容に一致しているか否かを答える。

religion [r(ə)liʒjɔ̃] nf 女

宗教、信仰

3級・準2級

出題歴なし

La plupart des Français sont de religion catholique.

大半のフランス人の宗教は、カトリックだ。

Je crois en Dieu, mais pas en la religion.

神は信じますが、宗教は信じません。

remarquer [r(ə)marke] (I) 0

vt 他

気づく、注目する、見分ける (=distinguer)

3級・準2級

J'ai remarqué que ma tante avait l'air triste.

おばが悲しそうだと気がついた。

Si on examine les chiffres de plus près, on remarque ensuite une différence *selon les âges*. 準2:08.春.筆

その数値をもう少し細かく調べると、さらに年齢による差異に気がつく。

＊長文の空所補充問題。この文のchiffresは「(年齢に応じた) 農産物の消費低下」に関する数値を指している。

remercier [r(ə)mɛrsje] (I) 0

vt 他

(人に) 礼を言う、感謝する

4級・3級

Je vous remercie de votre invitation.

ご招待いただきありがとうございます。

▶ Je vous remercie de m'avoir invité(e). や Merci de m'avoir invité(e). も類義表現。

Je vous remercie de votre lettre.

お手紙ありがとうございます。

remettre [r(ə)mɛtr] (III) 32

vt 他

(元の場所に) 戻す、提出する

3級・準2級

Son bagage a tout de suite été remis à la police. 3:03.春.筆.改

彼女の荷物はすぐに警察に届けられていた。

＊電車に荷物を忘れた女性の話。内容に一致する和文を選択する問題。

J'ai remis le dictionnaire français-anglais-japonais à sa place.

仏英和辞書を元の場所に戻しておきました。

▶ remettre qqch à sa place で「～を元の場所に戻す」。比喩的に「～をたしなめる、叱る」の意味でも使われることがある。

Vous me remettrez ce dossier vendredi matin.

この書類を金曜日の朝に提出してください。

remonter [r(ə)mɔ̃te] (I) 0

vi 自

(山などを) 再び上る (登る)、さかのぼる

3級・準2級

Les cyclistes remontent par la côte ouest pour aller à Bordeaux.

3:97.春.筆

自転車競技の選手たちは、西海岸を再度北上してボルドーへ向かう。

＊長文読解、内容に一致する仏文を選択する問題。

Ma fille est remontée dans sa chambre.

娘は (階上の) 自分の寝室へ戻った。

remplacer [rɑ̃plase] (I) 1

vt 他

(物を) 取り替える (=changer)、(人に) 代わる

3級

Le directeur remplace sa voiture tous les deux ans.

部長は1年おきに車を取り替えている。

J'ai remplacé mon vieux tapis par un neuf.

私は古いカーペットを新しいものに取り替えた。

準2級

Même si les grands-parents ne peuvent pas remplacer les parents, ils jouent un rôle important. 17.秋.筆

祖父母はたとえ親の代わりにはなり得なくとも、重要な役割をはたしている。

＊長文読解。空所に補充する適語句の選択問題から。

remplir [rɑ̃plir] (II) vt 他

(de ～で) (容器を) いっぱいにする (↔ vider)、(書類に) 記入する

3級

Pourriez-vous remplir ce papier pour l'inscription ? 97.秋.聞

この申し込み用紙にご記入いただけますか？

＊旅行に関する会話の聞き取り問題。内容に一致する和文を選択する。

準2級

Il y a trois ans, *ce n'était pas simple de remplir les classes.* 13.春.筆.改

3年前は、教室をいっぱいにする (定員を満たす) のは簡単ではなかった。

＊料理学校の経営に関する話を読み、続いて示される仏文の空所に入る語句や節を選択肢から選ぶ問題。

rencontrer [rɑ̃kɔ̃tre] (I) 0

vt 他

出会う

4級・3級

La première fois que je l'ai rencontrée, elle *portait* un manteau bleu.

4:96.春.筆.改

初めて彼女に会ったとき、彼女は青いコートを着ていた。

＊動詞活用選択問題。和訳も参考にして、直説法半過去を選ぶ。

Hier soir, j'ai rencontré par hasard Emma à Shinjuku.

昨晩、新宿で偶然 Emma に出くわした。

準2級

En allant à la banque, j'ai rencontré ta sœur et je l'ai invitée à déjeuner.

銀行に行く途中、君のお姉さん (妹さん) に会ったので、お昼に誘いました。

J'ai rencontré ma femme à l'université. 私は大学で妻と出会いました。

▶ 類語の voir と比べて「めぐり合う」という含意がある。よって、出会いの重要性 (「最初の出会い」など) を強調したいときには rencontrer が用いられる。

◆ (se) rencontrer (I) 0

vr 代動

「出会う、落ち合う、知り合う」

4級・3級・準2級

Nous nous sommes rencontrés à Kyoto. 僕たちは京都で出会った。

Ils se sont rencontrés pour la première fois à Cologne.

準2:17.秋.筆.改

彼らはケルンで初めて出会った。

＊この文を Ils se sont connus à Cologne. と書き換える問題。ちなみに、ケルンはドイツの都市で、eau de Cologne「オーデコロ

ン（←ケルンの水）」はこの町の名から。

◆rencontre nf 女

「出会い、会談、（スポーツの）試合」

3級

出　題

単語を正しく並び替えて［　］内に記入しなさい。

La première [　　　　].
aura　jeudi　lieu　prochain　rencontre 95. 春. 筆

avoir lieu といった熟語や、rencontre が名詞であることがわからないと難しい問題。「最初の会談（試合）は今度の木曜に行われる予定だ」という意味にする。

（解答）
rencontre aura lieu jeudi prochain

rendez-vous [rɑ̃devu] nm 男

会う約束、待ち合わせ

5級・4級

□avoir rendez-vous avec qqn
～と会う約束がある、面接する

□prendre rendez-vous
待ち合わせする、予約する

Aujourd'hui, j'ai *rendez-vous avec mon* professeur. 5 :02. 春. 筆
今日、先生と会う約束があります。

＊整序問題。

Prenez rendez-vous chez le dentiste.
歯医者に予約をしなさい。

3級・準2級

On se donne rendez-vous à quelle heure ? 待ち合わせは何時にしましょうか？

rendre [rɑ̃dr]（III）25 vt 他

（人に）～を返す（↔ emprunter）、（ある状態に）する

4級・3級

□rendre visite à qqn
（人）を訪れる、訪問する

Je rendrai visite à mes parents demain soir.
明晩、両親のところを訪問するつもりだ。

▶「人を訪問する」の意味では、動詞 visiter は用いない。

J'ai rendu la valise à mon ami.
スーツケースを友だちに返した。

Cela m'a rendue terriblement triste. 3 :07. 春. 筆
そのこと（ここでは母親の死）が、私をすごく悲しくさせた。

＊rendre A B で「A を B（形容詞）にする」の意味。「母親が亡くなって、私はとても悲しかった」とも訳せる。長文読解。内容に一致する和文を選ぶ問題。

準2級

□rendre compte de qqch à qqn
～に…の報告（説明）をする

出　題

A・B の文がほぼ同じ意味になるように、単語を選び必要な形に直せ。

A　Pierre a fait un rapport à son supérieur sur la réunion.
B　Pierre (　　　) compte de la réunion à son supérieur.
donner　perdre　rendre
sembler　vivre 13. 春. 筆. 改

「Pierre は会議について上司に報告した」の意味になるようにする。この熟語を知っているかどうかがポイント。

（解答）*a rendu*

◆ **(se) rendre** (III) 25 vr 代動
「行く」

3級

Demain matin, on doit absolument se rendre à Pékin.
明朝、どうしても北京に行かなくてはなりません。

M. Tournon ne s'est pas rendu compte de son erreur.
Tournon さんは自分のミスに気づかなかった。

▶ se rendre compte de qqch で「～に思い至る、気がつく、～が分かる」の意味。

renseignement [rɑ̃sɛɲmɑ̃] nm 男

情報、[複数で] 案内所

3級・準2級

Pouvez-vous me donner des renseignements là-dessus, s'il vous plaît ?
その点について何か情報をいただけますか？

Madame, les renseignements, c'est *à l'entrée* de la gare ! 3:91. 秋. 聞. 改
マダム、案内所は、駅の入口にありますよ！

＊空所に à l'entrée を書き取る問題。

◆ **renseigner** (I) 0 vt 他
「情報を与える、説明する」

3級

Je peux vous renseigner, monsieur ? 00. 秋. 聞. 改
ご説明いたしましょうか？

＊店員が商品を説明しているイラストを選ぶ問題。

rentrer [rɑ̃tre] (I) 0 vi 自

(自宅など、生活の拠点へ) 帰る、(出先から会社に) 戻る

5級・4級・3級・準2級

Vous rentrez au Japon pendant les vacances ?
ヴァカンスの間は日本に戻りますか？

Ma femme est rentrée trop tard à la maison. 妻はかなり遅く帰宅した。

Je *préparais* le dîner quand maman est rentrée. 4:17. 春. 筆. 改
私が夕食の準備をしていたら、お母さんが帰ってきた。

＊動詞活用の選択問題。直説法半過去（線の動作）と複合過去（点の動作）の組み合わせ。

réparer [repare] (I) 0 vt 他

修理する

3級・準2級

Je vais faire réparer ma montre.
時計を修理してもらうつもりです。

Pouvez-vous venir réparer mon piano ? 3:17. 春. 筆
ピアノの修理に来ていただけますか？

＊対話文の空所補充問題から。

repartir [r(ə)partir] (III) 5 vi 自

再び出発する

3級・準2級

Je fais déjà mes valises pour repartir *vendredi* pour Malaga, d'où je prendrai le car pour Torremolinos. 3:92. 秋. 聞
金曜日には、マラガへ向けてまた出発するので、すでに荷造りしています。マラガからトレモリーノスへは（長距離）バスに乗る予定です。

＊モントリオールから戻ったばかりの人の手紙。聞き取りは、固有名詞もからんで容易ではないが、これは空所補充問題なので、「金曜日」だけを聞き取ればよい。Torremolinos はスペインのリゾート地で、Malaga 県にある。

L'avion repart dans trente minutes.

飛行機は 30 分後に出ます。

Elle était là tout à l'heure, mais elle est repartie.

彼女はついさっきここにいましたが、また出て行きました。

repas [r(ə)pa] nm 男

食事

5級・4級

Mon fils prend cinq repas par jour.

うちの息子は 1 日に 5 回食事をする。

Le repas sera prêt vers huit heures.

食事は 8 時頃にご用意できます。

Je finis toujours mes repas avec un café. 4:11. 秋. 聞

食事はいつもコーヒーで終えます（食後はいつもコーヒーを飲む）。

＊会話文、内容に一致する和文の選択問題。

3級・準2級

Le sommeil est naturel après un lourd repas.

ヴォリュームのある食事をとると、おのずと眠くなる。

▶料理の品数が多い食事なら un repas copieux という。サラダなどの「軽食、軽い食事」は un repas léger。

répéter [repete] (I) 6 vt 他

繰り返す、反復する

4級

Répétez après moi.

私のあとについて繰り返してください。

***Pourriez*-vous répéter lentement encore une fois ?** 99. 春. 筆. 改

もう一度ゆっくりと繰り返していただけないでしょうか？

＊動詞 pouvoir の条件法現在形（丁寧な依頼の言い回し）を選ぶ問題。

3級・準2級

En français, il est maladroit de répéter un mot qu'on vient d'employer.

フランス語では、使ったばかりの単語を繰り返す（同語反復する）のはぎこちないとされる。

▶「同語反復」tautologie [nf]、「冗語、蛇足」redondance [nf] などを避けるのは文章作法の基本。

répondre [repɔ̃dr] (III) 26 vi 自 vt 他

(à 〜に) 答える、応じる

5級・4級・3級

Elle a répondu à ma question.

彼女は私の質問に答えた。

▶ répondre は、質問に答えることだけではなく、要請に対処する（応える）など、広い意味で使われる。

Madame Dinet vient juste de répondre à votre lettre.

Dinet 夫人は、ちょうどあなたの手紙に返事をしたところです。

準2級

Il a répondu que tout allait très bien.

彼はすべて順調だと返事をした。

◆ réponse nf 女

「答え、返事」

3級

Je n'ai pas encore reçu de réponse à la lettre que j'ai écrite il y a trois semaines.

3 週間前に書いた手紙の返事をまだ受け取っていない。

(se) reposer [r(ə)poze] (I) 0 vr 代動

(人が) 休息する、休む

4級・3級

Ils sont partis se reposer à la campagne. 彼らは田舎に休息に出かけた。

Tu as l'air fatigué(e). Repose-toi bien !

お疲れのご様子だね。ちゃんと休みなさい！

準2級

Je n'ai *aucune* envie de me reposer maintenant. 10.秋.4

今は休息したい気分じゃありません。

＊ avoir envie de＋inf.「～したい」を打ち消す不定形容詞 ne ... aucun(e) の形を見抜く問題。

◆ repos nm 男

「休息」

準2級

出題歴なし

On a besoin d'un long repos après ce travail.

この仕事のあとは長い休暇が必要だ。

reprendre [r(ə)prɑ̃dr] (III) 47

vt 他 vi 自

取り戻す、（飲食物などを）また取る、（仕事などを）再開する

3級・準2級

Tu veux reprendre un peu de gâteau ? もう少しケーキをいかが？

Ma secrétaire s'est assise à son *bureau* et a repris son travail. 3:17.秋.筆.改

秘書はデスクに着いて、仕事を再開した。

＊文脈から、空所に入る適語を選ぶ問題。bureau には「オフィス、事務所」の意味もあるが、ここでは「事務机」のこと。

Après une période de douceur, le froid a repris brusquement.

温暖な時期のあと、突然寒さがぶり返した。

représenter [r(ə)prezɑ̃te] (I) 0

vt 他

表す、描写する、代表する、上演する

準2級

Tous les tableaux de Marc représentent des enfants. 15.秋.聞

Marc の絵はすべて子どもを描いたものだ。

＊長文を聞き、続いて流れる仏文がその内容に一致するか否かを答える問題の一部。

On va représenter Molière sur la place de la ville.

町の広場でモリエールの芝居が上演される。

▶ jouer (du) Molière も同義になる。

◆ représentant(e) n 名

「代表者、代理人、セールスマン」

3級

Mon oncle est représentant commercial.

おじはセールスマン（販売外交員）です。

république [repyblik]

nf 女

共和国

準2級

出題歴なし

La France est une république.

フランスは共和国である。

réserver [rezɛrve] (I) 0

vt 他

（ホテルや席などを）予約する、とっておく

4級・3級・準2級

J'ai réservé une chambre à l'hôtel.

私はホテルの一室を予約した。

Nous réservons cet argent pour le mariage de ma fille.

このお金は、娘の結婚のためにとってあります。

A B C D E F G H I J K L M N O P Q **R** S T U V W X Y Z

◆ réservation nf 女

「予約」

3級・準2級

Vous avez une réservation ?

ご予約はなさってますか？

respecter [rɛspɛkte] (I) 0

vt 他

尊敬する (↔ mépriser)、(規則などを) 尊重する

3級

Elle a dit qu'elles respecteraient la décision de leur père. 05. 春. 筆. 改

彼女は、自分たちは父親の決定を尊重するつもりだと言った。

＊長文読解、内容に一致する和文を選択する問題。

準2級

Tout être humain doit être respecté.

人は誰しも敬 (うやま) われるべきものだ。

Ses collègues la respectent comme journaliste, parce qu'elle a son propre « point de vue ». 13. 春. 筆

同僚たちは彼女をジャーナリストとして尊敬している。彼女が独自の「視点」を持っているからだ。

＊長文読解、内容に一致する和文を選択する問題。

responsable [rɛspɔ̃sabl]

n 名

責任者

3級

出　題

単語を正しく並び替えて [　] 内に記入しなさい。

Il [　　　　].

choisi　été　comme　respon-sable　a 97. 春. 筆

「彼は責任者に選ばれた」という直説法複合過去の受け身の文をつくる。

(解答) *a été choisi comme responsable*

◆ responsable adj 形

「(de ～に) 責任がある、責任を負う」

準2級

出題歴なし

Je suis responsable de tout ce qui concerne cet accident.

この事故に関することはすべて私に責任がある。

ressembler [r(ə)sɑ̃ble] (I) 0

vi 自

(à ～に) 似ている

4級・3級・準2級

Alice ressemble beaucoup à son père. Alice は父親にとてもよく似ている。

▶ 容姿に限らず、性格が似ているケースも含む。「性格」の類似に焦点を当てるならば、Alice est bien comme son père. といった言い方もする。

Elle vous ressemble comme deux gouttes d'eau, votre fille !

娘さん、あなたと瓜ふたつね！

▶ comme deux gouttes d'eau の直訳は、「(まるで) 2 つの水滴のように」。

restaurant [rɛstɔrɑ̃] nm 男

レストラン、食堂 (▶ restau, resto と略される)

5級・4級

Vous connaissez un bon restaurant près d'ici ?

この近くで、いいレストランをご存知ですか？

On dîne à ce restaurant français au bord de la mer ce soir ?

今晩、あの海辺のフレンチレストランで夕食を食べませんか？

▌3級・準2級

J'ai fait une réservation dans notre restaurant habituel.

私はいつものレストランを予約した。

rester [rɛste] (I) 0 vi 自

(その場所にそのまま) いる、残る、〜のままでいる (=demeurer)

▌5級

Mon chien préfère rester à la maison. うちの犬は家にいる方が好きだ。

▌4級

Elles sont restées trois jours à Vichy.

彼女たちは3日間ヴィシーに滞在した。

▶ 動詞 séjourner に置き換えられる。

Il ne reste plus de vin.

もうワインは残っていません。

▶ 非人称構文で用いた例。

▌3級・準2級

Demain, je reste chez moi *dans* la journée. 準2:11. 春. 筆

明日、昼間は家にいます。

＊時間について「〜の間（に）」を意味する前置詞 dans を入れる。

◆ reste nm 男

「残り、余り」

▌3級・準2級

出題歴なし

J'ai passé le reste de la journée à lire. その日の残りは読書をして過ごした。

résultat [rezylta] nm 男

(行為などから生じた) 結果 (↔ cause)、成績

▌3級

- Pourquoi tu es si inquiet ?
- Parce que j'*attends* les résultats de mes examens. 13. 春. 筆

-「なぜそんなに心配なの？」
-「試験の結果を待っているせいだよ」

＊動詞活用問題。文意に即して、attendre を直説法現在に活用する。

Elle est satisfaite de ce résultat.

彼女はその結果に満足しています。

retard [r(ə)tar] nm 男

遅れ、遅延 (↔ avance)

▌4級・3級

□en retard　遅れて

Excusez mon retard.

遅れてすみません。

▶ Excusez-moi d'être en retard. ともいう。

Notre patron est toujours en retard.

うちの社長はいつも遅れる。

▌準2級

Comme il neige, le train est arrivé à la gare avec trente minutes de retard.

雪が降っているので、電車は30分遅れで駅に着いた。

retenir [rətnir, rtə-] (III) 10 vt 他

予約する (=réserver)

▌3級

Si vous partez le 1er août, retenez une place dans le train.

もし8月1日に出発するなら、電車の予約をしておきなさい。

Je voudrais retenir une chambre à deux lits. 92. 春. 聞

ツインの部屋を予約したいのですが。

＊この文を聞いて、Avec ou sans salle de bain(s) ?「お風呂つきですか、なしですか？」というホテル側の応答文を選択肢から選ぶ問題。

retirer [r(ə)tire] (I) 0 vt 他

引き出す、取り出す、(de ～から) 身を引く

3級

Je dois retirer de l'argent de mon compte.

私は口座からお金を引き出さなくてはなりません。

▶ 反意の「お金を預金する」なら déposer de l'argent という。

retourner [r(ə)turne] (I) 0 vi 自

(話し手と聞き手がいる場所とは別の場所へ) 帰る、戻る

4級・3級

Tu retourneras à Nice la semaine prochaine ? 来週ニースに戻るの？

Je dois retourner à la maison car j'ai oublié mon portefeuille.

財布を忘れたので自宅に戻らなくてはなりません。

準2級

Quand j'aurai fini mes études, j'aimerais retourner dans cette région pour travailler. 08. 春. 筆

卒業したら、あの地域に戻って仕事をしたい。

＊長文読解、内容に一致する仏文を選択する問題。

◆ retour nm 男

「帰り、戻ること」

4級・3級

□ un aller-retour

往復切符 (＝un aller et retour)

Bon retour ! 気をつけて帰って！

＊この一言は、空所補充問題として準 2 級 08. 春 に出題例がある。

De Tokyo à Abashiri, est-il possible de faire un aller et retour en train dans la même journée ?

東京から網走まで、電車での日帰りは可能ですか？

準2級

Il sera de retour dans trois jours

彼は 3 日後には帰宅するでしょう。

Je t'appelle dès mon retour.

帰り次第お電話します。

retraite [r(ə)trɛt] nf 女

引退、退職、年金

3級

□ être à la retraite （定年）退職している

□ une maison de retraite 老人ホーム

M. Didier est à la retraite.

Didier さんは引退している。

Il est encore loin de la retraite.

彼は、定年退職にはまだ間があります。

準2級

□ prendre sa retraite （定年）退職する

Il vient de prendre sa retraite. 17. 秋. 聞

彼は退職したばかりです。

＊長文のあとに流れる仏文が、内容に一致するか否かを答える問題。

retrouver [r(ə)truve] (I) 0 vt 他

(なくしたものを) 見つける、取り戻す、思い出す (＝se souvenir de)

4級

Tu as retrouvé ta clé ?

鍵は見つかった？

3級・準2級

Je ne retrouve toujours pas son adresse.

彼（彼女）の住所がまだ思い出せない。

◆ (se) retrouver (I) 0

vr 代動

「再会する、落ち合う」

4級・3級・準2級

Le lendemain matin, Jacques et Martine se sont retrouvés en bas de la montagne. 3:15. 秋. 筆

翌朝、Jacques と Martine は山の麓（ふもと）で落ち合った。

＊長文読解、内容に一致する和文を選択する問題。

On se retrouve à sept heures devant le cinéma.

映画館の前で 7 時に会いましょう。

réunion [reynjɔ̃] nf 女

会議、会合

4級・3級

J'ai une réunion aujourd'hui.

今日は会議があります。

Nous avons une réunion toutes les deux semaines.

私たちは 2 週間ごとに会議を開きます。

準2級

□être en réunion　会議中である

Pierre a fait un rapport à son supérieur sur la réunion. 13. 春. 筆

Pierre は会議について上司に報告した。

＊この文を、rendre compte de qqch à qqn「人に～について報告する」を用いて、Pierre a rendu compte de la réunion à son supérieur. と書き換える問題。

réussir [reysir] (II) vi 自 vt 他

成功する、合格する

4級・3級・準2級

Il a réussi son examen.

彼は試験に受かった。

▶ 辞書、教科書、仏検などで、「(試験“に”) 合格する」を自動詞 réussir à son examen とする例が多いが、これは現在ほとんど使われない。

Je te souhaite de réussir.

君の成功を祈っています。

出　題

(　) の語を適当な形に直しなさい。

- Je dois passer mon examen de piano dans un mois.
- Tu (réussir) si tu fais des exercices tous les jours.

3:09. 秋. 筆

「1 ヶ月後にピアノの試験を受けないと」「毎日練習すればうまくいきますよ」という対話にする。「1 ヶ月後」のことについての、単なる仮定の話なので、直説法単純未来で応じる。

(解答) *réussiras*

◆ réussite nf 女

「成功」

3級・準2級

La réussite de son fils rendra Jeanne heureuse.

息子が成功すれば Jeanne は幸せだろう。

Avoir une voiture de luxe, est-ce un symbole de réussite ?

高級車を所有することは、成功の象徴なの

A B C D E F G H I J K L M N O P Q R S T U V W X Y Z

ですか？

rêve [rɛv] nm 男

夢

3級・準2級

Mon rêve est d'écrire un jour un livre pour les enfants du monde entier. 3:06. 春. 筆

私の夢は、いつか世界中の子どものために本を書くことだ。

＊長文読解、内容に一致する和文を選択する問題。

J'ai fait un mauvais rêve cette nuit.

昨夜（ゆうべ）、悪夢を見た。

▶「悪夢（怖い夢）を見る」faire un cauchemar という言い回しも使う。

Partir en Afrique était un rêve de jeunesse.

アフリカへ旅に出ることが青春時代の夢だった。

◆ rêver (I) 0 vi 自 vt 他

「夢を見る」

3級・準2級

□ rêver de＋inf. ～するのが夢である

Et je rêvais de devenir un héros. 準2:16. 春. 書

そして、ヒーローになるのが夢だった。

＊「書き取り」（ディクテ）。

réveiller [reveje] (I) 0 vt 他

目を覚まさせる、起こす

4級

Vous pouvez me réveiller à six heures demain ?

明日、6時に起こしていただけますか？

3級・準2級

Ce matin, j'ai été réveillé(e) vers cinq heures par le bruit.

今朝、騒音で5時頃に目が覚めた。

Il ne faut pas réveiller le chat qui dort. （ことわざ）眠っている猫を起こすな。

▶「寝た子を起こすな」「触らぬ神に祟（たた）りなし」と類義。

◆ (se) réveiller (I) 0 vr 代動

「目が覚める、起きる（↔ s'endormir）」

4級・3級

Réveille-toi, il est huit heures !

起きて、8時ですよ！

Mon mari se réveille très tôt le matin. 夫は、朝とても早く目覚める。

準2級

Quand le soleil se couche, tout devient plus calme. C'est alors que la forêt se réveille. 11. 春. 筆

日が暮れて、あたりはいっそう静かになる。そのとき、森が目を覚ます。

＊長文読解、内容に一致する仏文を選択する問題。

◆ réveil nm 男

「起床、目覚まし時計」

3級

Ce matin, ma fille s'est réveillée avant que son réveil sonne.

今朝、娘は目覚ましが鳴る前に起きた。

J'ai mis le réveil à sept heures.

目覚ましを7時にセットした。

revenir [rəvnir, rvə-] (III) 10 vi 自

（話し手または聞き手のいる場所に）帰る、戻る

5級・4級

Excusez-moi, je reviens tout de suite.

すみません、すぐに戻ります。

▶ 会話中に中座する必要が生じたときに使う。

Le printemps revient. 5:15. 春. 筆

春がやってきた（戻ってきた）。

＊対話文の空所補充問題の中の一文。

3級・準2級

Quand est-ce qu'elle revient à Tokyo ?

彼女はいつ東京に戻ってきますか？

J'attendrai ici jusqu'à ce que tu reviennes.

あなたが戻るまでここで待ちます。

▶ 少々硬い言い回しだが、J'attendrai ici jusqu'à ton retour. も同義。ただし、retour の動詞形 retourner は、「（その時点で話し手も聞き手もいない場所へ）戻る」を意味するため、例文の言い換えに用いてはならない。

Il a plu hier soir. Mais ce matin, le soleil est revenu. 準 2:15. 秋. 書

昨日の晩は雨だった。でも、今朝は日差しが戻った。

＊「書き取り」（ディクテ）。

revoir [r(ə)vwar] nm 男

再会

5級

Au revoir ! さようなら！

▶「再会」を意味する名詞 le revoir に、前置詞の à が添えられた表現。間投詞のように用いられる定番の別れの挨拶。類義の Salut! は、親しい相手に用いて「じゃあね！」などと訳される。

Hugo, *dis* au revoir à ta grand-mère. 16. 秋. 筆

Hugo、おばあちゃんにさようならを言いなさい。

＊tu に対する dire の命令形を書き入れる問題。

◆ revoir (III) 11 vt 他

「再会する」

4級

出題

単語を正しく並び替えて［　］内に記入しなさい（文頭にくる単語も小文字になっています）。

[　　　] bientôt.
espérons vous nous revoir

12. 秋. 筆

「近々お会いできるのを楽しみにしています」の意味にする。動詞の活用形 espérons から nous を主語と見抜き、動詞 revoir の直接目的語 vous をその直前に置く（この点を苦手とする人が多い）。得点率は 26% であった。

（解答）*Nous espérons vous revoir*

3級・準2級

Quelle joie de vous revoir ! 3:96. 春. 聞

またあなたにお会いできてとても嬉しいです！

＊この文を聞いて、文意に即したイラストを選ぶ問題。Quel plaisir de vous revoir ! としても同義になる。

revue [rəvy] nf 女

（文字情報を中心とした）雑誌

3級・準2級

Mon collègue écrit des livres et des articles de revue.

同僚は、本や雑誌の記事を執筆している。

Elle aime lire des revues économiques. 彼女は経済誌を読むのが好きだ。

▶「（写真やイラスト入りの）雑誌」は magazine [nm] という。

A B C D E F G H I J K L M N O P Q R S T U V W X Y Z

A B C D E F G H I J K L M N O P Q **R** S T U V W X Y Z

rez-de-chaussée [redʃose] nm 男
1 階

3級・準2級

出題歴なし

Ils habitent au rez-de-chaussée.
彼らは 1 階に住んでいます。

▶ 語頭 rez-de は「〜とすれすれ、〜と水平」という意味なので、見出語は「通りと同じ水準の平面」となる。ちなみに、1 階から外に庭が広がって見える場合は un rez-de-jardin という言い方もする。

riche [riʃ] adj 形
金持ちの、裕福な (↔ pauvre)

5級・4級

Il est plus riche que moi.
彼は私より金持ちだ。

3級・準2級

Suzanne s'est mariée avec un homme riche le mois dernier.
先月 Suzanne は金持ちの男性と結婚した。

rien [rjɛ̃] pron 代
何か、何も〜ない

5級

Ils ne disent rien. 彼らは何も言わない。

- Merci. - De rien.
-「ありがとう」 -「どういたしまして」

4級

Il n'y a rien dans le frigo.
冷蔵庫には何もない。

3級・準2級

Ça ne fait rien.
たいしたことはありません。

＊準 2 級 17. 秋 に、この文の rien を書かせる問題が出ている。

Je n'ai rien à ajouter.
付け加えることは何もありません。

Elles sont sorties du magasin sans rien acheter.
彼女たちは何も買わずに店を出ていった。

- Alors, quoi de neuf ?
- Rien de spécial.
-「で、何か変わったことは？」
-「特には何も（ありません）」。

▶ Pas grand-chose. も同義。

rire [rir] (III) 24 vi 自
笑う

5級・4級

Mon mari ne rit pas beaucoup.
うちの夫はあまり笑わない。

3級・準2級

□ pour rire 冗談で

J'ai dit ça pour rire.
私は冗談でそういった。

On ne doit pas rire du malheur des autres. 他人の不幸を笑うべきではない。

rivière [rivjɛr] nf 女
川 (▶ 海に注ぐ大河 le fleuve の支流)

4級

Il y a une rivière *entre* les deux villages.

15. 秋. 筆

2 つの村の間には川が流れている。

＊前置詞 entre を選択肢から選ぶ問題。なお、「小川」は le ruisseau という。

3級・準2級

L'Oise est une rivière qui se jette dans la Seine.
オワーズ川はセーヌ河に流れこむ川だ。

riz [ri] nm 男
米（こめ）、ご飯

■5級・4級

Nous mangeons du riz au petit déjeuner. 私たちは朝食にご飯を食べる。

■3級

L'aliment de base est le riz dans cette région.

この地方の主食は米です。

robe [rɔb] nf 女

ドレス、ワンピース

■5級・4級・3級

Cette robe noire est trop longue.

あの黒のドレスは長すぎます。

Je peux essayer cette robe blanche ?

この白いワンピースを試着していいですか？

■準2級

Ma mère se sent bien quand elle regarde de jolies robes. 17.春.書.改

母は、すてきなドレスを見ていると気分がいい。

＊「書き取り」（ディクテ）。se sentir bien は「気分がいい」。「気分が悪い」なら se sentir mal という。

roi [rwa] nm 男

王、国王

■3級・準2級

出題歴なし

Louis XIV était un roi de France.

ルイ 14 世はフランス王だった。

rôle [rol] nm 男

（俳優の）役、役割

■3級

□ jouer un rôle　ある役を演じる、役割を果たす

À la fête de l'école, ma fille a joué le rôle d'une princesse.

学校の催しで、うちの娘はプリンセスの役を演じた。

roman [rɔmɑ̃] nm 男

（一般に）物語、（長編）小説

■4級

Je n'aime pas les romans policiers.

私は推理小説が好きではありません。

■3級

Le nouveau professeur a fait lire ce roman à ses élèves.

新任の先生は、生徒たちにその小説を読ませた。

◆ romancier, romancière n 名

「小説家」

■3級・準2級

出題歴なし

Ce romancier a obtenu tous les prix littéraires.

この小説家は、あらゆる文学賞を総なめにした。

rond(e) [rɔ̃, rɔ̃d] adj 形

丸い

■5級・4級

Je cherche *une petite table* ronde. 5:10.秋.筆

小さな丸テーブルを探しています。

＊整序問題。table（名詞）の前とうしろに形容詞というパターンは、5 級・4 級の定番の問題。

Mon oncle a un visage rond.

おじは丸顔です。

rose [roz] nf 女

バラ、バラの花

5級・4級

- Je voudrais faire une promenade dans le jardin.
- D'accord, c'est la saison des roses. 4:06. 秋. 聞

-「庭を歩いてみたいのですが」
-「いいですね、今はバラの季節ですから」

＊対話文を聞いて、内容に一致する和文を選ぶ問題。なお、返答には Ça tombe bien.「タイミングがいいね」なども使える。

3級・準2級

On dit que la rose est la reine des fleurs. バラは花の女王と言われる。

◆ rose adj 形

「バラ色の、ピンクの」

3級

Elle veut cette robe rose ?

彼女はあのピンクのワンピースが欲しいのですか？

rouge [ruʒ] adj 形

赤い

5級・4級

Tu aimes les poissons rouges ?

金魚は好き？

Elle a acheté une grande valise rouge.

彼女は大きな赤いスーツケースを買った。

3級・準2級

Elle a traversé la rue bien que le feu soit rouge.

信号は赤だったが、彼女は通りを渡った。

On dit qu'un verre de vin rouge par jour est bon pour la santé.

1日1杯の赤ワインは健康によいと言われています。

rouler [rule] (I) 0 vi 自

(人が車で) 行く、(車が) 走る

3級

Attention ! Tu roules trop vite !

気をつけて！ スピード出しすぎだよ！

Jean est tombé d'une voiture qui *roulait* à 100 km à l'heure. 07. 秋. 筆

Jean は時速 100 キロで走っている車から落ちた。

＊rouler を、状況・背景を説明する直説法半過去に活用させる問題。

準2級

La voiture de sport roulait lentement sur la route nationale.

スポーツカーが国道をのろのろと走っていた。

route [rut] nf 女

(町と町を結ぶ) 道、ルート

4級・3級

***Faites* attention sur la route ! Ne roulez pas trop vite !** 3:02. 秋. 筆

道路では気をつけて！ スピードを出しすぎないように！

＊動詞活用問題。vous に対する faire の命令形を答える。

En route! さあ、出発だ (行こう)！

▶ Allez, on y va! とか Allez, allons-y ! も類義。ただし、文中で en route を使えば、「途中で」の意味になる。

準2級

Mon collègue n'a pas pris la route habituelle et il s'est perdu.

同僚はいつもの道を通らなかったので、道に迷った。

rue [ry] nf 女

(両側に家並みのある) 通り、～街

5級

Mes parents habitent 17 rue de Rivoli.

両親はリヴォリ通り 17 に住んでいます。

▶「～通りに住んでいる」と言うときは、前置詞や冠詞はつけない。Mes parents habitent 17, rue de Rivoli. と virgule <,> で区切る例もあるようだが、区切らないのが正式の表記（ただし、手紙の宛先などには <,> が使われる）。

4級

Quelle est la plus longue rue de Paris ? パリで一番長い通りは何ですか？

▶ 全長 4360 m の Rue de Vaugirard が答え。

Prenez la deuxième rue à droite.

2 番目の通りを右に曲がってください。

3級・準2級

Chaque matin, à la sortie du métro ou dans les rues, on distribue des journaux gratuits. 準 2 :08. 秋. 筆

毎朝、地下鉄の出口や通りで、無料の新聞が配られています。

＊長文読解、空所補充問題から。

S s

sac [sak] nm 男
バッグ、鞄(かばん)、袋

5級

***Le* sac de mon père est très lourd.**
13. 春. 筆. 改

父の鞄はとても重い。

＊適当な定冠詞を選択肢から選ぶ問題。

4級・3級・準2級

□un sac à main　ハンドバッグ

□un sac à dos　リュックサック

□un sac de voyage　旅行鞄

N'oublie pas ton sac à main !

ハンドバッグを忘れないで！

Je me suis fait voler mon sac *par* cet homme.　準2:15. 春. 筆

あの男にバッグを盗まれた。

＊前置詞 par を問う。se faire＋inf.＋par qqn で「人に～される、人に～してもらう」の意味。

sage [saʒ] adj 形
(子どもが) おとなしい、賢明な、思慮分別のある (＝raisonnable)

4級・3級

Sois sage !　(子どもに) おとなしくなさい！

Le directeur a pris une sage décision.　部長は賢明な決定をした。

saisir [sezir] (II) vt 他
つかむ、握る、(機会を) とらえる

3級・準2級

出題歴なし

Il m'a saisi(e) par le bras.

彼は私の腕をつかんだ。

saison [sɛzɔ̃] nf 女
季節、四季

5級

Il y a *quatre* saisons au Japon.
00. 春. 聞

日本には四季がある。

＊数字 quatre「4」を聞き取る問題。

4級・3級・準2級

Le printemps est ma saison préférée.

春は私の好きな季節です。

C'est la saison des pluies.　梅雨です。

＊la saison des pluies は「雨季」とも訳せる（例 Y a-t-il une saison des pluies chez vous ?「あなたの国には雨季はありますか？」準 2[16. 秋. 筆]）。

salade [salad] nf 女
サラダ

4級

Vous *voulez* encore de la salade ?
93. 秋. 筆

サラダをもう少しいかがですか？

＊和訳に合致するように、動詞を選び活用する問題。

3級・準2級

Tu manges de la salade tous les matins ?　毎朝、サラダを食べるの？

salarié(e) [salarje] n 名
従業員、給与生活者、サラリーマン (＝employé)

3級・準2級

出題歴なし

Cette entreprise emploie une vingtaine de salariés.

この会社はおよそ 20 人の従業員を雇っている。

sale [sal] adj 形

よごれた、汚い

準2級

Lave tes mains sales.

よごれた手を洗ってらっしゃい。

▶ 単に「手を洗ってきなさい！」ならば Lave-toi les mains. という。

Ils ont laissé l'appartement très sale.

彼らはアパルトマンをすごく汚いままにしていった。

salle [sal] nf 女

（住宅内の共用の）部屋、（公共施設の）会場、ホール

5級・4級・3級

- □salle à manger　食堂
- □salle de séjour　居間、リヴィングルーム
- □salle de bain(s)　浴室
- □salle de classe　教室
- □salle d'attente　待合室

Il fait chaud dans la salle à manger.

食堂の中は暑いです。

Dans quelle salle de classe a lieu le cours de français ?

フランス語の授業はどの教室で行われるの？

準2級

Dans le village des parents de Takashi, il n'y a pas de salle de concert, ni de cinéma. 14. 春. 聞. 改

Takashi の両親の村には、コンサートホールも映画館もない。

＊長文を聞き取り、あとに流れる仏文がその内容に一致するか否かを答える問題。

salon [salɔ̃] nm 男

客間、応接間、～店（室）

4級・3級・準2級

Le salon est en face de la salle à manger. 4:95. 春. 筆

客間は食堂の向かいにあります。

＊部屋の見取り図に照らして、この文が正しいか否かを答える問題。

Le salon est grand et clair.

応接間は広くて明るい。

saluer [salɥe] (I)0 vt 他

（人に）挨拶する

3級

Elle a été saluée par un collègue dans le couloir.

彼女は廊下で同僚に挨拶された。

準2級

Est-ce qu'il sait saluer en plusieurs langues ? 13. 秋. 聞. 改

彼は挨拶をいくつもの言語でできるのですか？

＊長文を聞いて、続いて流れる文が内容に一致しているか否かを答える問題。

salut [saly] nm 男

［間投詞的に］やあ、じゃあね

5級・4級

Salut, tout le monde !

やあ（じゃあね）、みんな！

▶ 親しい仲間と出会ったときや、別れ際の挨拶で間投詞的に使われる。

samedi [samdi] nm 男

土曜日

5級・4級

Je vais aller à un concert samedi soir.

土曜日の晩はコンサートに行くつもりです。

A B C D E F G H I J K L M N O P Q R **S** T U V W X Y Z

3級・準2級

Si c'est pour samedi, il vaudrait mieux réserver.

もし土曜日ならば、予約するほうがいいでしょう。

Tous les jours sauf les samedis et les dimanches, j'ai trois cours de deux heures. 準2:16.秋.聞

土曜、日曜をのぞいて毎日、2時間の授業が3つあります。

＊長文読解問題。流れてくる文が長文と内容一致するか否かを答える。

sandwich [sɑ̃dwitʃ] nm 男
sandwiches, sandwichs pl 複

サンドイッチ

5級・4級・3級

□faire des sandwichs サンドイッチを作る

D'accord. Je prépare des sandwichs. 5:15.春.筆

わかったわ。サンドイッチを作る（用意する）わね。

＊会話文の空所補充問題。ただし、sandwich には「サンドイッチ」と注記あり。

On a mangé des sandwichs au jambon sous les arbres.

木の下でハムサンドを食べました。

sang [sɑ̃] nm 男

血、血液

3級・準2級

出題歴なし

Il y a du sang sur ton pantalon.

ズボンに血がついてるよ。

santé [sɑ̃te] nf 女

健康

4級

À votre santé ! 乾杯！

▶直訳は「あなたの健康に」。Santé ! だけでも使われる。

Mon père est en bonne santé.

私の父は体調がいい（健康である）。

▶être en mauvaise santé なら「健康を害している」の意味。

3級・準2級

Carmen est très inquiète pour la santé de son fiancé.

Carmen は、婚約者の健康状態をとても心配している。

satisfaire [satisfɛr] S5 vt 他

（人を）満足させる（=contenter, ↔ décevoir）

3級

Il n'est pas facile de satisfaire tout le monde.

全員を満足させるのは容易ではありません。

Ce cadeau te satisfait ?

このプレゼントは気に入った？

sauter [sote] (I)0 vi 自 vt 他

跳ぶ、ジャンプする

3級

Elle a sauté le plus loin. 96.秋.聞

彼女は一番遠くに飛んだ。

＊この文を聞いて、「幅跳び」のイラストを選ぶ問題。さらに、同じ問題中で Elle a sauté le plus haut.「一番高く飛んだ」を聞いて、「高跳び」のイラストを選ぶ。

◆saut nm 男

「跳躍、ジャンプ」

3級

出 題

A・B、2つの文意が同じ①か違う②か答えなさい。

A Vers la fin du programme de quatre minutes j'étais très fatiguée. Mais j'ai bien réussi mes sauts et j'ai pu garder le sourire.

B マリーは世界選手権の演技の終盤でとても疲れを感じたが、見事、ジャンプには成功した。

98.秋.筆

長文読解、内容に一致する和文選択問題の対照箇所を併記したもの。Aの「私」とは、フィギュアスケート選手のマリーのことを指している。Aを訳せば「4分間のプログラムが終わる頃、私はとても疲れていた。でも、見事にジャンプを成功させ、笑みを保ち続けることができた」となる。

(解答) ①

sauvage [sovaʒ] adj 形

(生活などが) 未開の (=primitif)、(動植物が) 野生の (↔ domestique)

3級・準2級

Le lion est le roi des animaux sauvages. ライオンは野生動物の王だ。

Michel apprend aux visiteurs à écouter le bruit des petits animaux, à sentir le parfum des fleurs sauvages et à reconnaître les arbres en les touchant. 準2:11.春.筆

Michel が (森の) 探訪者に教えるのは、小動物の物音を聞くこと、野生の花の香りを嗅ぐこと、そして木々を触って識別することです。

＊長文読解、内容に一致する仏文の選択問題。

sauver [sove] (I)0 vt 他

救う、助ける

3級・準2級

Cet homme m'a sauvé la vie.

あの男性が私の命を救ってくれた。

Un pompier a sauvé un enfant qui a failli tomber du balcon.

消防士が、バルコニーから落ちかけている子どもを助けた。

savoir [savwar] (III)13 vt 他

知っている、覚えている、～できる

5級

Je ne sais pas. 知りません。

▶ 質問の内容は理解できるが、自分には答えがわからないときに使う。Je ne comprends pas. は質問自体が「わからない」の意味。

4級

Ma fille sait nager. 娘は泳げます。

▶ この文に続けて、Mais elle ne peut pas nager aujourd'hui parce qu'elle est enrhumée.「でも今日は泳げません、風邪をひいているから」などとすれば、"「(能力的に) できる」savoir 対「(外的条件が整っているので) できる」pouvoir" の差異を記憶できる格好の例になる。

Mon fils sait trois langues étrangères. 息子は3つの外国語ができる。

▶ connaître「(学問・技術に) 通じている、～の知識がある」を用いて、Mon fils connaît trois langues étrangères.「3つの外国語に通じている」とも言えるし、簡単に Mon fils parle trois langues étrangères.「3つの外国語を話す」でも十分に意味は通じる。

Je sais que Sébastien s'est marié.

Sébastien が結婚したことは知っています。

A B C D E F G H I J K L M N O P Q R S T U V W X Y Z

3級

出題

（ ）の語を必要な形に直しなさい。

- **Ne lui dis pas ça. Ça lui fera de la peine.**
- **Il faut qu'elle (savoir) la vérité.**

12. 春. 筆

「そんなこと彼女に言わないで。彼女を苦しめるだろうから」「彼女は本当のことを知るべきだよ」という対話にする。"il faut que＋[savoir の接続法現在]" の形。

（解答）*sache*

準2級

Elle ne savait pas ce que voulait dire ce mot. 16. 春. 筆. 改

彼女はその単語の意味がわからなった。

＊この文を Elle ne comprenait pas ce mot. と書き換える問題。

savon [savɔ̃] nm 男

石鹸（せっけん）

3級

出題歴なし

Ce savon sent très bon.

この石鹸はとても香りがいい。

◆ (se) savonner (I) 0 vr 代動

「石鹸で体を洗う」

準2級

Il est aussi important *d'arrêter l'eau* quand on se savonne, car en une minute, on perd environ 15 litres d'eau. 11. 春. 筆

石鹸で体を洗うときに、水を止めることも大事です。1分で、だいたい15リットルの水が失われるからです。

＊長文の空所補充問題。ただし、この se savonner には「石鹸で体を洗う」と注記あり。

scène [sɛn] nf 女

（劇場の）舞台、（映画などの）シーン、場面、光景

3級・準2級

Je voudrais quatre places pour 16 heures, s'il vous plaît ; près de la scène si possible.

16時の回を4席ください。できれば、ステージの近くをお願いします。

C'était une scène affreuse.

それは恐ろしい光景だった。

science [sjɑ̃s] nf 女

科学、学問、[複数で]（特定の・個別の）学、知識

3級・準2級

La science et la technologie sont très importantes pour la société.

科学と技術は、社会にとって非常に重要だ。

La science fait des progrès chaque jour. 科学は日々進歩している。

sec, sèche [sɛk, sɛʃ] adj 形

乾燥した、乾いた（↔ humide, mouillé）、（ワインが）辛口の（↔ doux）

3級・準2級

出題歴なし

Il fait sec.

空気が乾燥している（からっとした天気だ）。

Je vous conseille ce vin blanc sec.

この辛口の白ワインをおすすめいたします。

second(e) [səgɔ̃, -gɔ̃d] adj 形

第2の、2番目の

4級・3級

Je voudrais un aller-retour

Paris-Marseille en seconde classe.

4:97. 秋. 筆

パリ－マルセイユの往復切符を２等で１枚欲しいのですが。

＊和訳を参考に、vouloir の条件法現在を選択する問題。

La France est ma seconde patrie.

フランスは私の第２の祖国だ。

seconde [səgɔ̃d] nf 女

秒、瞬間、短い時間（=instant, minute, moment）

3級

Il y a 60 secondes dans une minute.

１分は 60 秒だ。

▶ Une minute compte 60 secondes. とも言える。

準２級

Attendez-moi, je reviens dans une seconde.

待っていてください、すぐに戻りますから。

D'abord, l'eau chaude met toujours quelques secondes avant d'arriver.

11. 春. 筆

まず、温水が出てくるまでには常に数秒かかる。

＊「節水」をテーマとした長文の空所補充問題。

secours [səkur] nm 男

手助け、救助（=aide）

3級

Au secours ! 助けて！

▶ 英語の Help! に相当する。

secret [səkrɛ] nm 男

秘密、秘訣

4級・3級・準２級

C'est un secret entre nous.

これは私たちだけの秘密です。

Tu sauras garder ce secret ?

この秘密は守ってくれるよね？

Elle a l'air en si bonne santé. Quel est son secret ?

彼女はとても健康そうだね。秘訣は何なの？

◆ secret, secrète adj 形

「秘密の、隠された」

3級・準２級

出題歴なし

Cet acteur garde sa vie privée secrète.

あの俳優は私生活を秘密にしている。

secrétaire [səkretɛr] n 名

秘書、秘書官

4級

- Je voudrais parler au directeur.
- Ne quittez pas, je vous passe sa secrétaire.

99. 秋. 筆

-「部長と話したいのですが」
-「(切らずに) そのままお待ちください。部長秘書と変わりますので」

＊電話での応答文を選択して、対話を完成させる問題。

sécurité [sekyrite] nf 女

安全、（危険に対する）保障

準２級

La sécurité avant tout ! 安全第一！

▶ avant tout で「何よりもまず」の意味。

Le petit chat se sentait en sécurité sous la table.

子猫はテーブルの下で安心していた。

séjour [seʒur] nm 男

滞在、滞在期間

3級・準2級

Quelle sera la durée de votre séjour ?
あなたの滞在期間はどれぐらいですか？

出　題

空欄に入る適語を選択しなさい。

Elle va faire un long (　　　) à Paris.
1. climat　2. peau　3. prénom
4. séjour　5. température

3:17. 春. 筆. 改

「彼女はパリに長い（　）をするつもりだ」という文の空所に、un long（　）により男性名詞を前提に、「天候」「皮膚 [nf]」「名」「滞在」「温度 [nf]」から選択する。

（解答）*4*

◆ séjourner (I)0 vi 自

「滞在する」

3級

Madame Kato va séjourner à Genève plus de huit jours.
Kato 夫人は 1 週間以上ジュネーヴに滞在する予定です。

sel [sɛl] nm 男

食塩、塩

4級・3級

Passez-moi le sel, s'il vous plaît.
塩を取ってください。

Cette soupe a besoin de plus de sel.
このスープにはもっと塩が必要だ。

semaine [səmɛn] nf 女

週、ウィークデー（↔ week-end）

5級・4級

□la semaine dernière　先週

□cette semaine　今週

□la semaine prochaine　来週

À la semaine prochaine!
また来週（会いましょう）！
▶ 別れ際の挨拶の表現。

Ma fille revient à la fin de la semaine.　娘は週末に戻ります。
▶ たとえば、月曜から木曜まで出張で、金曜日あたりには戻ってくるといった文脈で使うことが多い。「週末に」は en fin de semaine ともいうが、こちらは「（休日としての）土曜・日曜」le week-end に照準を合わせた表現。

On joue au tennis une fois par semaine.　週に 1 度テニスをします。

3級・準2級

Après-demain, c'est quel jour de la semaine ?　明後日は何曜日ですか？

Le magasin est ouvert en semaine.
その店は平日に開いています。

La semaine dernière, j'ai fait une promenade de trois jours en montagne.　14. 秋. 書
先週、3 日間、山歩きをしました。
＊「書き取り」（ディクテ）。

sembler [sɑ̃ble] (I)0 vi 自

（主に自分なりの判断で）～のように見える、～のように思える（＝paraître）

4級

Elle semble malade.
彼女は病気のように見える。

3級・準2級

Il semble qu'il va neiger demain.
明日は雪になりそうだ。

Ça semble être une bonne idée.
それはいいアイデアに思える。

sens [sɑ̃s] nm 男 pl 複

意味、(五感を通じての) 感覚、センス、方向

3級・準2級

Vous connaissez le sens de ce mot ?

この単語の意味がわかりますか？

L'homme a cinq sens.

人には五感がある。

Elle n'a pas le sens de l'orientation.

彼女には方向感覚がない。

sentir [sɑ̃tir] (III) 5 vi 自 vt 他

匂(にお)う、(聴覚・視覚以外の感覚を通じて) 感じる

5級・4級・3級

Ça sent bon [mauvais] dans cette chambre.

この部屋はいい (悪い) 匂いがする。

準2級

Tu as senti le tremblement de terre ?

地震を感じた？

Ils disent qu'elle sait bien écouter les sons et sentir les odeurs sur place.

13. 春. 筆

彼女は現場でちゃんと音を聞いたり、匂いを嗅いだりできる、と彼らは言っている。

＊弱視のジャーナリストに関する長文読解、内容に一致する仏文の選択問題。

◆ (se) sentir (III) 5 vr 代動

「自分が～と感じる」

4級・3級・準2級

Je ne me sens pas bien depuis quelques jours.

数日前から気分がすぐれない。

D'après une enquête de 2010, en France, 81% des employés se sentent assez libres quand ils choisissent les vêtements qu'ils portent sur leur lieu de travail.

準 2 : 12. 春. 筆

2010 年の調査によると、フランスでは、81% の従業員が、職場で着る服を選ぶ際にかなり自由だと感じている。

＊長文の空所補充問題から。

◆ sentiment nm 男

「感情、気持ち」

3級

En affaires, il n'y a pas de place pour les sentiments personnels.

ビジネスに、個人的な感情が入り込む余地はありません。

＊なお、sentiment を使った手紙文の結びの表現が、3 級の 96. 秋 や 97. 秋 に登場している（例 Je vous prie de croire, cher Monsieur, à l'expression de mes sentiments les meilleurs. 「敬具」 97. 秋. 筆）。

séparer [separe] (I) 0 vt 他

分ける、引き離す、分け隔てる

3級・準2級

- C'est possible. Mais elles sont séparées.
- Nous préférons être ensemble.

3 : 01. 秋. 筆

-「可能ですが、離れた席になります」
-「いっしょの方がいいです」

＊劇場の窓口での対話。elles は places「座席」を指している。空所に入る適当な文を、選択肢から選ぶ問題。

La Manche sépare la France et l'Angleterre.

英仏海峡がフランスとイギリスとを隔てている。

◆ (se) séparer (I) 0 vr 代動

「別れる」

準2級

出題歴なし

Ils se sont séparés après trois ans de mariage. 彼らは結婚3年後に別れた。

◆séparation nf 女

「分離、別離」

準2級

Pour que cette séparation se passe bien, il est nécessaire que les parents parlent de la colonie de vacances à l'enfant avant son départ. 13.秋.筆

この別離（子が親元を離れてキャンプすること）を成功させるためには、出発前に親がサマーキャンプについて話をしておく必要があります。

＊長文読解、内容に一致する仏文の選択問題。

septembre [sɛptɑ̃br] nm 男

9月

5級・4級

□au mois de septembre

9月に（=en septembre）

3級・準2級

À partir du 1er septembre prochain, je vais vivre en Suisse.

今度の9月1日から、スイスで暮らすつもりです。

Cette année, la rentrée des classes aura lieu le 10 septembre.

今年の新学期（授業再開）は、9月10日になる。

▶フランスの「新学期」la rentrée（広く「（ヴァカンスなどの休み明けの）活動の再開日」を指す）は9月に始まる。

sérieux, sérieuse [serjø, -rjøz] adj 形

まじめな、信頼できる、（傷や病などが）重い、重大な

3級・準2級

Elle est très sérieuse. Vous pouvez compter sur elle.

彼女はとてもまじめです。頼れる人です。

Ils ont un problème sérieux.

彼らは深刻な問題を抱えています。

▶「深刻さ」を強調するなら un sérieux problème の語順も可。

◆sérieusement adv 副

「まじめに、本気で」

4級・3級

Mes secrétaires travaillent toujours sérieusement.

私の秘書たちはいつもまじめに働いている。

準2級

L'anglais me suffit pour le travail, mais je pense à sérieusement apprendre le chinois. 17.春.聞

仕事では英語が使えれば十分ですが、本気で中国語を学ぼうと思っています。

＊長文を聞き、そのあとに流れる仏文が長文の内容に一致するか否かを答える問題。ちなみに、Christine a l'intention d'apprendre le chinois.「Christine は中国語を勉強するつもりだ」という文が、この例文の内容と一致すると解答する。

serrer [sere] (I)0 vt 他

握りしめる、（服が体を）締めつける

3級

Céline a serré la main de sa fille.

Céline は娘の手を握った。

Sa jupe la serre trop.

彼女のスカートはきつすぎる。

service [sɛrvis] nm 男

手助け、サーヴィス

3級・準2級

出　題

(　)に入る適語を 1～5 から選びなさい。

J'ai un petit (　　　) à vous demander.
1. bureau　2. direction　3. grève
4. séjour　5. service　3:17. 秋. 筆. 改

「ちょっとあなたにお願いがあります」という意味の文にする。Je peux vous demander un petit service ? / Pouvez-vous me rendre un service ? ともいう。

（解答）*5*

Le service est compris ?

サーヴィス料は込みですか？

▶ Le service est inclus ? ともいう。また、Le service est suspendu. は「サーヴィス一時停止中」の意で、飛行機や列車などの中では、「機内（車内）サーヴィスはただいま中止しております」となる。また、le service d'étage は「（ホテルの）ルームサーヴィス」のこと。

serviette [sɛrvjɛt] nf 女

ナプキン、タオル、書類カバン（= porte-document）

3級

Tu me passes une serviette ?　99. 秋. 筆

ナプキンをとってくれる？

＊この文を受けて、Celle-ci, ça va ?「これでいい？」と相手が応じる会話を完成させる問題。

Est-ce que je peux avoir une autre serviette ?

（ホテルなどで）タオルをもう 1 枚お願いできますか？

servir [sɛrvir]（III）6 vt 他 vi 自

奉仕する、給仕する、（～する）役に立つ

4級

C'est rond. Ça sert à jouer.　00. 春. 筆

それは丸いです。遊びに使われます。

＊文意に即して、イラストからサッカーボールを選ぶ問題。

Je vous sers le café tout de suite.

すぐにコーヒーをお出しします。

3級・準2級

Ce qu'elle fait ne sert à rien.

彼女がしていることは何の役にも立たない。

Nous servions les clients du matin au soir, tous les jours, même le dimanche.　3:05. 秋. 筆

私たちは毎日、日曜でも、朝から晩まで客にサーヴィスを提供していました。

＊長文読解、内容に一致する和文の選択問題。

◆(se) servir（III）6 vr 代動

「(de ～を) 使用する、自分で取り分ける」

3級

Pouvez-vous me montrer comment on se sert des baguettes ?

私に箸（はし）の使い方を教えていただけますか？

準2級

Je vous en prie, servez-vous !

どうぞご自由にお取りください！

Mon grand-père se sert d'appareils pour calmer la douleur.　15. 秋. 筆. 改

祖父は痛みを和らげるために器具を用いる。

＊選択肢に記されたこの文が、長文の内容に一致するか否かを答える。

A B C D E F G H I J K L M N O P Q R S T U V W X Y Z

seul(e) [sœl] adj 形

唯一の、ただ～だけ (=unique)、一人だけの (=isolé)

5級・4級

Sophie vit seule maintenant.

Sophie は今一人暮らしだ。

Je ne l'ai vue qu'une seule fois.

彼女には1度しか会っていない。

3級・準2級

C'était la première fois que je prenais l'avion toute seule.

準2:10. 秋. 聞

たった一人で飛行機に乗ったのは初めてだった。

＊この文を含む長文を聞いて、あとに流れる Lucie a voyagé toute seule en avion pour la première fois.「Lucie は初めてたった一人で飛行機で旅をした」が内容に一致していると答える。

◆ seulement adv 副

「ただ～だけ、(時間的に) まだ、やっと」

5級・4級・3級

Ce n'est pas cher, seulement dix euros.

それは高くはありません、わずか10ユーロです。

Luc est allé une fois seulement à l'étranger.

Luc は1度だけ外国に行ったことがある。

Il est seulement sept heures du matin. まだ朝の7時です。

準2級

□non seulement A mais aussi B

単にAだけでなくBもまた

Ses clients ne sont pas seulement les gens du quartier mais aussi des touristes étrangers. 11. 春. 聞. 改

地域の住民のみならず、外国人観光客も彼の店の客である。

＊長文を聞いて、あとに流れる仏文が内容に一致するか否かを答える。

sévère [sevɛr] adj 形

厳しい (=rigoureux)

準2級

- Vous ne trouvez pas mon père sévère ?
- Oh non ! *Le nôtre* est bien plus sévère. 09. 春. 筆

-「うちの親父は厳しいと思わない？」
-「とんでもない！ ぼくらの親父はもっと厳しいから」

＊notre père に代わる所有代名詞を選択肢から選び、対話を完成させる問題。

Les critiques étaient sévères pour l'écrivain.

批評家たちはその作家に対して手厳しかった。

▶ 好ましいイメージの「厳格な」には strict(e) が使われることが多い。

si [si] adv 副

[否定疑問に対する肯定の答え] いいえ、とても、それほど

5級・4級

- Tu n'aimes pas les chats ?
- Si, j'aime bien les chats.

-「猫が好きじゃないの？」
-「いいえ、猫は大好きです」

Il n'y a pas de train si tôt. 4:09. 春. 筆

そんなに早い時間に電車はないですよ。

＊対話を成立させる問題の選択肢から。

3級・準2級

- Tu n'es jamais allé(e) en France ?
- Mais si !

-「フランスに一度も行ったことがないの？」
-「とんでもない (行ってますよ)！」

Clémence est si gentille que tous ses camarades l'aiment bien.

Clémence はとても親切なので、友人はみんな彼女が好きです。

▶ si ～ que…で「とても～なので…」の意味。ただ、この構文は安易に使われやすい。たとえば、3 級[10. 春]の整序問題に、Il faisait *si froid qu'elles ont* mis des vêtements chauds.「とても寒かったので、彼女たちは暖かい服を着た」という文がある。しかし、このように当然の成り行きを表現する場合は、Comme il faisait très froid, elles ont mis des vêtements chauds. のように表現するほうが自然だ。

si [si] conj 接

(1) [仮定・条件] もし…ならば　(2) [間接疑問文で] …かどうか

(1) 4級

S'il fait beau demain, on ira à la mer.

明日晴れたら、海に行きましょう。

3級・準2級

Si vous étiez riche, qu'est-ce que vous feriez ? 3 :16. 春. 筆

もしあなたがお金持ちなら、どうしますか？

＊対話文の動詞活用問題から。

Si je savais conduire !

車の運転ができたらな！

▶ "Si S+V [直説法半過去] !" で「願望」を、"Si S+V [直説法半過去] ?" で「勧誘」を表す。なお、si の直後に副詞 seulement を添えれば「せめて～なら」というニュアンスを帯びる。

(2) 4級

Je ne sais pas si elle sera chez elle ce soir.

彼女が今晩自宅にいるかはわかりません。

3級・準2級

Il m'a demandé si je prenais du champagne.

彼は私にシャンパンを飲むかどうか尋ねた。

＊直接話法なら Il m'a demandé : « Vous prenez du champagne ? » などとなる。

siècle [sjɛkl] nm 男

世紀

4級・3級・準2級

□au XXIe siècle

21 世紀に（＝au vingt et unième siècle）

On est en 2019; il y a juste un siècle naissait Jerome David Salinger.

今年は 2019 年だ。ちょうど 1 世紀前に J. D. Salinger が生まれた。

Au siècle dernier, il y a eu d'immenses inventions technologiques.

前世紀に、大々的な技術的発明があった。

siège [sjɛʒ] nm 男

椅子、座席

3級

Désolée, monsieur, mais c'est *complet*. Il n'y a plus un siège. 94. 秋. 聞

あいにくですが、満席です。もう席はひとつもありません。

＊劇場の窓口での会話を聞いて、空欄に complet を入れる問題。過去問の問題集には、得点率 23.46% とある。

Elle a mis sa valise à côté d'elle, sur le siège du bus.

彼女はスーツケースを自分の脇（わき）の、バスの座席の上に置いた。

signal [siɲal] nm 男
signaux [siɲo] pl 複

合図、信号

3級

Veuillez me laisser votre message après le signal sonore. 99. 春. 筆. 改

信号音のあとにメッセージをどうぞ。

＊留守番電話の定型表現。空所補充問題の一部。ただし、出題文は Voulez-vous で始まっていたので手直しした。なお、signal は「合図」全般に用いるが、「(身振り・手振りに限定された) 合図」なら signe [nm] を用いる。

signe [siɲ] nm 男

(意思・感情を示す) 合図、記号、兆候

3級・準2級

出題歴なし

J'apprends la langue des signes.

手話を習っています。

C'est un bon signe.

それは良い兆候だ (幸先 (さいさき) がよい)。

silence [silɑ̃s] nm 男

沈黙

4級

Le silence est d'or.

(ことわざ) 沈黙は金。

▶ La parole est d'argent.「言葉 (雄弁) は銀」に続く言葉。

3級・準2級

□en silence　黙って

□garder [rompre] le silence

沈黙を守る (破る)

Elle a quitté la pièce en silence.

彼女は黙って部屋を出ていった。

出題

適語を補充しなさい。

少し静かにしてください。

Un peu de (s　　　), s'il vous plaît. 3:11.春.筆

定型表現を入れる。なお、この言い回しは4級 95.秋 の「聞き取り」にも登場している。

(解答) *silence*

s'il te plaît → plaire

s'il vous plaît → plaire

simple [sɛ̃pl] adj 形

単純な、簡単な

3級・準2級

□un aller simple　片道切符

Un aller simple pour Orléans, s'il vous plaît.

オルレアン行きの片道切符を1枚ください。

＊準2級 16.春 に、この「片道切符」を書かせる問題が出ている。

出題

単語を正しく並び替えて [　] 内に記入しなさい。

Ce problème n'est pas [　　　　].
que　vous　aussi　simple　croyez 3:02.春.筆.改

「この問題はあなたが思っているほど単純ではない」という同等比較の否定文をつくる。

(解答) *aussi simple que vous croyez*

◆simplement adv 副

「簡単に、ただ単に (=seulement)」

3級・準2級

Ce qu'il souhaite, c'est simplement gagner de l'argent.

彼が願っているのは、金を稼ぐことだけだ。

Elle a simplement lu le début du roman.

彼女はその小説の冒頭を読んだだけだ。

sincère [sɛ̃sɛr] adj 形

誠実な、心からの

3級

Vous croyez que son caractère soit sincère ?

彼（彼女）の人柄は誠実だと思いますか？

Je vous présente mes sincères salutations. （手紙の末尾で）敬具

＊上記例文以外にも、「敬具」に相当する表現が複数回出題されている。

situation [sitɥasjɔ̃] nf 女

状況、情勢、立場

3級

Si cette situation continue, les Dubois ne pourront plus partir en vacances l'année prochaine. 13.秋.筆.改

この状況が続けば、Dubois 家は来年、もうヴァカンスには出かけられないだろう。

＊長文読解、内容に一致する和文の選択問題。

準2級

Qu'est-ce que vous pensez de la situation actuelle du cinéma japonais ?

邦画の現状について、あなたはどうお考えですか？

Changer de travail dans cette mauvaise situation économique, ce n'est pas prudent. 11.春.筆

こんなに経済状況が悪いのに、転職するのは慎重さを欠いている。

＊対話形式の長文の空所補充問題。

situé(e) [sitɥe] adj 形

（町などが）位置した

3級・準2級

□être situé(e)　位置している

Cette ville est située à une heure de train de la capitale.

この町は、首都から電車で1時間のところに位置している。

ski [ski] nm 男

スキー

5級・4級

□faire du ski　スキーをする

Ils font du ski à Hokkaido.

彼らは北海道でスキーをする。

3級・準2級

Isabelle préfère les sports d'été au ski.

Isabelle は、スキーよりサマー・スポーツの方が好きです。

J'avais deux ans et demi quand mon père m'a fait chausser pour la première fois des skis nautiques sur le lac d'Annecy, à côté de chez nous. 3:98.秋.筆

私が2歳半のとき、自宅に近いアヌシ湖で、父がはじめて水上スキーを履（は）かせてくれました。

＊長文読解、内容に一致する和文の選択問題。

société [sɔsjete] nf 女

社会、（株式、有限などの）会社

3級

Mon fils va créer une société.

息子は会社を起こすつもりです。

Votre femme travaille pour une société indienne ? 03.秋.聞.改

あなたの奥さんはインドの会社に勤めているのですか？

＊対話文の「聞き取り」、和文が内容と一致するか否かを答える。

準2級

Chaque société a sa propre culture et son propre mode de vie.

A B C D E F G H I J K L M N O P Q R **S** T U V W X Y Z

どの社会にも独特の文化や生活様式がある。

◆ social(e) adj 形
sociaux mpl 男複

「社会の、社会的な」

準2級

« Nous vivons dans une société où les relations sociales (famille, amis, collègues, voisins, etc.) ne sont plus aussi fortes qu'avant », explique Beaufour. 16. 春. 筆

「私たちは、社会的関係（家族、友人、同僚、隣人など）がもはや以前ほど強固でない社会に生きている」と Beaufour は説明する。

＊長文の空所補充問題から。

sœur [sœr] nf 女

姉、妹（↔ frère）

5級・4級・3級

Tu as combien de sœurs ?

何人姉妹ですか？

Ma sœur est maintenant à l'hôpital.

姉（妹）は今入院中です。

▶ 普通は「姉」「妹」を区別しないが、区別するなら「姉」une grande sœur, une sœur aînée、「妹」une petite sœur, une sœur cadette を用いる。

準2級

J'habite avec ma sœur, qui a trois ans de moins que moi.

私は、3歳年下の妹といっしょに住んでいます。

soif [swaf] nf 女

（喉（のど）の）渇き、渇望

5級・4級・3級

□avoir soif　喉が渇いている

Tu as soif ?　喉が渇きましたか？

Je n'ai pas soif, mais j'ai faim.

喉は渇いていませんが、お腹がすきました。

準2級

On a soif quand on mange quelque chose de salé.

塩辛いものを食べると喉が渇きます。

soigner [swaɲe] (I)0 vt 他

世話する、治療する

3級・準2級

Elle l'a soigné pendant les deux dernières années de sa vie. 3 :05. 春. 筆. 改

彼女は、彼の人生の最後の2年間、彼の世話をした。

＊老人とその介護をした娘の話。長文の内容に一致している和文を選ぶ。

Dans cet hôpital, on soigne bien les malades.

この病院では、病人の面倒をよく見てくれる。

◆ (se) soigner (I)0 vr 代動

「（体を）大事にする、健康に気をつける」

3級・準2級

出題歴なし

Soignez-vous bien !

（病気の人に）どうぞお大事に！

soin [swɛ̃] nm 男

世話、心配り、（医者の）手当、治療

準2級

Prenez bien soin de vous.

（体の弱い人に）健康に気をつけてください。

D'après le médecin, Marie avait besoin de soins spéciaux, qui coûtent très cher. 16. 春. 筆

医者によると、Marie には特別な治療が必要だったが、それはとても高額とのことだ。

＊長文と、続いて示される仏文の内容が一致

するか否かを答える問題。

soir [swar] nm 男

夕方、夜、午後

5級・4級

À ce soir ! 今晩また（会いましょう）！

On se voit ce soir ?

今夜お会いしましょうか？

La boutique ferme à neuf heures du soir. その店は夜の9時に閉まる。

3級・準2級

J'ai un peu trop bu hier soir.

昨夜（ゆうべ）は少し飲みすぎた。

Claire s'occupe des animaux tous les jours, du matin au soir. 準2:15.秋.筆.改

Claireは毎日、朝から晩まで動物の世話をしている。

＊長文読解、内容に一致する仏文の選択問題。

◆soirée nf 女

「（持続する時間としての）夜、宵（よい）**、（夜の）パーティー」**

4級・3級

Bonne soirée ! おやすみなさい！

＊寝る時間にはまだ間があるときの別れの挨拶。時間帯によっては、「さようなら、楽しい夕べを」といった意味にもなる。

Tu ne viens pas à la soirée dansante demain ?

明日、ダンスパーティーに来ない？

準2級

La soirée m'a paru bien longue.

宵がとても長く感じられた。

soleil [sɔlɛj] nm 男

太陽、日光

5級・4級

Il fait un beau soleil.

すばらしい天気だ。

▶ Il fait (du) soleil. なら「日が照っている、いい天気だ」の意味。

3級

Le soleil se lève à l'est et se couche à l'ouest. 太陽は東から昇り、西に沈む。

準2級

Il a plu hier. Mais ce matin, le soleil est revenu. 15.秋.書.改

昨日は雨だった。しかし、今朝は日差しが戻った。

＊「書き取り」（ディクテ）。

solide [sɔlid] adj 形

頑丈（がんじょう）**な、丈夫な（↔ fragile）**

3級

Les maisons en *pierre* sont plus solides que les maisons en bois. 07.秋.筆

石造りの家屋は木造家屋に比べて丈夫だ。

＊文意から判断して、素材を表す前置詞 en と組み合わせるのにふさわしい語である pierre「石」を語群から選択する問題。

Ce pont suspendu n'a pas l'air solide.

あのつり橋は頑丈そうには見えません。

solitude [sɔlityd] nf 女

孤独

準2級

出題歴なし

Paris est une solitude peuplée.

パリは繁華な（人気の多い）孤独の地だ。

▶ ノーベル賞作家 François Mauriac の言葉。このあと、... ; une ville de province est un désert sans solitude.「地方の都市は孤独のない荒野だ」と続く。

A B C D E F G H I J K L M N O P Q R **S** T U V W X Y Z

solution [sɔlysjɔ̃] nf 女

(設問への) 解答、解決 (策)

3級

Françoise *hésite entre ces deux solutions.* 94. 秋. 筆

Françoise は 2 つの解決策のどちらにするか決めかねている。

＊整序問題。

La seule solution, c'est de changer d'emploi.

唯一の解決策は、転職することだ。

sombre [sɔ̃br] adj 形

暗い (↔ clair)、くすんだ、陰気な

3級・準2級

出題歴なし

La route était étroite et toujours sombre.

その通りは狭く、いつも薄暗かった。

somme [sɔm] nf 女

金額、総額 (=somme d'argent)

3級・準2級

Vous savez, Carlos a touché une somme *importante*. 3:91. 秋. 筆. 改

知っての通り、Carlos は莫大な金額を受け取った。

＊importante と置換可能な類義語 considérable「大きな、いちじるしい」を選択肢から選ぶ問題。

Ça coûtera une somme énorme pour restaurer la cathédrale.

その大聖堂を復元するには巨額の金が必要だろう。

sommeil [sɔmɛj] nm 男

眠り、眠気

5級・4級・3級

□avoir sommeil 眠い

Je n'ai pas sommeil. 眠くありません。

Non. J'ai peur d'avoir sommeil pendant mon travail. 4:12. 秋. 筆

いいえ。仕事中に眠くなると困りますから。

＊医者の Vous prenez des médicaments? という質問への返答。対話文を読んで、続いて示される和文の内容が一致するか否かを答える問題。

準2級

Mon mari manque de sommeil ces temps-ci. 近頃、夫は睡眠不足だ。

La petite fille a fermé les yeux, mais elle n'avait plus sommeil. 15. 春. 書. 改

少女は目を閉じたが、もう眠くなかった。

＊「書き取り」(ディクテ)。

sommet [sɔmɛ] nm 男

(山などの) 頂上

3級

Nous avons atteint le sommet du Mont Fuji à midi.

私たちはお昼に富士山の頂上に着いた。

sonner [sɔne] (I)0 vi 自 vt 他

(ベルなどが) 鳴(な)る、鳴らす

4級・3級

On sonne à la porte.

誰かがドアの呼び鈴を鳴らしています。

Le réveil a sonné à cinq heures.

目覚ましは 5 時に鳴った。

Je *prenais* une douche quand le téléphone a sonné. 3:91. 秋. 筆

シャワーを浴びていたら、電話が鳴った。

＊和訳を参考に、動詞 prendre を直説法半過去に活用する問題。

sorte [sɔrt] nf 女

種類、方法

3級

Il y a toutes sortes d'oiseaux sur cette île.

この島にはあらゆる種類の鳥がいます。

C'est une sorte de gâteau.

それはケーキみたいなものだ。

▶ "une sorte de＋[無冠詞名詞]" で「一種の～」の意味。

準2級

Il y avait toutes sortes de choses venues des pays voisins. 16. 秋. 書

近隣諸国から届いたあらゆる種類のものがあった。

＊市場の描写。「書き取り」（ディクテ）。複数 toutes sortes de choses や過去分詞（女性形複数）venues、そして des pays voisins を正確に書き取るのはかなり難しい。

sortie [sɔrti] nf 女

出口 (↔ entrée)、外に出ること

4級

Où est la sortie, s'il vous plaît ?

出口はどちらでしょうか？

***Vous pouvez nous attendre* à la sortie du métro ?** 15. 春. 筆

地下鉄の出口で、私たちをお待ちいただけますか？

＊整序問題。

3級・準2級

On a fait une petite sortie au bord de la mer dimanche dernier.

この前の日曜に、ちょっと海辺に出かけた。

sortir [sɔrtir] (III) 5 vi 自 vt 他

出かける、(de ～から) 外に出る、(de ～から) 取り出す

5級・4級

Le directeur n'est pas là, il est sorti.

こちらには部長はおりません、出かけております。

On sort ensemble ce soir ?

今晩一緒に出かけませんか？

3級・準2級

Mon père est sorti acheter des cigarettes. 父はタバコを買いに出た。

Elle a sorti un mouchoir de son sac.

彼女はバッグからハンカチを取り出した。

▶ 上記2つの例文で、自動詞・他動詞の違いによって、直説法複合過去の助動詞が être と avoir に分かれている点に注意。

Quand elle est *sortie* du lycée, elle a travaillé un moment dans une *banque*. 準2 : 08. 春. 聞. 改

彼女は高校卒業後、少しの間、銀行で働いた。

＊長文を聞き、続いて読み上げられる質問に従って、2箇所の空所を埋める問題。

souffrir [sufrir] (III) 2 vi 自

(肉体的・精神的に) (de ～で) 苦しむ

準2級

Bruno a pensé qu'elle souffrait simplement de stress. 10. 秋. 筆

Bruno は、彼女がストレスで苦しんでいるだけだと考えた。

＊医者の Bruno に関する長文を読み、続いて示される仏文が内容に一致するか否かを答える問題。

Je souffre de vous voir si triste.

そんなに悲しそうなあなたを見るのがつらい。

Ma grand-mère a souffert du dos pendant longtemps.

祖母は、長いこと背中が痛かった。

▶ Ma grand-mère a eu mal au dos pendant

A B C D E F G H I J K L M N O P Q R S T U V W X Y Z

longtemps. も同義になる。

souhaiter [swete] (I)0

vt 他

望む、願う (=désirer, vouloir)

3級

Je vous souhaite une bonne année.

新年おめでとうございます。

＊決まり文句。文法的には Bonne année!「新年おめでとう！」の間接話法の言い回し。3級 01. 秋 に、année の箇所を書かせる問題が出たことがある。

Je souhaite travailler avec vous.

あなたと一緒に仕事がしたい。

Je souhaite qu'elle *aille* vite mieux. 17. 春. 筆

彼女が早く回復するといいですね。

＊“souhaiter que＋S＋V［接続法］”の形にする動詞活用問題。

準2級

Il *souhaite même* qu'on ne donne jamais de devoirs à faire à la maison. 12. 秋. 筆

彼は、宿題がいっさい出されないことさえ願っている。

＊長文読解の空所補充問題から。子どもは、宿題以外に家庭でやるべきことがたくさんあるはずだという文脈にそって、souhaite même を選択肢から選ぶ。

soupe [sup]

nf 女

スープ

4級・3級

□manger de la soupe　スープを飲む

J'aime la soupe à l'oignon.

オニオンスープが好きだ。

Ce matin, on a mangé de la soupe de légumes.

今朝、野菜スープを飲みました。

source [surs]

nf 女

源、発生源、水源

3級

À la source, l'eau est délicieuse à boire. 96. 春. 筆

水源では、水がとてもおいしい。

＊イラストと適当な文を組み合わせる問題の一部。

準2級

Mon fils unique est la source de tous nos ennuis.

一人息子は私たちのあらゆる悩みの源だ。

sourire [surir] (III)24

vi 自

(à ～に) 微笑(ほほえ)む

3級・準2級

Claude a souri à sa fiancée [son fiancé].

Claude は婚約者に微笑みかけた。

▶ ちなみに、Claude, Dominique, Camille などは男女共通のファーストネーム。

Elle sourit tout le temps.

彼女はいつも微笑みをたやさない。

◆ sourire

nm 男

「微笑(ほほえ)み」

3級・準2級

Ma fille m'a fait un sourire.

娘が私に微笑んだ。

Mais j'ai bien réussi mes sauts et j'ai pu garder le sourire. 3 :98. 秋. 筆

しかし、私はジャンプを見事に成功させ、微笑みをたやさずにいられた。

＊フィギュアスケート選手の話。長文を読み、続いて示される和文が内容と一致するか否かを答える。

soutenir [sutnir] (III) 10

vt 他

(倒れないよう) 支える (=maintenir)、支援する、～であると主張する

準2級

Elle soutient l'équipe de Pologne de football.

彼女はポーランドのサッカーチームを応援している。

Il soutient que ce n'est pas raisonnable.

彼は、それは理にかなっていないと主張する。

(se) souvenir [suvnir]

(III) 10 vr 代動

(de ～を) 覚えている、思い出す (=se rappeler, ↔ oublier)

4級

Vous vous souvenez de Jacqueline ?

Jacqueline のことを覚えていますか？

3級・準2級

Ça y est, je me souviens !

やっと思い出した！

Je me souviens de lui avoir dit ça.

私は彼（彼女）にそう言ったことを覚えています。

＊準２級 09. 春 の「聞き取り」に、Tous les jours, je me souviens des trois ans que j'ai passés à Dijon. という文が出題されたが、これは不自然。「毎日、私は Dijon で過ごした３年を（繰り返し）思い出しています」の意味にしたいのだろうから、下線部分を je repense aux trois ans などとしないと違和感がある。

◆ souvenir nm 男

「思い出、記憶、土産（みやげ）」

3級

On garde un très bon souvenir de Milan.

ミラノにはとてもよい思い出があります。

準2級

Est-ce qu'il y a des magasins de souvenirs par ici ?

この近くに土産屋はありますか？

souvent [suvɑ̃] adv 副

しばしば、たびたび

5級・4級・3級・準2級

Elle visite souvent Kyoto.

彼女はしばしば京都を訪れる。

Mon fils va souvent à Paris pour affaires.

息子は商用でたびたびパリに行く。

Le professeur de français est souvent en retard.

そのフランス語の教師はよく遅刻する。

Il ne neige pas souvent dans cette région. この地方ではあまり雪は降らない。

spécial(e) [spesjal] adj 形

spéciaux [-sjo] mpl 男複

特別の (↔ ordinaire, général)

3級

Je vais faire un repas *spécial*.

11. 秋. 聞

特別な食事をつくるわね。

＊翌日が誕生日の息子に対する母親のせりふ。空所補充問題。アクサン記号の書き落としが多かったのか、正解率は 22% にとどまった。

準2級

Aujourd'hui est un jour spécial pour nous. 今日は私たちにとって特別の日です。

A B C D E F G H I J K L M N O P Q R S T U V W X Y Z

◆ spécialité nf 女

「名物料理」

3級

Tu *as mangé* quelques spécialités régionales ? 00. 春. 聞

いくつか土地の名物料理を食べましたか？

＊対話文を聞いて、一部を書き取る問題。

sport [spɔr] nm 男

スポーツ、娯楽

5級・4級・3級

□faire du sport　スポーツをする

Aimez-vous le sport ?

スポーツは好きですか？

Qu'est-ce que tu fais comme sport ?

スポーツは何をしますか？

Je fais du sport pour rester en bonne santé.

健康維持のためにスポーツをやっています。

準2級

Je vais au centre de sport une fois par semaine. 13. 春. 筆

週に1度、スポーツセンターに行きます。

＊会話文の空欄補充問題から。

◆ sportif, sportive adj 形

「スポーツの、スポーツをよくする」

3級

Mon père regarde souvent les émissions sportives à la télévision.

父はよくテレヴィでスポーツ中継を見ている。

stage [staʒ] nm 男

実習、研修（期間）

3級

Elle est allée au Japon pour faire un stage de six mois dans une compagnie de thé. 16. 春. 筆. 改

彼女は日本に行き、お茶を扱う会社で半年の研修を受けた。

＊長文読解、内容に一致する和文の選択問題。なお、stage には「研修」と注記がある。ただし、97. 秋には注記なしで、同じ3級に出題されている。

J'ai fait un stage de tennis il y a trois jours.

3日前にテニスの実習（講習）を受けた。

station [stasjɔ̃] nf 女

（地下鉄の）駅、ステーション

5級・4級

□la station de métro　地下鉄の駅

□la prochaine station　次の駅

Je dois prendre le métro pour aller à mon bureau, mais la station est loin d'ici. 4 :97. 秋. 筆

会社に行くには地下鉄に乗らなくてはなりませんが、駅はここから遠いのです。

＊対話文の内容に一致する和文の選択問題。

3級

Pardon monsieur, où est la station de métro la plus proche ?

すみません、一番近い地下鉄の駅はどこですか？

▶ ちなみに、「鉄道の駅」は une gare、「バス停」は un arrêt または une station d'autobus、「路面電車の駅」は un arrêt、「タクシー乗り場」は une station de taxi という。

stationner [stasjɔne] (I) 0 vi 自

駐車する

3級

Il est interdit de stationner ici.

ここは駐車禁止です。

steak [stɛk] nm 男
ステーキ、ビフテキ (=bifteck)

4級・3級

Un steak frites, s'il vous plaît.

フライドポテト添えのステーキをください。

- Comment voulez-vous votre steak ?
- À point, s'il vous plaît.

-「ステーキの焼き具合はいかがなさいますか？」
-「ミディアムでお願いします」

▶ 肉の焼き加減を尋ねるには Comment aimez-vous votre steak ? といった表現もする。なお、ステーキの焼き具合で「レア」は bleu、「ミディアムレア」は saignant、「ミディアム」は à point、「ウェルダン（よく焼いた）」なら bien cuit という。

studieux, studieuse
[stydjø, -øz] adj 形
勉強好きな、勤勉な

3級

Cet élève est studieux.

この生徒はよく勉強する。

studio [stydjo] nm 男
ワンルームマンション、スタジオ

4級

Tu cherches un studio ?

ワンルームマンションを探しているの？

3級

Hélène a déménagé dans un studio en centre-ville.

Hélène は都心のワンルームマンションに越した。

stupide [stypid] adj 形
ばかな、愚かな、(行動が) へまな

準2級

出題歴なし

Elle a fait une faute stupide.

彼女はばかげたミスをした。

stylo [stilo] nm 男
ペン、万年筆

5級・4級

***Prête*-moi ton stylo, s'il te plaît.**

08. 春. 筆

きみのペンを貸して。

＊動詞活用選択問題。なお、Prêtez-moi votre stylo.（3 級 13. 春）など、「ペンを貸して」という言い回しは複数回出題されている。

準2級

Pouvez-vous imaginer que dans le futur, on n'écrira plus avec un stylo ?

14. 春. 筆

将来、もはやペンで字を書くことがなくなると想像できますか？

＊長文の出だしで、全体のテーマを述べたもの。

succès [syksɛ] nm 男
成功 (↔ échec)、好結果 (↔ déboires)

3級

Elle est sûre de votre succès.

彼女はあなたの成功を確信している。

準2級

Après le grand succès de l'année dernière, « la bibliothèque de la plage » a ouvert au public le 1er août.

12. 春. 筆

昨年の大成功を受けて、8月1日には「浜辺の図書館」が開館した。

＊長文読解、内容に一致する仏文の選択問題。

sucre [sykr] nm 男
砂糖、角砂糖 (=morceau de sucre)

■5級

□ mettre du sucre　砂糖を入れる

Tu mets du sucre ?　砂糖入れる？

＊5級 09. 春 に、Je ne mets pas de sucre.「砂糖は入れません」が、整序問題で出たことがある。また、mettre trop de sucre「砂糖を入れすぎる」は、3級 16. 秋 に出題例がある。

■4級

Vous voulez votre café avec ou *sans* sucre ?　12. 春. 筆

コーヒーに砂糖を入れますか、入れませんか？

＊前置詞の選択問題。14. 春 には、Avec ou sans sucre ? という簡便な形も登場している。なお、「砂糖（角砂糖）はいくつ？」なら Combien de sucres ? という。

sud　[syd]　nm 男

南、[多く大文字で]（国の）南部（↔ nord）

■5級・4級

□ le sud de la France　フランス南部

▶「南フランス」は le Midi という。

Orléans est au sud de Paris.

Orléans はパリの南方にある。

■3級・準2級

Selon le livre, cet oiseau vit normalement plus au sud.　3:12. 春. 筆. 改

本によれば、通常この鳥はもっと南に生息している。

＊内容に一致する和文の選択問題。

Il y a un lac à dix kilomètres au sud de la ville.　その町の 10 キロ南に湖がある。

▶上記例文は、湖が市外にある場合である。前置詞を変えて dans le sud de la ville とすれば、「市の南部」つまり市内に位置することになる。

◆ sud-est　nm 男　adj 形

「南東（の）、南東部」

◆ sud-ouest　nm 男　adj 形

「南西（の）、南西部」

＊名詞 le Sud-Ouest「南西部」は一度、3級 99. 春 の「聞き取り」で出題歴がある。

suffire　[syfir]（III）34　vi 自

足りる、十分である

■3級

Ça suffit!

いい加減にして（もうたくさん）！

＊準2級 13. 秋 には、Ça (s　　) comme ça!「いいかげんにしてよ！」の空欄に、suffit を入れさせる問題が出ている。

Il vous suffit de présenter une carte d'identité.　95. 秋. 筆

身分証を提示していただければ十分です。

＊案内文を読み、内容に一致する和文を選択する。il suffit (à qqn) de＋inf. の「～するだけで十分である」という非人称構文。

■準2級

Une seule bouteille de cidre pour cinq personnes ! Ça ne suffira jamais !

5人でシードル1本だけ！ 全然足りるわけがないよ！

Suisse　[sɥis]　nf 女

スイス

■3級

Il y a trois semaines que ma femme est partie en Suisse.

妻がスイスに出発して3週間になります。

◆ suisse　adj 形

「スイスの」

3級

Mais pourquoi tu as pris du fromage suisse ? 15. 春. 聞

でも、どうしてスイスチーズを選んだのですか？

＊会話文の聞き取り。内容に一致する和文選択問題。

suite [sɥit] nf 女

続き、連続、結果

5級・4級・3級・準2級

□tout de suite　すぐに（＝immédiatement）

Je reviens tout de suite.

すぐに戻ります。

＊5級から準2級まで、この言い回しは万遍なく出題される。

3級

□de suite　続けざまに、連続して

□à la suite de qqch

～の結果、～のあとに

Ils ont marché huit heures de suite.

彼らは8時間ずっと歩き続けた。

Ce restaurant japonais est né à la suite des expériences de son patron. 02. 秋. 筆. 改

この和食レストランはオーナーの経験をもとに生まれた。

＊内容一致（和文選択）問題の改作。

suivant(e) [sɥivɑ̃, -vɑ̃t] adj 形

次の、その次の

3級・準2級

Mes parents ont passé l'année suivante au Canada.

両親は翌年（その次の年）をカナダで過ごした。

▶例文は過去が起点。もし、現在が起点なら l'année prochaine「来年」を使う。

Vous ne pouvez pas prendre le TGV suivant ? 準2:12. 秋. 筆

次の TGV に乗ることはできませんか？

＊会話文完成問題。「乗車予定の TGV」に間に合わないので、「後続の TGV」を駅員が提案する場面。suivant は、過去のみならず未来を起点にもできる。

suivre [sɥivr]（III）30 vt 他 vi 自

後について行く（来る）（↔ précéder）、沿って進む、（授業などに）出席する

3級・準2級

Suivez-moi, je vous montre le chemin.

私についてきてください、道を教えますから。

Tu veux suivre le cours de piano ?

ピアノのレッスンを受けたいの？

＊99. 春に、*Suivez*-moi, s'il vous plaît.「私についてきてください」が、動詞活用の問題として4級に出たことはあるものの、現状では3級レヴェル以上と判断した。

La route suit la rivière.

道路は川沿いに走っている。

sujet [syʒɛ] nm 男

主題、テーマ

準2級

□changer de sujet

話題を変える

Si on *passait* à un autre sujet ? 10. 春. 筆

別の話題に移りましょうか？

＊Changeons de sujet.「話題を変えましょう」を言い換える問題。相手を誘う表現 "Si on＋[直説法半過去] ?"「～しませんか ?」を用い、passer を選び、正しい時制に活用させる。

Quel est le sujet du débat ?
討論のテーマは何ですか？

superbe [sypɛrb] adj 形
非常に美しい、すばらしい（=magnifique）

3級

On a une vue superbe du haut de la colline. 丘の上からは絶景が楽しめます。

supérieur(e) [syperjœr]
n 名
上司

準2級

Pierre a fait un rapport à son supérieur sur la réunion. 13.春.筆
Pierre は、会議について上司に報告した。
＊この文を、Pierre *a rendu* compte de la réunion à son supérieur. と書き換える問題。

supermarché [sypɛrmarʃe]
nm 男
スーパーマーケット

3級

□aller au supermarché　スーパーに行く

Pas loin de ton magasin, près du grand supermarché. 09.春.聞.改
あなたのお店から遠くありません、大きなスーパーの近くです。
＊「お住まいは？」という問いかけに対する返答で、聞き取りの正誤問題に登場した。なお、「スーパーマーケット」より規模の大きな「大型スーパー」（2500平方メートル超）は hypermarché [nm] と呼ばれる。

supplément [syplemɑ̃]
nm 男
補足、追加（料金）

3級

- Est-ce que je peux voyager en première ?
- Oui, c'est possible, avec supplément. 97.秋.聞
-「ファーストクラスで旅行できますか？」
-「はい、可能ですが、追加料金がかかります」
＊対話を聞いて、和文がその内容に合っているか否かを答える問題。

supposer [sypoze] (I)0
vt 他
推測する、考える

準2級

Je suppose que mon mari sera de retour avant sept heures et demie.
夫は7時半までには戻ると思います。

Tu ne fais jamais le ménage, je suppose ? 17.春.筆
思うに、一度も掃除をしたことがないんじゃないの？
＊「あまりに汚れたアパルトマン」を見ての一言。対話文の空所補充選択問題から。

sûr(e) [syr] adj 形
(de ～を) 確信している、確かな、安全な

5級

□Bien sûr.　もちろん。(=Sûrement.)
▶ただし、文法上この sûr は副詞である。

4級・3級

Elle est sûre de rentrer vers vingt heures.
彼女は20時頃戻れると確信している。

Il y a bien sûr quelques banques dans la ville où ils habitent.
もちろん、彼らが住んでいる町にはいくつかの銀行があります。

◆ sûrement adv 副
「きっと、確実に、もちろん」

4級・3級

Demain, il va sûrement pleuvoir.
明日はきっと雨だろう。

Si ce manteau *coûtait* moins cher, je l'achèterais sûrement. 15. 春. 筆
このコートがもっと安ければ、きっと買うでしょうが。
＊"Si+S+V [直説法半過去], S+V [条件法現在]" という典型的なパターンの動詞活用問題。

surprise [syrpriz] nf 女
驚き、不意打ち、予期せぬこと

4級

Quelle surprise! ああ、驚いた！
▶ 偶然に人と出くわしたときなどに使われる。なお、嬉しい驚きであることを明確にするなら、Quelle bonne surprise !「これは嬉しい！」などという。

準2級

Son offre m'a pris(e) par surprise.
彼（彼女）の申し出には驚いた。
▶ prendre qqn par surprise で「人の不意をつく」の意味になる。

◆ surpris(e) adj 形
「驚いている」

3級

Surprise, elle l'a dévisagé.
彼女は驚いて、彼の顔をまじまじと見た。

surtout [syrtu] adv 副
特に、何よりも、とりわけ

3級

Parmi les fleurs, mon oncle aime surtout les roses.
花のなかでも、おじは特にバラが好きです。

準2級

Ils sont dangereux pour l'homme, *surtout* pour les enfants, qui jouent souvent dans le jardin. 09. 秋. 筆
それら（ここでは化学製品を指す）は人間にとって危険で、子どもたちにとってはとりわけ危険である。庭でよく遊ぶからだ。
＊文意に即して、選択肢から空欄に surtout を選ぶ。

surveiller [syrvɛje] (I) 0 vt 他
（子どもを）見守る、（仕事を）監視する

3級

Ma tante surveille mon bébé.
おばが赤ちゃんの世話をしてくれる。

une personne qui dessine les plans des maisons et surveille leur construction 00. 春. 筆
家屋の図面を描き、その建設を監督する人
＊この描写にふさわしい語 architecte「建築家」を選択肢から選ぶ。

sympathique [sɛ̃patik] adj 形
（人が）感じがいい、（雰囲気が）快適な（↔ antipathique）

4級

C'est une femme très sympathique.
あの人はとても感じのいい女性だ。

3級・準2級

L'autre jour, j'ai découvert un restaurant chinois sympathique.
先日、雰囲気のいい中華レストランを見つけた。

système [sistɛm] nm 男
システム、組織、制度

3級

introduction d'un nouveau système

93. 秋. 筆

新しいシステムの導入

＊現在はない出題形式。名詞 introduction の代わりに動詞 introduire を用いて、この言い回しを introduire un nouveau système と書き換えるという設問。

準2級

Vous vous intéressez au système éducatif en France ?

フランスの教育制度に関心がありますか？

T t

table [tabl] nf 女

テーブル、食卓

5級・4級

Qu'est-ce qu'il y a sur la table ronde ?

丸テーブルの上に何がありますか？

J'aimerais réserver une table pour quatre personnes.

(レストランで) 4人用のテーブルの予約をお願いします。

＊4級 12. 春 に、類似の文が、前置詞 pour を問う問題として出された。

3級

À table, les enfants !

みんな、ごはんですよ！

＊ 07. 春 と 18. 秋 に、この table を空所補充させる問題が出ている。

Ne fumez pas à table !

食事中にタバコを吸わないでください！

▶「食事中である」は être en train de manger ともいう。

◆tablette nf 女

「(機内の小さな) テーブル、タブレット」

▷ table「テーブル」+ette (「小型、小さい」を表す指小辞) から。

準2級

出題歴なし

Relevez votre tablette, s'il vous plaît.

(機内で) テーブルをお戻しください。

tableau [tablo] nm 男
tableaux pl 複

(一枚の) 絵、黒板 (=tableau noir)

4級・3級

Tu aimes bien ce tableau ?

この絵は好きですか？

▶ 総称としての「絵画、絵」には la peinture を使う (例 Vous vous intéressez à la peinture ?「絵に興味がおありですか？」)。

Qu'est-ce que tu penses de ce tableau ? この絵をどう思います？

▶ Comment trouves-tu ce tableau ? も類義。

準2級

En regardant ce tableau, elle a voulu aller en Espagne. 13. 秋. 筆. 改

あの絵を見て、彼女はスペインに行きたくなった。

＊この文を Ce tableau lui a donné envie d'aller en Espagne. と書き換える問題。

taille [taj] nf 女

(服の) サイズ、身長、ウエスト

4級・3級・準2級

Quelle taille faites-vous ?

(服の) サイズはいくつですか？

＊かつて4級 92. 春 の聞き取りにこの文が登場している。なお、「靴のサイズ」は la pointure という語を使う。

Je vais essayer la taille en dessous. 3 :99. 秋. 筆

もっと小さいサイズを試してみます。

＊内容一致の正誤問題の元となる長文から。「大きいサイズ」なら la taille au-dessus という。

On a un chien de petite taille.

小型犬を飼っています。

tailleur [tajœr] nm 男

仕立屋、テーラー、(女性用の) スーツ

4級

Son père est tailleur, il veut lui faire apprendre un métier. 96. 秋. 筆

彼の父親は仕立て屋で、彼に手に職をつけさせることを望んでいる。

＊長文読解問題より。ただし、tailleur には「(服の) 仕立て屋」と注記つき。

Ma sœur va se faire faire un tailleur-pantalon sur mesure.

姉(妹)は、パンタロンスーツを1着オーダーメードするつもりだ。

talent [talɑ̃] nm 男

才能、才能のある人

3級

Marine a du talent pour le dessin.

Marine には絵の才能がある。

tant [tɑ̃] adv 副

非常に、あれほど、そんなに

4級・3級

Tant pis. On va rentrer avant la pluie. しかたない。雨が降る前に帰ろう。

Tant mieux ! (それは) よかった！

＊Tant pis ! や Tant mieux ! は定番の一言。仏検では、90 年代から繰り返し問われている。

Mon fils mange tant.

息子はものすごく食べます。

準2級

□en tant que＋[多くは無冠詞名詞]

～として (＝comme)

Il est connu en tant que la voix française de Bruce Johnson. 12. 秋. 筆

彼は B. Johnson のフランス語の (吹き替えの) 声として知られている。

＊長文読解、正誤問題から。

J'ai tant marché que je ne peux plus tenir debout.

歩きすぎて、もう立っていられない (体がふらつく)。

▶ tant ... que で「あまりに...なので～である」の意味。

tante [tɑ̃t] nf 女

おば (叔母、伯母) (↔ oncle)

4級・3級

Vous connaissez sa tante ?

彼 (彼女) のおば様をご存知ですか？

Tu n'as pas aidé ta tante à faire la cuisine ?

おばさんが料理をするのを手伝わなかったの？

taper [tape] (I) 0 vt 他

(パソコンなどで) 打つ

準2級

En tapant des mots sur son ordinateur, on ne stimule pas autant son intelligence qu'en écrivant de belles lettres. 14. 春. 筆

パソコンで言葉を打っても、美しい文字を書くときほど知能は刺激されない。

＊長文の空所補充問題。ただし、taper には「打つ」と注記あり。

tapis [tapi] nm 男

絨毯(じゅうたん) (**▶ 部屋の一部に敷くものをいう**)

3級

Il y a une tache de café sur le tapis.

絨毯にコーヒーのしみがある。

▶ 部屋に敷き詰める大きな「絨毯」なら une moquette という。

tard [tar] adv 副

遅く、あとで (↔ tôt)、遅れて

5級・4級

□se lever [se coucher] tard

遅く起きる (寝る)

□rentrer tard　遅く帰る

C'est trop tard !　遅すぎた！

＊この定番表現は、5級[00. 秋]に、「飛行機に乗り遅れる」イラストを選択する問題として出されたことがある。また、3級[12. 春]には、和訳「手遅れです」をもとに、C'est trop (t　　). の空欄に tard を解答する問題が出題された。

Elle s'est levée très tard ce matin.

彼女は今朝とても遅く起きた。

3級

□tôt ou tard　遅かれ早かれ

□au plus tard　遅くとも

À plus tard !　あとでね！

＊別れの挨拶の定番。

Il reviendra dans une semaine au plus tard

彼は遅くとも1週間後には戻るでしょう。

＊なお、準2級[11. 秋]に、128 ans plus tard, l'histoire se répète.「その128年後、歴史は繰り返される」という文が出題された。

tarif [tarif] nm 男

料金、定価

3級

tarif réduit pour les concerts du soir et le cinéma　92. 秋. 筆

夜のコンサートと映画の料金割引

＊ある美術館の会員の特典を列記したもののひとつ。続いて示される和文と内容が一致するか否かを答える問題で、現在なら準2級レヴェル。この tarif réduit「割引料金」に対して、「通常料金、普通料金」は plein tarif という。

準2級

Il y a un tarif réduit pour les étudiants ?　学割はありますか？

tasse [tas] nf 女

カップ、カップ1杯分

4級・3級

□une tasse de café　コーヒー1杯（分）

＊英語 a cup of coffee に相当。3級の[93. 秋]に、tasse を書かせる設問があった。前置詞を à に置き換えて une tasse à café とすれば、「コーヒーカップ」のことで、これは前置詞を問う問題として準2級[11. 春]に登場している。

Chaque matin, mon père prend une tasse de thé chaud.

毎朝、父はホットティーを1杯飲む。

taxi [taksi] nm 男

タクシー

5級・4級・3級

□prendre un taxi　タクシーに乗る

En *prenant* un taxi, tu ne manqueras pas le train.　4:01. 秋. 筆. 改

タクシーに乗れば、電車に乗り遅れずにすみますよ。

＊訳文を参照しながら、ジェロンディフを見抜き、選択肢から prenant を選ぶ問題。

準2級

Ichiro est chauffeur de taxi à Londres depuis 2000.

イチローは、2000年からロンドンでタクシーの運転手をしています。

▶ chauffeur は「職業運転手」の意味（ただし、くだけた言い方では Il est taxi.「彼はタクシー運転手だ」などもある）。なお、一般の「運転手、ドライヴァー」なら conducteur, conductrice という。

tel(le) [tɛl] adj 形

そのような、このような

準2級

Il ne faut pas manquer une telle occasion.

そうした機会を逃してはならない。

Laissez-le tel quel.

それ、そのままにしておいて。

▶ tel quel「そのまま（で）、もとのまま」の意味。ただし、修飾する名詞に応じて形が変わるので注意（例 Laissez-les tels quels [telles quelles].「それらをそのままにしておいて」）。

Avec de tels services, les clients deviennent plus fidèles à leurs agences. 10. 秋. 筆

こうしたサーヴィスのおかげで、客は、その旅行代理店のいっそうの常連客となる。

＊長文読解の一部。「こうした」とは、「旅行中に好天に恵まれなかったケースには、保険金がおりるという（サーヴィス）」を指している。

télécharger [teleʃarʒe]（I）2 vt 他

ダウンロードする

▷ télé（loin「遠くに」）＋charger「書き込む、登録する」

準2級

出題歴なし

Il est interdit de télécharger des films.

映画のダウンロードは禁止されている。

▶ 接頭辞 télé- で始まる日常生活必須単語といえば、かつては une télécarte「テレフォンカード」がその代表格であった。

téléphone [telefɔn] nm 男

電話

4級・3級

Répondez-nous vite par téléphone. 4 :93. 春. 筆

至急お電話でご回答ください。

＊手紙文の、内容に一致する仏文の選択問題から。

Est-ce que je peux utiliser votre téléphone ? 電話をお借りできますか？

Lucie prenait une douche quand on a sonné.

Lucie がシャワーを浴びていたらベルが鳴った。

準2級

Pierre, on vous demande au téléphone. 08. 秋. 筆

Pierre、あなたに電話ですよ。

＊demander qqn au téléphone を appeler qqn au téléphone に置き換えて、Pierre, on vous appelle au téléphone. とする問題。

◆téléphoner（I）0 vi 自 vt 他

「電話する」

5級

Je dois téléphoner à mon ami.

友だちに電話しなくてはならない。

4級

Céline téléphone souvent à ses parents.

Céline はしょっちゅう両親に電話している。

Téléphonez-lui et demandez-lui de venir.

彼（彼女）に電話して、来るように言ってください。

télévision [televizjɔ̃] nf 女

テレヴィ（▶ télé と略す）

5級

□regarder la télévision　テレヴィを見る

Mon fils ne regarde pas la télévision.

うちの息子はテレヴィを見ない。

4級・3級・準2級

Ma fille aime regarder le foot à la télévision.

娘は、テレヴィでサッカーを見るのが好きだ。

Les Japonais regardent la télé en

moyenne trois heures par jour.

日本人は1日平均3時間テレヴィを見ている。

▶ Les Japonais passent en moyenne trois heures par jour devant la télé. などと書き換えられる。

tellement [tɛlmɑ̃] adv 副

とても、ずいぶん、それほど

4級

Je n'aime pas tellement.

私はそれほど好きじゃない。

▶ Je n'aime pas beaucoup. とか Je n'aime pas trop. も類義。

3級

Il a pensé que la télévision n'était pas tellement importante et il a décidé de ne plus la regarder. 11.秋.筆

彼はテレヴィはたいして重要でないと考え、もう見ないと決めた。

＊長文読解。内容に一致する和文選択問題。

準2級

Il faisait tellement chaud qu'elle a perdu l'appétit.

あまりに暑いので、彼女は食欲をなくした。

▶ tellement ... que で「とても…なので～である」の意味。

température [tɑ̃peratyr] nf 女

気温、温度、体温

3級・準2級

□la température à Tokyo　東京の気温

□avoir de la température

熱がある（=avoir de la fièvre）

La température y est toujours gardée entre 16 et 20 degrés. 3:09.秋.筆

そこでは（倉庫内を指す）温度が常に16度から20度に保たれている。

＊長文読解。内容に一致する和文選択問題。ただし、température「温度」と注記あり。

On dit que le déplacement des animaux et des plantes a une certaine relation avec la température. 3:12.春.筆

動植物の移動は、気温となんらかの関係があると言われている。

＊長文読解。内容に一致する和文選択問題。déplacement「移動」、température「気温」と注記が添えられている。

tempête [tɑ̃pɛt] nf 女

嵐、暴風雨

3級

□tempête de neige　吹雪

Mon avion n'est pas encore parti, à cause d'une tempête de neige. 10.春.筆

吹雪のせいで、私の乗る飛行機がまだ離陸していない。

＊会話文の、空所に補充する仏文選択問題。この発言に対する相手の反応が空欄になっており、そこに、Tu dois attendre encore longtemps ? を選ぶ。

準2級

Une violente tempête a frappé l'île.

激しい暴風雨が島を襲った。

Nous ne pouvons pas avancer à cause de la tempête. 13.春.筆

嵐のせいで、私たちは前に進めない。

＊文章書き換え問題。適切な動詞 empêcher を選び、活用させて、La tempête nous empêche d'avancer. とする。

temps [tɑ̃] nm 男

(1) 天気　(2) 時間、時、時代

(1) 5級・4級

Quel temps fait-il à Miyazaki ?

宮崎はどんな天気ですか？

＊天候を尋ねる Quel temps fait-il ? は 5 級で頻出。この例を À Miyazaki, il fait quel temps en hiver ?「宮崎では、冬はどんな天候ですか？」などとアレンジすれば、3 級・準 2 級レヴェルの言い回しになる。

Il fait un temps magnifique.

すばらしい天気です。

(2) 5 級

Combien de temps restez-vous à Rouen ? 01. 春. 筆. 改

ルーアンにはどれぐらい滞在なさいますか？

＊応答として、Deux mois. を選ぶ問題。現在なら 5 級にしてはやや難。

4 級・3 級・準 2 級

□tout le temps　いつも、たえず

□de temps en temps　ときどき

Ma mère sourit tout le temps.

母は微笑みをたやさない。

＊toujours, sans cesse [arrêt] に相当する言い回し。準 2 級 12. 秋 に、この tout le temps を解答させる問題が出ている。

Combien de temps faut-il pour aller chez elle ?

彼女の家に行くのにどれぐらい時間がかかりますか？

Elle est allée au Canada *pour* combien de temps ? 3 :08. 秋. 筆. 改

どれぐらいの予定で彼女はカナダに行ったのですか？

＊「予定」を表す前置詞 pour を答えさせる問題。この pour の用法は頻出。

tendre [tɑ̃dr] adj 形

(肉などが) 柔らかい (=mou, ↔ dur)、(人に対して) 優しい

準 2 級

出題歴なし

J'aime la viande tendre.

柔らかい肉が好きです。

Elle est tendre avec ses enfants.

彼女は、子どもたちに対して優しい母親だ。

tenir [tənir] (III) 10 vt 他 vi 自

持つ、保つ、経営する

5 級・4 級

Tiens ! Voilà la pluie. おや！ 雨だ。

▶ tenir の tu に対する命令形、Tiens ! で間投詞として使われ、「(軽い驚きの叫び) おや、あれ、(注意をうながして) ほら」の意味になる。

Ma mère tenait un bébé dans ses bras. 母が赤ん坊を腕に抱えていた。

3 級・準 2 級

□tenir sa parole [promesse]　約束を守る

Mon père tient toujours sa parole.

父は常に約束を守る。

▶ un homme de parole「約束を守る男」という言い方もある。

Mon oncle tient une boutique de souvenirs à Hakodate.

おじは函館で土産物屋を経営しています。

◆(se) tenir (III) 10 vr 代動

「(会議などが) 開かれる」(=avoir lieu)

3 級

Elle m'a demandé *si* je ne voulais pas aller avec elle à l'exposition d'estampes qui se tient à Shizuoka. 94. 秋. 筆. 改

彼女は、静岡で開催されている版画展にいっしょに行きたくないかと私に尋ねた。

＊文意に即して接続詞 si を選択する問題。

tennis [tenis] nm 男

テニス

5級

□faire du tennis

テニスをする（＝jouer au tennis）

Paul et Marie font du tennis ensemble.

Paul と Marie はいっしょにテニスをする。

4級・3級

Quand elle était jeune, elle *jouait* au tennis tous les dimanches. 3:96. 秋. 筆

彼女は若い頃、日曜になるとテニスをしたものだ。

＊和訳も参考にして、jouer を、「過去の習慣」を表す直説法半過去に活用する問題。

terminer [tɛrmine]（I）0

vt 他

（あらかた済んでいるものを）終える（＝finir, ↔ commencer）

4級

Il termine son repas et appelle le garçon. 97. 春. 筆

彼は食事を終えて、ボーイを呼ぶ。

＊レストランでの会話。そのト書きに当たる部分。

3級

Vers quelle heure terminez-vous le travail ? 仕事は何時頃終わりますか？

Vous terminez vos études à l'université l'année prochaine ?

来年、大学を卒業するのですか？

◆(se) terminer（I）0 vr 代動

「終わる」

4級

La vente des billets se termine à 17h 15. 95. 秋. 筆

入場券の販売は 17:15 で終わります。

＊美術館の案内文を読んで、続いて示される和文が内容に一致するかを答える問題。

terrain [terɛ̃] nm 男

（なんらかの使用目的を持った）土地、グラウンド

準2級

La piscine est à côté du terrain de tennis.

プールはテニスコートの隣です。

Si vous voulez que votre jardin soit comme un terrain de golf, c'est non. 09. 秋. 筆

もし庭がゴルフ場のようであることを望むなら、それはとんでもないことだ。

＊化学製品の使用に関する長文読解問題の一部。terrain de golf には注記がある。ちなみに、4 級 96. 秋 の「聞き取り」には、注なしで Est-ce qu'il y a un terrain de camping près d'ici ?「この近くにキャンプ場はありますか？」という文が出題されていた。

terrasse [tɛras] nf 女

（建物の）テラス、（カフェの）テラス

4級

- J'adore la petite terrasse.
- Elle est en plein soleil, il y fait trop chaud en été. 97. 秋. 筆. 改

-「小さなテラスが大好きだ」
-「日当たりはいいけど、夏は暑すぎるわね」

＊パリのアパルトマンを購入しようとしている夫婦の会話。続いて示される和文がその内容に一致するか否かを答える問題。

3級・準2級

On se met où, à l'intérieur ou en terrasse ? 3:98. 秋. 聞. 改

どこに座ろうか、中か、それともテラス？

＊この文に適したカフェの店先が描かれたイラストを選ぶ問題。ただし、実際の出題文は、On se met où, à l'intérieur ou à la terrasse ? となっているおり、不自然なので修

正した。もし、自宅で「中がいいか、テラスがいいか？」と客に問うなら sur la terrasse が使える。

terre [tɛr] nf 女

地面、土地 (=terrain)、[多くは大文字で] 地球 (=le globe)

3級・準2級

□par terre　床に、地面に

Sophie est tombée par terre.

Sophie は転んで床に（地面に）倒れた。

Victor croyait que ce ne serait pas confortable de dormir par terre sur un *futon*, un lit traditionnel japonais. 3:17. 春. 筆. 改

Victor は、日本の伝統的な寝床である布団で床に寝るのは快適でないだろうと思っていた。

＊長文読解の、内容に一致する和文の選択問題。このほかに terre は、une pomme de terre「じゃがいも」、un tremblement de terre「地震」の形で出題歴がある。

terrible [tɛribl] adj 形

ひどい、恐ろしい

3級

Il faisait un temps terrible hier soir.

昨晩はひどい天気だった。

準2級

On parle souvent de terribles accidents de la route. 09. 春. 筆

恐ろしい交通事故の話をよく耳にする。

＊長文読解の、内容に一致する仏文選択問題から。

◆terriblement adv 副

「非常に、ひどく、過度に」

3級・準2級

Il faisait terriblement froid cet hiver.

この冬はひどい寒さだった。

▶ Le froid était terrible cet hiver. と書き換えられる。

tête [tɛt] nf 女

頭、頭部（▶顔を含めた首から上の部分）

5級・4級

□avoir mal à tête　頭が痛い

Tu as mal à la tête ?　頭が痛いの？

Mon fils a mal à la tête depuis quelques jours. 4:12. 秋. 筆. 改

息子は数日前から頭が痛い。

＊会話文（内容一致の和文選択）の問題。tête は、圧倒的に「頭が痛い」という言い回しで登場する率が高い。

3級

Elle est élégante depuis les pieds *jusqu'à* la tête. 15. 秋. 筆

彼女はつま先から頭のてっぺんまでおしゃれだ。

＊相関句 depuis A jusqu'à B「A から B まで」の jusqu'à を答える問題。ただ、現在なら de la tête aux pieds と表現するのが通例。

texte [tɛkst] nm 男

文章、テキスト、作品

3級

Qui a écrit ce texte ?

この文章は誰が書いたの？

Je n'aime pas lire un texte en public.

人前で文章を読むのは好きではない。

▶ ちなみに、「教科書」なら un manuel という。

thé [te] nm 男

紅茶、茶

5級

Est-ce que tu veux un thé ? 10. 春. 聞

紅茶を１杯いかが？

＊これを聞いて、応答文として Oui, je veux

bien.「はい、お願いします」を選ぶ。

4級・3級

□boire du thé au lait　ミルクティーを飲む

Vous voulez du café ou du thé vert ?

コーヒーか緑茶はいかがですか？

Ma fille préfère le thé chinois au café.

うちの娘はコーヒーより中国茶が好きです。

＊aimer, préférer, adorer, détester など好き嫌いを表す動詞と、le thé, le café などの組み合わせは、定冠詞の問題の定番。

théâtre [teatr] nm 男

芝居(しばい)、演劇、劇場

3級

□aller au théâtre　芝居を見に行く

Vous savez où se trouve le théâtre ?

劇場がどこにあるかご存知ですか？

C'est pour faire du théâtre avec mes copains au collège. 15.春.筆

（スカートを借りたいのは）中学で友人と芝居をするためなの。

＊会話文（空所を埋める仏文選択問題）の一部。

ticket [tikɛ] nm 男

（地下鉄やバスなどの）切符、券、チケット

5級

Voici vos tickets. 12.秋.聞

こちらがあなたのチケットです。

＊votre ticket と vos tickets の単複を聞き分け、窓口の女性から複数枚のチケットを受け取るイラストを選ぶ問題。

4級・3級

C'est combien, le ticket ? 3:10.春.聞

チケットはいくらですか？

＊会話文の正誤問題で、C'est gratuit.「無料です」と相手が応じるという流れ。

timbre [tɛ̃br] nm 男

郵便切手

5級

Mais vous pouvez *acheter* des timbres au café. 95.春.筆

でも、カフェで切手を買えますよ。

＊会話文の穴埋め問題で、選択肢から acheter を選ぶ。現在なら4級～3級レヴェル。

4級・3級

Trois timbres à un euro, s'il vous plaît.　1ユーロ切手を3枚ください。

Mon fils collectionne des timbres de tous les pays.

息子は世界中の国の切手を集めています。

timide [timid] adj 形

臆病な、内気な、おずおずした (↔ hardi)

3級

Au début, nous étions étonnés et timides. 10.春.筆

はじめ、僕たちは驚いておずおずしていました。

＊外国人教師に臆する生徒たちを描写した長文から。続いて示される和文が内容に一致するか答える。

Il est trop timide pour faire ce travail.

彼はその仕事をするには内気すぎる。

tirer [tire] (I)0 vt 他 vi 自

引っ張る (↔ pousser)、(de ～から) 取り出す

5級

□tirer la porte　ドアを引く

Tire les rideaux !　カーテンを引いて！

4級・3級

Nicolas a tiré un mouchoir de sa

A B C D E F G H I J K L M N O P Q R S T U V W X Y Z

poche.

Nicolas はポケットからハンカチを取り出した。

tissu [tisy] nm 男

生地(きじ)、布地、織り方

3級

Qu'est-ce que c'est, comme tissu ?

生地は何ですか？

Maman a coupé ce tissu rouge avec une paire de *ciseaux*. 10. 春. 筆. 改

母はハサミでその赤い布地を切った。

＊文意をくんで空欄に、「ハサミ」ciseaux を選択肢から選ぶ。

titre [titr] nm 男

(本や映画の) 題、タイトル

3級

Il a vu un bon film à la télé, mais il *en* a oublié le titre. 04. 秋. 筆

彼はテレヴィで良い映画を見たが、タイトルを忘れてしまった。

＊le titre de ce film の、下線部分を受ける代名詞 en を空欄に入れる問題。

Quel est le *titre* du roman que vous cherchez, madame ? 07. 秋. 筆. 改

お探しの小説のタイトルは何でしょうか、マダム？

＊語群から空欄に titre を選ぶ問題。

toilettes [twalɛt] nfpl 女複

[複数で] トイレ

4級・3級・準2級

□aller aux toilettes　トイレに行く

Où sont les toilettes, s'il vous plaît ?

トイレはどこですか？

＊4級 08. 春 には、Les toilettes, s'il vous plaît. という簡便な言い回しが聞き取りに出題された。

Il y a quelqu'un aux toilettes.

トイレは使用中だ。

▶「トイレに人がいる」が直訳。日常会話では、簡便に C'est occupé.（ふさがっている）という。ただし、C'est occupé. は「(この席は) ふさがっています」とか「(電話で) お話し中です」の意味にも使われる。

◆toilette nf 女

「化粧、身支度、洗面 (台)」

4級・3級・準2級

□faire sa toilette　身支度する（洗面する）

▶ toilette と単数である点に注意。

Le chat avait fait sa toilette avec sa langue. 準2:17. 秋. 筆. 改

猫が舌で身づくろいをすませた。

＊長文読解問題の一文。

toit [twa] nm 男

屋根

4級・3級・準2級

□monter sur le toit　屋根に登る

Mon fils est monté sur le toit.

息子が屋根に登った。

Il habite sous les toits.

彼は屋根裏部屋に住んでいます。

tomate [tɔmat] nf 女

トマト

5級・4級

Donnez-moi trois kilos de tomates.

トマトを3キロください。

＊tomate は、5級では個数の聞き取りで、4級では重さの聞き取りで出題される傾向にある。

3級

Mes légumes préférés sont la tomate et la pomme de terre. 09. 春. 筆. 改

私の大好きな野菜はトマトとジャガイモです。

＊長文読解。内容に一致する和文選択問題。

Tu aimes bien le potage à la tomate ? トマトのポタージュは好きですか？

tomber [tɔ̃be] (I) 0 vi 自

ころぶ、落ちる、(雨などが) 降る、(ある状態に) なる

4級

Yumi va tomber de sa chaise.

11. 春. 筆. 改

Yumi は椅子から落ちそうだ。

＊この状況を表すイラストを選ぶ問題。

3級・準2級

□laisser tomber qqch

(支えがないと自然に落ちるものを) 落とす、見捨てる

□faire tomber　落とす、転ばせる

□tomber malade　病気になる

□tomber en panne　故障する

Fais attention à ne pas laisser tomber les assiettes !

皿を落とさないように気をつけて！

Mon mari a fait tomber sa montre.

夫は腕時計を落とした。

Elle est tombée et elle s'est blessée.

彼女は転んで、けがをした。

tort [tɔr] nm 男

誤り、落ち度

4級・3級・準2級

□avoir tort　間違っている

Je crois que tu as tort.

あなたは間違っていると思う。

▶ avoir tort の対義表現は、avoir raison「正しい」。

Mon mari ne reconnaît jamais ses torts.

夫はけっして自分の落ち度を認めない。

tôt [to] adv 副

朝早く、(通常よりも) 早く (↔ tard)

5級

On part très *tôt*.

98. 秋. 筆

(明朝は) とても早く出かけます。

＊このあと、Allez, prépare un sac.「さあ、カバン (荷物) の準備をしないと」と話が展開。文脈から、空欄に副詞 tôt を選ぶ問題。現在なら 4 級レヴェル。

4級・3級・準2級

□le plus tôt possible　できるだけ早く

□tôt le matin　朝早く (＝de bonne heure)

On doit rentrer le plus tôt que possible.

できるだけ早く帰宅しなくてはならない。

Vous saurez la vérité tôt ou tard.

遅かれ早かれ、あなたは真実を知るでしょう。

total [tɔtal] nm 男
totaux [-to] pl 複

合計、総計

3級

□au total　合計で、総計で

Ça vous fait cent vingt-cinq euros au total. 全部で 125 ユーロになります。

＊90 年代には、3 桁の数字をフランス語で書かせる問題が 3 級で出題されていた (ただし、当時の貨幣単位は franc)。

準2級

Il en a aujourd'hui 40 au total.

14. 春. 筆

彼は、今では全部で 40 のそれ (レストラン) を持っている。

＊長文読解、内容一致問題の選択肢から。

toucher [tuʃe] (I)0 vi 自 vt 他

さわる、触れる

4級

Ne touchez pas, s'il vous plaît.

手を触れないでください。

3級・準2級

Je n'ai pas touché ton dictionnaire.

3:08. 秋. 筆. 改

君の辞書には触れてもいないよ。

＊「僕の辞書をどこにやったの？」という問いを受けて、対話を完成させる問題。

Les visiteurs apprennent à reconnaître les arbres en les touchants.

準2:11. 春. 筆

（森の）訪問者は、木々に触れることでその識別することを学ぶ。

＊長文読解、内容一致問題の選択肢から。

toujours [tuʒur] adv 副

いつも、相変わらず

5級

Mon ami porte toujours une cravate bleue.

友人はいつも青いネクタイをしている。

Tu es toujours à Morioka ?

相変わらず盛岡にいるのですか？

＊toujoursの訳語を「相変わらず、まだ」とするのは意外に思いつかないので、覚えておくとよいだろう。

4級・3級

Mon patron déjeune presque toujours au même restaurant.

上司はたいてい同じ店でお昼を食べている。

準2級

Les gens ne respectent pas toujours les règles de sécurité. 08. 春. 筆

人がいつも保安規則を守るとは限らない。

＊長文読解問題中の一文。部分否定の言い回し。語順がne ... toujours pasならば「まだ～ない」（→ ne ... pas encore）の意味になる（例 Ma fille n'est toujours pas revenue.「娘はまだ戻ってきていない」）。

J'aime le Mexique depuis toujours.

ずっと前からメキシコが好きだ。

▶ depuis toujours「ずっと前から、昔から」の意味。なお、圧倒的に女性名詞が多い<e>の綴りで終わる国でも、Mexiqueのように「男性名詞」扱いの国がいくつかある（例 le Cambodge「カンボジア」、le Mozambique「モザンビーク」、le Zimbabwe「ジンバブエ」など）。

tour [tur] nf 女

塔

準2級

Cette tour fait 36 mètres *de* haut.

10. 秋. 筆

この塔は高さが36メートルある。

＊前置詞の問題。"[数値]＋de haut [de long, de large]"で「～の高さ（長さ、幅）」の意味。

Quelle est la plus haute tour du monde actuellement ?

現在、世界一高い塔は何ですか？

tour [tur] nm 男

回転、一周、順番

準2級

C'est à votre tour. あなたの番です。

Vous pouvez faire la distinction entre le tour et la tour ?

le tour「一周」とla tour「塔」の区別がつきますか？

▶ faire la distinctionと動詞distinguer「区別する」は辞書的には類義だが、この動詞は「見た目での区別」に用いるケースが多い。なお、この見出語tourは、「手品の技（芸）」

の注付きで、準2級 15. 秋 に出題されたことがある。

touriste [turist] n 名

観光客

4級

Je suis à Paris en touriste pour une semaine. 00. 春. 聞

観光客として、1週間の予定でパリにいます。

＊会話文の内容一致問題。4級にしては歯ごたえのある聞き取り。

3級・準2級

Là-bas, en été, il y a beaucoup de touristes, et je travaille comme surveillant de plage pendant les vacances. 準2:08. 春. 筆. 改

そこには、夏はたくさんの観光客が来るので、私はヴァカンス期間に海岸監視員として働いています。

＊長文読解問題の一部。

◆tourisme nm 男

「観光（事業、旅行）」

3級・準2級

Le tourisme est la principale industrie de cette île.

観光事業は、この島の主要産業だ。

◆touristique adj 形

「観光の」

3級・準2級

La France est-elle un pays touristique ? フランスは観光立国ですか？

tourner [turne] (I)0 vi 自 vt 他

曲がる、向きを変える

5級・4級・3級

□tourner à droite [gauche]

右（左）に曲がる

Tournez à droite au coin de la rue, s'il vous plaît.

その通りの角（かど）を右に曲がってください。

Allez tout droit puis tournez à gauche au premier feu.

まっすぐ行って、最初の信号を左折してください。

▶ Prenez à gauche au premier feu. あるいはもっと簡便に、Premier feu à gauche. と言い換えられる。

tousser [tuse] (I)0 vi 自

咳（せき）をする

3級

Ma grand-mère a toussé toute la nuit. 祖母は一晩中咳をしていた。

Ça fait *quelques* jours que j'ai mal à la gorge et que je tousse. 99. 秋. 聞. 改

数日前から喉が痛くて、咳が出ます。

＊医者と患者の対話の、空所補充問題。実際の出題には2つ目の que が省かれていたが、不自然なので追加した。

tout(e) [tu, tout] adj 形
tous, toutes [tu(s), tout] pl 複

すべての～、～すべて

5級

□tous les jours　毎日（＝chaque jour）

□tout le monde　みんな

Il déjeune ici presque tous les jours.

彼は、ほとんど毎日ここで昼食を食べている。

▶ "tous [toutes]＋[定冠詞（指示・所有形容詞）]＋[名詞]" で「すべての～、～ごとに」の意味。特に、「～ごとに、～おきに」の意味ではたいてい "tous [toutes] les＋[時間・距離の名詞]" という形で使う（例 Le bus arrive ici toutes les trente minutes.「バスは 30 分おきにここに到着する」)。

Tout le monde va bien.

みんな元気です。

▶ 3 人称単数扱い。"tout(e)＋定冠詞（指示・所有形容詞）＋[名詞]"で「〜すべて、〜全体」の意味になる。

4級

☐toute la journée　一日中

☐toute la nuit　一晩中

Mon grand-père reste chez lui toute la journée.　祖父は一日中家にいる。

Il a neigé toute la nuit.

一晩中雪だった。

3級

Mon mari boit du vin tous les soirs.

夫は毎晩ワインを飲む。

Pour le mariage de Réna, il y aura toute la famille.

Réna の結婚式には親族がみんな来る。

準2級

☐en tout cas

とにかく、いずれにせよ（＝de toute façon）

En tout cas, on sort.

いずれにしても、出かけます。

◆tout(e) pron 代
tous, toutes pl 複

「すべて（の人・物）、みんな」

4級

C'est tout.　以上です（それだけです）。

Tout va bien.　すべてうまくいっています。

Bonjour à tous.　みなさん、こんにちは。

▶ 代名詞（複数）tous は [tus] と発音する。

3級

☐en tout　全部で

Ça fait combien en tout ?

全部でいくらですか？

J'ai tout mangé.　全部食べました。

tout [tu] adv 副
toute(s) [tut] pl 複

まったく、とても

5級・4級

☐tout à fait　まったく、完全に

☐tout à l'heure　さっき、もうすぐ

☐tout de suite

すぐに（＝immédiatement）

☐tout droit　まっすぐ

Il est tout petit.

彼はとても小柄だ（幼い）。

Son appartement est tout près d'ici.

彼（彼女）のアパルトマンはこのすぐ近くです。

Vous avez tout à fait raison.

まったくおっしゃる通りです。

Je l'ai vue tout à l'heure.

さっき彼女に会いました。

▶「つい今しがた」（＝à l'instant）の意味。「ちょっと前」なら il y a un instant とか il y a quelques minutes といった表現を使う。

À tout à l'heure.　またあとで。

J'arrive tout de suite.　すぐ行きます。

Continuez tout droit.

まっすぐ行ってください。

3級

☐tout à coup

突然、急に（＝soudain, brusquement）

Le vent est tombé tout à coup.

突然、風がやんだ。

Mon fils travaille tout en écoutant de la musique.

息子は音楽を聞きながら勉強する。

▶ ジェロンディフの「同時性」などの「強調」として。

準2級

□tout de même
それでも、やはり（=quand même）

Tout de même, vous auriez pu nous prévenir.
それにしても、前もって知らせることはできたでしょうに。

◆tout nm 男

「全体」

5級・4級

□ne...pas du tout　まったく～ない

Je ne comprends pas du tout.
私にはまったくわかりません。

▶ du tout で「否定」を強調する。ほかに、ne...plus du tout、ne...rien du tout という形でも使われる（例 Il ne sait rien du tout.「彼は何も知らない」）。

3級

Donnez-moi le tout, s'il vous plaît.
全部まとめて私にください。

toutefois [tutfwa] adv 副

しかしながら（=cependant）

3級

Ma sœur est malade, toutefois elle travaille bien.
姉（妹）は病気ですが、それでもちゃんと働いています。

Je me permets toutefois de vous demander votre avis. 96. 秋. 筆
とはいえ（念のために）、あえてあなたのご意見をおうかがいさせていただきます。

＊手紙文の読解問題から。je me permets de ＋inf.「あえて～させていただきます」など3級にしてはかなりレヴェルが高い。

train [trɛ̃] nm 男

電車、列車

5級・4級

□prendre le train　電車に乗る

□changer de train　電車を乗り換える

On prend le train de vingt et une heures. 21時の電車に乗ります。

3級・準2級

□voyager en train　列車で旅する

Elle est en train de travailler ?
彼女は仕事中ですか？

▶ 成句 être en train de＋inf. は、「～している最中だ、～しつつある」という意味の、現在進行を表す。初級者は「電車で」と誤解しやすいので注意。

tranquille [trɑ̃kil] adj 形

静かな（=calme）、おとなしい（=sage）、安心した（↔ inquiet）

3級

Laissez-moi tranquille !
私にかまわないで！

＊「私をそっとしておいてください」が直訳。ちなみに、Laissez-la tranquille !「彼女をそっとしておいて！」が準2級 16. 秋 に出題されている。

Mais il vaut mieux laisser ces animaux tranquilles. 08. 春. 筆
しかし、そうした動物はそっとしておいたほうがいい。

＊長文読解の一部。ここでの ces animaux は「ナマケモノ」paresseux を指している。

準2級

Ce quartier est vraiment tranquille et c'est très agréable.
この界隈は実に静かでとても心地よい。

▶ 名詞 tranquillité を用いて、La tranquillité de ce quartier est très agréable. と言い換

えられる。

◆ tranquillement adv 副

「静かに、落ち着いて」

準2級

Et *on pourra discute*r tranquillement après. 08.秋.筆

あとで落ち着いて話し合うことができるでしょう。

＊対話文の空所補充問題。

transformer [trɑ̃sfɔrme] (I) 0 vt 他

〜を変える

準2級

出題歴なし

Mon grand-père a transformé un terrain vague en jardin public.

祖父は空き地を公園にした。

▶ transformer A en B で「A を B に変える」(＝changer A en B) の意味。

transmettre [trɑ̃smɛtr] (III) 32 vt 他

(情報・知識などを) 伝える

3級

Transmettez mes amitiés à tous.

皆様によろしくお伝えください。

＊3級97.秋の長文読解に出題例がある。ただ、現在なら準2級相当の単語かと思われる。

transport [trɑ̃spɔr] nm 男

運搬、運送、[複数で] 交通機関

▷ trans (au-delà de「彼方に」)＋port「運ぶこと」

3級・準2級

□ les transports en commun

公共交通機関

Pouvez-vous me transmettre la date et l'heure précises de votre arrivée ainsi que votre moyen de transport ? 3:97.秋.筆.改

あなたの正確な到着日時と交通手段を私にお知らせいただけますか？

＊フランス語講座受講に際して、事務局から送られてきた手紙文。

◆ transporter (I) 0 vt 他

「運ぶ、輸送する」

準2級

Les supertankers peuvent transporter environ 20 000 containers.

スーパータンカーは約20,000個（台）のコンテナを運ぶことができる。

travail [travaj] nm 男
travaux [-vo] pl 複

仕事、勉強、[複数で] 工事

5級・4級

Tu as du travail ce soir ?

今晩、仕事なの？

Cet été, il va venir à Paris *pour son travail.* 4:09.春.聞

今年の夏、彼は仕事でパリにやってくる。

＊pour son travail「仕事で」の箇所を聞き取る問題。

3級・準2級

Je ne peux pas survivre avec mon travail à mi-temps.

アルバイト（パート仕事）では食べていけない。

▶「アルバイト（パート仕事）」は un mi-temps だけで名詞としても使える。あるいは、un petit boulot という言い方をする。

Dans ce quartier, les travaux de construction sont toujours en cours.

この地区ではずっと建設工事が続いている。

＊ちなみに、「工事」を指す複数形 travaux の

出題歴はない。

▶ 英語 travel との類似から、travail を「旅行」と勘違いする人が多い。たしかに、語源（▷trepalium「拷問道具」）は同じなので、混同もさもありなん。ただ、大陸国フランスの「拷問」→「骨折り」が「仕事」「勉強」に転じたのに対して、島国である英国のそれは、危険の多い海を渡る「旅」「旅行」に転じた。

travailler [travaje] (I) 0

vi 自

働く、勉強する

5級・4級

Elle travaille cet après-midi ?

彼女は今日の午後仕事ですか？

Qui *travaille le mieux de* ta classe ? 4:09.春.筆.改

クラスでは誰が一番勉強しますか？

＊整序問題。

3級・準2級

Si on travaillait ensemble à la bibliothèque ? 図書館で一緒に勉強しない？

Il y a encore trois ans, mon père travaillait dans une banque.

3年前までは、父は銀行に勤めていました。

traverser [travɛrse] (I) 0

vt 他

渡る、横切る、通る

5級

Elles vont traverser la rue. 00.春.聞.改

彼女たちは通りを渡ろうとしている。

＊単数ではなく複数の人物が描かれたイラストを選ぶ。

4級

Est-ce qu'il y a un *pont* qui traverse cette rivière ? 09.秋.筆

この川にかかる橋はありますか？

＊空所に選択肢から pont を選ぶ問題。traverser が多義語で判断が難しかったためか、得点率は 55% にとどまった。

3級・準2級

On a traversé la France pour aller en Italie.

イタリアに行く途中、フランスを通った。

Cette année, Thierry a fait le projet de traverser la France en courant. 準2:14.秋.筆

今年、Thierry は走ってフランスを横断する計画を立てた。

＊義足のランナーに関する長文読解、内容一致問題。

tremblement [trɑ̃bləmɑ̃]

nm 男

震え、振動

3級

□tremblement de terre　地震（＝séisme）

Cette ville a été détruite par le tremblement de terre.

その町は地震で破壊された。

Elle avait des tremblements dans la voix. 彼女は声が震えていた。

très [trɛ] adv 副

とても、非常に

5級

Je vais très bien. とても元気です。

C'est très bon! すごくおいしい！

Ah, j'ai très sommeil.

ああ、すごく眠い。

4級・3級

Ils ne sont pas très intelligents.

彼らはたいして頭が良くない。

▶ 否定文だと「たいして（あまり）～ない」の意味になる。Ils ne sont pas tellement

intelligents. と言い換えられる。

triste [trist] adj 形

悲しい、情けない、みじめな

5級

Pourquoi elle est triste ? 11. 春. 聞

どうして彼女は悲しんでいるの？

＊この問いを聞いて、Parce qu'elle ne trouve pas son chien.「飼い犬が見つからないから」を選ぶ。

4級

□avoir l'air triste　悲しそうだ

Ma mère avait l'air très triste.

母はとても悲しげだった。

3級

Cela m'a rendue terriblement triste. 07. 春. 筆

そのことで私はひどく悲しい思いをした。

＊長文読解問題。ここでの指示代名詞 cela は「母親を事故で亡くしたこと」を指している。

◆tristesse nf 女

「悲しみ」

3級

Mais un jour, dans un restaurant, j'ai entendu par hasard une chanson qui m'a fait oublier ma tristesse. 07. 春. 筆

でも、ある日のこと、レストランで偶然耳にしたある歌が、私の悲しみを忘れさせてくれた。

＊長文読解問題。

(se) tromper [trɔ̃pe] (I) 0 vr 代動

間違える

3級

Oh, pardon ! Je me suis trompé(e).

あっ、すみません！ 間違えました。

Vous vous êtes trompé de numéro.

（電話で）番号違いです。

▶ Vous avez fait un faux numéro. といった言い方もする。また、Vous faites erreur.「お間違えです」も類義。se tromper de＋[無冠詞名詞]「～を取り違える、混同する」のほかの例としては、「人違いをする」se tromper de personne、「日付を間違える」se tromper de date などがある。

trop [tro] adv 副

あまりにも、～すぎる

5級

Ah, c'est trop cher. 10. 春. 筆

ああ、それは（値段が）高すぎる。

＊会話文の一部。

Ne mangez pas trop!

食べすぎないで！

＊trop は 5 級の筆記、聞き取りに頻出。

4級・3級

Cette robe est trop longue pour elle.

このワンピースは彼女には長すぎる。

Elle est malade, elle a mangé trop de chocolat.

彼女は病気です。チョコを食べすぎたせいです。

▶ "trop de＋[無冠詞名詞]" で「あまりにも多くの～」の意味。

trouver [truve] (I) 0 vt 他

見つける、思う

5級・4級・3級

Maman, je ne trouve pas ma clé !

ママ、鍵が見つからないよ！

Comment trouves-tu ma nouvelle cravate ? 僕の新しいネクタイどう思う？

準2級

J'ai trouvé un restaurant français

près de mon bureau. 13. 秋. 書

オフィスの近くにフレンチ・レストランを見つけました。

＊「書き取り」（ディクテ）。

◆ (se) trouver (I)0 vr 代動

「ある、位置している」（=être）

3級

Où se trouve la rue de Rivoli ?

リヴォリ通りはどこですか？

Je ne sais pas où se trouve son appartement. 10. 秋. 筆

彼（彼女）のアパルトマンがどこにあるのかわかりません。

＊対話文を用いた動詞活用問題の一部。

tuer [tɥe] (I)0 vt 他

殺す

準2級

出題歴なし

Une personne a été tuée dans l'accident. その事故で一人死者が出た。

Pour tuer le temps, on va regarder la télé. 暇つぶしに、テレヴィを見ようよ。

▶ tuer le temps で「暇をつぶす」の意味。

◆ (se) tuer (I)0 vr 代動

「自殺する、（事故で）死ぬ、健康を損なう」

準2級

出題歴なし

Ne vous tuez pas au travail !

仕事で体を壊さないで！

▶「働きすぎないで！」Ne travaillez pas trop ! なども類義。

tunnel [tynɛl] nm 男

トンネル

3級

□ traverser un tunnel　トンネルを通過する

Le train a traversé un tunnel.

列車がトンネルを通過した。

準2級

En 2010, un nouveau tunnel de 57 kilomètres a été percé en Suisse. 11. 秋. 筆

2010年、（全長）57キロの新しいトンネルがスイスで貫通した。

＊空所を補充して、長文を完成させる問題。

type [tip] nm 男

タイプ、型、典型

3級

□ quel type de＋[無冠詞名詞]

どのようなタイプの～

Quel type de vélo cherchez-vous ?

どのようなタイプの自転車をお探しですか？

＊大まかに種類を尋ねる言い回し。quel type de personne「どのような人」、quel type de nourriture「どんな食べ物」、quel type de chambre「どんなタイプの部屋」（12. 春. 筆）などのように使う。

Je n'aime pas du tout ce type de film. この手の映画はまったく好きじゃない。

準2級

On distingue bien plusieurs types de virus.

人はいくつものウイルスの型をきちんと識別している。

▶ なお、日常会話で type は「やつ、男」の意味でも使われるが、これまで仏検での出題例はない。

U u

unique [ynik] adj 形
唯一の、ユニークな

3級・準2級

□un fils unique　一人息子

Cette rue est à sens unique.
あの通りは一方通行だ。

Ce paysage est unique au monde.
この景色は世界でも比類のないものだ。

◆uniquement adv 副
「ただ～だけ、もっぱら」

3級・準2級

Cet hôtel accepte uniquement les femmes. La plupart de ses clientes sont en voyage d'affaires. 3:02.秋.筆
このホテルは女性だけを受け入れている。その女性客の大半は出張で来ている。
＊長文読解、内容に一致する和文選択問題。

université [yniversite] nf 女
大学

5級・4級・3級

Mon frère enseigne l'anglais à l'université depuis dix ans.
兄（弟）は大学で10年前から英語を教えている。

Elle est étudiante en troisième année à l'université. 3:06.春.筆.改
彼女は大学3年生です。
＊長文読解問題の出だしの文。

◆universitaire adj 形
「大学の」

3級

□la bibliothèque universitaire
大学図書館

Quand elle *était* étudiante, elle mangeait presque toujours au restaurant universitaire. 94.秋.筆.改
学生のとき、彼女はほとんどいつも学生食堂で食べていた。
＊動詞活用問題。restaurant universitaire は、略して resto U「学食」という。

usine [yzin] nf 女
工場

4級・3級

Ses parents travaillent en usine.
彼（彼女）の両親は工場で働いている。
▶「工場労働者」は un ouvrier [une ouvrière] d'usine、「工場長」なら un directeur [une directrice] d'usine という。

準2級

Dix personnes travaillaient dans cette usine. 15.秋.筆
その工場では10人が働いていた。
＊この文を Cette usine *employait* dix personnes. と書き換える問題。

utile [ytil] adj 形
役に立つ、有益な (↔ inutile)

4級

C'est très utile quand on se lève tôt. 00.春.筆
それは早起きする際にとても役に立ちます。
＊イラストから「目覚まし時計」le réveil を選ぶ。

3級・準2級

L'argent est toujours utile.
お金は常に有用だ。

utiliser [ytilize] (I) 0 vt 他

利用する、使う

4級・3級

Il est utilisé pour aller d'une gare à l'autre. 3:04. 秋. 筆

それは駅から駅へ行くためにに使われる。

＊この描写を受け、語群から train [nm]「電車」を選択する問題。

準2級

Il est relativement difficile d'utiliser l'énergie solaire.

太陽エネルギーの活用は比較的困難である。

▶「利用、活用」を意味する名詞 utilisation [nf] を用いて、L'utilisation de l'énergie solaire est relativement difficile. と書き換えられる。

V v

vacances [vakɑ̃s] nfpl 女複
ヴァカンス、休暇

5級

☐partir en vacances
ヴァカンスに出かける

☐être en vacances　休暇中である

Quand est-ce qu'ils partent en vacances ?
彼らはいつヴァカンスに出かけますか？

4級・3級

Bonnes vacances !
楽しいヴァカンスを！

Qu'est-ce que vous ferez pendant les vacances ?
休暇中は何をなさいますか？

Chaque année, mes parents passent leurs vacances d'hiver à Nice.
毎年、両親はニースで冬のヴァカンスを過ごします。

vache [vaʃ] nf 女
雌牛 (↔ taureau)

3級・準2級

Ils marchent avec des vaches.
3 :12. 秋. 聞. 改
彼らは雌牛と一緒に歩いている。
＊この文と内容が合致するイラストを選ぶ。

Selon M. Dubois, les médicaments qu'on donne aux vaches font paraître le lait peu naturel.
準 2 :16. 秋. 筆. 改
Dubois 氏によると、雌牛に投与される薬品のせいで、牛乳が自然なものではないように思われてしまうのだ。
＊長文読解問題の一部。

valeur [valœr] nf 女
（物や人の）価値（観）、有効性

準2級

出題歴なし

Cette toile n'a aucune valeur artistique.
この油絵にはまったく芸術的価値はない。

Ne laissez pas d'objets de valeur dans votre valise.
スーツケースに貴重品を入れたままにしないでください。

valise [valiz] nf 女
スーツケース (=bagage)

5級

Cette valise n'est pas lourde.
このスーツケースは重くありません。
＊これを Cette valise était trop lourde à porter.「重すぎて持てなかった」などと応用すると 3 級レヴェルになる。

4級

☐faire sa valise　旅の支度(したく)をする、荷造りをする

Ma sœur fait sa valise dans sa chambre.
私の姉（妹）は部屋で旅支度をしている。

3級

Si tu as *un sac* assez grand, tu n'as pas besoin de valise. 08. 春. 筆
もし十分な大きさのカバンを持っているなら、スーツケースは必要ありません。
＊文意に即して、un sac を選択肢から選んで空欄に入れる問題。なお、準 2 級では une valise pour mon voyage de cet été「今年の夏の旅行用スーツケース」を書き取らせる問題が 09. 秋 に出ている。

valoir [valwar] (III) 14 vi 自
～する方がよい、～の価値がある

4級・3級

□il vaut mieux＋inf.　～する方がよい

Il vaut mieux prendre le métro.
地下鉄に乗る方がいい。

準2級

Il vaut mieux ne rien dire.
何も言わない方がいい。

vaste [vast] adj 形
(面積・空間が) 広い、広大な

3級

On peut jouir d'un vaste panorama du sommet de cette montagne.
あの山頂から広々とした眺望が楽しめる。

vélo [velo] nm 男
自転車 (=bicyclette)、サイクリング (=cyclisme)

5級

De quelle couleur est le vélo de Cécile ?
Cécile の自転車は何色ですか？

4級・3級

□aller en [à] vélo　自転車で行く

□faire du vélo　サイクリングする

▶ faire de la bicyclette も同義。ただし、日常会話では bicyclette はあまり使われない。

Pierre marche en poussant son vélo.
3:08. 秋. 聞. 改
Pierre は自転車を押しながら歩いています。

＊この状況に合致するイラストを選ぶ問題。なお、準 2 級 09. 春 には、Paris 市内で自由に借りられる「自転車」をめぐる長文読解問題が出ている。

vendre [vɑ̃dr] (III) 25 vt 他
売る (↔ acheter)

3級

□une maison à vendre　売り家

Votre père ne vend que des légumes cultivés dans la région, n'est-ce pas ?
11. 春. 筆. 改
あなたのお父さんは、この地域で栽培された野菜だけを販売しているんですよね？

＊長文読解問題の一部。

準2級

Elle a vendu ses vêtements usagés aux marchés aux puces.
彼女はフリーマーケットで自分の古着を売った。

◆ (se) vendre (III) 25 vr 代動
「売れる」

準2級

Ce roman policier est le livre qui s'est le mieux vendu le mois dernier.
この推理小説が、先月もっとも売れた本です。

▶ se vendre bien で「売れ行きがいい」という意味。

vendredi [vɑ̃drədi] nm 男
金曜日

5級・4級

Nous sommes vendredi aujourd'hui.
今日は金曜です。

Vendredi soir, elles sont allées voir un film français.
金曜日の晩に、彼女たちはフランス映画を見に行った。

3級

Vendredi dernier, ils ont discuté de leurs plans pour le week-end.

A B C D E F G H I J K L M N O P Q R S T U V W X Y Z

15. 秋. 筆. 改

先週の金曜日、彼らは週末の計画について話し合った。

＊長文読解問題の出だしの文。

venir [vənir] (III) 10 vi 自

来る、(相手のいる所へ) 行く、(de ～ から) 来る、出身である、[近接過去] ～したばかりだ

5級

D'où venez-vous ?

どこからいらしたのですか (出身はどちらですか) ?

▶ 定番の表現。D'où êtes-vous ?「どちらの方ですか ?」とか De quelle nationalité êtes-vous ?「お国はどちらですか ?」なども類義。

- Vous avez faim ?
- *Non, je viens de manger.* 09. 秋. 聞

-「お腹がすいていますか ?」
-「いいえ、食事をしたばかりですから」

＊質問を聞いて、適切な返答を選ぶ問題。venir de＋inf. は近接過去を表し、「～したばかりである」などと訳せる。ただし、venir＋inf. なら「～しに来る」の意味。

4級・3級

Cet après-midi, qui est-ce qui vient chez elle ?

今日の午後、彼女の家には誰が来ますか ?

Je veux que tu *viennes* ce soir. 3 : 08. 秋. 筆

今晩、君に来てほしい。

＊動詞活用問題。"je veux que＋[接続法]" を見抜く。

vent [vɑ̃] nm 男

風、風向き

5級

Il y a du vent ce matin.

今朝は風がある。

＊Il fait du vent.「風がある」という形で、96年と 99 年に出題されたことがある。「風が吹く」なら Le vent souffle. ともいう。

4級・3級

Le vent du nord est trop fort ce soir.

今晩は北風が強すぎる。

vente [vɑ̃t] nf 女

(商品の) 販売 (↔ achat)、(商品の) 売り上げ

4級・3級

La vente des billets se termine à 17h 30. 4 : 95. 秋. 筆. 改

入場券の販売は 17 時 30 分に終了します。

La vente va bien. 売り上げは好調です。

ventre [vɑ̃tr] nm 男

腹(はら)**、お腹**(なか)

4級・3級

□ avoir mal au ventre　お腹が痛い

Depuis quand as-tu mal au ventre ?

いつからお腹が痛いの ?

＊ventre は、avoir mal au ventre「お腹が痛い (腹痛である)」の言い回しで 4 級～準 2 級まで幅広く登場している。ただし、この表現は「下痢」la diarrhée や「便秘している」avoir le ventre serré を連想させるので、avoir mal à l'estomac「胃が痛い」とする方が上品であると考える人もいる。

準2級

Elle se couche à plat ventre.

彼女はうつ伏せに寝ている。

▶「うつ伏せに倒れる」は tomber sur le ventre、「仰向けに倒れる」なら tomber à la renverse という。

vérifier [verifje] (I) 0 vt 他

(真偽や正確さを) 確かめる (＝confirmer)

3級

Vous devez vérifier un calcul.

検算すべきです。

＊vérifier un calcul は「計算を確認する」とも訳せる。名詞での言い換え vérification d'un calcul は、3 級92. 春に出題された。

vérité [verite] nf 女

真実、真理

4級

□dire la vérité

真実を語る、本当のことを言う

Je ne veux pas dire la vérité à mes parents.

親に本当のことを言いたくない。

3級

□savoir la vérité　真実を知る

Il faut que ma fille *sache* la vérité. 12. 春. 筆. 改

娘は真実を知らなくてはならない。

＊動詞 savoir の接続法現在 3 人称単数形を答える問題。

準2級

À la vérité, ma femme n'en sait rien du tout.

実のところ、妻はそのことについて、まったく何も知りません。

▶ à la vérité「実を言うと」は、「真実を暴露する」感覚で使う。微妙な差だが、類義の en vérité は「事実を認める」という含みで、「確かに、本当に」となる。

verre [vɛr] nm 男

グラス、コップ

5級

Il y a *de l'*eau dans le verre. 96. 春. 筆

コップに水が入っている。

＊部分冠詞を選ぶ問題。

4級

□un verre de vin　ワイン 1 杯

Pouvez-vous me donner un verre de vin rouge, s'il vous plaît ?

赤ワインを 1 杯いただけますか？

▶ 前置詞を置き換えて、un verre à vin とすれば「ワイングラス」の意味になる。

3級

□prendre [boire] un verre

（酒を）一杯飲む

On va prendre un verre ?

一杯いかがですか？

＊prendre [boire] un verre は 3 級04. 秋に長文の正誤問題に登場した。ほかに prendre un pot というくだけた言い方もある。

vert(e) [vɛr, vɛrt] adj 形 nm 男

グリーン（の）、緑色（の）、（植物が）生の

5級・4級

Mon père porte souvent une cravate verte.

父はよくグリーンのネクタイをしている。

Mangez *des* légumes verts. 4:96. 秋. 筆

生野菜を食べてください。

＊不定冠詞複数 des を問う問題。なお、4 級からは en vert「緑色でできている」「緑色（の状態）に」の形が登場する（例 peindre les murs en vert「壁を緑に塗る」）。

3級・準2級

□le feu vert　青信号

▶ 日本で言う信号の「赤・青・黄」は le rouge, le vert, l'orange となる。

Elle aimait surtout le thé vert. 3:16. 春. 筆

彼女はとりわけ緑茶が好きでした。

＊長文読解問題から。

A B C D E F G H I J K L M N O P Q R S T U **V** W X Y Z

veste [vɛst] nf 女
上着、ジャケット

3級

出題歴なし

Vous exigez une veste et une cravate ?

ジャケットとネクタイが必要ですか？

▶ ドレスコードを確認する表現。Veste et cravate sont-ils exigés ? ともいう。

vêtement [vɛtmɑ̃] nm 男
衣服、[複数で] 服、衣類

4級

Vous cherchez des vêtements pour enfants ?

子ども服をお探しですか？

3級・準2級

□changer de vêtements　服を着替える

Aujourd'hui, les vêtements coûtent beaucoup moins cher qu'hier.

準2:09. 秋. 書

今日は、衣類が昨日よりずっと安い。

＊衣類のセールについての「書き取り」(ディクテ)。

viande [vjɑ̃d] nf 女
(食用の) 肉

5級・4級

□manger [acheter] de la viande

肉を食べる (買う)

Mets du sel et du poivre sur la viande, s'il te plaît.

肉に塩・コショウをしてちょうだい。

3級・準2級

Frédéric préfère la viande au poisson.

Frédéric は魚より肉が好きだ。

＊3級 03. 春 の聞き取りには、類似した文が出題されている。

Cette viande est crue. Cuisez-la un peu plus.

この肉は生です。もう少し焼いてください。

victime [viktim] nf 女
(事故・犯罪・病気などの) 犠牲者、被害者

3級・準2級

Dis donc ! Qui est la malheureuse victime ?

3:97. 春. 筆

へー！ で、そのかわいそうな犠牲者は誰なの？

＊結婚を報告する知人を茶化す言い回し。対話文の空所補充問題。

Mon ami a été victime d'un accident de la route.

友人が交通事故の被害者になった。

victoire [viktwar] nf 女
勝利、戦勝 (＝triomphe)

準2級

出題歴なし

Le signe V de la victoire est utilisé par les jeunes sur les photos.

勝利の V サイン (ピースサイン) は写真撮影で若者に使われる。

vide [vid] adj 形
(中身が) からの (↔ plein)、(場所・時間が) 空いている、うつろな

準2級

出題歴なし

Le frigo était vide.

冷蔵庫はからっぽだった。

▶ Il n'y avait plus rien dans le frigo.「冷蔵庫にはもう何もなかった」も類義。

vie [vi] nf 女
人生、暮らし、生計、生命

4級

Qu'est-ce que vous faites dans la vie ?

お仕事は何をなさっていますか？

＊この定型表現は、4級08. 秋や17. 春にそのまま出題されている。なお、dans la vie は省いてもかまわない。

3級

La vie *coûte* cher là-bas. 13. 春. 聞

あそこは生活費が高い。

＊動詞 coûter の聞き取り問題。

C'est la vie !

これが人生というものさ（人生なんてこんなもの）！

準2級

Le malade est entre la vie et la mort.

その患者は生死の境にある。

vieux (vieil), vieille [vjø (vjɛj), vjɛj] adj 形
vieux mpl 男複

（人が）年取った（=âgé）、老けた、（物が）古い（=ancien）

5級

☐un vieil arbre　古い木、老木

☐une vieille dame　老婦人

▶現在は une personne âgée「高齢者」を用いることが多い。

Ma tante est vieille.

おばは年を取っている。

4級・3級

☐un vieil ami　旧友

▶女性なら une vieille amie となる。友人関係が現在も継続している場合に用いる。継続していないなら、un ancien ami「昔の友、かつての友」という。

☐la vieille église　古い教会

Le bus s'est brusquement arrêté pour éviter une vieille dame. 3 :01. 春. 聞

バスは老婦人を避けるため急停車した。

＊会話文と、続いて示される仏文が内容一致するかを答える問題。

▶見出語は「（物が）年代を経ている、古くからある」の意味。類義の ancien は、現在と対比して、「今とは別時代の」「歴史的価値がある」という意味合いで「古い」、あるいは、名詞の前に置いて「かつての、以前の」を意味する。

vif, vive [vif, viv] adj 形

活発な、（性格が）快活な、（色が）鮮明な、生きている

準2級

Pascale est vive et intelligente.

Pascale は活発で頭がいい。

Ce film m'a laissé une vive impression.

その映画は私に鮮烈な印象を残した。

villa [vi(l)la] nf 女

（規模の大きな）別荘

3級・準2級

出題歴なし

Autrefois, les Rothschild avaient une magnifique villa sur la Côte d'Azur.

かつて、Rothschild 家はコート・ダジュールに豪勢な別荘を持っていた。

▶例文の avoir は、posséder「所有する」という動詞にも置き換えられる。

village [vilaʒ] nm 男

村

5級・4級

☐un petit village en France

フランスの小さな村

Ce village est à dix kilomètres.

その村は10キロ先にあります。

■3級

Ma tante habite dans un petit village depuis son enfance. 12.春.筆.改

おばは子どもの頃から小さな村に住んでいる。

＊長文読解の内容一致問題を改作したもの。

■準2級

Depuis, ma mère vit toute seule dans son village de montagne.

それ以来、母は山村でたった一人で暮らしている。

＊準2級 12.春 に、類似の文が「書き取り」（ディクテ）で出題された。

ville [vil] nf 女

都市、都会、町

■5級

□une grande ville 大都会

Je n'aime pas habiter dans *les* grandes villes. 5:04.春.筆

私は大都会に住むのは好きではない。

＊定冠詞 le, la, les から、適切なものを選ぶ問題。

■4級・3級

Cette ville *a été détruite* lors du tremblement de terre. 4:93.秋.筆.改

この町は地震の際に破壊された。

＊現在なら3級〜準2級レヴェルの文。複合過去の受動態が問われた。

Est-ce que tu préfères la ville à la campagne ?

田舎よりも都会が好きなのですか？

vin [vɛ̃] nm 男

ワイン

■5級

J'aime le vin rouge.

私は赤ワインが好きです。

■4級・3級

□acheter une bouteille de vin

ワインを1瓶（1本）買う

Vous voulez du vin blanc ?

白ワインはいかがですか？

Il ne *reste presque plus de vin* dans la bouteille. 3:97.秋.筆

ボトルにはほとんどワインが残っていません。

＊整序問題から。

violent(e) [vjɔlɑ̃, -lɑ̃t]

adj 形

激しい、暴力的な、猛烈な

■準2級

Les propriétaires se plaignent de voleurs, qui arrivent en camion et sont souvent violents. 10.春.筆

（森林の）所有者は泥棒に不平をこぼす。トラックでやってきて、暴力をふるうことが多いからだ。

＊長文中の空所補充問題の一文。

◆violence nf 女

「暴力、激しさ」

■準2級

出題歴なし

J'admets la colère, jamais la violence.

怒りは認めるが、暴力はけっして認めない。

violon [vjɔlɔ̃] nm 男

ヴァイオリン

■3級

□jouer [faire] du violon

ヴァイオリンを弾く

Elle gagnera le premier *prix* au concours de violon. 11.春.筆.改

彼女はヴァイオリンのコンクールで優勝するだろう。

＊文意に即し、prix を語群から選ぶ問題。

◆ violoniste n 名
「ヴァイオリン奏者」

3級

David, violoniste, est entré un soir dans un café. 04. 秋. 筆

ヴァイオリン奏者の David は、ある夕方カフェに入った。

＊ただし、見出語には欄外に注が添えられている。

visage [vizaʒ] nm 男
顔 (＝tête)、顔立ち、姿 (＝figure, aspect)

3級

□changer de visage　顔色を変える

Il a le visage rond.　彼は丸顔だ。

▶ tête「頭、頭部」の前面部、すなわち「顔」を指す。

Son visage me dit quelque chose. 98. 春. 聞

彼の顔には見覚えがあります。

＊Tu connais cet homme ?「この男性を知っていますか ?」に対する返答。ちなみに主語を置き換えて、J'ai déjà vu son visage quelque part. とすれば「彼の顔を以前どこかで見たことがある」といった意味になる。

準2級

On dessine surtout *des visages*. 15. 春. 筆

特に顔を描いています。

＊Qu'est-ce qu'on dessine dans vos cours ?「授業では何をデッサンしているのですか」への返答。文脈に即して、空所に des visages を選択する。

visiter [vizite] (I)0 vt 他
(場所を) 訪問する、訪れる

5級・4級

□visiter le musée du Louvre

ルーヴル美術館を訪れる

Tu veux visiter le Maroc ?

モロッコに行きたいの？

＊「(人を) 訪問する、訪れる」と表現する際は rendre visite à qqn の形を使う (例 Si je connaissais son adresse, je lui rendrais visite.「もし彼の住所がわかれば、訪問するのですが」3 級 11. 秋. 筆)。

On vient de visiter la maison de Monet.

Monet の家を訪問したばかりです。

3級

Il a visité ce petit village pour la première fois en 2015.

2015 年に、彼は初めてこの小さな村を訪れた。

◆ visite nf 女
「訪問、見物」

準2級

Le Président va faire une visite officielle cet hiver.

大統領はこの冬に公式訪問の予定である。

Il *ne s'agit pas* d'interdire ou d'empêcher les visites. 15. 秋. 筆

見学禁止や阻止が問題になっているのではない。

＊長文読解問題。文脈に即し、空所に入れる語句を選ぶ問題。

◆ visiteur, visiteuse n 名
「訪問者、見物客」

準2級

Michel donne rendez-vous à ses visiteurs à 21 heures. 11. 春. 筆

Michel は午後 9 時に (森林の) 見学者と待ち合わせる。

＊森のガイド Michel に関する長文を読み、続いて示される仏文が内容一致するかを答える問題。

vite [vit] adv 副

急いで、速く、早く、まもなく (=bientôt)

5級

□courir vite 速く走る

□marcher vite 急いで歩く

Parlez moins vite, s'il vous plaît.

もう少しゆっくり話してください。

4級

Le temps passe vite.

時が経つのは速い。

3級

Répondez-moi le plus vite *possible*. 08. 春. 筆. 改

なるべく早くご連絡ください。

＊和訳を参考に、(p　　) と示された空欄に possible を解答する問題。

vitre [vitr] nf 女

窓ガラス

3級

C'est Sylvie qui a cassé une vitre. 98. 春. 聞. 改

窓ガラスを割ったのは Sylvie だ。

＊Qu'est-ce que c'est ce bruit ?「あの音は何だ ?」という質問への返答。

vivre [vivr] (III) 29 vi 自 vt 他

暮らす (=passer sa vie)、生きる (=exister)

3級・準2級

Mes grands-parents vivent des jours heureux.

祖父母は幸せな日々を送っている。

Je ne voulais pas vivre comme ma mère. 準 2 :08. 秋. 聞

母のような生き方はしたくなかった。

＊長文の聞き取り問題の冒頭。

vocabulaire [vɔkabylɛr] nm 男

語彙、専門用語 (辞典)

準2級

出題歴なし

Elle lit beaucoup pour enrichir son vocabulaire.

彼女は語彙を増やすためにたくさん本を読む。

voici [vwasi] prep 前

これは〜だ、〜がここにいる (ある)

5級・4級

Voici la clé. La chambre est au premier étage.

こちらがキーです。部屋は 2 階にあります。

3級

Voici le village *où nous allons passer nos* vacances. 09. 秋. 5

ここが、私たちがヴァカンスを過ごす予定の村です。

＊整序問題。

voilà [vwala] prep 前

あれは〜だ、〜があそこにいる (ある)、(物を手渡して) はいどうぞ

5級・4級

Voilà le bus ! ほら、バスが来た !

- Votre passeport, s'il vous plaît.
- Voilà, monsieur.

-「パスポートをお願いします」
-「はいどうぞ」

3級・準2級

***Voilà pourquoi* l'écriture manuscrite risque de disparaître dans les prochaines années.** 準2:14.春.筆.改

こうしたわけで、この先何年かしたら、手書きの文字がすたれてしまう恐れがある。

＊長文読解。文脈から、前文の内容を「根拠」ととらえて間接疑問文を導く展開を見抜き、"voilà＋[間接疑問節]"の形を空欄に入れる。ちなみに、出題文では l'écriture manuscrite が l'écriture manuelle となっていて、「手で書くこと」と注があるが、あまり見かけない表現なので修正した。

voir [vwar] (III) 11 vt 他

見る、(人に) 会う、(医者に) 診てもらう、理解する

5級・4級

Ce week-end, je vais voir mes parents à Dijon.

今週末、ディジョンにいる両親に会いに行きます。

3級・準2級

Ça fait longtemps que je n'ai pas vu mes parents.

ずいぶん長いこと両親に会っていません。

Vous feriez bien d'aller voir le médecin.

医師に診てもらったほうがいいですよ。

▶ aller voir qqn で「(人に) 会いに行く」。

Tu vois ce que je veux dire ?

私の言いたいことがわかりますか？

voisin(e) [vwazɛ̃, -zin] adj 形

隣接した、近所の

4級

Ma mère se repose dans la chambre voisine.

母は隣の部屋で休んでいます。

3級・準2級

Mon oncle va au travail en bus, à l'usine qui est dans la ville voisine.

おじは、隣町にある工場へ、バスに乗って仕事に行く。

◆ voisin(e) n 名

「近所の人、隣人」

3級

Nos voisins sont souvent bruyants.

うちの近所の人たちはしょっちゅう騒がしくしている。

voiture [vwatyr] nf 女

車 (＝automobile)、乗用車

5級

□ partir en voiture　車で出かける

Il faut trente minutes en voiture.

車で 30 分かかります。

4級

Tu sais où est la clé de la voiture ?

車のキーはどこにあるかわかる？

3級

Vous avez combien de places dans votre voiture ? 91.春.筆

あなたの車は何人乗りですか？

＊この place は「座席、定員」の意味。この質問に対して、J'en ai quatre.「4 人乗りです」という応答を選ぶ。

voix [vwa] nf 女

声

4級・3級

Mon frère a une belle voix.

兄 (弟) は声がいい。

▶ avoir une voix agréable も同義。

A B C D E F G H I J K L M N O P Q R S T U V W X Y Z

Mon fils a une voix qui porte bien.
息子は声がよく通る。

準2級

□parler à haute voix [à voix basse]
大声（小声）で話す

Ma fille a lu la lettre d'amour à haute voix.
娘は声を出してラヴレターを読んだ。

▶ lire à haute voix は「音読する、声に出して読む」の意味。

voler [vɔle]（I）0 vi 自 vt 他

(1)（空を）飛ぶ　(2) 盗む

(1) 3級

On voit un avion qui vole. 97. 春. 聞
飛行機が飛んでいるのが見える。

＊読み上げられる文から、イラストの内容に合致するものを選ぶ問題。

(2) 3級

On m'a volé ma valise.
スーツケースを盗まれた。

＊On m'a volé qqch「～を盗まれた」の言い回しは、聞き取り問題から筆記問題まで幅広く出題される。

Mon mari s'est fait voler son parapluie.
夫は傘を盗まれた。

volontiers [vɔlɔ̃tje] adv 副

喜んで、快く

4級・3級

- Voulez-vous boire quelque chose ?
- Volontiers.
-「何かお飲みになりますか？」
-「喜んでいただきます」

準2級

Son sourire est si charmant que les gens discutent volontiers avec elle. 13. 春. 筆
彼女の微笑みが非常に魅力的なので、みな喜んで彼女と話をする。

＊内容正誤問題の一部。

vouloir [vulwar]（III）21 vt 他

欲しい、～したい、[2 人称主語の疑問文で] ～してくれませんか

5級・4級

Je voudrais parler à madame Gautier.
Gautier さんと話したいのですが。

Vous voulez un peu de fromage ?
チーズを少しいかがですか？

3級

***Veuillez patienter*, s'il vous plaît.** 95. 秋. 筆
少々お待ちください。

＊電話での会話の空所補充問題。定型の言い回しだが、vouloir の命令法は 3 級レヴェルにしては難しい。

Qu'est-ce que ça veut dire ?
それはどういう意味ですか？

＊vouloir dire qqch で「～を意味する」。ただし、「～を言いたい」と直訳する方がしっくりするケースもある（例 Je vois ce que tu veux dire.「君が何を言いたいかはわかります」）。

準2級

Je voudrais aller en France et visiter des châteaux avec lui. 08. 秋. 書
私はフランスに行って、彼といっしょに城巡りをしたい。

＊「書き取り」（ディクテ）。des châteaux は意外に書き取りが難しい。

voyage [vwajaʒ] nm 男
旅、旅行

5級

Bon voyage ! （旅立つ人に）よい旅を！

＊この定番の一言は、レヴェルを問わず頻出する。

4級・3級

□partir en voyage　旅に出る

□faire un voyage　旅をする（＝se déplacer）

On a fait un voyage à travers l'Europe.

ヨーロッパ一周の旅をしました。

Mon neveu fait des voyages d'affaires partout dans le monde. 3:17.秋.筆.改

甥（おい）は世界中至る所に出張する。

＊長文読解の出だしの文章。faire un voyage d'affaires（直訳は「ビジネスで旅をする」）で「出張する」という意味。

◆voyager (I)2 vi 自
「旅行する」（＝faire un voyage）

5級・4級

Elle voyage souvent en avion avec sa famille.

彼女はよく家族と飛行機で旅をする。

3級

Paul a décidé de voyager seulement une semaine en Afrique.

Paul は1週間だけアフリカを旅すると決めた。

vrai(e) [vrɛ] adj 形
（虚偽ではなく）本当の（＝réel）、真実の（＝véridique）

5級・4級

C'est vrai ? 本当ですか？

＊Vraiment ? も同義。Ce n'est pas vrai ! なら「まさか（冗談だろ）！」の意味。

◆vrai nm 男
「真実」

3級・準2級

□à vrai dire

本当のことを言えば、実を言えば

À vrai dire, la musique classique m'ennuie à mourir.

本当のことを言えば、クラシック音楽は私には死ぬほど退屈です。

▶ à dire vrai の語順も可。

◆vraiment adv 副
「（間違いなく）本当に、はっきりと」

4級

C'est vraiment dommage. 95.秋.聞

それは本当に残念です。

＊音声で流れてくる質問への返答の選択肢から。現在なら3級～準2級に相当する。

準2級

Tu crois vraiment tout ce qu'il te raconte ?

彼の話をすべて本当に信じてるの？

vue [vy] nf 女
見晴らし（＝perspective）、眺望、視力（＝vision）

準2級

□le point de vue　観点、見解

Je comprends bien votre point de vue.

あなたの見解（考え）はよくわかります。

Il y a une vue magnifique d'ici.

ここからの眺めは素晴らしい。

＊point de vue 13.春 と vue magnifique 17.秋 は、準2級で登場。

W w

week-end [wikɛnd] nm 男

週末、ウイークエンド（▶新綴りでは weekend）

5級・4級

□ce week-end　今度の週末、この週末

Bon week-end !　楽しい週末を！

Mon mari aura beaucoup de travail, mais il sera libre le week-end.

4 :02. 秋. 筆. 改

夫は仕事が立て込みそうですが、週末は暇になるでしょう。

＊会話文と、続いて示される和文が内容に一致するか否かを答える問題。

3級

□tous les week-ends

毎週末（＝chaque week-end）

▶複数形 les week-ends に注意。

□le week-end dernier　先週末

Tous les week-ends, elles font la fête avec leurs amies.

13. 春. 聞. 改

毎週末、彼女たちは友だちとパーティーを開いている。

＊この文を聞き取り、問題用紙に書かれた和文と内容一致するか答える問題。

Y y

yaourt　[jaurt, jaur] nm 男

ヨーグルト（▶かつては yoghourt [jɔgurt] とも綴った）

準2級

Je préfère les yaourts nature.

私はプレーン・ヨーグルトの方が好きです。

＊16. 秋. 筆に、乳製品の例として lait, fromage などと並んで出題された。

yen　[jɛn] nm 男

（日本の貨幣単位の）円

3級

Je voudrais changer des yens en euros.

円をユーロに両替したいのですが。

＊1 度、96. 春. 聞に changer A en B（A を B に両替する）の形で出題された。

準2級

Le yen est l'une des principales devises du monde.

円は世界の主要通貨のひとつだ。

▶ちなみに、「円高」は le yen fort（強い円）、「円安」は le yen faible（弱い円）という。

yeux　[jø] nmpl 男複 → œil

（両方の）目、眼、視力

4級

□avoir les yeux bleus　青い目をしている

□avoir mal aux yeux　目が痛い

Mme Dubois a de grands yeux bleus.

Dubois 夫人は大きな青い目をしている。

▶「目のタイプ」を描写する場合、通常は定冠詞が使われる（例 Elle a les yeux marron.「彼女は茶色い（栗色の）目をしている」では、文法上 marron は属詞扱いで avoir は所有の意味を失うため、実質は Ses yeux sont marron. と考えられる）。ただ、例文のように、「ある人物の特定の目」の描写の場合は不定冠詞が使われる（例 avoir de beaux yeux「美しい目をしている」）。

3級

□avoir de bons yeux　目（視力）がいい

Comme il a de bons yeux, il n'a pas besoin de lunettes.

彼は目がいいので、メガネはいらない。

▶「目がいい」は avoir une bonne vue という言い方もできる。

準2級

Elle a fermé les yeux, mais elle n'avait plus sommeil.　15. 春. 書

彼女は目を閉じたが、もう眠くなかった。

＊「書き取り」（ディクテ）。

Z z

zéro [zero] nm 男

ゼロ、零

準2級

出題歴なし

Il fait environ cinq degrés au-dessous de zéro ce matin.

今朝はだいたい零下 5 度です。

▶「気温 0 度」は zéro degré と単数形を用いる（ちなみに、英語は zero degrees と複数形を用いるので混同に注意）。

zoo [zoo] nm 男

動物園

準2級

On a vu un grand panda au zoo hier matin.

昨日の朝、動物園でジャイアントパンダを見た。

Papa nous a emmené(e)s au zoo il y a trois jours.

3 日前に、パパが私たちを動物園に連れて行ってくれた。

＊zoo は 17. 春. 筆 に、「動物園」で働く女性を扱った長文読解に出ている。「動物園」は un jardin zoologique ともいう。「植物園」なら un jardin botanique となる。

前置詞編（4級・3級・準2級レヴェル）

* ここでは過去問題のうち、「前置詞」の選択問題だけを扱っているので、逐一、筆記［筆］の文字を出題情報に記載しない。また、重要語編で示している出題箇所のイタリック表記も採用していない。

à (au, aux)
空間的・時間的な「位置」

4級

□se lever **à** huit heures　8時に起きる

□habiter **à** Paris　パリに住んでいる

＊ à は、場所を地図上の1点として捉える感覚で用いるのに対し、dans は、空間のひろがりを意識するときに用いる（例 Il habite dans Paris.「彼はパリ市内に住んでいる」）。ちなみに、habiter Paris と、habiter を他動詞として用いるケースも多い。

□aller **à** pied　徒歩で行く

3級・準2級

(1)［場所・方向］～で、～に、～へ

□**à** côté de qqn/qqch　～のそばに、～の横に

□**au** coin de qqch　～の角(かど)で

□**au** bout de qqch　(場所の) 果てに、(期間の) 終わりに

Le garage est à côté du jardin.

ガレージは庭の横です。

Vous m'attendrez au coin de la rue.

通りの角で待っていてください。

Je crois qu'elle me suivrait jusqu'au bout du monde.

彼女は世界の果てまで私についてきてくれると思う。

Au bout de trois semaines de traitement, il sera guéri.

3週間の治療を終えれば、彼は治るだろう。

＊ ただし、これは「時間、期間」を意味する例。

Ma tante vit au Canada depuis longtemps.

おばは久しくカナダで暮らしている。

＊ 男性国名（母音で始まる国名は除く）には au : au Japon「日本に（で）」
女性国名（母音で始まる男性国名を含む）には en : en France「フランスに（で）」
複数形の国名には aux : aux États-Unis「アメリカ合衆国に（で）」
なお、綴りが "e" で終わる国はほとんどが女性名詞だが、Mexique「メキシコ」や Cambodge「カンボジア」など、例外的に男性名詞になるものがいくつかある。

Mon mari va au bureau en voiture.

3:93. 秋. 改

夫は車で仕事に行く。

Prenez la première rue à droite.

最初の道を右に曲がりなさい。

＊ à gauche なら「左に」の意味。ちなみに、À table !「食卓へどうぞ（ご飯ですよ）!」は定番の一言。

Ce petit village est au sud de Dijon.

その小さな村はディジョンの南にあります。

＊ au nord「北に」、à l'est「東に」、à l'ouest「西に」。

(2)［時刻・時期］～に

Généralement, ma mère se lève à cinq heures et demie.

ふつう、母は5時半に起きます。

L'école commence-t-elle au mois d'avril chez vous ?　準2:12. 春. 改

あなたの国では学校は4月に始まるのですか？

＊「4月に」は en avril ともいう。

Nous étions à la fin du mois de septembre.

9月末のことだった。

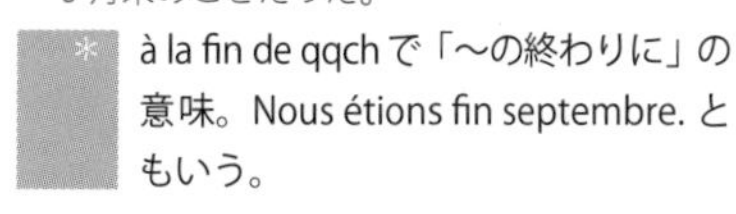
＊ à la fin de qqch で「～の終わりに」の意味。Nous étions fin septembre. ともいう。

Ma grand-mère regarde la télé du matin au soir.

祖母は朝から晩までテレヴィを見ている。

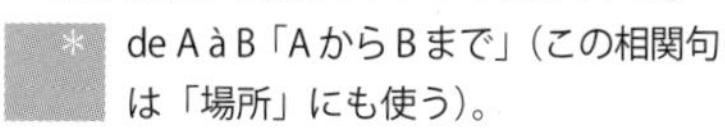
＊ de A à B「AからBまで」（この相関句は「場所」にも使う）。

(3) ［対象］～に

Louis pense toujours à sa femme.

Louis はいつも奥さんのことを考えている。

Il est trop tard pour téléphoner à mes parents. 3:14. 春. 改

両親に電話するには遅すぎます。

(4) ［手段］～で

On a mis trente minutes pour venir ici à vélo.

自転車でここに来るのに30分かかった。

＊ かつては、「またがる乗り物」には à を用いるとしたが（例 à cheval「馬で」、à moto「バイクで」）、現在では en を用いることも多い。

Tu as appris cette nouvelle à la télé ? 3:05. 秋. 改

テレヴィでそのニュースを知ったのですか？

Alain parle toujours à voix basse. 準2:17. 秋. 改

Alain はいつも小声で話します。

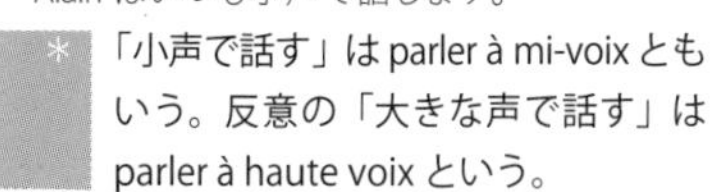
＊「小声で話す」は parler à mi-voix ともいう。反意の「大きな声で話す」は parler à haute voix という。

(5) ［所属］～のもの

Ce dictionnaire est à toi ?

この辞書は君のですか？

Je vous présente Nana, une amie à moi. 準2:15. 秋. 改

私の友人、Nana を紹介します。

(6) ［特徴］～の入った、～を持った

J'adore le gâteau au chocolat.

チョコレートケーキが大好きです。

＊ 特徴を示す à のほかの例として une fille aux yeux bleus「青い目の少女」、le train à grande vitesse「TGV（フランスの新幹線）」（直訳すると「高速の列車」）などがある。

(7) ［単位・数量・値段］～につき、～で、～の

Cette voiture roule à 250 kilomètres à l'heure.

その車は時速250キロで走る。

＊ Cette voiture fait du 250 kilomètres-heure. とも言う。なお、250 kilomètres par heure とすると、たとえば、ある距離を走行して平均時速が250キロという意味合いになる。

Ma fille fait des progrès en français, petit à petit.

私の娘は少しずつフランス語が上達している。

＊ 同じ形の言い方には peu à peu「少しずつ、徐々に」、pas à pas「一歩ずつ」、mot à mot「一語一語」なども ある。

(8) ［準拠］～では

À votre avis ?

あなたのお考えでは（いかがです）？

(9) 〈à+inf.〉～すべき、～用の

Est-ce que vous pensez que cette maison est à louer ?

あれは貸家だと思いますか？

Il a enfin commencé à neiger.

ついに雪が降り出した。

＊ commencer à＋inf. で「～し始める」の意味。

C'est un projet difficile à accepter. 準2:12. 秋

それは受け入れがたい計画だ。

＊ "[形容詞]＋à＋inf."「～するのに…な」の意味（例 Elle n'est pas facile à persuader.「彼女を説得するのは容易でない」）。

après
時間的に「後(あと)に」

4級

□partir **après** dix heures　10時過ぎに出発する

□**après** la classe　放課後

＊ après と dans の比較
après：過去・未来のある時点を基準にして「それから～後に」
dans：現在を基準にして「これから～後に」
なお、depuis を副詞として「それ以後、それ以来」の意味で用いるケースもある（例 Je n'ai pas vu Florence depuis.「それ以後 Florence とは会っていません」）。

□**après** dîner　夕食後（に）

＊ après dîner「夕食後（に）」、après manger「食事の後（で）」といった成句（決まり文句）は、après＋inf. であっても不定詞は単純形をとる。

3級・準2級

(1) ［時間］～の後で

Le printemps vient après l'hiver.

冬の後には春がやってくる。

Thomas est revenu après deux semaines d'absence. 3:17. 秋

Thomas は2週間の不在ののち、戻って来た。

Je rentrerai après avoir terminé ce travail.

この仕事を片付けたら帰ります。

＊ après＋inf. の形では、通常不定詞は複合形とし、「～した後で」の意味になる。

(2) ［場所・順番］～の後に、～の次に

Tournez à gauche après la banque, s'il vous plaît.

銀行を過ぎたら左折してください。

Après vous.　お先にどうぞ。

＊ 「あなたの後に、私は参ります」というニュアンス。準2級 07. 秋 に、この一言を書かせる問題が出ている。

＊ そのほかの準拠をあらわす表現
d'après「～によって、～によれば」
d'après le journal「新聞によれば」
juger qqn d'après les apparences「人を見かけで判断する」

avant
時間的に「前に」

4級

□**avant** le déjeuner　昼食前に

＊ 「前に」と訳される表現
avant：過去または未来から見た「前に」
devant：空間的な「前に」
il y a：現在をから見た「前に」（英語の…ago に相当）

☐venir **avant** six heures　6時までに来る

3級・準2級

(1) ［時間］～より前に、～までに

Vous pouvez finir ce travail avant huit heures ?

8時までにこの仕事を終えられますか？

＊ “時間＋avant…” なら「…より～だけ前に」の意味（例 Le bus est arrivé vingt minutes avant l'heure.「バスは予定の時刻より20分早く着いた」）。

Rentre avant qu'il pleuve.　準2:16.春

雨が降る前に戻りなさい。

＊ “avant que＋S＋V［接続法］” の形。

(2) ［場所・順序］～の手前で、～より上位に

☐**avant** tout　何よりもまず

Avant tout, reposez-vous bien.

何よりもまず十分に休養をとってください。

＊ avant toutes choses も同義。

Tournez à gauche avant la poste.

郵便局の手前で左折してください。

La santé passe avant le travail.

健康は仕事にまさる（健康は仕事より大事だ）。

(3) 〈avant de＋inf.〉～する前に

Je te téléphone avant de partir.

出発する前にあなたに電話します。

Réfléchissez bien avant de répondre.

返事をする前によく考えてください。

avec

「～とともに」（同伴・共存）が基本

4級

☐**avec** mon ami　友人と一緒に

☐couper **avec** un couteau　ナイフで切る

3級・準2級

(1) ［同伴・対人］～と一緒に、～に対して

Avec qui sortez-vous ce soir ?

今晩、あなたは誰と出かけるのですか？

Les enfants étaient contents de jouer avec votre chien.　3:12.春

子どもたちはお宅の犬と遊んで満足していました。

Pierre est gentil avec tout le monde.

Pierreは皆に親切だ。

Je suis d'accord avec elle.

彼女に賛成です。

(2) ［所有・付属・道具・手段］～のある、～を使って

J'ai réservé une chambre avec salle de bain(s).

バス付きの部屋を予約した。

Au Japon, on mange avec des baguettes.

日本では、箸（はし）を使って食べる。

(3) ［同時性］～とともに、～につれて

Avec le temps, on s'habitue à tout.

時間がたつにつれて、人は何にでも慣れるものだ。

(4) ［様態］～をもって（▶無冠詞の抽象名詞とともに）

Avec plaisir.　喜んで。

Mon père conduit avec prudence.

父は慎重に車を運転する。

＊ avec prudence は副詞 prudemment と同義。同様の例に、avec courage「勇敢に」、avec peine「苦労して」、avec attention「注意深く」など。

(5) [原因・条件] ～のせいで、～だから、～であれば

Avec cet orage, il vaut mieux rester à l'hôtel. 準 2:12. 春

この雷雨なので、ホテルにいた方がいい。

Avec votre aide, on pourra réussir.

あなたの助けがあれば、うまくいくでしょう。

chez
通常「人」を表す
名詞・代名詞の前で

4級

□être **chez** elle　彼女の家にいる

＊ 主語が「私」なら Je suis chez moi.＝Je suis à la maison. だが、例えば「彼女」なら Elle est chez elle.≠Elle est à la maison.＝Elle est chez moi. となる点に注意。

3級・準2級

(1) ～の家に、～の店で

Demain, nous restons chez nous dans la journée.

明日、私たちは日中は自宅にいます。

Elle est allée chez le dentiste sans prendre rendez-vous.

彼女は予約なしで歯医者に行った。

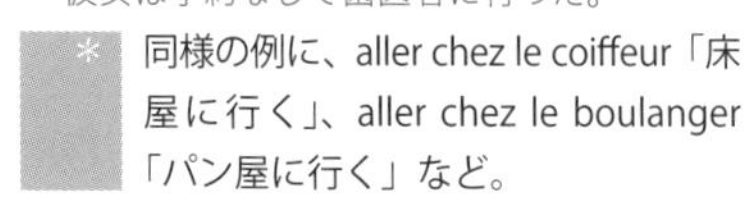
＊ 同様の例に、aller chez le coiffeur「床屋に行く」、aller chez le boulanger「パン屋に行く」など。

(2) ～のところでは、～の国では

L'école commence au mois d'avril chez nous. 準 2:12. 春

わが国では学校は 4 月に始まります。

(3) ～の作品中に

On trouve cette expression figurée chez Pascal.

その比喩表現はパスカルの作品の中にある。

comme
「～と同じように」(比較) が基本

＊ 品詞は接続詞だが、前置詞の問題に出題される。

3級・準2級

(1) [比較・類似・様態] ～と同じく、～のように、～のような

Il est médecin comme son père.

彼は父親と同じく医者です。

Jacques est en retard comme d'habitude. 3:97. 春

Jacques はいつものように遅刻だ。

Ne vous gênez pas. Faites comme chez vous. 3:01. 春

遠慮なさらずに。どうぞくつろいでください。

Faites comme vous voulez.

あなたの好きなようになさい。

(2) [資格] ～として

Et comme boisson ?

で、お飲み物は？

On le considère comme le spécialiste des nouveaux virus.

彼は新型ウイルスの専門家とされている。

＊ considérer A comme B「A を B とみなす (考える)」。

contre
人と人、物と物の対立関係

3級・準2級

(1) [対立] ～に反して、～に対して

André est contre mon projet. 3:11. 春

André は私の計画に反対している。

＊ 「賛成している」なら être pour qqn / qqch を用いる。

Sébastien est toujours en colère contre son fils.

Sébastien はいつも息子に腹を立てている。

Vous êtes pour ou contre ?

あなたは賛成ですか、反対ですか？

＊ ただし、文法的には副詞の用例。

(2)［接近・接触］～のそばに

Mon père a poussé la table contre le mur.

父はテーブルを壁際に押しつけた。

(3)［交換］～と交換して

Changeons des euros contre des yens.

ユーロを円に交換しよう。

＊ Changeons des euros en yens. も同義。

dans
空間的・時間的に「～のなかに」

4級

□**dans** la ville　市内で

＊ 4級レヴェルは超えるが、**dans** le Midi「南仏に（で）」とか、lire qqch **dans** le journal「新聞で～を読む」などは盲点になりやすい。

3級・準2級

(1)［場所］～のなかに（で）

Ma sœur n'est pas dans sa chambre.

姉（妹）は部屋にいない。

Tu mets du sucre dans ton café ?

コーヒーに砂糖入れる？

Aujourd'hui, il y a beaucoup de gens qui marchent dans la rue.

3 : 07. 秋

今日は通りを歩いている人が大勢いる。

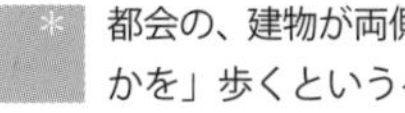

＊ 都会の、建物が両側にある通りの「なかを」歩くというイメージ。

Asseyez-vous dans un fauteuil.

肘かけ椅子にお座りください。

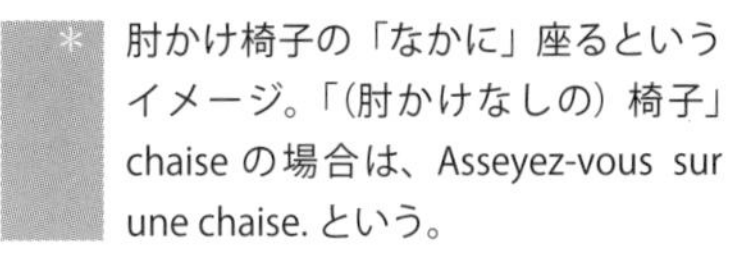

＊ 肘かけ椅子の「なかに」座るというイメージ。「（肘かけなしの）椅子」chaise の場合は、Asseyez-vous sur une chaise. という。

Elle est dans une situation dangereuse.

彼女は危険な状態にある。

Il y a beaucoup d'étoiles dans le ciel.　準 2 : 12. 秋

空にはたくさん星がある。

(2)［時期］～のあいだ（に）

Venez chez moi dans la soirée.

晩に私の家までお越しください。

Mon petit-fils passera nous voir dans la journée.　準 2 : 14. 秋. 改

日中、孫が私たちに会いにくることになっています。

Dans ma jeunesse, je voulais être romancier.

若い頃、私は小説家になりたかった。

Dans son enfance, il allait souvent à la pêche avec son père.

子どもの頃、彼はよく父親と釣りに行ったものです。

(3)［時間］（これから）～後に

Mon mari reviendra dans huit jours.

夫は1週間後に戻ります。

* dans は “現在” を基準として「(今から) ～後に」「(時間が) ～かかって」を表す。“現在” 以外のある時点を基準とする場合には après [plus tard] などを用いる (例 Elle est arrivée un quart d'heure après [plus tard].「彼女は 15 分遅れて着いた」)。

Le match commence dans dix minutes. 3:96. 春

試合は 10 分後に始まります。

* ただし、“dans＋[定冠詞]＋時間” なら「～以内に」の意味になる。たとえば、dans les dix minutes なら「10 分以内に」。つまり、dix minutes が「10分」をひとまとまりと捉えるのに対して、les dix minutes なら「10 分の中のどのタイミングでも」というニュアンスになる。

de (du, de la, de l')
空間的・時間的な「出発・離脱」

4級

□venir **de** Paris　パリから来ている (パリ出身である)

□**du** matin au soir　朝から晩まで

* de A à B で「A から B まで」の意味。時間にも場所にも使う。

3級・準2級

(1) [所有・所属] [性質・特徴] ～の

Voici la robe de ma mère.

これは母のドレスです。

Berne est la capitale de la Suisse.

ベルンはスイスの首都です。

* ただし、経済的中心地のチューリッヒや、国際機関の本部のあるジュネーヴが実質的な「首都」で、ベルンは権力の集中を避ける意味から決められた形式的な「首都」に過ぎず、そもそも首都をベルンと定めた法律は存在しないとする人たちがいる。

* A de B「B “の” A」(A と B の関係の差異)
  ① 所有・所属　「～の」: la clé de l'appartement　アパルトマンの鍵
  ② 主格　「～が」: l'arrivée de mes parents　両親の到着
  (「**両親が**到着する」mes parents arrivent と言い換えられる。)
  ③ 目的格　「～を」: la découverte de l'Amérique　アメリカの発見
  (「**アメリカを**発見する」découvrir l'Amérique と言い換えられる。)
  ④ 同格　「～という」: la notion de liberté　自由という概念
  (「概念」=「自由」という関係。)

Elle est sortie de la salle de bain(s).

彼女は浴室から出た。

* 「浴室」la salle de bain(s) (入浴のための部屋) の de は「～用の」という用途を示す。同様の例に「教室」salle de classe、「居間、リヴィング」salle de séjour などがある。

De quelle couleur est ta voiture ?

あなたの車は何色ですか？

* Quelle est la couleur de ta voiture ? も同義。

(2) [出発・出身・起点] ～から

Ce bateau vient de Kobé.

あの船は神戸から来ました。

Elle a sorti de sa poche une petite

boîte de chocolats. 3:06. 秋. 改

彼女は、小さなチョコレートの箱をポケットから取り出した。

＊ この文の最初の de「ポケットから」は「起点」だが、boîte de chocolat の de は中身を示す（1）の用例。

Mon père se lève toujours de bonne heure.

父はいつも朝早いうちに起きる。

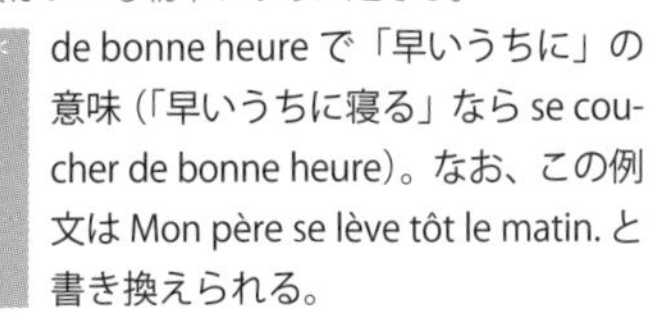

＊ de bonne heure で「早いうちに」の意味（「早いうちに寝る」なら se coucher de bonne heure）。なお、この例文は Mon père se lève tôt le matin. と書き換えられる。

（3）［原因・手段］～から、～で

Ma sœur a rougi de honte.

姉（妹）は恥ずかしくて赤くなった。

À cette époque, beaucoup d'enfants sont morts de faim. 準 2:12. 春

この時代、大勢の子どもたちが餓死した。

＊ mourir de qqch「～が原因で死ぬ」の意味。

（4）［数量・程度・差］～だけ、～の

Ma montre avance de cinq minutes.

腕時計が 5 分進んでいる。

Ma femme a un an de plus que moi.

妻は私より 1 つ年上だ。

（5）［数量表現］〈de＋qqn/qqch〉

Il a pris un mois de vacances. 3:09. 秋

彼は 1 ヶ月のヴァカンスをとった。

＊ 前置詞 de を語群から選択する問題。得点率は 15% にとどまった。なお、類似のパターンが 3 級の 15. 秋 にも出題されている。

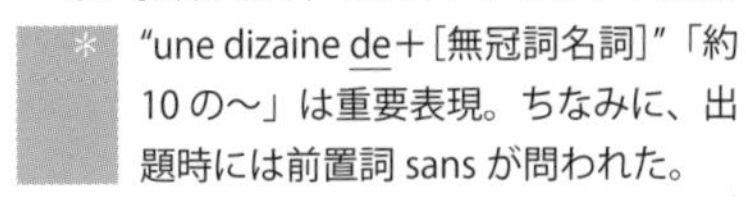

On est sans nouvelles d'une dizaine de personnes depuis cet accident. 準 2:10. 春

あの事故のあと、10 人ほどの消息が不明だ。

＊ "une dizaine de＋［無冠詞名詞］"「約 10 の～」は重要表現。ちなみに、出題時には前置詞 sans が問われた。

（6）［文法的機能］〈de＋inf.〉

Il est difficile de comprendre les textes latins.

ラテン語の文献を理解するのは難しい。

＊ il が仮の主語で、de＋inf. が主語の働きをしている例。整序問題でねらわれることが多い。

depuis

時間的・空間的に「～から」

4 級

□**depuis** hier　昨日から

□**depuis** ma chambre　私の寝室から

3 級・準 2 級

［時間的・空間的な起点］～から、～以来

Depuis quand êtes-vous à Paris ?

いつからパリにおいでですか？

＊ depuis combien de temps も同義。

Naomi fait du tennis depuis son enfance.

Naomi は子どもの頃からテニスをしています。

Jeanne ne conduit plus depuis son accident.

事故以来、Jeanne はもう運転はしない。

＊ 起点の位置

depuis は「過去のある時点を起点に現在まで」を指すが、現在・未来が起点の場合は à partir de を用いる。

＊ （例 J'habiterai dans le 15e arrondissement de Paris à partir de demain.「私は明日からパリの15区に住みます」）。なお、à partir de は、動作動詞ではなく、状態動詞とともに用いられる点にも注意したい。

On voit la Seine depuis mon appartement.

私のアパルトマンからセーヌ川が見えます。

derrière
空間的に「うしろに」

4級

□**derrière** l'arbre　木のうしろに

＊ 反意語「～の前に」は devant。

3級・準2級

［場所］～のうしろに、～の裏に、［順序］～に次いで

Il y a un petit jardin derrière sa maison.

彼（彼女）の家の裏には小さな庭がある。

Les enfants se sont cachés derrière un grand arbre.

子どもたちは大きな木のうしろに隠れた。

Au concours de violon, André a fini deuxième derrière Sylvie.

準2:15.秋.改

ヴァイオリンのコンクールで、André は Sylvie に次いで2位だった。

＊ ただし、derrière が前置詞の問題に出されるケースはそう多くない。

dès
時間的に「～から（すぐに）」

準2級

Je te téléphonerai dès mon arrivée.

着き次第電話します。

Dès le début, elle était fatiguée.

16.秋.改

最初から彼女は疲れていた。

＊ 正解率は43%と低調であった。なお、出題文には、副詞 déjà「すでに」が添えられていたが、dès le début だけでその意味合いは汲み取れるので削除した。

Il faut commencer ce travail dès aujourd'hui.

08.春

今日からさっそくこの仕事を始めなくてはならない。

＊ 正解率は30%を切った。

Dès qu'elle a un peu d'argent, elle le dépense.

彼女は少しでもお金が入ると、すぐに使ってしまう。

devant
空間的に「前方に・前面に」

4級

□**devant** la gare　駅前に

3級

［場所］～の前に、～の前を（↔ derrière）

Il y a une voiture noire devant ma maison.

家の前に黒い車が止まっている。

＊ devant と avant の違い
Il est devant Paul.「彼は Paul の前にいる」は空間的な位置関係を示し、Il est avant Paul.「彼は Paul より成績が上である」「（列などで）彼は Paul より手前にいる」のように、avant は序列・順序を示す場合に使われる。

Ne dites pas ça devant mes enfants.
06. 秋
うちの子の前でそんなことを言わないでください。

準2級

Cet artiste a un bel avenir devant lui.
11. 秋
その芸術家の前途にはすばらしい未来が開けている。
＊ この問題の得点率は 26% だった。

en
通常、無冠詞名詞の前で

4級

☐**en** automne　秋に
＊「春に」は au printemps だが、それ以外の季節は en を用いる。

☐habiter **en** France　フランスに住む
☐venir **en** taxi　タクシーで来る

3級・準2級

(1) ［年・月・季節など］～に
Ken s'est marié avec Takako en 2020.
Ken は 2020 年に Takako と結婚した。
Dans cette ville du nord, tout est sous la neige en hiver.
この北の町では、冬は何もかもが雪で覆われる。

(2) ［場所］～で、～に
Cet été, je vais voyager en Provence.
この夏はプロヴァンス地方に旅に出ます。
Un de mes amis habite en banlieue parisienne.
友人の一人がパリ郊外に住んでいる。
＊ dans la banlieue de Paris ともいう。

(3) ［手段・方法］～で
Parlez en français, s'il vous plaît.
フランス語で話してください。
Vous y allez en bus ou en taxi ?
そこへはバスで行きますかタクシーで行きますか？

(4) ［材質］～でできた、［身なり］～を着た
On a acheté des chaises en bois hier.
昨日、木製の椅子を買いました。
Mon mari est toujours en pyjama à la maison.
夫は家ではいつもパジャマ姿だ。

(5) ［所要時間］～で
Elle a pris une douche en cinq minutes.
彼女は 5 分でシャワーを浴びた。
Il a fini ses devoirs en 15 minutes seulement.
準 2 : 08. 春
彼はたった 15 分で宿題を終えた。

(6) ［状態・性質］～の状態にある、～している
Mes parents sont en bonne santé.
両親は健康です。
Ne te mets pas en colère !
怒らないで！

＊ この用法の別例として en larmes「涙にくれている」、en panne「故障している」、en fleurs「花が咲いている」などがある。

(7) ［ジェロンディフ］〈en＋現在分詞〉
Ne téléphone pas en conduisant !

運転しながら電話しないで！

＊ ちなみに、Ne conduis pas en téléphonant !「電話しながら運転しないで！」とすると、動作の力点が「電話する」ことに置かれる。

Mon grand-père est tombé en descendant du taxi.

祖父はタクシーから降りようとして転んだ。

＊ 前置詞 à や de が定冠詞と縮約するように、かつては前置詞 en と定冠詞 les も縮約が起きていた。複数名詞の前で使われる ès がそれである。「文学士号」licence ès lettres、「理学博士」docteur ès sciences などに今もその形が残っている。

entre
空間的・時間的に 2つのものの「間に」

4級

☐**entre** Dijon et Lyon　ディジョンとリヨンの間

☐**entre** midi et une heure　正午から1時の間

3級・準2級

［空間・時間］〈entre A et B〉A と B の間に
Il y a combien de kilomètres entre Tokyo et Osaka ?

東京・大阪間は何キロありますか？

C'est un secret entre vous et moi. 3:10.春

これはあなたと私だけの秘密ですよ。

＊ 類義の parmi は原則として「3つ以上のもの」について用いる（例 Il y a quelqu'un parmi vous qui sait parler espagnol ?「あなたがたのなかに誰かスペイン語を話せる人はいますか？」）。

Je vais passer chez toi entre neuf et dix heures du matin.

午前9時から10時の間にお宅にうかがいます。

Prenons un café entre deux cours.

講義の合間にコーヒーを飲みましょう。

＊ 上級レヴェルだが、「不特定多数のなかから」の意味で使われることもある。
entre＋［複数名詞（または複数代名詞）］で「（多数の）〜のなかに（で）」の意味（例 Il faut choisir entre plusieurs solutions.「いくつもの解決策のなかから選ばなくてはならない」）。

grâce à *qqn/qqch*
感謝を示して「〜のおかげで」

準2級

On a réussi grâce à vous.

あなたのおかげでうまくいきました。

＊ 結果がよくない場合には à cause de qqn/qqch を用いる（例 On a échoué à cause de vous.「あなたのせいで失敗した」）。

Grâce à toi, nous avons fini ce travail en une journée. 12.春

君のおかげで、1日でこの仕事が終わりました。

hors de *qqch*
～の外に、～をはずれた、～を脱した

準2級

L'économie de ce pays est hors de danger. 17.春

その国の経済は危機を脱した。

L'aspirateur est hors d'usage.

掃除機は使用できません。

jusque
時間・空間・程度・序列の「限界」を示す

4級

☐**jusqu'**au Japon　日本まで

☐**jusqu'**à midi　正午まで

3級・準2級

(1)［場所］～まで

Marchons jusqu'à la gare.

駅まで歩きましょう。

Elle est élégante depuis les pieds jusqu'à la tête. 3:15.秋

彼女はつま先から頭のてっぺんまでおしゃれだ。

＊ ただし、日常会話では des pieds à la tête と表現する方が自然だ。

(2)［時刻・期日］～まで

On est en vacances jusqu'au 20 août.

8月20日までヴァカンスだ。

Elle est libre demain de 10 heures jusqu'à 15 heures.

彼女は明日10時から15時まで手が空いています。

＊ ただし、現在では de 10 heures à 15 heures の方がよく使われる。

Mon mari travaille jusque tard dans la nuit. 準2:16.春.改

夫は夜遅くまで働きます。

＊ jusqu'à「～まで」と avant「～までに」の使い分け
jusqu'à は動作・状態の継続が終了する時点を示すが、avant は動作が完了する時点を示し、期限の意味合いが強い。

malgré
～にもかかわらず

準2級

Il est allé au travail malgré la grève. 13.秋.改

彼はストライキにもかかわらず仕事に行った。

Malgré le beau temps, la plage était déserte.

天気がいいのに、浜辺には人気がなかった。

Ma femme y a consenti bien malgré elle.

妻はしぶしぶ同意した。

＊ à contrecœur「心ならずも」という類義表現もある。

par
～を通して、～によって

4級

☐une fois **par** semaine　週に1度

☐**par** avion　航空便で、飛行機で

3級・準2級

(1)［手段・方法］～で

On communique par mail.

メールで連絡を取り合っている。

J'ai su ça par le journal.

新聞でそれを知りました。

(2) [基準・単位] ～につき、～ごとに
C'est 2 000 yens par personne.

1人（につき）2000円です。

Prenez ces médicaments deux fois par jour. 3:04.春.改

1日に2回この薬を服用してください。

(3) [通過] ～を通って
La sortie, c'est par ici.

お出口はこちらです。

＊ par ici「こちらを通って」。par là なら「そちらを通って」の意味。

Clara est passée par l'Italie pour aller en France.

Clara はイタリアを通ってフランスへ行った。

＊ passer par＋[場所] で「～を通って、経由して」の意味。なお、Clara est allée en France en passant par l'Italie. または、Clara est allée en France via l'Italie. と言い換えられる。

(4) [(受動態の) 動作主] ～によって
Le petit chien a été renversé par un camion.

子犬がトラックにはねられた。

＊ 能動態なら Un camion a renversé le petit chien. となる。なお、受動態の動作主は通常は par を用いるが、感情・状態・習慣を表す動詞には de を用いる（例 Cette impératrice est aimée du peuple.「あの皇后は民衆に愛されている」）。

Je me suis fait voler mon sac par cet homme. 準2:15.春

あの男にバッグを盗まれた。

parmi
3者以上の「間で」

準2級

Il a reconnu son vieil ami parmi nos invités. 17.春

彼は、（私たちの）招待客のなかに、古くからの友人を見つけた。

Parmi ces plats, lequel te fait envie ?

この料理のなかで、どれが食べたい？

pendant
「ある期間中に」が基本

4級

□**pendant** longtemps 長い間

3級・準2級

[時間] ～の間
Elle est venue pendant mon absence.

彼女は、私の留守中にやってきた。

Il y a eu beaucoup de gens qui dormaient pendant le concert. 3:08.春.改

コンサート中に居眠りしていた人がたくさんいた。

＊ 一般論で、「コンサート中に寝る人は大勢いる」と言いたいなら、Il y a beaucoup de gens qui dorment pendant les concerts. となる。

Il a plu pendant huit jours.

雨が1週間降り続いた。

＊ 「続いた」という訳につられて、動詞を直説法半過去 pleuvait とするのは初歩的な誤り。pendant で導かれる期間は、継続的と思われるが、これはすでに終わった（完了した）事柄と

見なし、期間の長さに関係なく「点」の過去と考えるため、「未完了」を意味する半過去にはなじまない。

pour
「方向」が第一義で、「目的」「予定」など

4級

☐**pour** Paris　パリに向けて
☐**pour** maigrir　痩せるために
☐**pour** deux jours　2日の予定で（2日間）

3級・準2級

(1)［方向・目的地］～に向けて、～行きの

C'est le train pour Genève ?
これはジュネーヴ行きの列車ですか？

Le départ de l'avion pour Narita est à quelle heure ? 3:11. 秋. 改
成田行きの飛行機の出発は何時ですか？

＊「乗り物」の行先を示す。

(2)［目的・用途］～のために、～用の

Ce n'est pas bon pour la santé.
これは健康によくない。

On doit travailler pour vivre
生きるためには働かなくてはならない。

Mon fils a été puni pour avoir menti. 準2:13. 秋. 改
息子は嘘をついたことで罰を受けた。

C'est un petit cadeau pour ma mère.
これは母へのちょっとしたプレゼントです。

(3)［対象・主題］～にとって、～から見て

Pour les enfants, il est difficile de manger avec des baguettes. 3:93. 春
子どもにとって、箸で食べるのは難しい。

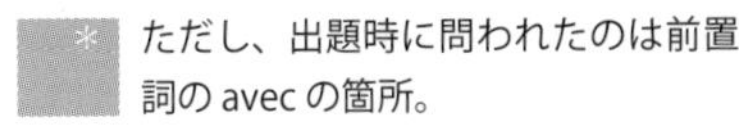

＊ ただし、出題時に問われたのは前置詞の avec の箇所。

(4)［予定の期間］～の間

J'irai en France pour six mois.
半年の予定で（半年間）フランスに行きます。

＊ この pour の用法は盲点になりやすい。

(5)［代価・割合・交換］～と引き換えに、～の割に

J'ai changé ma voiture pour une neuve.
車を新車に買い換えた。

Ma nièce est grande pour son âge.
姪（めい）は年の割に背が高い。

près *de qqn/qqch*
場所・物・人の「近くに」

4級

☐**près d'**ici　この近くに（↔ loin d'ici）

3級・準2級

Est-ce qu'il y a un club de golf près d'ici ?
この近くにゴルフ・クラブはありますか？

Mes parents habitent tout près de la gare. 準2:14. 春
両親は駅のすぐ近くに住んでいます。

＊ ただし、出題時に問われたのは前置詞 de。

sans
英語の without
「～なしに」に相当

4級

☐**sans** dire un mot　一言も言わずに

3級・準2級

Elle est entrée sans frapper.

彼女はノックもせずに入ってきた。

Il est sorti du magasin sans rien acheter. 3:14. 秋

彼は何も買わずに店を出た。

Tu sors sans parapluie sous cette pluie ? 準2:14. 春

この雨の中、傘を持たずに出かけるの？

Sans lui, elle ne sera pas heureuse.

彼なしでは、彼女は幸せではいられないだろう。

＊ 「もし～がなければ」(条件・仮定) を表す定番表現。

sauf
「～を除いて、～を別として」

準2級

Ma fille aime tous les fruits, sauf les pamplemousses.

娘はグレープフルーツを除いて果物は何でも好きです。

＊ 肯定的要素中の否定的要素を除外する場合 sauf を用いるのに対して、否定的要素中の肯定的要素を除外する場合には、à part, en dehors de を用いる (例 À part lui, personne n'est au courant.「彼を除いて、誰もそのことを詳しく知らない」)。

selon
「(人の見解・情報) によれば、～に従って、～に応じて」

3級・準2級

Selon la météo, il pleuvra demain matin.

天気予報によれば、明日の朝は雨です。

La météo prévoit de la pluie pour demain matin. などと言い換えられる。

Selon la journaliste, il y a eu un accident dans ce quartier. 準2:14. 春

ジャーナリストによれば、この界隈で事故があったらしい。

＊ 空欄を補充する語句の選択問題から。

sous
「～の下に」の具体的状況から抽象へ

4級

☐**sous** la table　テーブルの下に (↔ sur la table)

3級・準2級

Sofia marchait sous la pluie en pleurant.

Sofia は泣きながら雨の中を歩いていた。

＊ 「雨の中」は dans la pluie とせずに、「雨の下」と表現する。

Il commence à pleuvoir. Venez sous mon parapluie. 3:11. 秋

雨が降り出しました。私の傘に入ってください。

＊ 「私の傘の下に来てください」が直訳。

La petite fille porte un grand livre sous le bras. 準2:10. 春. 改

少女は大きな本を小脇に抱えている。

sur
「～の上に」の具体的状況から抽象へ

4級

☐**sur** le bureau　机の上に (↔ sous le bureau)

3級・準2級

(1) ［位置］～の上に

Une vieille dame était assise sur un banc.

老婦人がベンチに腰かけていた。

Margot a cherché cette ville sur la carte.

Margot は地図上でその都市を探した。

(2) ［方向］～の方に、～に面した

L'église est sur votre gauche.

教会はあなたの左側にあります。

La cuisine donne sur le jardin.

キッチンは庭に面しています。

＊ donner sur qqch で「～に面している」の意味。

(3) ［主題］～について

Nous sommes d'accord sur cette idée.

そのアイデアについて私たちは意見が一致している。

＊ être d'accord の使い方
être d'accord sur qqch で「（考えや計画に）賛成する」の意味。「（人に）賛成・同意する」の場合は être d'accord avec qqn を用いる。また、「（～することに）賛成・同意する」なら être d'accord pour＋inf. を用いる。

J'ai lu un article sur ce film français hier. 3 : 99. 秋

昨日、そのフランス映画に関する記事を読みました。

vers
対象の周囲を取り巻くイメージ

4級

□**vers** cinq heures du matin
朝の 5 時頃に

3級

(1) ［時刻］～頃（に）

Elle est rentrée vers midi.

彼女は昼頃に帰った。

Ce soir, on dînera vers huit heures. 09. 春

今夜は 8 時頃に夕食にしよう。

En Norvège, il neigera vers la fin octobre.

ノルヴェーでは、10 月の終わり頃には雪が降るだろう。

(2) ［方向］～の方へ、～に向かって

Une moto vient vers nous.

バイクが 1 台私たちの方へやってくる。

＊ Une moto vient dans notre direction. も同義。

Le bateau avance vers le port. 14. 秋

船が港に向かっている。

＊ (1)「時刻」に比べて、(2)「方向」については得点率が下がる。上記の問題も、08. 春 に出題された courir vers la porte「ドアの方へ走る」も、正解率はいずれも 34% と低調。なお、準 2 級では vers を解答させる前置詞の問題は出題された例がない。

冠詞・代名詞・所有形容詞編（5 級・4 級・3 級・準 2 級レヴェル）

* ここでは、見出語が「筆記」問題の対象となっている冠詞、代名詞、所有形容詞を扱っているので、出題情報から筆記［筆］の文字は省いた（なお、前置詞 à や de と冠詞の「縮約」については、前置詞編で扱っている）。また、出題箇所のイタリック表示は採用していない。

冠詞

（見出語が「筆記」問題の対象となっているケース）

de（母音の前で **d'**）（▶冠詞）

(1)（不定冠詞・部分冠詞が否定文の直接目的語の前で変形したもの）

5級

Mon père ne mange pas de viande.

父は肉を食べません。

＊ Mon père mange de la viande. の否定文。

4級

Elle n'a pas d'argent et pas d'amis.

彼女はお金がないし、友だちもいない。

＊ de l'argent, des amis の冠詞が、否定文で d' となった例。

(2)（不定冠詞複数 des が形容詞の直前で変形したもの）

4級・3級

Il y a de jolies fleurs dans ce jardin.

4:06. 秋.

この庭にはきれいな花が咲いています。

＊ "de ＋[形容詞複数]＋[名詞複数]" という展開。

de la（母音の前で **de l'**）

（▶女性名詞に付ける部分冠詞）

いくらかの

5級・4級

Je vais acheter du pain et de la viande.

5:98. 春

パンと肉を買いに行きます。

＊ 部分冠詞 de la を選択肢から選ぶ問題。

Vous avez de la chance.

あなたは運がいい。

＊ avoir de la chance「運がいい、ついている」。

Est-ce que je peux avoir de l'eau minérale ?

ミネラルウォーターをお願いできますか？

Mes parents écoutent de la musique dans le salon.

両親は居間で音楽を聞いている。

des（▶不定冠詞複数）

いくつかの、何人かの

5級

Il y a des livres sur la table.

テーブルの上に（数冊の）本がある。

Vous avez des questions ?

質問はありますか？

4級

- Je voudrais des croissants.
- Oui. Vous en voulez combien ?

12. 春. 改

-「クロワッサンをください」
-「はい、おいくつですか？」

＊ Vous voulez combien de croissants ? の下線部を、中性代名詞 en で受ける問題。なお、対話文中の "des ＋[名詞]" を用いた箇所を、中性代名詞 en で受ける問題は、4級・3級で頻出している。

du（母音の前で de l'）
（▶男性名詞に付ける部分冠詞）

いくらかの

5級

Tu mets du lait chaud dans ton thé ?

06. 春. 改

紅茶にホットミルクを入れますか？

＊ 適当な部分冠詞を選択肢から選ぶ問題。

出　題

空欄に入る適語を選びなさい。

- L'avion est à trois heures, n'est-ce pas ?
- Oui, c'est ça. Nous avons encore (　　　) temps.
1. du　2. les　3. un　4. une

00. 春. 改

「飛行機は3時ですよね？」「ええ、そうです。まだ時間はあります」という文意にする。「時間がある」avoir du temps の du を選ぶ。

（解答）*1*

＊ avoir le temps と avoir du temps の違い。
どちらも「時間がある」と訳すことができ、もし上記の出題の選択肢に le があれば、それも正解となりうるが、実は微妙に背景が違う。定冠詞は「何かをする時間がある」（例 Mon train part dans deux heures, donc nous avons le temps de déjeuner.「電車は2時間後の出発だから、昼食を食べる時間がある」）という感覚で、部分冠詞は「最終期限（例示ならフライト時間）までには時間がある」という意味合いで使われる。

4級

Vous prenez du café ou du thé ?

コーヒーにしますか、紅茶にしますか？

Tu as de l'argent

お金をいくらか持ってる？

le, la, les
（**le, la** は母音の前で **l'**）（▶定冠詞）

（1）［特定化］その～

5級・4級

Londres est la capitale de l'Angleterre.

ロンドンはイングランドの首都だ。

Cécile a les yeux verts.

Cécile は緑色の目をしている。

（2）［総称］～というもの

5級・4級

J'aime beaucoup les tomates.

トマトが大好きです。

Je préfère la cuisine italienne.

4:16. 春

イタリア料理の方が好きだ。

préférer A à B「B より A の方が好きだ」の à B が省かれた文。選択肢から定冠詞を選び、総称表現とする問題。

（3）〈le＋数詞〉［日付］～日

5級・4級

C'est aujourd'hui le premier septembre.

今日は9月1日です。

＊ Aujourd'hui, nous sommes [on est] le premier septembre. も同義。

(4) [配分・単位] ～当り、～ごとに

5級・4級

C'est combien pour la nuit ? 5:98. 秋

(ホテルで) 一晩 (一泊) おいくらですか？

＊ 対話文の空所補充問題から。この la nuit は、「(ホテルでの) 1 泊、1 泊の宿泊料」のこと。ちなみに現在なら 4 級・3 級レヴェルの言い回し。

Ce supermarché est fermé le lundi.

このスーパーは月曜は閉まっている。

＊ tous les lundis「毎週月曜日 (に)」も類義。

un, une (▶不定冠詞単数)

ある、ひとつの、ひとりの

5級・4級

Tu as une voiture ?

車を持っていますか？

Il y a une pharmacie près d'ici ?

この近くに薬局はありますか？

Mon oncle habite dans un petit village en Belgique.

おじはベルギーの小さな村に住んでいる。

C'est un des plus grands arbres du Japon.

それは日本でもっとも大きな木のうちのひとつです。

指示代名詞

(見出語が「筆記」問題の対象となっているケース)

ça (▶ cela の口語体で、性数変化のない指示代名詞)

それ、あれ、これ

5級・4級

Oui, c'est ça.

はい、その通りです。

Tu n'aimes pas ça ?

これ、好きじゃないの？

Ça fait combien ?

いくらになりますか？

3級

Qu'est-ce que c'est que ça ?

それは何ですか？

C'est une bonne idée ! Je n'avais pas pensé à ça ! 11. 春.

それはいい考えです！ そんなことは思いつきませんでした！

＊ cela に相当する中性の指示代名詞を選択肢から答える問題。

ce (母音の前で c')
(▶性数変化のない指示代名詞)

これ、あれ、それ

5級

Qu'est-ce que c'est ?

それは何ですか？

Qui est-ce ?

あれは誰ですか？

C'est très bon !

これはとてもおいしい！

4級・3級

J'ai entendu crier. Va voir ce qui se passe. 3 : 03. 秋

叫び声が聞こえた。どうしたのか見てきて。

＊ 関係代名詞の先行詞として機能する、性数不変化の指示代名詞を選択肢から選ぶ。Qu'est-ce qui se passe ?「どうしたの？」を間接疑問にした形。なお、se passer, arriver, rester といった動詞は、非人称主語 il を立てて用いることも可能で、近年は非人称の使用が優勢になっている印象がある。それに従い上記例文を書き換えると、Va voir ce qu'il se passe. となる。

Demandez-lui ce qu'elle veut.

彼女に何が望みなのかを聞いてください。

＊ Qu'est-ce qu'elle veut ?「彼女は何を望んでいるの？」が直接疑問形。

celui, celle (ceux, celles)

（▶性数変化のある指示代名詞）

（人や物を指して）～のもの、～の人

4級・3級・準2級

- C'est ton dictionnaire ?
- Non, c'est celui de Bernard.

4 : 11. 秋. 改

-「あなたの辞書ですか？」
-「いいえ、Bernard のです」

＊ 対話文、指示代名詞（男性名詞単数）の問題。

Cet appartement, c'est celui de mes parents.

あのアパルトマンは両親のものです。

Ses cheveux sont blonds comme ceux de sa mère. 3 : 01. 春

彼（彼女）の髪は母と同じくブロンドです。

＊ les cheveux de sa mère の下線部を受ける指示代名詞（男性複数形）を答える。

- Cette chaise vous plaît ?
- Oui. C'est exactement celle dont on a besoin. 準 2 : 14. 春. 改

-「その椅子は気に入りましたか？」
-「ええ、まさに私たちが必要としているものです」

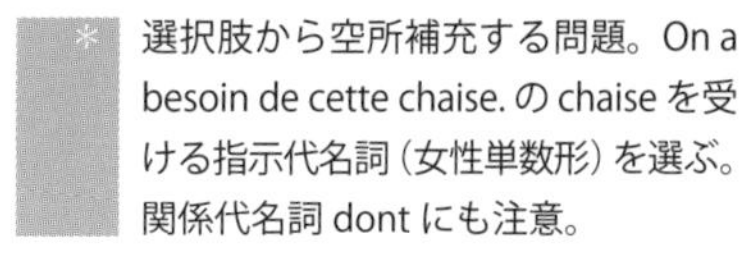

＊ 選択肢から空所補充する問題。On a besoin de cette chaise. の chaise を受ける指示代名詞（女性単数形）を選ぶ。関係代名詞 dont にも注意。

中性代名詞

（見出語が「筆記」問題の対象となっているケース）

en

＊ 語源がラテン語の副詞 inde「そこから」であることから、場所を指す場合の中性代名詞 en は副詞的代名詞とも呼ばれる。

(1)（"de＋[名詞]" に代わる）そこから、そのことを

4級

- Vous êtes allé(e) à Tokyo ?
- Oui, j'en reviens.

-「東京に行ってきたのですか？」
-「はい、そこから戻ったところです」

＊ "de＋[場所]" を受ける上記例文では、Oui, je reviens de Tokyo. の下線部を en が受ける。

- Ils parlent de leur projet de vacances ?
- Oui, ils en parlent toujours. 95. 春

-「彼らはヴァカンスの計画について話しているのですか？」
-「はい、彼らはいつもそのことを話しています」

＊ parler de qqch の下線部を受ける中性代名詞を、選択肢から選ぶ問題。

3級・準2級

Elle a réussi son examen et sa mère en est fière.

彼女は試験に受かり、彼女の母親はそのことを自慢しています。

＊ ただし、実際の会話なら「合格したこと」ではなく「娘」に焦点を当てて、et sa mère est fière d'elle.「母親はそんな彼女が自慢だ」と表現する方が自然かもしれない。

(2)（"不定冠詞・部分冠詞＋[名詞]" に代わる）それを（▶ 数量的に限定された名詞に代わる）

4級・3級

- Avez-vous de l'argent ?
- Non, je n'en ai plus.

-「お金を持っていますか？」
-「いいえ、もうありません」

出　題

空欄に入る適語を選びなさい。

Nous aimons le fromage. Nous (　　　) mangeons tous les soirs.
1. en　2. le　3. y 3:01. 秋

「チーズが好きです。毎晩食べています」の意味にする。aimer は、「総称」を表す le fromage「チーズというもの（チーズなら何でも）」との組み合わせで用いるが、manger は、具体的に「ある分量のチーズを食べる」ので部分冠詞 du fromage「ある分量のチーズ」との組み合わせになる。得点率が 37% と低いのは、機械的に le（補語人称代名詞）を選択した受験生が多かったためではないか。

（解答）*1*

準2級

- Cet arbre a donné des fruits cet automne ?
- Oui, il en a donné plus que l'année dernière. 11. 春

-「この木には、今年の秋は実がなりましたか？」
-「ええ、昨年よりたくさんなりました」

前出の des fruits を受ける中性代名詞 en を選択肢から選ぶ問題。

(3)（“数詞＋[名詞]”の名詞に代わる）それを

4級

- Combien d'enfants avez-vous ?
- Nous en avons quatre.

-「お子さんは何人ですか？」 -「4人です」

3級・準2級

J'ai cassé un verre. Apportez-en un autre, s'il vous plaît. 3:06. 春

コップを割ってしまいました。別のを持ってきてください。

un autre verre の名詞 verre を中性代名詞 en で受ける。

Si tu aimes les pommes, prends-en plusieurs.

リンゴが好きなら、いくつか取っていって。

＊ plusieurs pommes の pommes を中性代名詞 en で受ける。

le (l')

（前文の内容・不定詞・形容詞などに代わる）

4級

- Monsieur, on ne peut pas fumer ici.
- Ah, pardon, je ne le savais pas. 02. 秋

-「ここは禁煙です」
-「あっ、すみません、知りませんでした」

＊ 前文の内容「ここでタバコを吸えないこと」を受ける中性代名詞。

3級・準2級

Avant, mes enfants étaient gros. Maintenant, ils ne le sont plus. 3:13. 春

以前、子どもたちは太っていました。今はもう太っていません。

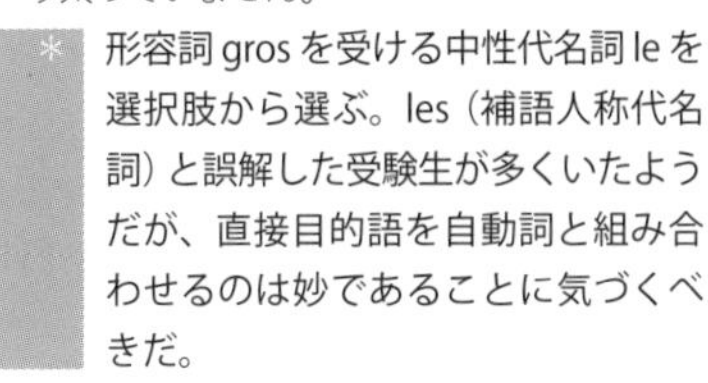
形容詞 gros を受ける中性代名詞 le を選択肢から選ぶ。les（補語人称代名詞）と誤解した受験生が多くいたようだが、直接目的語を自動詞と組み合わせるのは妙であることに気づくべきだ。

- La banque est déjà fermée !
- Je le sais.

-「銀行はもう閉まってますよ！」
-「知ってます」

＊ Ja sais que la banque est déjà fermée. の下線部分を le で受けた形。

y

＊ 語源がラテン語の副詞 ibi「そこに」であることから、中性代名詞 y は副詞的代名詞とも呼ばれる。

(1)（“à, chez, dans, en, etc.＋[場所]”に代わる）そこに、そこへ（▶副詞的代名詞）

4級・3級・準2級

- Emma habite à Shibuya ?
- Oui, elle y habite depuis avril.

-「Emma は渋谷に住んでいるの？」
-「はい、4月からそこに住んでいます」

Notre fille vit en Corse. Nous y allons une fois par an.

娘はコルシカ島で暮らしています。私たちは年に1度そこに行きます。

(2) (“à＋[名詞・不定詞・節]”に代わる) それを、それに

4級・3級

- As-tu reçu sa lettre ?
- Oui, j'y réponds tout de suite.

4:09. 秋

-「彼(彼女)の手紙を受け取った？」
-「はい、すぐにそれに返事をします」

＊ répondre à sa lettre「手紙に返事をする」の下線部を受けた形。選択問題だが、得点率は 23% どまり。

L'histoire de France, tu t'y intéresses ? 3:05. 春

フランス史には興味がある？

＊ s'intéresser à l'histoire de France の下線部を受ける空所補充選択問題だが、得点率は 25% と低い。s'intéresser à qqch の形に思い当たらないと、正答には行き着けない。

準2級

- Cet appartement est beau et bon marché.
- Mais il est loin de la gare. Pensez-y avant de vous décider. 12. 秋. 改

-「このアパルトマンはきれいで値段も安い」
-「ただ、駅からは遠いです。決める前にそのことを考慮してください」

＊ penser à qqch「〜について考える」の形が浮かべば、y は容易に導ける。

関係代名詞

(見出語が「筆記」問題の対象となっているケース)

dont

3級

Je vais lire le roman dont tu m'as parlé l'autre jour.

先日君が話してくれた小説を読むつもりです。

＊ parler à qqn de qqch「人に〜のことを話す」の de qqch の部分を dont で受けた例。

C'est un peintre dont l'œuvre est connue dans le monde entier. 15. 春

彼は世界中で作品が知られている画家です。

＊ 空所補充の選択問題から。知られているのは l'œuvre d'un peintre「画家の作品」なので、関係代名詞 dont で所有関係を示す。

準2級

- Comment avez-vous trouvé son dernier film ?
- J'ai trouvé excellente la façon dont il parle de son pays. 17. 春

-「彼の最新の映画をどう思いましたか？」
-「自国を語るそのやり方がすばらしいと思いました」

＊ “la façon dont＋[直説法]”で「〜する仕方」の意味になる。

lequel, laquelle, lesquels, lesquelles

（▶性数一致のある関係代名詞）

準2級

L'avion dans lequel on va voyager est un Boeing.

これから乗って旅する飛行機はボーイングです。

C'est un problème auquel je n'avais pas pensé. 11. 秋

その問題については考えていませんでした。

＊ 対話文の空所補充問題。Cette route est fermée à cause de la neige.「あの道は雪のせいで閉鎖されています」という発言への応答。je n'avais pas pensé à ce problème と考え、関係代名詞 auquel を選択肢から選ぶ。auquel の形については疑問代名詞を参照。

où

3級

Le quartier où mes parents vivent est très tranquille.

両親の暮らしている界隈はとても静かです。

Je n'oublierai jamais le jour où je suis arrivée à Paris. 96. 秋

私はパリに到着した日のことをけっして忘れません。

＊ 空所補充選択問題。où の先行詞は「場所」だけでなく「時」もある。後者は盲点のようで、得点率は 29.8% だった。

準2級

- Je ne vois pas bien le mont Fuji d'ici.
- Je connais un endroit d'où vous aurez une vue magnifique. 17. 秋

-「ここからは富士山がよく見えません」
-「すばらしい景色が見える場所を知っていますよ」

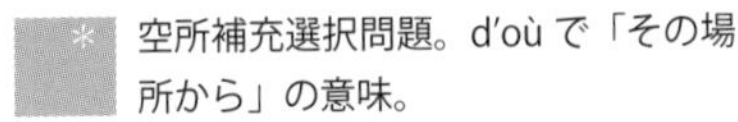
＊ 空所補充選択問題。d'où で「その場所から」の意味。

que (qu')

(1) ［直接目的語として］

3級・準2級

出題

空欄に入る適語を選びなさい。

C'est la ville (　　　) j'ai visitée le mois dernier.
1. laquelle　2. où　3. que

3 : 17. 秋

「それは私が先月訪れた都市です」とする。visiter qqch と他動詞なので、「場所」を表す関係詞 où は入れられない。得点率は 34% と低かった。

（解答）*3*

Où se trouve la maison que Pierre a achetée il y a une semaine ?

Pierre が1週間前に購入した家はどこにありますか？

(2) 〈C'est ～ que ...〉［主語以外の強調構文］

C'est Françoise que j'ai rencontrée à la gare hier matin.

私が昨日の朝駅で会ったのは Françoise だ。

qui

(1) [主語を示す]

3級・準2級

Je n'aime pas ceux qui disent du mal des autres. 3:97.秋

他人の悪口を言う人は好きではない。

＊ "ceux qui＋［動詞］" で「〜という人たち」の意味。

(2) [前置詞を伴って]

Qui est l'homme avec qui vous parliez tout à l'heure ?

さっきあなたが話をしていた男性はどなたですか？

＊ parler avec qqn の、qqn を先行詞にすると、avec＋qui と、［前置詞］＋qui の形をとる。

(3) 〈C'est 〜 qui ...〉[主語の強調構文]

4級

Alors, c'est ton grand-père qui prépare le dîner ?

じゃあ、あなたのおじいちゃんが夕飯を作るわけ？

3級・準2級

C'est le directeur qui a proposé ce projet.

この計画を提案したのは部長です。

quoi

準2級

- Il faudrait qu'on appelle Jacques.

- C'est justement ce à quoi je pensais. 12.春

-「Jacques を呼ばなくてはならないのでは」
-「それはまさに私が考えていたことです」

＊ 空所補充の選択問題。quoi は前置詞のうしろに置かれ、ce, chose, rien などを先行詞とする。C'est bien ce à quoi je pensais. も同義（ただし、この ce は省かれることもある）。ちなみに、C'est bien ce que je te disais. なら「それはまさに私が君に言っていたことだ」という意味になる。

主語人称代名詞

（見出語が「筆記」問題の対象となっているケース）

	単数	複数
1人称	je (j')	nous
2人称	tu (vous)	vous
3人称	il elle	ils elles

＊ 2人称 tu は家族・友人・若者同士、あるいは子どもに対して単数のみで用いられる。vous は丁寧な二人称（「あなた（がた）」）で単数・複数ともに用いられるが、さらに家族・友人などに用いる tu の複数形としても使われる。

＊ 3人称は、人だけでなく物にも用いられ、その場合「それ、それら」などと訳される。

◆ **on** pron 代 （▶主語として使われる不定代名詞）

(1)「私たちは」

On va prendre un café ?

コーヒーを飲みに行こうか？

(2)「誰かが」

On frappe à la porte.

誰かがドアをノックしている（ドアをノックする音がする）。

(3)「人々は」

Avant, on mangeait plus de riz.

かつては、もっとたくさん米を食べていた。

人称代名詞

（見出語が「筆記」問題の対象となっているケース）

主語	直接目的	間接目的	強勢形
je	me (m')	me (m')	moi
tu	te (t')	te (t')	toi
il	le (l')	lui	lui
elle	la (l')	lui	elle
nous	nous	nous	nous
vous	vous	vous	vous
ils	les	leur	eux
elles	les	leur	elles

＊ 肯定命令文で、me, te は強勢形を用いる（例 Réveille-moi à cinq heures.「5時に起こして」）。ただし、否定命令文では用いないので注意（例 Ne me réveille pas trop tôt.「あまり早く起こさないで」）。

4級

出 題

空欄に入る適語を選びなさい。

- Tu écris à tes amis ?
- Oui. Je (　　　) écris souvent.
1 leur　2 lui　3 nous　08. 秋

écrire à qqn で下線部（間接目的語）を受ける人称代名詞を入れる。「君は友だちに手紙を書くの？」「はい、よく書きます」という対話になる。

（解答）*1*

出　題

空欄に入る適語を選びなさい。

- **Notre grand-mère aura bientôt 80 ans.**
- **Qu'est-ce que tu vas (　　　) offrir ?**

1 l'　2 leur　3 lui　18. 秋

「祖母がもうすぐ 80 歳になります」に対して、代名詞を用いず応答するなら、Qu'est-ce que tu vas offrir à ta grand-mère ?「お祖母さまに何を贈るつもりですか ?」となる（offrir qqch à qqn「人に～を贈る」)。この下線部を代名詞で受ける。

（解答）*3*

出　題

空欄に入る適語を選びなさい。

- **Tu vois souvent tes parents ?**
- **Oui. Je vais chez (　　　) ce week-end.**

1 eux　2 les　3 leur　15. 春. 改

"前置詞＋[人称代名詞強勢形]" になる。「ご両親とはよく会うの ?」「ええ。今週末、彼らのところに行きます」という対話。chez のうしろに置ける強勢形は、選択肢にひとつしかないにもかかわらず、得点率は 40% であった。

（解答）*1*

所有形容詞

（見出語が「筆記」問題の対象となっているケース）

＊ 所有者を指す（英語の所有格に相当）。

	男性単数	女性単数	複数
my	mon	ma (mon)	mes
your	ton	ta (ton)	tes
his, her, its	son	sa (son)	ses
our	notre	notre	nos
your	votre	votre	vos
their	leur	leur	leurs

＊ son, sa, ses には、英語の his, her のような区別はない。したがって、たとえば son ami は文脈に応じて、「彼の友人」「彼女の友人」、いずれの意味にもなる。また、女性単数形は母音字と無音の h の前では（　）内の形になる。

5級

出　題

空欄に入る適語を選びなさい。

C'est (　　　) école ?

1 ta　2 tes　3 ton　08. 秋

école「学校」は女性名詞だが、母音で始まる語。そして単数形なので、3 が答えになる。「それは君の学校ですか？ の意。得点率は 64% だった。

（解答）*3*

出　題

空欄に入る適語を選びなさい。

Il est content de (　　　) voiture noire.

1 sa　2 ses　3 son　11. 秋

「彼は自分の黒い車に満足しています」とする。voiture は女性名詞単数。

（解答）*1*

出　題

空欄に入る適語を選びなさい。

(　　　) fils vont bien ?
1 Ton　2 Vos　3 Votre　18. 秋

fils は単数・複数同形だが、動詞が vont（複数形）である点に注意。「あなたの息子さんたちは元気ですか？」とする。単複の見誤りのせいか、得点率は 47% であった。

（解答）*2*

所有代名詞

（見出語が「筆記」問題の対象となっているケース）

＊ 定冠詞とともに用いて、“[所有形容詞] ＋ [名詞]” に代わる。

＊ たとえば、「自宅は彼の家の近くです」なら Ma maison est près de sa maison. とせずに、下線部には所有代名詞 la sienne を用いるのが普通。

準2級

出　題

空欄に入る適語を選びなさい。

- Mon portable ne marche pas bien.
- Tu peux utiliser (　　　), si tu veux.
1 aucun　2 chaque　3 le mien
4 lequel　13. 春. 改

「私の携帯電話がうまく作動しません」「よかったら、私のをお使いください」という対話なので、空所には mon portable に代わる所有代名詞を入れる。

（解答）*3*

所有代名詞

	男性単数	女性単数	男性複数	女性複数
je	le mien	la mienne	les miens	les miennes
tu	le tien	la tienne	les tiens	les tiennes
il, elle	le sien	la sienne	les siens	les siennes
nous	le nôtre	la nôtre	les nôtres	les nôtres
vous	le vôtre	la vôtre	les vôtres	les vôtres
ils, elles	le leur	la leur	les leurs	les leurs

出　題

空欄に入る適語を選びなさい。

- Prête-moi ta voiture, s'il te plaît.
- Pourquoi ? (　　　) est en panne ?
1 Autre　2 Celle　3 La tienne
4 Plusieurs　16.春.改

「車を貸してください」「どうして？ 君のは故障しているの？」とする。主語 Ta voiture に代わる所有代名詞を選ぶ問題。

（解答）*3*

疑問代名詞

（見出語が「筆記」問題の対象となっているケース。qui, que は重要語編に記述あり）

＊ 既述あるいは後述の人や物を対象に選択を表す。

男性単数	女性単数	男性複数	女性複数
lequel	laquelle	lesquels	lesquelles

＊ lequel, lesquels, lesquelles は定冠詞と同じく、前置詞 à, de との縮約（auquel, auxquels, auxquelles / duquel, desquels, desquelles）が起きる。

誰（が、を）、何（が、を）、どちら（が、を）

3級

出　題

空欄に入る適語を選びなさい。

(　　　) de ces jeunes filles est votre cousine ?
1 Laquelle　2 Lequel
3 Qui est-ce que　96.秋.筆.改

「この娘さんたちのうち、"どの人"があなたのいとこですか？」の意味になるようにする。fille が「女性名詞」なので 1 を選ぶ。

（解答）*1*

数詞編（5級・4級・3級・準2級レヴェル）

＊ 基数詞は文法上、形容詞あるいは男性名詞として扱われるが、本編ではその違いは意識していない。あくまで仏検に出題された「数字」に着目している。

（形容詞の例） J'ai deux filles.「私には **2人の**娘がいる」

（男性名詞の例） J'habite au deux de la rue de Rivoli.「私はリヴォリ通り **2番地**に住んでいる」

基数詞

＊ ここでは、1991–2018 年 5 級・4 級「聞き取り」問題で対象となったものを扱った。出題情報から「聞」の文字は省いている。また、出題箇所のイタリック表記も採用していない。

0 zéro

Demain, la température tombera au-dessous de zéro.

明日は、気温が零下になる見込みです。

＊ 天気予報士が使う言い回し。

cinq degrés au-dessous de zéro

零下 5 度

＊ ただし、数字「0」zéro は「聞き取り」での出題歴はない。

1 un, une

5級

Un kilo d'oranges, s'il vous plaît. 99. 春.

オレンジを 1 キロください。

Elle habite ici depuis un mois ?

彼女はここに 1 ヶ月前から住んでいるのですか？

Ils arrivent à une heure.

彼らは 1 時に着きます。

Il vient ici une fois par mois.

彼は月に 1 度ここに来ます。

2 deux

＊ 母音（または無音の h）の前では x を [z] と発音。

5級

Deux cafés, s'il vous plaît. 94. 秋、15. 春

コーヒーを 2 つください。

Nous avons deux enfants.

私たちには子どもが 2 人います。

＊ avoir deux enfants は、別の主語で 5 級に 2 度の出題あり。

Il est deux heures du matin. 96. 秋

午前 2 時です。

3 trois

＊ 母音（または無音の h）の前では s を [z] と発音。

5級

Monsieur et Madame Dupond ont trois enfants.

Dupond 夫妻には子どもが 3 人いる。

＊ trois enfants は、97. 春 09. 秋 15. 秋 に「数詞の聞き取り」問題に登場。

On part dans trois jours.

3 日後に出発です。

＊ 時間表現では、trois semaines「3 週間」、trois heures「3 時間」、trois minutes「3 分」などの出題例がある。

Elle a trois chats ?

彼女は猫を3匹飼っているの？

＊ trois chats は 03. 春 07. 春 14. 秋 に出題されている。

4 quatre

5級

Nous sommes le quatre août aujourd'hui.

今日は8月4日です。

＊ 日付なら le 4 août と書くのが通例だが、ここでは数詞を意識して quatre とスペルアウトした。

Il y a quatre saisons au Japon. 00. 春

日本には四季がある。

＊ 95. 秋 に、Il y a quatre saisons dans l'année.「1年には四季がある」という出題例もある。

Nous sommes quatre. 17. 秋

4人です。

＊ まったく同一の「聞き取り」問題が 93. 秋 の4級にも出題されている。

5 cinq

＊ 子音の前では [sɛ̃] あるいは [sɛ̃k]。

5級

L'avion part à cinq heures de Narita.

飛行機は5時に成田を発つ。

＊「5時に」à cinq heures は、5級の「数詞の聞き取り」で4回出題例がある。なお、例文は到着の目的地が「成田」なら pour Narita となる。

Il y a cinq pièces chez moi.

わが家には5部屋あります。

＊「5つの寝室」cinq chambres は2度出題例がある。

Paul a cinq ans.

ポールは5歳です。

＊ 4級 93. 春 に、Depuis cinq ans, déjà.「もう5年前からです」を聞き取る問題が出された。

6 six

＊ 単独では [sis] と発音。

＊ 母音（または無音の h）の前では x を [z] と発音。

＊ 子音の前では x は発音されず、[si] となる。

5級

Il est six heures du matin.

午前6時です。

＊ six heures は2度出題歴あり。"six＋[母音]" の出題は、ほかに six enfants, six euros（2度）がある。

Elles travaillent ici depuis six mois.

半年前から彼女たちはここで働いている。

＊ six mois は5級で3度出題されているが、いずれも得点率が50%を割っている（特に、02. 秋 は28%という極端に低い数字）。うしろに「子音で始まる語」が来ると、six [sis] ではなく [si] とだけ発音されるために、聞き逃しやすい。ほかに "six＋[子音]" の聞き取りとしては、six minutes, six garçons, six pommes などが出題された。4級の 00. 春 では six croissants の聞き取

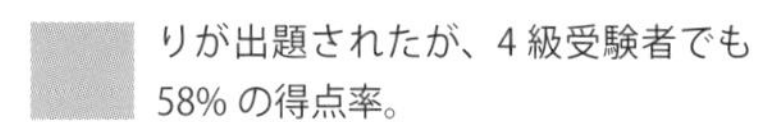

＊ りが出題されたが、4 級受験者でも 58% の得点率。

7 sept

＊ p は読まずに [sɛt] と発音。

5級

Ça coûte sept euros. 17. 秋

7 ユーロになります。

＊ sept euros, sept ans はそれぞれ 2 回の出題歴あり。

Ma fille se lève à sept heures.

娘は 7 時に起きる。

＊ sept heures の「聞き取り」出題は 09. 秋 11. 秋 15. 春 の 3 回を数える。

D'ici à l'école, il y a sept kilomètres.

ここから学校まで 7 キロです。

8 huit

＊ 母音（または無音の h）の前では t を発音。

＊ 子音の前では t を読まずに [ɥi ユイ] と発音。

5級

Mon fils a huit ans.

息子は 8 歳です。

＊ huit ans は過去 3 回、5 級の「聞き取り」に出題されている。

Ils viennent à huit heures.

彼らは 8 時に来ます。

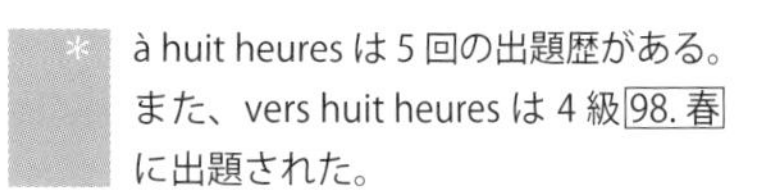

＊ à huit heures は 5 回の出題歴がある。また、vers huit heures は 4 級 98. 春 に出題された。

Mes parents arrivent le dimanche huit.

両親は 8 日の日曜に着きます。

9 neuf

＊ ans, heures の前では f を [v] と発音。

5級

Mon chat a neuf ans.

うちの猫は 9 歳です。

Le train arrive à neuf heures. 04. 秋

電車は 9 時に着きます。

＊ "neuf＋[母音]" が「聞き取り」問題の鍵で、neuf ans は 5 回、neuf heures は 4 級 93. 秋 を含む 8 回出題されている。こうしてほぼ毎年のように「9 歳」「9 時」が出題される中、98. 春 には例外的に、J'habite neuf rue Montmartre. と「番地」で登場した。

10 dix

＊ 単独では [dis] と読む。

＊ 母音（または無音の h）の前では x を [z] と発音。

＊「子音」の前では x は読まれない。

5級・4級

Il est dix heures du matin.

午前 10 時です。

＊ dix heures は 3 回出題された。

Ça fait dix euros.

10ユーロになります。

dix euros の聞き取りも3回出題されている。

Il faut dix minutes à pied.

徒歩で10分かかります。

dix minutes は5級 03. 春 で1度（得点率40%と低調）、4級では 95. 秋 に1度出題されている。

11　onze

5級・4級

Ma fille a onze ans.

娘は11歳です。

Ça fait onze euros, madame.

11ユーロになります。

Est-ce que l'avion arrive à onze heures ?

飛行機は11時に着きますか？

* 5級では、ans, euros, heures など母音が続く例が大半。4級では、日付や番地などとして登場することが多い。なお、11～16まで、-ze [z] で終わる数字の「聞き取り」得点率は、5級では例年低調。

12　douze

5級・4級

Il y a douze garçons dans notre classe.

クラスには12人の少年がいます。

douze garçons が5級で2度、douze classes が4級で 10. 秋 に出題された。

C'est à douze kilomètres.

（距離は）12キロあります。

douze kilomètres は4級で2度出題されている。

13　treize

5級・4級

Son fils a treize ans.

彼（彼女）の息子は13歳です。

ans, heures, euros が続く例が大半だが、5級での得点率は低調。

C'est la chambre treize.　5 : 12. 春

（お部屋は）13号室です。

* C'est la chambre numéro treize. ともいう。

14　quatorze

5級・4級

Aujourd'hui, c'est le quatorze juillet.

今日は7月14日です。

* 日付なら le 14 juillet と書くのが一般的だが、ここでは数詞を扱っているので、算用数字ではなく quatorze とした。「フランス革命記念日」la fête nationale の意味ならば、日付と差別化するために le 14 Juillet と大文字で書かれることも多い。ちなみに、le quatorze「14日」は5級では3度、4級で1度出題された。

Ton fils a quatorze ans ?

息子さんは14歳ですか？

＊ quatorze ans は 2 回出題されている。ほかに、C'est la chambre quatorze.「14 号室です」も 99. 秋 と 15. 春 に出題されている。

15　quinze

5級・4級

Ma fille va avoir quinze ans.

娘は 15 歳になります。

Le bus pour Londres part à quinze heures.

ロンドン行きのバスは 15 時発です。

On y sera dans quinze minutes.

15 分後にそこに着きます。

＊ quinze minutes は un quart d'heure ともいう。

Quinze euros, s'il vous plaît. 5 : 13. 春

15 ユーロになります。

＊ quinze euros は、5 級の 05. 秋 14. 秋 16. 春 にも出題されている。また、quinze 単体では 4 級でも 3 回出題されている。

16　seize

5級・4級

On est le seize juillet.

7 月 16 日です。

＊ 日付の 16 日は 5 級と 4 級で各 1 回出題あり。くしくも同じ、7 月 16 日で。

Il y a seize étudiants dans cette classe.

あの教室には 16 人の学生がいる。

Lisez la leçon seize. 5 : 09. 春

16 課を読んでください。

＊ la leçon seize は 5 級 11. 秋 にも出題された。

Le prochain train est à seize heures.

次の電車は 16 時です。

＊ seize heures は 5 級 12. 秋 と 4 級 99. 春 に出題例あり。

17　dix-sept

5級・4級

Je reviens vers dix-sept heures.

17 時頃戻ります。

＊ dix-sept heures は、5 級で 2 度、4 級で 1 度出題されている。

Est-ce que vous cherchez la salle (numéro) dix-sept ?

17 号室をお探しですか？

18　dix-huit

＊ 発音規則は huit と同じ。

5級・4級

Georges a dix-huit ans.

Georges は 18 歳です。

＊ dix-huit ans は 3 回出題された。

Prenons le bus (numéro) dix-huit.

18 番のバスに乗りましょう。

＊ なお、「18」は 4 級では出題例が見当たらない。

19 dix-neuf

＊ 発音規則は neuf と同じ。

5級・4級

J'ai dix-neuf ans.

私は 19 歳です。

＊ dix-neuf ans「19 歳」の「聞き取り」は 8 回出題例あり。

Le théâtre ouvre à dix-neuf heures.

劇場は 19 時に開く。

＊ à dix-neuf heures は 5 級で 1 回、4 級で 2 回「聞き取り」に出題されている。ちなみに、「芝居は 19 時に始まる」なら La pièce commence à dix-neuf heures. という。

20 vingt

5級・4級

Il habite à Nantes depuis vingt ans.

彼はナントに 20 年住んでいます。

＊ vingt ans は 5 級で 2 回、4 級で 1 回の出題あり。

Je prends le train de vingt heures. 5 : 98. 秋

20 時の電車に乗ります。

＊ vingt heures は 5 級で 15. 秋 にも出題されている。なお、数字の「聞き取り」で得点率が常に低いのは、21 heures 以降の「時刻」である。

Vingt minutes à pied. 4 : 99. 春

徒歩で 20 分です。

＊ 21 以上の数は、5 級では「数字を聞き取る問題」には出題されない。なお、ここで扱う「数詞」は、旧綴り（例 vingt et un）ではなく、新綴り（例 vingt-et-un：数字を (-) でつなぐ）で表記する。また、これまで 4 級の「聞き取り」に出題されたことのない数字（例 24, 33 ほか）は例文を省いた。

21 vingt-et-un / vingt-et-une

4級

Je connais Sophie depuis vingt-et-un ans. 08. 秋

21 年前から Sophie を知っています。

＊ 得点率は 76%。なお、以下 ～-et-un となる、31, 41, 51, 61, 81 には女性形 ～-et-une がある点に注意（例 Cet article a vingt-et-une pages.「この記事は 21 ページある」）。

Nous sommes le dimanche vingt-et-un. 16. 秋

今日は 21 日、日曜日です。

＊ 得点率 85%。

Ce magasin ferme à vingt-et-une heures.

この店は 21 時に閉まる。

Il y a vingt-et-une personnes dans la salle d'attente.

待合室には 21 人いる。

＊ 女性名詞とからむ出題は 6 回。すべて vingt-et-une heures の形で出題されている。なお、「21 時」の「聞き取り」の得点率は 50% を切る。ちなみに、vingt-et-un ans「21 歳」なら、得点率は 80% 弱。

22 vingt-deux

4級

Le TGV est arrivé à Paris à vingt-deux heures.

TGV はパリに 22 時に着いた。

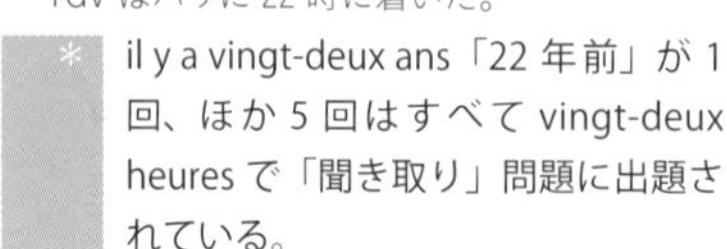

＊ il y a vingt-deux ans「22 年前」が 1 回、ほか 5 回はすべて vingt-deux heures で「聞き取り」問題に出題されている。

23 vingt-trois

4級

La boutique ferme à vingt-trois heures.

その店は 23 時に閉まる。

＊ à vingt-trois heures は 4 級で 3 回出題歴あり（03. 秋 07. 春 16. 春）。

Ce restaurant italien a vingt-trois tables. 09. 春

このイタリアン・レストランには 23 のテーブルがある。

24 vingt-quatre

出題歴なし

25 vingt-cinq

4級

Ma valise fait vingt-cinq kilos. 07. 秋

私のスーツケースは 25 キロあります。

Ma sœur a vingt-cinq ans.

姉（妹）は 25 歳です。

＊ ほかに vingt-cinq euros「25 ユーロ」が出題されたこともある。

26 vingt-six

4級

L'hôtel a vingt-six étages. 08. 春

そのホテルには 26 階あります（そのホテルは 27 階建てです）。

＊ 聞こえてきた数字通りに 26 と答える。日本での 1 階は rez-de-chaussée と呼び、階数には含めないので、実際は 27 階建て。

Ça fait vingt-six euros. 14. 秋

26 ユーロになります。

＊ 同じ文が 18. 春 にも出題された。

27 vingt-sept

4級

Il y a vingt-sept chaises dans cette salle.

この部屋には椅子が 27 脚ある。

＊ 数字「27」は 03. 春 と 05. 秋 に出題された。

28　vingt-huit

4級

Le vingt-huit janvier 1980.

1980年1月28日です。

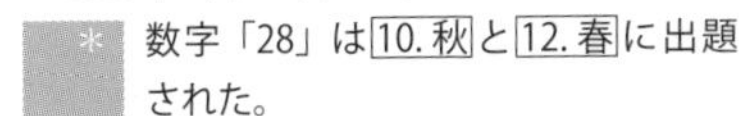

＊ 数字「28」は10. 秋と12. 春に出題された。

29　vingt-neuf

4級

Allez au bureau (numéro) vingt-neuf.

29番のオフィスへ行ってください。

＊ 数字「29」の出題はこれまで2回。

30　trente

4級

Ce village est à trente kilomètres de Lyon.

その村はリヨンから30キロのところにあります。

＊ 数字「30」は2回出題歴あり。ちなみに、trente minutes は une demi-heure と言い換えられる。

31　trente-et-un / trente-et-une

4級

- Quand est-ce que tu pars pour le Canada ?
- Le trente-et-un décembre.

-「カナダへはいつ出発するの？」
-「12月31日です」

＊ 数字「31」は4級92. 春96. 秋97. 春13. 秋、準2級18. 春に出題された。

32　trente-deux

4級

Ce grand bâtiment a trente-deux étages.

この大きなビルには32階あります（この大きなビルは、33階建てです）。

＊ 数字「32」の出題回数は3回。ちなみに、日本での1階は rez-de-chaussée と呼び、階数には含めないので、実際は33階建てということになる。

33　trente-trois

出題歴なし

34　trente-quatre

4級

Ma tante habite trente-quatre rue de Saint-Jacques.

おばはサン・ジャック通り34番地に住んでいる。

＊「34」は3回出題されているが、そのうち2回は「番地」での出題。

35　trente-cinq

4級

Ce dictionnaire coûte trente-cinq euros.

この辞書は 35 ユーロです。

＊ 4 回出題された「35」のうち、2 回は trente-cinq euros の形。

36　trente-six

4級

J'ai trente-six choses à faire.

やらなくてはならないことがたくさんある。

＊ 仏検での出題例はないが、口語で「36」は一種の強調として、「多数の」の意味で使われることがある（上記例文の場合は beaucoup de choses）。なお、単なる数字としての「36」は、5 回出題されており、trente-six ans が 2 回（03. 秋 14. 春）、trente-six euros が 2 回（08. 秋 10. 秋）となっている。

37　trente-sept

4級

Elles travaillent trente-sept heures par semaine.

彼女たちは週に 37 時間仕事をしている。

＊ 3 回出題例あり。

38　trente-huit

4級

Mon mari a trente-huit ans.

夫は 38 歳です。

＊ 3 回出題例あり。

39　trente-neuf

4級

- Quelle est votre pointure ?
- Je fais du 39 (trente-neuf).

-「靴のサイズは？」
-「39 です」

＊ フランスの靴のサイズ 39 は、日本の 25.5〜26.0 cm に相当する大きさ。「日本サイズ÷0.66≒フランスサイズ」と覚えておくとよいだろう。

Votre chambre, c'est le numéro trente-neuf. 01. 秋

お部屋は 39 号室です。

＊ ほかには 1 度、14. 秋 に出題例あり。

40　quarante

4級

- Quelle est votre taille ?
- Je fais du 40 (quarante).

-「服のサイズは？」
-「40 です」

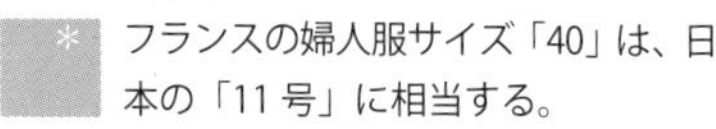

＊ フランスの婦人服サイズ「40」は、日本の「11 号」に相当する。

Mon mari a visité la France il y a quarante ans.

夫は40年前にフランスを訪れた。

＊ 4回出題歴がある。

41 quarante-et-un / quarante-et-une

4級

Il y a quarante-et-un étudiants dans cette classe. 03.秋

この教室には41人の学生がいる。

＊ 3回出題歴あり。

42 quarante-deux

4級

Pascal et Pascale sont amis depuis quarante-deux ans.

PascalとPascaleは42年前から親しい仲だ。

＊ 過去2回ともquarante-deux ansという形で出題された。なお、うしろに母音で始まる単語が置かれたリエゾンの聞き取りが出やすい。

43 quarante-trois

出題歴なし

44 quarante-quatre

4級

Mon père a quarante-quatre ans. 08.春

父は44歳です。

＊ 「44」の出題は、この1度のみ。

45 quarante-cinq

4級

Vous avez encore quarante-cinq minutes. 17.春

まだ45分あります。

＊ 45分はtrois quarts d'heureともいう。ちなみに「45」の出題回数は2回。

46 quarante-six

4級

Mon oncle a quarante-six ans.

おじは46歳です。

＊ 出題歴は3回。

47 quarante-sept

4級

Lisez la page quarante-sept, s'il vous plaît. 18.春.改

47ページを読んでください。

＊ 出題歴は3回。

48 quarante-huit

4級

Ce chapeau coûte quarante-huit euros.

その帽子は 48 ユーロです。

* 06. 秋 と 14. 春 の 2 度出題歴あり。

49 quarante-neuf

4級

C'est la porte quarante-neuf. 04. 春

それは 49 番ゲートです。

* 出題はこの 1 度のみである。

50 cinquante

4級

Mon fils a gagné le cinquante mètres.

息子は 50 メートル走で勝った。

* 出題回数は 3 回。

* 級のしばりのためか、「51」以降の出題は、「年齢」「値段」「住所表記」「本のページ」「部屋番号」、あるいは「ある場所に〜がいくつある」といった定型表現ばかりになる。本書では、単調さを避ける意味から、少々 4 級レヴェルを超えた言い回しも交えつつ例文を作成した。

51 cinquante-et-un / cinquante-et-une

4級

Son mari a cinquante-et-un ans. 06. 秋

彼女の夫は 51 歳です。

* 出題はこれ 1 度のみである。

52 cinquante-deux

4級

Cette jupe rouge coûte cinquante-deux euros, madame.

その赤いスカートは 52 ユーロです。

cinquante-deux euros が 2 度（07. 春 14. 春）、cinquante-deux ans は 10. 春 に 1 度出題歴がある。

53 cinquante-trois

4級

Ma fille mesurait cinquante-trois centimètres à la naissance.

娘は生まれたとき身長が 53 センチだった。

* 3 回の出題歴あり。

54 cinquante-quatre

4級

Vous avez ce modèle en cinquante-

quatre ?

このデザインで、54 サイズはありますか？

＊ 紳士服（シャツ・ジャケット・コートなど）のサイズを聞き取る。「54」は 3 回出題歴があり、そのうち 2 回は la page cinquante-quatre「54 ページ」の聞き取りであった。

55 cinquante-cinq

■ 4級

Je mets cinquante-cinq minutes à pied jusqu'à la gare.

駅まで徒歩で 55 分かかります。

＊ 「55」は 05. 春 に 1 度出題された。

56 cinquante-six

■ 4級

Elle habite cinquante-six rue Pascal.

彼女はパスカル通り 56 番地に住んでいる。

Page cinquante-six, s'il vous plaît.

56 ページを開いてください。

＊ 90 年代に 2 度の出題歴あり。

57 cinquante-sept

■ 4級

Ouvrez votre livre à la page cinquante-sept. 16. 秋

本の 57 ページを開いてください。

＊ 出題はこの 1 度だけ。

58 cinquante-huit

■ 4級

La chambre numéro cinquante-huit au cinquième étage.

お部屋は 6 階の 58 号室です。

numéro は省略可能。ちなみに、「58」は 3 回（08. 秋 13. 春 17. 秋）の出題歴あり。

59 cinquante-neuf

■ 4級

Il vient d'avoir cinquante-neuf ans.

彼は 59 歳になったばかりだ。

＊ 「59」は 3 回の出題歴あり。

60 soixante

■ 4級

Rouler à plus de soixante km/h, ça me stresse.

時速 60 キロを超えて運転するとストレスを感じる。

km/h は kilomètre(s) à l'heure [par heure] と読む。「60」の出題回数は 4 回。

61 soixante-et-un / soixante-et-une

▌4級

Mon adresse, c'est soixante-et-un rue Saint-Martin. 05. 春. 改

私の住所は、サン・マルタン通り 61 番地です。

＊ 出題はこの例だけ。ちなみに、61～79 までの数字は総じて得点率が低い。

62 soixante-deux

出題歴なし

63 soixante-trois

▌4級

Regardez la page soixante-trois.

63 ページを見てください。

＊ 99. 春 に 1 度、出題歴あり。

64 soixante-quatre

▌4級

Je fais soixante-quatre kilos.

体重は 64 キロです。

＊ Je pèse soixante-quatre kilos. も同義。「64」は 96. 春 に出題歴あり。

65 soixante-cinq

▌4級

Je voudrais ma clé, s'il vous plaît. Chambre soixante-cinq.

鍵をお願いします。65 号室です。

＊ ホテルのフロントで、預けた鍵を受け取る場面。「65」の出題は 2 回。

66 soixante-six

▌4級

Il y a soixante-six maisons dans ce village. 05. 秋

この村には 66 軒の家がある。

＊ 01. 春 にも出題されている。

67 soixante-sept

出題歴なし

68 soixante-huit

▌4級

Ça coûte soixante-huit euros. 09. 春

68 ユーロです。

＊ 出題はこの 1 度のみ。

69 soixante-neuf

4級

Chichibu est à soixante-neuf kilomètres de Tokyo.

秩父は東京から69キロのところにあります。

＊ 出題歴は2回（08.春 15秋）。

70 soixante-dix

4級

Soixante-dix personnes travaillent dans cette usine.

この工場では70人が働いている。

＊ 「70」はこれまで4回出題されている。なお、ベルギーやスイスではseptanteという語を用いる。

71 soixante-et-onze

4級

Il a perdu soixante-et-onze kilos en cinq ans.

彼は5年間で71キロ痩せた。

＊ soixante-et-onze euros「71ユーロ」で2回、soixante-et-onze ans「71歳」で1回出題された。また、soixante-et-un ans「61歳」とsoixante-et-onze ans「71歳」は音が似ているので、聞き取りの際は注意。

72 soixante-douze

4級

Il a pris soixante-douze kilos en dix ans.

彼は10年間で72キロ太った。

＊ 3回出題歴がある。

73 soixante-treize

4級

Mon père a eu soixante-treize ans hier.

父は昨日73歳になった。

＊ 過去3回、出題されている。

74 soixante-quatorze

出題歴なし

75 soixante-quinze

4級

Il fait au moins 1,75 m (un mètre soixante-quinze).

彼の身長は少なくとも1メートル75はある。

＊ 「身長」では98.春に1度、出題例がある。ほかに「年齢」で2度、「番地」で1度の出題例がある。

76 soixante-seize

▌4級

Mes parents habitent soixante-seize rue des Étoiles. 06.春.改

両親はエトワール通り76番地に住んでいます。

＊ 「76」はこれ1度きりの出題。ただし、出題時に番地のあとに入っていた (,) は省いた。

77 soixante-dix-sept

▌4級

On est jeune de sept à soixante-dix-sept ans.

7歳から77歳までは若い。

＊ フランスでよく言われる jeune「若い」の範囲。「77」は 04.春 と 12.秋 に出題されている。

78 soixante-dix-huit

▌4級

Ça coûte soixante-dix-huit euros. 18.秋

それは78ユーロです。

＊ この数字の唯一の出題例。

79 soixante-dix-neuf

▌4級

- Tu habites ici depuis longtemps ?
- Depuis 1979. 96.秋.改

-「ここには長く住んでいるのですか？」
-「1979年からです」

＊ mille [mil] neuf cent soixante-dix-neuf (dix-neuf cent soixante-dix-neuf) と読む。実際の出題は Depuis 19(　). と用紙に印字されており、「79」だけを聞き取る形。なお、soixante-dix-neuf ans「79歳」の形でも2回出題されている。

80 quatre-vingts

▌4級

Ma grand-mère a quatre-vingts ans.

祖母は80歳です。

Mon neveu fait au moins un mètre quatre-vingts.

甥(おい)は身長が少なくとも1メートル80センチある。

＊ 90年代に5回出題歴があるものの、2000年代には皆無である。なお、古フランス語に由来する huitante という語を用いる国や地域もある。

81 quatre-vingt-un / quatre-vingt-une

▌4級

Ma mère aura quatre-vingt-un ans

l'an prochain.

来年、母は81歳になります。

＊ 合計3回の出題。

82
quatre-vingt-deux

4級

Il va avoir quatre-vingt-deux ans.

12. 秋

彼はもうすぐ82歳になるところです。

＊ 「82」の唯一の出題例。

83
quatre-vingt-trois

4級

Prenez le bus (numéro) quatre-vingt-trois.

83番のバスに乗ってください。

＊ 出題例は3回。

84
quatre-vingt-quatre

出題歴なし

85
quatre-vingt-cinq

4級

Mon petit-fils pèse quatre-vingt-cinq kilos.

孫息子は体重が85キロある。

＊ 出題例は3回。

86
quatre-vingt-six

4級

Il y a quatre-vingt-six garçons dans l'école.

学校には86人の男子がいます。

＊ 03. 春に「年齢」で1度出題されている。

87
quatre-vingt-sept

4級

Voilà le bus quatre-vingt-sept. 09. 秋

あれが87番のバスです。

＊ ほかに02. 春と14. 秋にも出題例がある。

88
quatre-vingt-huit

出題歴なし

89
quatre-vingt-neuf

4級

Quatre-vingt-neuf familles ont disparu dans ce tremblement de terre.

今回の地震で89家族が亡くなった。

＊ 97. 春に「番地」で「89」が出題された。

90
quatre-vingt-dix

4級

Elle fait plus de quatre-vingt-dix kilos.

彼女の体重は 90 キロを超えている。

＊ 4 級では 4 回出題例がある。なお、スイスやベルギーでは nonante という語を用いている。

91
quatre-vingt-onze

4級

Ce terrain a une surface de 91 m².

この土地の広さは 91 平方メートルです。

＊「91 m²」は、quatre-vingt-onze mètres carrés と読む。「91」は 2 回出題歴がある。うしろに母音で始まる単語がくると聞き取りが難しくなる。実際、準 2 級 12. 秋 に、「年齢」で出題された際には、「91」と算用数字での解答も可だったにもかかわらず、得点率は 48% とふるわなかった。

92
quatre-vingt-douze

出題歴なし

93
quatre-vingt-treize

4級

Est-ce que vous cherchez la chambre (numéro) quatre-vingt-treize ?

18. 秋. 改

93 号室をお探しですか？

＊ 13. 春 にも出題例あり。

94
quatre-vingt-quatorze

出題歴なし

95
quatre-vingt-quinze

4級

Je voudrais le menu à quatre-vingt-quinze francs. 01. 秋

95 フランのコース（料理）をください。

＊ 旧通貨時代の例文だが、4 級の「数字の聞き取り」中、得点率が 31% と最低だった問題。ほか 2 回の得点率は、04. 秋 46%、14. 春 65% だった。

96
quatre-vingt-seize

4級

On est à quatre-vingt-seize kilomètres de Pékin.

北京から 96 キロ離れたところにいます。

＊ 11. 春 に 1 度「年齢」で出題歴あり。

97 quatre-vingt-dix-sept

4級

Ma grand-mère aura quatre-vingt-dix-sept ans le premier avril.

祖母は4月1日で97歳になります。

＊ 10. 春 に出題歴あり。

98 quatre-vingt-dix-huit

4級

Takasaki se trouve à quatre-vingt-dix-huit kilomètres de Tokyo.

高崎は東京から98キロのところにあります。

＊ 11. 秋 に quatre-vingt-dix-huit ans「98歳」で1度出題歴あり。

99 quatre-vingt-dix-neuf

4級

Ça fait quatre-vingt-dix-neuf dollars.

99ドルです。

＊ 98. 春 と 98. 秋 に続けて、旧貨幣 francs とからめて出題された。

100 cent

4級

Elle est cent pour cent Parisienne.

彼女は生粋のパリジェンヌ（パリっ子）だ。

＊ Elle est Parisienne à cent pour cent [à 100%]. ともいう。

Il roulait à plus de cent km/h.

彼は時速100キロ以上で走っていた。

＊ 92. 秋 と 93. 秋 に、旧フランス通貨 franc とからめた形の cent francs「100フラン」、deux cents francs「200フラン」がそれぞれ出題された。

（追記）なお、「1000」mille を超える数字の「聞き取り」出題例は、4級 98. 秋 の1度のみで、franc を用いて自動車の代金を quatre-vingt-dix mille francs「90000フラン」と答えるもの。ただし、問題冊子には（　　　）mille francs と印字されており、聞き取るのは quatre-vingt-dix「90」という数詞の箇所だけ。

序数詞

* ここでは1991–2018年5級〜準2級における「聞き取り」問題と「筆記」問題を参照した。なお、出題情報には「筆」「聞」を明示する。

1 premier, première

* 1er, 1ère と略す。

5級

C'est son premier voyage en Angleterre.

彼（彼女）の初めてのイギリス旅行です。

Prenez la première rue à droite, s'il vous plaît.

最初の通りを右に行ってください。

4級

Ils sont rentrés les premiers. 92.春.筆

彼らは最初に（1番で）戻ってきた。

* 反意語 les derniers を答える問題。例文の premier は名詞で、「最初の人（もの）」の意味。

Elle habite au premier étage.

彼女は2階に住んでいる。

* 「1階」は、étage を使わず le rez-de-chaussée という。

La première fois que je l'ai rencontrée, elle portait une robe bleue. 96.春.筆

はじめて彼女に会ったとき、彼女はブルーのワンピースを着ていた。

* 動詞活用、選択問題。

3級・準2級

Le premier magasin au Japon a été créé il y a vingt ans.

日本での初店舗は20年前に誕生した。

Pour la première fois, il a discuté de son avenir avec son père. 準2:12.秋.聞

はじめて彼は自分の将来について父親と話し合った。

* 長文の聞き取り問題から。

2 deuxième

5級・4級

C'est ma deuxième fille.

これは私の次女です。

Elle prend la deuxième voiture. 5:12.春.筆

彼女は2台目の車に乗る。

* イラストと一致する文を選ぶ問題。

On passe devant l'église, et ensuite on prend la deuxième rue à gauche. 4:15.春.筆

教会の前を通り過ぎて、それから2つ目の通りを左に行ってください。

* 会話文を読み、続いて示される和文が内容に一致するか判断する問題。

3級・準2級

Le rayon des jouets est au deuxième étage.

おもちゃの売り場は3階です。

* 「おもちゃ売り場」は le rayon jouets ともいう。

C'est la deuxième fois qu'il perd son portefeuille.

彼が財布をなくすのは2回目です。

2　second(e)

＊ 通常は deuxième が用いられるが、2 つしかないものについては second(e) を用いる傾向がある。

4級・3級

Je voudrais un aller-retour Paris-Marseille en seconde classe.

4:97. 秋. 筆

パリ・マルセイユの往復切符を2等でお願いします。

＊ 動詞活用問題。voudrais を選択肢から選ぶ。

3　troisième

3級・準2級

Ma sœur est en troisième année d'université.　00. 秋. 筆

私の姉（妹）は大学の3年です。

＊ 整序問題。

Il y a une bibliothèque au troisième étage.　準2:15. 春. 聞

4階に図書館がある。

＊ troisième を書き取る問題。得点率は32% であった。

4　quatrième

4級・3級・準2級

J'habite dans le quatrième arrondissement.

私は4区に住んでいる。

＊ quatrième étage「5階」が1回、quatrième année「4年生」が2回出題されている。

5　cinquième

＊ 以降の序数は、大半が étage「階」との組み合わせ。

4級

- Et à quel étage ?　- Au cinquième.

4:13. 春. 聞

-「で、何階なの？」　-「6階です」

＊ 4級 06. 秋 にも類似の対話文が出題された。

6　sixième

4級

Elles habitent au sixième étage.

彼女たちは7階に住んでいます。

7　septième

4級

L'appartement de Daniel est au septième étage.

Daniel のアパルトマンは8階にあります。

8 huitième

出題歴なし

9 neuvième

出題歴なし

10 dixième

＊ 以降の序数は「階」「世紀」「区」にからむ。

3級

Mon bureau est au dixième étage dans un immeuble.

うちの事務所はビルの 11 階にあります。

＊ ただし、普通「ビル内」であることは自明なので、dans un immeuble は省かれることが多い。

11 onzième

出題歴なし

12 douzième

出題歴なし

13 treizième

3級

Cette église a été construite au début du treizième siècle. 92. 秋. 筆

この教会は 13 世紀の初頭に建てられた。

＊ 13e s. を略さずに treizième siècle と書かせる問題。

14 quatorzième

出題歴なし

15 quinzième

出題歴なし

16 seizième

3級

- Tu habites où, maintenant ?
- Dans le seizième arrondissement.

97. 春. 筆

-「今、どこに住んでるの？」
-「16 区です」

＊ 会話文の空所補充問題から。

17 dix-septième

出題歴なし

18　dix-huitième

出題歴なし

19　dix-neuvième

出題歴なし

20　vingtième

出題歴なし

21　vingt-et-unième

3級

Dans dix ans, nous serons au vingt-et-unième siècle. 91.秋.筆.改

10年後には21世紀になります。

※ XXIe をスペルアウトする。

概数（おおよその、ひとまとまりの数）

* ここでは 1991–2018 年 5 級〜準 2 級の「聞き取り」問題と「筆記」問題を参照した。

約 8
huitaine nf 女

出題歴なし

約 10
dizaine nf 女

準 2 級

Mon père reviendra dans une dizaine de jours.

父はおよそ 10 日後に帰ってきます。

Et d'ici quelques années, il veut ouvrir une dizaine de restaurants dans la capitale. 14. 春. 筆

さらに今から数年のうちに、彼は首都に 10 店ほどのレストランを出したいと考えている。

* 長文を読み、続いて示される仏文が内容に一致するか答える問題から。

約 12
douzaine nf 女

4 級・3 級

Achetez une douzaine d'œufs, s'il vous plaît.

卵を 1 ダース買ってきてください。

* une demi-douzaine d'œufs なら「卵半ダース」の意味。

Le voyage en avion jusqu'à Haneda dure une douzaine d'heures.

羽田までの飛行機の旅はだいたい 12 時間です。

約 15
quinzaine nf 女

出題歴なし

* なお、コロナ禍のフランスでは「約 2 週間の他人との接触禁止状態（罹患していないことを確認する期間）」を指してこの単語を使っている。quatorzaine「約 14」という言い方は通常しない。

約 20
vingtaine nf 女

準 2 級

Ma mère est allée en Chine il y a une vingtaine d'années.

母は 20 年ほど前に中国に行ったことがある。

Tous les jours, il reçoit une vingtaine de patients qui ont mal à la tête, au ventre, au dos, etc. 10. 秋. 筆

毎日、彼は頭や腹、背中などが痛む患者を 20 人ほど受け入れている。

* 長文を読み、続いて示される仏文のうち内容に一致するものを選択する問題から。

約 30
trentaine nf 女

3 級

Mon fils est parti en Europe une

trentaine de jours.

息子は約30日の予定でヨーロッパに出かけた。

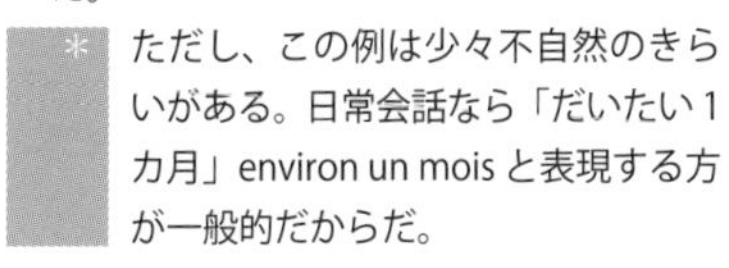

＊ ただし、この例は少々不自然のきらいがある。日常会話なら「だいたい1カ月」environ un mois と表現する方が一般的だからだ。

Il a une trentaine d'années.

彼は30代です。

＊ 「30代の男性」なら un homme dans la trentaine といった言い方をする。

約40
quarantaine nf 女

▌3級

Chaque groupe compte une quarantaine de singes. 01.春.筆.改

猿は40匹ほどのグループを作っている。

約50
cinquantaine nf 女

▌3級

Dans ce village, il n'y a plus qu'une cinquantaine d'habitants.

この村には、50人ほどしか住人がいない。

約60
soixantaine nf 女

出題歴なし

＊ 70, 80, 90には「約〜、〜くらい(-aine)」という概数表現は存在しない。必要な場合は、Cet homme a environ quatre-vingts ans.「あの男は80歳ぐらいだ」などといった言い方をする。

約100
centaine nf 女

▌準2級

Il y avait une centaine de personnes dans la salle.

会場には100人ぐらいの人がいた。

Plusieurs centaines de personnes sont venues au concert.

数百人がコンサートにやってきた。

約1000
millier nm 男

▌準2級

出題歴なし

Il n'y a plus qu'un millier d'habitants dans cette région.

この地域には1000人ほどの住人しかいない。

〈付 録〉
(仏検対応)動詞活用

動詞活用について:「第 1 群規則動詞」(不定詞の語尾が -er で終わるもの、ただし aller, envoyer を除く。仏語の動詞のほぼ 90% がこの活用)、「第 2 群規則動詞」(不定詞の語尾が -ir で、現在分詞が -issant の綴りになる)、そして、これに当てはまらない動詞を第 3 群不規則動詞とする従来の分類法を一部変更して、仏検で攻略のポイントとなる動詞に照準を合わせて活用を見ていく。

〈付録 I〉重要動詞 (特殊)・規則動詞

(S) 1–(S) 5 : 特殊な活用をする 5 つの重要動詞
(I) 0 : 第 1 群規則動詞 (基本形)
(II) : 第 2 群規則動詞

〈付録 II〉不規則動詞

(I) 1–(I) 10 : 第 1 郡規則動詞 (活用の一部に例外がある動詞)
(III) 1–(III) 47 : 第 3 群不規則動詞

以下の 10 動詞の直説法現在活用は、仏検対策のみならず、日常会話でも重要なので、初学者がまず覚えるべきものとして網掛けを施した。

être, avoir, aller, faire, donner (第 1 群規則動詞), finir (第 2 群規則動詞), venir, pouvoir, vouloir, prendre

〈付　録　I〉

重要動詞（特殊）規則動詞

動詞活用型(S)1～(S)5, (Ⅰ)0, (Ⅱ)と代名動詞・倒置・受動

(S)1 être

不定詞			
単純形	être	複合形	avoir été

分詞			
単純形	現在分詞 étant 過去分詞 été	完了形	現在分詞 ayant été

直説法							
現在	je	suis		半過去	j'	étais	
	tu	es			tu	étais	
	il	est			il	était	
	nous	sommes			nous	étions	
	vous	êtes			vous	étiez	
	ils	sont			ils	étaient	
複合過去	j'	ai	été	単純未来	je	serai	
	tu	as	été		tu	seras	
	il	a	été		il	sera	
	nous	avons	été		nous	serons	
	vous	avez	été		vous	serez	
	ils	ont	été		ils	seront	
大過去	j'	avais	été	前未来	j'	aurai	été
	tu	avais	été		tu	auras	été
	il	avait	été		il	aura	été
	nous	avions	été		nous	aurons	été
	vous	aviez	été		vous	aurez	été
	ils	avaient	été		ils	auront	été

条件法							
現在	je	serais		過去	j'	aurais	été
	tu	serais			tu	aurais	été
	il	serait			il	aurait	été
	nous	serions			nous	aurions	été
	vous	seriez			vous	auriez	été
	ils	seraient			ils	auraient	été

接続法			
現在	je sois tu sois il soit nous soyons vous soyez ils soient	過去	j' aie été tu aies été il ait été nous ayons été vous ayez été ils aient été
命令法			
現在	sois soyons soyez	過去	aie été ayons été ayez été

(S) 2 avoir

不定詞			
単純形	avoir	複合形	avoir eu
分詞			
単純形	現在分詞 ayant 過去分詞 eu	複合形	現在分詞 ayant eu
直説法			
現在	j' ai tu as il a nous avons vous avez ils ont	半過去	j' avais tu avais il avait nous avions vous aviez ils avaient
複合過去	j' ai eu tu as eu il a eu nous avons eu vous avez eu ils ont eu	単純未来	j' aurai tu auras il aura nous aurons vous aurez ils auront
大過去	j' avais eu tu avais eu il avait eu nous avions eu vous aviez eu ils avaient eu	前未来	j' aurai eu tu auras eu il aura eu nous aurons eu vous aurez eu ils auront eu

条件法							
現在	j'	aurais	過去	j'	aurais	eu
	tu	aurais		tu	aurais	eu
	il	aurait		il	aurait	eu
	nous	aurions		nous	aurions	eu
	vous	auriez		vous	auriez	eu
	ils	auraient		ils	auraient	eu
接続法						
現在	j'	aie	過去	j'	aie	eu
	tu	aies		tu	aies	eu
	il	ait		il	ait	eu
	nous	ayons		nous	ayons	eu
	vous	ayez		vous	ayez	eu
	ils	aient		ils	aient	eu
命令法						
現在	aie		過去	aie	eu	
	ayons			ayons	eu	
	ayez			ayez	eu	

(S)3 aller

不定詞							
単純形	aller			複合形	être allé(e)(s)		
分詞							
単純形	現在分詞	allant		複合形	現在分詞	étant allé(e)(s)	
	過去分詞	allé(e)(s)					
直説法							
現在	je	vais		半過去	j'	allais	
	tu	vas			tu	allais	
	il	va			il	allait	
	nous	allons			nous	allions	
	vous	allez			vous	alliez	
	ils	vont			ils	allaient	
複合過去	je	suis	allé(e)	単純未来	j'	irai	
	tu	es	allé(e)		tu	iras	
	il	est	allé		il	ira	
	nous	sommes	allé(e)s		nous	irons	
	vous	êtes	allé(e)(s)		vous	irez	
	ils	sont	allés		ils	iront	

大過去				前未来			
	j'	étais	allé(e)		je	serai	allé(e)
	tu	étais	allé(e)		tu	seras	allé(e)
	il	était	allé		il	sera	allé
	nous	étions	allé(e)s		nous	serons	allé(e)s
	vous	étiez	allé(e)(s)		vous	serez	allé(e)(s)
	ils	étaient	allés		ils	seront	allés
条件法							
現在	j'	irais		過去	je	serais	allé(e)
	tu	irais			tu	serais	allé(e)
	il	irait			il	serait	allé
	nous	irions			nous	serions	allé(e)s
	vous	iriez			vous	seriez	allé(e)(s)
	ils	iraient			ils	seraient	allés
接続法							
現在	j'	aille		過去	je	sois	allé(e)
	tu	ailles			tu	sois	allé(e)
	il	aille			il	soit	allé
	nous	allions			nous	soyons	allé(e)s
	vous	alliez			vous	soyez	allé(e)(s)
	ils	aillent			ils	soient	allés
命令法							
現在	va			過去	sois	allé(e)	
	allons				soyons	allé(e)s	
	allez				soyez	allé(e)(s)	

注記　命令法現在 va は en, y の前で不定詞をともなわないケースは vas となる.

(S) 4 dire

不定詞			
単純形	dire	複合形	avoir dit
分詞			
単純形	現在分詞　disant 過去分詞　dit	複合形	現在分詞　ayant dit

直説法					
現在	je	dis	半過去	je	disais
	tu	dis		tu	disais
	il	dit		il	disait
	nous	disons		nous	disions
	vous	dites		vous	disiez
	ils	disent		ils	disaient

複合過去	j' ai dit tu as dit il a dit nous avons dit vous avez dit ils ont dit			単純未来	je dirai tu diras il dira nous dirons vous direz ils diront		
大過去	j' avais dit tu avais dit il avait dit nous avions dit vous aviez dit ils avaient dit			前未来	j' aurai dit tu auras dit il aura dit nous aurons dit vous aurez dit ils auront dit		
条件法							
現在	je dirais tu dirais il dirait nous dirions vous diriez ils diraient			過去	j' aurais dit tu aurais dit il aurait dit nous aurions dit vous auriez dit ils auraient dit		
接続法							
現在	je dise tu dises il dise nous disions vous disiez ils disent			過去	j' aie dit tu aies dit il ait dit nous ayons dit vous ayez dit ils aient dit		
命令法							
現在	dis disons dites			過去	aie dit ayons dit ayez dit		

(S) 5 faire

不定詞			
単純形	faire	複合形	avoir fait
分詞			
単純形	現在分詞 faisant 過去分詞 fait	複合形	現在分詞 ayant fait

直説法							
現在	je	fais		半過去	je	faisais	
	tu	fais			tu	faisais	
	il	fait			il	faisait	
	nous	faisons			nous	faisions	
	vous	faites			vous	faisiez	
	ils	font			ils	faisaient	
複合過去	j'	ai	fait	単純未来	je	ferai	
	tu	as	fait		tu	feras	
	il	a	fait		il	fera	
	nous	avons	fait		nous	ferons	
	vous	avez	fait		vous	ferez	
	ils	ont	fait		ils	feront	
大過去	j'	avais	fait	前未来	j'	aurai	fait
	tu	avais	fait		tu	auras	fait
	il	avait	fait		il	aura	fait
	nous	avions	fait		nous	aurons	fait
	vous	aviez	fait		vous	aurez	fait
	ils	avaient	fait		ils	auront	fait
条件法							
現在	je	ferais		過去	j'	aurais	fait
	tu	ferais			tu	aurais	fait
	il	ferait			il	aurait	fait
	nous	ferions			nous	aurions	fait
	vous	feriez			vous	auriez	fait
	ils	feraient			ils	auraient	fait
接続法							
現在	je	fasse		過去	j'	aie	fait
	tu	fasses			tu	aies	fait
	il	fasse			il	ait	fait
	nous	fassions			nous	ayons	fait
	vous	fassiez			vous	ayez	fait
	ils	fassent			ils	aient	fait
命令法							
現在	fais			過去	aie	fait	
	faisons				ayons	fait	
	faites				ayez	fait	

(I) 0 donner　第 1 群規則動詞

不　定　詞

単純形	donner	複合形	avoir donné

分　　詞

単純形	現在分詞　donnant 過去分詞　donné	複合形	現在分詞　ayant donné

直　説　法

現在	je	donne		半過去	je	donnais	
	tu	donnes			tu	donnais	
	il	donne			il	donnait	
	nous	donnons			nous	donnions	
	vous	donnez			vous	donniez	
	ils	donnent			ils	donnaient	
複合過去	j'	ai	donné	単純未来	je	donnerai	
	tu	as	donné		tu	donneras	
	il	a	donné		il	donnera	
	nous	avons	donné		nous	donnerons	
	vous	avez	donné		vous	donnerez	
	ils	ont	donné		ils	donneront	
大過去	j'	avais	donné	前未来	j'	aurai	donné
	tu	avais	donné		tu	auras	donné
	il	avait	donné		il	aura	donné
	nous	avions	donné		nous	aurons	donné
	vous	aviez	donné		vous	aurez	donné
	ils	avaient	donné		ils	auront	donné

条　件　法

現在	je	donnerais		過去	j'	aurais	donné
	tu	donnerais			tu	aurais	donné
	il	donnerait			il	aurait	donné
	nous	donnerions			nous	aurions	donné
	vous	donneriez			vous	auriez	donné
	ils	donneraient			ils	auraient	donné

接　続　法

現在	je	donne		過去	j'	aie	donné
	tu	donnes			tu	aies	donné
	il	donne			il	ait	donné
	nous	donnions			nous	ayons	donné
	vous	donniez			vous	ayez	donné
	ils	donnent			ils	aient	donné

命令法			
現在	donne donnons donnez	過去	aie donné ayons donné ayez donné

否定形	
不定詞 ne pas donner	不定詞完了形 ne pas avoir［n' avoir pas］donné
直説法現在	直説法複合過去
je ne donne pas	je n' ai pas donné
tu ne donnes pas	tu n' as pas donné
il ne donne pas	il n' a pas donné
nous ne donnons pas	nous n' avons pas donné
vous ne donnez pas	vous n' avez pas donné
ils ne donnent pas	ils n' ont pas donné

注記　命令法現在 donne は en, y の前では donnes.

（II）finir　第 2 群規則動詞

不定詞			
単純形	finir	複合形	avoir fini

分詞			
単純形	現在分詞　finissant 過去分詞　fini	複合形	現在分詞　ayant fini

直説法			
現在	je finis tu finis il finit nous finissons vous finissez ils finissent	半過去	je finissais tu finissais il finissait nous finissions vous finissiez ils finissaient
複合過去	j' ai fini tu as fini il a fini nous avons fini vous avez fini ils ont fini	単純未来	je finirai tu finiras il finira nous finirons vous finirez ils finiront

大過去	j' avais fini tu avais fini il avait fini nous avions fini vous aviez fini ils avaient fini	前未来	j' aurai fini tu auras fini il aura fini nous aurons fini vous aurez fini ils auront fini
条 件 法			
現在	je finirais tu finirais il finirait nous finirions vous finiriez ils finiraient	過去	j' aurais fini tu aurais fini il aurait fini nous aurions fini vous auriez fini ils auraient fini
接 続 法			
現在	je finisse tu finisses il finisse nous finissions vous finissiez ils finissent	過去	j' aie fini tu aies fini il ait fini nous ayons fini vous ayez fini ils aient fini
命 令 法			
現在	finis finissons finissez	過去	aie fini ayons fini ayez fini

代名動詞 se reposer

不 定 詞			
単純形	se reposer	複合形	s'être reposé(e)(s)
分 詞			
単純形	現在分詞 se reposant 過去分詞 reposé(e)(s)	複合形	s'étant reposé(e)(s)
直 説 法			
現在	je me repose tu te reposes il se repose nous nous reposons vous vous reposez ils se reposent	半過去	je me reposais tu te reposais il se reposait nous nous reposions vous vous reposiez ils se reposaient

複合過去	je me suis reposé(e) tu t' es reposé(e) il s' est reposé nous nous sommes reposé(e)s vous vous êtes reposé(e)(s) ils se sont reposés	単純未来	je me reposerai tu te reposeras il se reposera nous nous reposerons vous vous reposerez ils se reposeront
大過去	je m' étais reposé(e) tu t' étais reposé(e) il s' était reposé nous nous étions reposé(e)s vous vous étiez reposé(e)(s) ils s' étaient reposés	前未来	je me serai reposé(e) tu te seras reposé(e) il se sera reposé nous nous serons reposé(e)s vous vous serez reposé(e)(s) ils se seront reposés
条件法			
現在	je me reposerais tu te reposerais il se reposerait nous nous reposerions vous vous reposeriez ils se reposeraient	過去	je me serais reposé(e) tu te serais reposé(e) il se serait reposé nous nous serions reposé(e)s vous vous seriez reposé(e)(s) ils se seraient reposés
接続法			
現在	je me repose tu te reposes il se repose nous nous reposions vous vous reposiez ils se reposent	過去	je me sois reposé(e) tu te sois reposé(e) il se soit reposé nous nous soyons reposé(e)s vous vous soyez reposé(e)(s) ils se soient reposés
命令法			
現在	repose-toi reposons-nous reposez-vous		

否定形	
不定詞 ne pas se reposer	不定詞完了形 ne pas s'être [ne s'être pas] reposé(e)(s)
直説法現在 je ne me repose pas tu ne te reposes pas il ne se repose pas nous ne nous reposons pas vous ne vous reposez pas ils ne se reposent pas	直説法複合過去 je ne me suis pas reposé(e) tu ne t'es pas reposé(e) il ne s'est pas reposé nous ne nous sommes pas reposé(e)s vous ne vous êtes pas reposé(e)(s) ils ne se sont pas reposés

倒 置 形			
直説法現在		直説法複合過去	
me	reposé-je	me	suis-je reposé(e)
te	reposes-tu	t’	es-tu reposé(e)
se	repose-t-il	s’	est-il reposé
nous	reposons-nous	nous	sommes-nous reposé(e)s
vous	reposez-vous	vous	êtes-vous reposé(e)(s)
se	reposent-ils	se	sont-ils reposés
倒置否定形			
直説法現在		直説法複合過去	
ne me	reposé-je pas	ne me	suis-je pas reposé(e)
ne te	reposes-tu pas	ne t’	es-tu pas reposé(e)
ne se	repose-t-il pas	ne s’	est-il pas reposé
ne nous	reposons-nous pas	ne nous	sommes-nous pas reposé(e)s
ne vous	reposez-vous pas	ne vous	êtes-vous pas reposé(e)(s)
ne se	reposent-ils pas	ne se	sont-ils pas reposés

donner 倒置形

直 説 法					
現在	donné-je		半過去	donnais-je	
	donnes-tu			donnais-tu	
	donne-t-il			donnait-il	
	donnons-nous			donnions-nous	
	donnez-vous			donniez-vous	
	donnent-ils			donnaient-ils	
複合過去	ai-je	donné	単純未来	donnerai-je	
	as-tu	donné		donneras-tu	
	a-t-il	donné		donnera-t-il	
	avons-nous	donné		donnerons-nous	
	avez-vous	donné		donnerez-vous	
	ont-ils	donné		donneront-ils	
大過去	avais-je	donné	前未来	aurai-je	donné
	avais-tu	donné		auras-tu	donné
	avait-il	donné		aura-t-il	donné
	avions-nous	donné		aurons-nous	donné
	aviez-vous	donné		aurez-vous	donné
	avaient-ils	donné		auront-ils	donné

条件法			
現在	donnerais-je donnerais-tu donnerait-il donnerions-nous donneriez-vous donneraient-ils	過去	aurais-je donné aurais-tu donné aurait-il donné aurions-nous donné auriez-vous donné auraient-ils donné
接続法			
現在	donné-je donnes-tu donne-t-il donnions-nous donniez-vous donnent-ils	過去	aie-je donné aies-tu donné ait-il donné ayons-nous donné ayez-vous donné aient-ils donné
否定形			
直説法現在		直説法複合過去	
ne donné-je pas ne donnes-tu pas ne donne-t-il pas ne donnons-nous pas ne donnez-vous pas ne donnent-ils pas		n'ai-je pas donné n'as-tu pas donné n'a-t-il pas donné n'avons-nous pas donné n'avez-vous pas donné n'ont-ils pas donné	

être aimé　受動態

不定詞			
単純形	être aimé(e)(s)	複合形	avoir été aimé(e)(s)
分詞			
単純形	現在分詞　étant aimé(e)(s)	複合形	現在分詞　ayant été aimé(e)(s)
直説法			
現在	je suis aimé(e) tu es aimé(e) il est aimé nous sommes aimé(e)s vous êtes aimé(e)(s) ils sont aimés	半過去	j' étais aimé(e) tu étais aimé(e) il était aimé nous étions aimé(e)s vous étiez aimé(e)(s) ils étaient aimés

複合過去	j'	ai	été aimé(e)	単純未来	je	serai	aimé(e)
	tu	as	été aimé(e)		tu	seras	aimé(e)
	il	a	été aimé		il	sera	aimé
	nous	avons	été aimé(e)s		nous	serons	aimé(e)s
	vous	avez	été aimé(e)(s)		vous	serez	aimé(e)(s)
	ils	ont	été aimés		ils	seront	aimés
大過去	j'	avais	été aimé(e)	前未来	j'	aurai	été aimé(e)
	tu	avais	été aimé(e)		tu	auras	été aimé(e)
	il	avait	été aimé		il	aura	été aimé
	nous	avions	été aimé(e)s		nous	aurons	été aimé(e)s
	vous	aviez	été aimé(e)(s)		vous	aurez	été aimé(e)(s)
	ils	avaient	été aimés		ils	auront	été aimés

条件法

現在	je	serais	aimé(e)	過去	j'	aurais	été aimé(e)
	tu	serais	aimé(e)		tu	aurais	été aimé(e)
	il	serait	aimé		il	aurait	été aimé
	nous	serions	aimé(e)s		nous	aurions	été aimé(e)s
	vous	seriez	aimé(e)(s)		vous	auriez	été aimé(e)(s)
	ils	seraient	aimés		ils	auraient	été aimés

接続法

現在	je	sois	aimé(e)	過去	j'	aie	été aimé(e)
	tu	sois	aimé(e)		tu	aies	été aimé(e)
	il	soit	aimé		il	ait	été aimé
	nous	soyons	aimé(e)s		nous	ayons	été aimé(e)s
	vous	soyez	aimé(e)(s)		vous	ayez	été aimé(e)(s)
	ils	soient	aimés		ils	aient	été aimés

命令法

現在	sois	aimé(e)	過去	aie	été aimé(e)
	soyons	aimé(e)s		ayons	été aimé(e)s
	soyez	aimé(e)(s)		ayez	été aimé(e)(s)

否定形

不定詞	不定詞完了形
ne pas être [n'être pas] aimé(e)(s)	ne pas avoir [n'avoir pas] été aimé(e)(s)

直説法現在			直説法複合過去		
je	ne suis pas	aimé(e)	je	n'ai pas	été aimé(e)
tu	n'es pas	aimé(e)	tu	n'as pas	été aimé(e)
il	n'est pas	aimé	il	n'a pas	été aimé
nous	ne sommes pas	aimé(e)s	nous	n'avons pas	été aimé(e)s
vous	n'êtes pas	aimé(e)(s)	vous	n'avez pas	été aimé(e)(s)
ils	ne sont pas	aimés	ils	n'ont pas	été aimés

倒　置　形			
直説法現在		直説法複合過去	
suis-je	aimé(e)	ai-je	été aimé(e)
es-tu	aimé(e)	as-tu	été aimé(e)
est-il	aimé	a-t-il	été aimé
sommes-nous	aimé(e)s	avons-nous	été aimé(e)s
êtes-vous	aimé(e)(s)	avez-vous	été aimé(e)(s)
sont-ils	aimés	ont-ils	été aimés
倒置否定形			
直説法現在		直説法複合過去	
ne suis-je pas	aimé(e)	n'ai-je pas	été aimé(e)
n'es-tu pas	aimé(e)	n'as-tu pas	été aimé(e)
n'est-il pas	aimé	n'a-t-il pas	été aimé
ne sommes-nous pas	aimé(e)s	n'avons-nous pas	été aimé(e)s
n'êtes-vous pas	aimé(e)(s)	n'avez-vous pas	été aimé(e)(s)
ne sont-ils pas	aimés	n'ont-ils pas	été aimés

〈付　録　II〉
不規則動詞

不規則活用動詞

フランス語動詞の中で、不規則な活用をする動詞(**規則的に活用するが、一部に違いがあるものを含む**)の代表を 57 選びました。どの種類の動詞がこれらの動詞と同じ活用をするかは、各動詞の活用表にある【注記】を参照してください。なお、ここでは、対応する主語として nous を n. と、vous を v. という略語で表しています。

不定詞 現在分詞 過去分詞	直説法 現在	直説法 半過去	直説法 単純未来
(I)1 commencer 〈始める〉 commençant commencé	je commence tu commences il commence n. commençons v. commencez ils commencent	je commençais tu commençais il commençait n. commencions v. commenciez ils commençaient	je commencerai tu commenceras il commencera n. commencerons v. commencerez ils commenceront
(I)2 manger〈食べる〉 mangeant mangé	je mange tu manges il mange n. mangeons v. mangez ils mangent	je mangeais tu mangeais il mangeait n. mangions v. mangiez ils mangeaient	je mangerai tu mangeras il mangera n. mangerons v. mangerez ils mangeront
(I)3 lever〈上げる〉 levant levé	je lève tu lèves il lève n. levons v. levez ils lèvent	je levais tu levais il levait n. levions v. leviez ils levaient	je lèverai tu lèveras il lèvera n. lèverons v. lèverez ils lèveront
(I)4 jeter〈投げる〉 jetant jeté	je jette tu jettes il jette n. jetons v. jetez ils jettent	je jetais tu jetais il jetait n. jetions v. jetiez ils jetaient	je jetterai tu jetteras il jettera n. jetterons v. jetterez ils jetteront
(I)5 acheter〈買う〉 acheté	j' achète tu achètes il achète n. achetons v. achetez ils achètent	j' achetais tu achetais il achetait n. achetions v. achetiez ils achetaient	j' achèterai tu achèteras il achètera n. achèterons v. achèterez ils achèteront

条件法 現　在	接続法 現　在	命令法 現　在	【注　記】
je commencerais tu commencerais il commencerait n. commencerions v. commenceriez ils commenceraient	je commence tu commences il commence n. commencions v. commenciez ils commencent	commence commençons commencez	-cer で終わる動詞。語幹末の c を a と o の前で ç とする。
je mangerais tu mangerais il mangerait n. mangerions v. mangeriez ils mangeraient	je mange tu manges il mange n. mangions v. mangiez ils mangent	mange mangeons mangez	-ger で終わる動詞。g と a, o の間に e が入る。
je lèverais tu lèverais il lèverait n. lèverions v. lèveriez ils lèveraient	je lève tu lèves il lève n. levions v. leviez ils lèvent	lève levons levez	-e＋子音＋er で終わる動詞。直・現、命、接・現 je, tu, il, ils 及び単未、条・現で語幹末の e が è となる。
je jetterais tu jetterais il jetterait n. jetterions v. jetteriez ils jetteraient	je jette tu jettes il jette n. jetions v. jetiez ils jettent	jette jetons jetez	-ler, -ter で終わる動詞の大部分。直・現、命、接・現の je, tu, il, ils と、直・単未、条・現で ll, tt と重ねる。
j' achèterais tu achèterais il achèterait n. achèterions v. achèteriez ils achèteraient	j' achète tu achètes il achète n. achetions v. achetiez ils achètent	achète achetons achetez	-eler, -eter で終わる動詞で (Ⅰ)3 lever と同じ活用のもの。

不定詞 現在分詞 過去分詞	直説法 現　在	直説法 半過去	直説法 単純未来
(I)6 préférer 〈～を好む〉 préférant préféré	je préfère tu préfères il préfère n. préférons v. préférez ils préfèrent	je préférais tu préférais il préférait n. préférions v. préfériez ils préféraient	je préférerai tu préféreras il préférera n. préférerons v. préférerez ils préféreront
(I)7 protéger 〈保護する〉 protégeant protégé	je protège tu protèges il protège n. protégeons v. protégez ils protègent	je protégeais tu protégeais il protégeait n. protégions v. protégiez ils protégeaient	je protégerai tu protégeras il protégera n. protégerons v. protégerez ils protégeront
(I)8 payer〈払う〉 payant payé	(a) je paie tu paies il paie n. payons v. payez ils paient (b) je paye tu payes il paye n. payons v. payez ils payent	je payais tu payais il payait n. payions v. payiez ils payaient	(a) je paierai tu paieras il paiera n. paierons v. paierez ils paieront (b) je payerai tu payeras il payera n. payerons v. payerez ils payeront
(I)9 employer 〈雇う〉 employant employé	j' emploie tu emploies il emploie n. employons v. employez ils emploient	j' employais tu employais il employait n. employions v. employiez ils employaient	j' emploierai tu emploieras il emploiera n. emploierons v. emploierez ils emploieront
(I)10 appuyer 〈押す、支える〉 appuyant appuyé	j' appuie tu appuies il appuie nous appuyons vous appuyez ils appuient	j' appuyais tu appuyais il appuyait n. appuyions v. appuyiez ils appuyaient	j' appuierai tu appuieras il appuiera n. appuierons v. appuierez ils appuierontt
(III)1 envoyer〈送る〉 envoyant envoyé	j' envoie tu envoies il envoie n. envoyons v. envoyez ils envoient	j' envoyais tu envoyais il envoyait n. envoyions v. envoyiez ils envoyaient	j' enverrai tu enverras il enverra n. enverrons v. enverrez ils enverront

条件法 現在	接続法 現在	命令法 現在	【注記】
je préférerais tu préférerais il préférerait n. préférerions v. préféreriez ils préféreraient	je préfère tu préfères il préfère n. préférions v. préfériez ils préfèrent	préfère préférons préférez	-é＋子音＋er で終わる動詞。直・現、接・現、命で je, tu, il, ils のとき é が è となる。
je protégerais tu protégerais il protégerait n. protégerions v. protégeriez ils protégeraient	je protège tu protèges il protège n. protégions v. protégiez ils protègent	protège protégeons protégez	-éger で終わる動詞。(Ⅰ)2 manger と (Ⅰ)6 préférer を合わせた型。
(a) je paierais tu paierais il paierait n. paierions v. paieriez ils paieraient (b) je payerais tu payerais il payerait n. payerions v. payeriez ils payeraient	(a) je paie tu paies il paie n. payions v. payiez ils paient (b) je paye tu payes il paye n. payions v. payiez ils payent	(a) paie payons payez (b) paye payons payez	-ayer で終わる動詞。(a) は (Ⅰ)9 employer と同型。(b) は (Ⅰ)0 donner と同じ規則活用。-eyer で終わる動詞は(b)の型のみ。
j' emploierais tu emploierais il emploierait n. emploierions v. emploieriez ils emploieraient	j' emploie tu emploies il emploie n. employions v. employiez ils emploient	emploie employons employez	-oyer で終わる動詞。発音しない e の前で y が i となる。(Ⅲ) 1 envoyer は例外。
j' appuierais tu appuierais il appuierait n. appuierions v. appuieriez ils appuieraient	j' appuie tu appuies il appuie n. appuyions v. appuyiez ils appuient	appuie appuyons appuyez	-uyer で終わる動詞。発音しない e の前で y が i となる。
j' enverrais tu enverrais il enverrait n. enverrions v. enverriez ils enverraient	j' envoie tu envoies il envoie n. envoyions v. envoyiez ils envoient	envoie envoyons envoyez	直・単未、条・現で特殊な語幹 enver- となる ((Ⅲ) 11 voir に類似)。その他は (Ⅰ)9 employer と同じ活用。

不 定 詞 現在分詞 過去分詞	直 説 法 現　在	直 説 法 半 過 去	直 説 法 単純未来
(III) 2 ouvrir〈開く〉 ouvrant ouvert	j' ouvre tu ouvres il ouvre n. ouvrons v. ouvrez ils ouvrent	je ouvrais tu ouvrais il ouvrait n. ouvrions v. ouvriez ils ouvraient	j' ouvrirai tu ouvriras il ouvrira n. ouvrirons v. ouvrirez ils ouvriront
(III) 3 cueillir〈摘む〉 cueillant cueilli	je cueille tu cueilles il cueille n. cueillons v. cueillez ils cueillent	je cueillais tu cueillais il cueillait n. cueillions v. cueilliez ils cueillaient	je cueillerai tu cueilleras il cueillera n. cueillerons v. cueillerez ils cueilleront
(III) 4 dormir〈眠る〉 dormant dormi	je dors tu dors il dort n. dormons v. dormez ils dorment	je dormais tu dormais il dormait n. dormions v. dormiez ils dormaient	je dormirai tu dormiras il dormira n. dormirons v. dormirez ils dormiront
(III) 5 partir〈出発する〉 partant parti	je pars tu pars il part n. partons v. partez ils partent	je partais tu partais il partait n. partions v. partiez ils partaient	je partirai tu partiras il partira n. partirons v. partirez ils partiront
(III) 6 servir〈奉仕する〉 servant servi	je sers tu sers il sert n. servons v. servez ils servent	je servais tu servais il servait n. servions v. serviez ils servaient	je servirai tu serviras il servira n. servirons v. servirez ils serviront
(III) 7 faillir〈誤る〉 faillant failli	je faux tu faux il faut n. faillons v. faillez ils faillent	je faillais tu faillais il faillait n. faillions v. failliez ils faillaient	je faillirai tu failliras il faillira n. faillirons v. faillirez ils failliront
(III) 8 courir〈走る〉 courant couru	je cours tu cours il court n. courons v. courez ils courent	je courais tu courais il courait n. courions v. couriez ils couraient	je courrai tu courras il courra n. courrons v. courrez ils courront

条件法 現　在	接続法 現　在	命令法 現　在	【注　記】
j' ouvrirais tu ouvrirais il ouvrirait n. ouvririons v. ouvririez ils ouvriraient	j' ouvre tu ouvres il ouvre n. ouvrions v. ouvriez ils ouvrent	ouvre ouvrons ouvrez	直・現、直・半過、接・現、命は（I）0 donner と同型。
je cueillerais tu cueillerais il cueillerait n. cueillerions v. cueilleriez ils cueilleraient	je cueille tu cueilles il cueille n. cueillions v. cueilliez ils cueillent	cueille cueillons cueillez	過・分（と直・単純過去、接・半過）の他は（I）0 donner と同型。
je dormirais tu dormirais il dormirait n. dormirions v. dormiriez ils dormiraient	je dorme tu dormes il dorme n. dormions v. dormiez ils dorment	dors dormons dormez	（III）5 partir,（III）6 servir と共に、-mir, -tir, -vir で終わる動詞のほとんどがこの型。
je partirais tu partirais il partirait n. partirions v. partiriez ils partiraient	je parte tu partes il parte n. partions v. partiez ils partent	pars partons partez	（III）4 dormir,（III）6 servir と共に、-mir, -tir,- vir で終わる動詞のほとんどがこの型。
je servirais tu servirais il servirait n. servirions v. serviriez ils serviraient	je serve tu serves il serve n. servions v. serviez ils servent	sers servons servez	（III）4 dormir,（III）5 partir と共に、-mir, -tir,- vir で終わる動詞のほとんどがこの型。
je faillirais tu faillirais il faillirait n. faillirions v. failliriez ils failliraient		faux faillons faillez	直・現の je, tu, il で語幹が fau- となる。接続法を始め、全体的に複合形が一般的。
je courrais tu courrais il courrait n. courrions v. courriez ils courraient	je coure tu coures il coure n. courions v. couriez ils courent	cours courons courez	直・単未、条・現は -rr- となる。（III）9 mourir とほぼ同型。

不 定 詞 現在分詞 過去分詞	直 説 法 現　　在	直 説 法 半 過 去	直 説 法 単純未来
(III)9 mourir〈死ぬ〉 mourant mort	je meurs tu meurs il meurt n. mourons v. mourez ils meurent	je mourais tu mourais il mourait n. mourions v. mouriez ils mouraient	je mourrai tu mourras il mourra n. mourrons v. mourrez ils mourront
(III)10 venir〈来る〉 venant venu	je viens tu viens il vient n. venons v. venez ils viennent	je venais tu venais il venait n. venions v. veniez ils venaient	je viendrai tu viendras il viendra n. viendrons v. viendrez ils viendront
(III)11 voir〈見える〉 voyant vu	je vois tu vois il voit n. voyons v. voyez ils voient	je voyais tu voyais il voyait n. voyions v. voyiez ils voyaient	je verrai tu verras il verra n. verrons v. verrez ils verront
(III)12 prévoir〈予測する、備える〉 prévoyant prévu	je prévois tu prévois il prévoit n. prévoyons v. prévoyez ils prévoient	je prévoyais tu prévoyais il prévoyait n. prévoyions v. prévoyiez ils prévoyaient	je prévoirai tu prévoiras il prévoira n. prévoirons v. prévoirez ils prévoiront
(III)13 savoir 〈知っている〉 sachant su	je sais tu sais il sait n. savons v. savez ils savent	je savais tu savais il savait n. savions v. saviez ils savaient	je saurai tu sauras il saura n. saurons v. saurez ils sauront
(III)14 valoir〈値する〉 valant valu	je vaux tu vaux il vaut n. valons v. valez ils valent	je valais tu valais il valait n. valions v. valiez ils valaient	je vaudrai tu vaudras il vaudra n. vaudrons v. vaudrez ils vaudront
(III)15 falloir〈必要とする〉 fallu	il faut	il fallait	il faudra

条件法 現在	接続法 現在	命令法 現在	【注記】
je mourrais tu mourrais il mourrait n. mourrions v. mourriez ils mourraient	je meure tu meures il meure n. mourions v. mouriez ils meurent	meurs mourons mourez	直・現、接・現、命の語幹 meur-/mour- で交替あり。
je viendrais tu viendrais il viendrait n. viendrions v. viendriez ils viendraient	je vienne tu viennes il vienne n. venions v, veniez ils viennent	viens venons venez	語幹が直・現、接・現、命 vien(n)-/ven- で交替。また直・単未、条・現では viend-。
je verrais tu verrais il verrait n. verrions v. verriez ils verraient	je voie tu voies il voie n. voyions v. voyiez ils voient	vois voyons voyez	語幹が直・現、接・現、命 voi-/voy- で交替。また直・単未、条・現では ver-。
je prévoirais tu prévoirais il prévoirait n. prévoirions v. prévoiriez ils prévoiraient	je prévoie tu prévoies il prévoie n. prévoyions v. prévoyiez ils prévoient	prévois prévoyons prévoyez	直・単未、条・現のほかは (III) 11 voir と同型。
je saurais tu saurais il saurait n. saurions v. sauriez ils sauraient	je sache tu saches il sache n. sachions v. sachiez ils sachent	sache sachons sachez	語幹は接・現と命で特殊形 sach-、また直・単未、条・現で sau- となる。
je vaudrais tu vaudrais il vaudrait n. vaudrions v. vaudriez ils vaudraient	je vaille tu vailles il vaille n. valions v. valiez ils vaillent		語幹は、直・現単数で vau-、直・単未、条・現で vaud-。また接・現の je, tu, il, ils で特殊形 vaill-。
il faudrait	il faille		非人称動詞。語幹末の l が ll になる以外は (III) 14 valoir と同型。

不 定 詞 現在分詞 過去分詞	直 説 法 現　　在	直 説 法 半 過 去	直 説 法 単純未来
(III) 16 asseoir〈座らせる〉 (a) asseyant (b) assoyant (a) assis (b) assis	(a) j' assieds tu assieds il assied n. asseyons v. asseyez ils asseyent (b) j' assois tu assois il assoit n. assoyons v. assoyez ils assoient	(a) j' asseyais tu asseyais il asseyait n. asseyions v. asseyiez ils asseyaient (b) j' assoyais tu assoyais il assoyait n. assoyions v. assoyiez ils assoyaient	(a) j' assiérai tu assiéras il assiéra n. assiérons v. assiérez ils assiéront (b) j' assoirai tu assoiras il assoira n. assoirons v. assoirez ils assoiront
(III) 17 devoir〈～しなければならない〉 devant dû (*pl.* dus)	je dois tu dois il doit n. devons v. devez ils doivent	je devais tu devais il devait n. devions v. deviez ils devaient	je devrai tu devras il devra n. devrons v. devrez ils devront
(III) 18 recevoir〈受け取る〉 recevant reçu	je reçois tu reçois il reçoit n. recevons v. recevez ils reçoivent	je recevais tu recevais il recevait n. recerions v. receviez ils recevaient	je recevrai tu recevras il recevra n. recevrons v. recevrez ils recevront
(III) 19 pleuvoir 〈雨が降る〉 pleuvant plu	il pleut	il pleuvait	il pleuvra
(III) 20 pouvoir〈～できる〉 pouvant pu	je peux [puis] tu peux il peut n. pouvons v. pouvez ils peuvent	je pouvais tu pouvais il pouvait n. pouvions v. pouviez ils pouvaient	je pourrai tu pourras il pourra n. pourrons v. pourrez ils pourront
(III) 21 vouloir〈～したい〉 voulant voulu	je veux tu veux il veut n. voulons v. voulez ils veulent	je voulais tu voulais il voulait n. voulions v. vouliez ils voulaient	je voudrai tu voudras il voudra n. voudrons v. voudrez ils voudront

条件法 現在	接続法 現在	命令法 現在	【注記】
(a) j' assiérais tu assiérais il assiérait n. assiérions v. assiériez ils assiéraient (b) j' assoirais tu assoirais il assoirait n. assoirions v. assoiriez ils assoiraient	(a) j' asseye tu asseyes il asseye n. asseyions v. asseyiez ils asseyent (b) j' assoie tu assoies il assoie n. assoyions v. assoyiez ils assoient	(a) assieds asseyons assseyez (b) assois assoyons assoyez	(a) 直・現の語幹が単数 assied- と複数 as-sey- で交替する。 (b) (a) より口語的な活用。不定詞以外の活用でも -oi- の前に e を入れることがある。
je devrais tu devrais il devrait n. devrions v. devriez ils devraient	je doive tu doives il doive n. devions v. deviez ils doivent	dois devons devez	過・分以外は (III) 18 recevoir と同型。過・分は男性単数のみ ^ が付く。
je recevrais tu recevrais il recevrait n. recevrions v. recevriez ils recevraient	je reçoive tu reçoives il reçoive n. recevions v. receviez ils reçoivent	reçois recevons recevez	o, u の前では c を ç とする。過・分以外は (III) 17 devoir と同型。
il pleuvrait	il pleuve		非人称動詞。
je pourrais tu pourrais il pourrait n. pourrions v. pourriez ils pourraient	je puisse tu puisses il puisse n. puissions v. puissiez ils puissent		語幹が直・現で peu(v)-/pouv- で交替、直・単未、条・現では pour-、接・現で puiss-。直・現 je puis は文章語。但し倒置形は常に puis-je。
je voudrais tu voudrais il voudrait n. voudrions v. voudriez ils voudraient	je veuille tu veuilles il veuille n. voulions v. vouliez ils veuillent	veuille veuillons veuillez	語幹が直・現で veu(l)-/voul- で交替する。直・単未、条・現では voud-。接・現 je, tu, il, ils と命で veuill-。稀に命で直・現の活用形を使うことがある。

不定詞 現在分詞 過去分詞	直説法 現　在	直説法 半過去	直説法 単純未来
(III) 22 connaître 〈知っている〉 connaissant connu	je connais tu connais il connaît n. connaissons v. connaissez ils connaissent	je connaissais tu connaissais il connaissait n. connaissions v. connaissiez ils connaissaient	je connaîtrai tu connaîtras il connaîtra n. connaîtrons v. connaîtrez ils connaîtront
(III) 23 naître〈生まれる〉 naissant né	je nais tu nais il naît n. naissons v. naissez ils naissent	je naissais tu naissais il naissait n. naissions v. naissiez ils naissaient	je naîtrai tu naîtras il naîtra n. naîtrons v. naîtrez ils naîtront
(III) 24 rire〈笑う〉 riant ri	je ris tu ris il rit n. rions v. riez ils rient	je riais tu riais il riait n. riions v. riiez ils riaient	je rirai tu riras il rira n. rirons v. rirez ils riront
(III) 25 attendre〈待つ〉 attendant attendu	j' attends tu attends il attend n. attendons v. attendez ils attendent	j' attendais tu attendais il attendait n. attendions v. attendiez ils attendaient	j' attendrai tu attendras il attendra n. attendrons v. attendrez ils attendront
(III) 26 répondre〈答える〉 répondant répondu	je réponds tu réponds il répond n. répondons v. répondez ils répondent	je répondais tu répondais il répondait n. répondions v. répondiez ils répondaient	je répondrai tu répondras il répondra n. répondrons v. répondrez ils répondront
(III) 27 perdre〈失う〉 perdant perdu	je perds tu perds il perd n. perdons v. perdez il perdent	je perdais tu perdais il perdait n. perdions v. perdiez ils perdaient	je perdrai tu perdras il perdra n. perdrons v. perdrez ils perdront
(III) 28 rompre〈断つ〉 rompant rompu	je romps tu romps il rompt n. rompons v. rompez ils rompent	je rompais tu rompais il rompait n. rompions v. rompiez ils rompaient	je romprai tu rompras il rompra n. romprons v. romprez ils rompront

条件法 現在	接続法 現在	命令法 現在	【注記】
je connaîtrais tu connaîtrais il connaîtrait n. connaîtrions v. connaîtriez ils connaîtraient	je connaisse tu connaisses il connaisse n. connaissions v. connaissiez ils connaissent	connais connaissons connaissez	-aître, -oître で終わる動詞の活用。(re-)naître (, croître) は例外。
je naîtrais tu naîtrais il naîtrait n. naîtrions v. naîtriez ils naîtraient	je naisse tu naisses il naisse n. naissions v. naissiez ils naissent	nais naissons naissez	(Ⅲ)22 connaître と類似した活用(直・単純過去、接・半過の語幹は特殊形)。
je rirais tu rirais il rirait n. ririons v. ririez ils riraient	je rie tu ries il rie n. riions v. riiez ils rient	ris rions riez	すべての活用で語幹がri-。
j' attendrais tu attendrais il attendrait n. attendrions v. attendriez ils attendraient	j' attende tu attendes il attende n. attendions v. attendiez ils attendent	attends attendons attendez	全活用で同一綴りの語幹(語幹末の d を直・現単数と命の単数で発音しない)。-endre, -andre, -ondre, -rdre 型は同活用。(Ⅲ)47 prendre は例外。
je répondrais tu répondrais il répondrait n. répondrions v. répondriez ils répondraient	je réponde tu répondes il réponde n. répondions v. répondiez ils répondent	réponds répondons répondez	全活用で同一綴りの語幹(語幹末の d を直・現単数と命の単数で発音しない)。-endre, -andre, -ondre, -rdre 型は同活用。
je perdrais tu perdrais il perdrait n. perdrions v. perdriez ils perdraient	je perde tu perdes il perde n. perdions v. perdiez ils perdent	perds perdons perdez	全活用で同一綴りの語幹(語幹末の d を直・現単数と命の単数で発音しない)。-endre, -andre, -ondre, -rdre 型は同活用。
je romprais tu romprais il romprait n. romprions v. rompriez ils rompraient	je rompe tu rompes il rompe n. rompions v. rompiez ils rompent	romps rompons rompez	(Ⅲ) 25 attendre と同型。但し直・現単数の活用語尾が -s, -s, -t となる。

不 定 詞 現在分詞 過去分詞	直 説 法 現　　在	直 説 法 半 過 去	直 説 法 単純未来
(III)29 vivre〈生きる〉 vivant vécu	je vis tu vis il vit n. vivons v. vivez ils vivent	je vivais tu vivais il vivait n. vivions v. viviez ils vivaient	je vivrai tu vivras il vivra n. vivrons v. vivrez ils vivront
(III)30 suivre 〈あとに続く〉 suivant suivi	je suis tu suis il suit n. suivons v. suivez ils suivent	je suivais tu suivais il suivait n. suivions v. suiviez ils suivaient	je suivrai tu suivras il suivra n. suivrons v. suivrez ils suivront
(III)31 battre〈叩く〉 battant battu	je bats tu bats il bat n. battons v. battez ils battent	je battais tu battais il battait n. battions v. battiez ils battaient	je battrai tu battras il battra n. battrons v. battrez ils battront
(III)32 mettre〈置く〉 mettant mis	je mets tu mets il met n. mettons v. mettez ils mettent	je mettais tu mettais il mettait n. mettions v. mettiez ils mettaient	je mettrai tu mettras il mettra n. mettrons v. mettrez ils mettront
(III)33 croire〈信じる〉 croyant cru	je crois tu crois il croit n. croyons v. croyez ils croient	je croyais tu croyais il coyait n. croyions v. croyiez ils croyaient	je croirai tu croiras il croira n. croirons v. croirez ils croiront
(III)34 suffire 〈十分である〉 suffisant suffi	je suffis tu suffis il suffit n. suffisons v. suffisez ils suffisent	je suffisais tu suffisais il suffisait n. suffisions v. suffisiez ils suffisaient	je suffirai tu suffiras il suffira n. suffirons v. suffirez ils suffiront
(III)35 conduire 〈運転する〉 conduisant conduit	je conduis tu conduis il conduit n. conduisons v. conduisez ils conduisent	je conduisais tu conduisais il conduisait n. conduisions v. conduisiez ils conduisaient	je conduirai tu conduiras il conduira n. conduirons v. conduirez ils conduiront

条件法 現　在	接続法 現　在	命令法 現　在	【注　記】
je vivrais tu vivrais il vivrait n. vivrions v. vivriez ils vivraient	je vive tu vives il vive n. vivions v. viviez ils vivent	vis vivons vivez	直・現単数、命単数で語幹末のvなし。過・分(と直・単純過去、接・半過)は特殊な語幹 véc(u)-。
je suivrais tu suivrais il suivrait n. suivrions v. suivriez ils suivraient	je suive tu suives il suive n. suivions v. suiviez ils suivent	suis suivons suivez	過・分(と直・単純過去、接・半過)以外は(Ⅲ) 29 vivre と同型。直・現 je suis が être の直・現と同綴。
je battrais tu battrais il battrait n. battrions v. battriez ils battraient	je batte tu battes il batte n. battions v. battiez ils battent	bats battons battez	直・現単数、命単数で語幹末tが1つになり発音しない。
je mettrais tu mettrais il mettrait n. mettrions v. mettriez ils mettraient	je mette tu mettes il mette n. mettions v. mettiez ils mettent	mets mettons mettez	過・分が mis (また、直・単純過去、接・半過の語幹が mi-)となるほかは、(Ⅲ) 31 battre と同型。
je croirais tu croirais il croirait n. croirions v. croiriez ils croiraient	je croie tu croies il croie n. croyions v. croyiez ils croient	crois croyons croyez	直・現、接・現、命で語幹が croi-/croy- で交替。
je suffirais tu suffirais il suffirait n. suffirions v. suffiriez ils suffiraient	je suffise tu suffises il suffise n. suffisions v. suffisiez ils suffisent	suffis suffisons suffisez	直・現と命の複数、直・半過、接・現で語幹末にsが入る。
je conduirais tu conduirais il conduirait n. conduirions v. conduiriez ils conduiraient	je conduise tu conduises il conduise n. conduisions v. conduisiez ils conduisent	conduis conduisons conduisez	過・分(と直・単純過去、接・半過)以外は(Ⅲ)34 suffire と同型。

不 定 詞 現在分詞 過去分詞	直 説 法 現　　在	直 説 法 半 過 去	直 説 法 単純未来
(III) 36 lire〈読む〉 lisant lu	je lis tu lis il lit n. lisons v. lisez ils lisent	je lisais tu lisais il lisait n. lisions v. lisiez ils lisaient	je lirai tu liras il lira n. lirons v. lirez ils liront
(III) 37 plaire〈気に入る〉 plaisant plu	je plais tu plais il plaît n. plaisons v. plaisez ils plaisent	je plaisais tu plaisais il plaisait n. plaisions v. plaisiez ils plaisaient	je plairai tu plairas il plaira n. plairons v. plairez ils plairont
(III) 38 interdire〈禁じる〉 interdisant interdit	j' interdis tu interdis il interdit n. interdisons v. interdisez ils interdisent	j' interdisais tu interdisais il interdisait n. interdisions v. interdisiez ils interdisaient	j' interdirai tu interdiras il interdira n. interdirons v. interdirez ils interdiront
(III) 39 écrire〈書く〉 écrivant écrit	j' écris tu écris il écrit n. écrivons v. écrivez ils écrivent	j' écrivais tu écrivais il écrivait n. écrivions v. écriviez ils écrivaient	j' écrirai tu écriras il écrira n. écrirons v. écrirez ils écriront
(III) 40 craindre〈恐れる〉 craignant craint	je crains tu crains il craint n. craignons v. craignez ils craignent	je craignais tu craignais il craignait n. craignions v. craigniez ils craignaient	je craindrai tu craindras il craindra n. craindrons v. craindrez ils craindront
(III) 41 peindre〈色を塗る〉 peignant peint	je peins tu peins il peint n. peignons v. peignez ils peignent	je peignais tu peignais il peignait n. peignions v. peigniez ils peignaient	je peindrai tu peindras il peindra n. peindrons v. peindrez ils peindront
(III) 42 joindre 〈結びつける〉 joignant joint	je joins tu joins il joint n. joignons v. joignez ils joignent	je joignais tu joignais il joignait n. joignions v. joigniez ils joignaient	je joindrai tu joindras il joindra n. joindrons v. joindrez ils joindront

条件法 現在	接続法 現在	命令法 現在	【注記】
je lirais tu lirais il lirait n. lirions v. liriez ils liraient	je lise tu lises ils lise n. lisions v. lisiez ils lisent	lis lisons lisez	直・現、命の複数、直・半過および接・現で語幹末に s が付く。
je plairais tu plairais il plairait n. plairions v. plairiez ils plairaient	je plaise tu plaises il plaise n. plaisions v. plaisiez ils plaisent	plais plaisons plaisez	直・現 il plaît となる以外は (Ⅲ)36 lire と同じ。
j' interdirais tu interdirais il interdirait n. interdirions v. interdiriez ils interdiraient	j' interdise tu interdises il interdise n. interdisions v. interdisiez ils interdisent	interdis interdisons interdisez	直・現と命の 2 人称複数のとき語尾が -ez となるほかは (S) 4 dire と同型。
j' écrirais tu écrirais il écrirait n. écririons v. écririez ils écriraient	j' écrive tu écrives il écrive n. écrivions v. écriviez ils écrivent	écris écrivons écrivez	直・現と命の複数、直・半過 (と単純過去)、接・現 (と半過) で語幹末に v が入る。
je craindrais tu craindrais il craindrait n. craindrions v. craindriez ils craindraient	je craigne tu craignes il craigne n. craignions v. craigniez ils craignent	crains craignons craignez	-eindre, -oindre と同型。語幹末子音 d が直・単未、条・現以外で落ち、直・現と命の単数以外では代わりに gn が入る。
je peindrais tu peindrais il peindrait n. peindrions v. peindriez ils peindraient	je peigne tu peignes il peigne n. peignions v. peigniez ils peignent	peins peignons peignez	-aindre, -oindre と同型。語幹末子音 d が直・単未、条・現以外で落ち、直・現と命の単数以外では代わりに gn が入る。
je joindrais tu joindrais il joindrait n. joindrions v. joindriez ils joindraient	je joigne tu joignes il joigne n. joignions v. joigniez ils joignent	joins joignons joignez	-aindre, -eindre と同型。語幹末子音 d が直・単未、条・現以外で落ち、直・現と命の単数以外では代わりに gn が入る。

不定詞 現在分詞 過去分詞	直説法 現在	直説法 半過去	直説法 単純未来
(III)43 résoudre〈解く〉 résolvant résolu	je résous tu résous il résout n. résolvons v. résolvez ils résolvent	je résolvais tu résolvais il résolvait n. résolvions v. résolviez ils résolvaient	je résoudrai tu résoudras il résoudra n. résoudrons v. résoudrez ils résoudront
(III)44 coudre〈縫(ぬ)う〉 cousant cousu	je couds tu couds il coud n. cousons v. cousez ils cousent	je cousais tu cousais il cousait n. cousions v. cousiez ils cousaient	je coudrai tu coudras il coudra n. coudrons v. coudrez ils coudront
(III)45 convaincre 〈説得する〉 convainquant convaincu	je convaincs tu convaincs il convainc n. convainquons v. convainquez ils convainquent	je convainquais tu convainquais il convainquait n. convainquions v. convainquiez ils convainquaient	je convaincrai tu convaincras il convaincra n. convaincrons v. convaincrez ils convaincront
(III)46 boire〈飲む〉 buvant bu	je bois tu bois il boit n. buvons v. buvez ils boivent	je buvais tu buvais il buvait n. buvions v. buviez ils buvaient	je boirai tu boiras il boira n. boirons v. boirez ils boiront
(III)47 prendre〈取る〉 prenant pris	je prends tu prends il prend n. prenons v. prenez ils prennent	je prenais tu prenais il prenait n. prenions v. preniez ils prenaient	je prendrai tu prendras il prendra n. prendrons v. prendrez ils prendront

条件法 現　在	接続法 現　在	命令法 現　在	【注　記】
je résoudrais tu résoudrais il résoudrait n. résoudrions v. résoudriez ils résoudraient	je résolve tu résolves il résolve n. résolvions v. résolviez ils résolvent	résous résolvons résolvez	過・分「分解する」の意では résous (f. résoute) を用いる。
je coudrais tu coudrais il coudrait n. coudrions v. coudriez ils coudraient	je couse tu couses il couse n. cousions v. cousiez ils cousent	couds cousons cousez	語幹末の d が s と交替する。また直・現と命の単数で d が保存される。
je convaincrais tu convaincrais il convaincrait n. convaincrions v. convaincriez ils convaincraient	je convainque tu convainques il convainque n. convainquions v. convainquiez ils convainquent	convaincs convainquons convainquez	直・現と命の単数、直・単未、条・現、過・分以外では、c が qu と交替する
je boirais tu boirais il boirait n. boirions v. boiriez ils boiraient	je boive tu boives il boive n. buvions v. buviez ils boivent	bois buvons buvez	直・現と命、接・現で、語幹 boi(v)-/buv- の交替がある。
je prendrais tu prendrais il prendrait n. prendrions v. prendriez ils prendraient	je prenne tu prennes il prenne n. prenions v. preniez ils prennent	prends prenons prenez	直・現と命、接・現の語幹が prend-/pren-/prenn- で交替する。

久松健一（ひさまつ　けんいち）
東京（浅草）生まれ。現在、明治大学商学部で教壇に立つ。実用フランス語技能検定試験（仏検）関連の著書に『仏検3・4級必須単語集 petits pois』（白水社）、『仏検 準1級・2級必須単語集 vocabulissimo』（白水社：共著）、『仏検対応 クラウン・フランス語熟語辞典』（三省堂：編著）があり、これまで編集や執筆にかかわった辞書に『プログレッシブ仏和辞典』（小学館）、『日本人が使いこなせないフランス基本単語小辞典』（春風社）などがある。なお、近著として『仏英日例文辞典 POLYGLOTTE』（IBC パブリッシング）があげられる。

KENKYUSHA
〈検印省略〉

仏検対応(ふつけんたいおう)　フランス語単語(ごたんご)　Révolution

2020年10月31日　初版発行

著　者　久松健一(ひさまつけんいち)
発行者　吉田尚志
発行所　株式会社　研究社
〒102-8152　東京都千代田区富士見2-11-3
電話　03-3288-7711（編集）
　　　03-3288-7777（営業）
振替　00150-9-26710
http://www.kenkyusha.co.jp

印刷所　研究社印刷株式会社

ISBN 978-4-327-39441-7　C 1085　Printed in Japan
装丁：清水良洋（Malpu Design）